15 · 16세기

중세국어
통어론

15 · 16세기

중세국어 통어론

— 허원욱 지음

한국학술정보

머 리 말

『15세기 통어론—겹월』을 낸 지가 20년이 지났고, 『15세기 통어론』과 『16세기 통어론』을 내놓은 지가 10년이 지났다. 그리고 올 초에 15·16세기 두 권의 책을 한데 이어 묶는 작업을 시작했다. 바로 이 『중세국어 통어론』을 내기 위함이었다.

15세기 중기에서부터 16세기 말기까지, 근 150년 세월 동안 말본의 역사는 크게 달라지지 않았다. 그러하기에 학자들은 그 두 세기를 한데 묶어 '중세국어'라 부른다. 그러나 학자는 어떤 조그마한 차이도 놓쳐서는 안 된다. 15, 16세기를 한데 묶는 것은 오히려 그 미세한 차이를 찾아내기 위함이다.

이 책은 중세국어의 통어론적 연구이다. 월을 크게 홑월과 겹월로 나누고, 홑월에서는 월 안에서 각 월성분이 어떠한 구조를 가지고 기능하는가를 살폈다. 겹월은 이은 겹월과 안은 겹월로 나누었다. 이은 겹월에서는 앞마디와 뒷마디의 통어적 제약관계를 살폈고, 안은 겹월에서는 안긴마디와 그것을 안고 있는 안은마디와의 통어적 관련과 그 제약관계를 살펴 중세국어 겹월의 통어구조를 밝히고자 하였다.

이 책은 그간 써 왔던 15, 16세기 논문과 저서를 깁고 더하여 만들어졌다. 우리말 구조에 걸맞은 새로운 통어론의 기술 체계를 세우려 애썼으며, 학문의 바탕은 전적으로 허웅 님의『우리 옛말본』과『16세기 우리 옛말본』에 두었다. 학문이란 하나의 맥을 통하여 계승되고 발전된다. 그리고 그 맥은 전통성이 있어야 하며, 특히 우리 국어학 분야에 있어서는 반드시 민족성이 녹아 있어야 한다.

많은 사람들의 도움이 있었기에 이 책을 낼 수 있었다. 내게 도움을 주신 그 많은 사람들에게 진심으로 고마움의 인사를 드린다.

그리고 특히 한국학술정보(주)에 감사의 인사를 드린다. 이번에 이 책을 내놓을 수 있게 된 것은 전적으로 한국학술정보(주)의 도움 덕이다. 이 책의 머리말에서 다시 한 번 고마움의 마음을 전하는 바이다.

한 해가 저물어 가는
이천십사년 십이월 십구일
공기 맑은 충주 연구실에서
지은이 씀

❏ Contents

Chapter 02	겹월

15세기 인용 문헌

<문헌 이름>	<펴낸 연대>	<줄임표>
龍飛御天歌	1445	(용)
訓民正音 解例	1445	(훈, 해례)
訓民正音 諺解	1450	(훈, 언해)
釋譜詳節	1445	(석보)
月印千江之曲	1448경	(천강곡)
月印釋譜	1459	(월석)
楞嚴經 諺解	1462	(능엄)
妙法蓮華經 諺解	1463	(법화)
蒙山和尙法語略錄	세조 때	(몽산)
圓覺經 諺解	1465	(원각)
金剛經 諺解	1464	(금강)
禪宗永嘉集 諺解	1464	(영가)
金剛經 三家解	1482	(금강삼가)
永嘉大師證道歌 南明泉禪師繼頌	1482	(남명)
六祖法寶壇經 諺解	?	(육조)
內訓(일본 蓬左文庫판)	1475	(내훈)
杜詩 諺解	1481	(두언)
五臺山上院寺 重創勸善文	1464	(상원사)
般若波羅密多心經 諺解	1464	(반야심경)
救急方 諺解	1466	(구급방)
救急簡易方	1489	
樂學軌範	1493	

16세기 인용 문헌

<문헌 이름>	<펴낸 연대>	<줄임표>
朴通事(번역) 上	16C 초기	(박통)
老乞大(번역) 上·下	16C 초기	(노걸)
續三綱行實圖	1514	(속삼)
飜譯小學	1518	(번소)
正俗諺解	1518	(정속)
朱子增損呂氏鄕約	1518	(여향)
二倫行實圖	1518	(이륜)
簡易辟瘟方	1525	(벽온)
分門瘟疫易解方	1542	(온역)
七大萬法	1569	(칠대)
誡初心學人文	1577	(계초)
發心修行章	1577	(발심)
野雲自警	1577	(야운)
小學諺解	1587	(소학)
孝經諺解	1589	(효경)
論語諺解		(논어)
孟子諺解	1587~1600	(맹자)
大學諺解		(대학)
中庸諺解		(중용)
禪家龜鑑	1590경	(선가)
옛날편지	1571~1603	(편지)
청주 순천 김씨묘 출토 간찰	1565~1575	(무덤편지)

01

홑월

I. 월의 분류

1. 짜임새에 따른 분류

월은 그 짜임새에 따라 홑월과 겹월로 나뉜다.

1.1. 홑월

홑월이란 임자말과 풀이말의 관계가 한 번만 이루어지는 월을 뜻한다. 짜임새를 나무그림으로 보이면 다음과 같다.

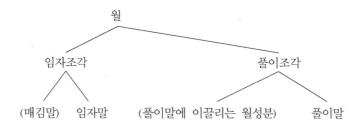

매김말은 매김씨나 '이름씨+매김토씨'가 된다.

> 매김씨: 므슴 이리 잇ᄂ고 (박통 상:7)
> 이름씨+매김토: ᄂ민 거시 (박통 상:33)

풀이말에 이끌리는 월성분은 부림말, 위치말, 방편말, 견줌말, 어찌말 따위가 되며 홀로말이 그 짜임새 밖에 놓이는 경우도 있다.

1.2. 겹월

겹월이란 임자말과 풀이말의 관계가 두 번 이상 이루어지는 월을 뜻한다. 겹월에는 이은 겹월과 안은 겹월이 있는데, 이에 대한 상세한 설명은 '제2장 겹월'에서 한다.

2. 말할이의 태도에 따른 분류

이러한 홑월이나 겹월은 들을이에 대한 말할이의 태도에 따라 다음의 네 가지로 다시 나뉘니, 이는 의향법의 분류에 일치한다.

월	요구 없음		정보 전달만	서술월
	요구 있음		답 요구	물음월
		행동 요구	들을이만의 행동 요구	시킴월
			들을이와 말할이의 행동 요구	꾀임월

서술월이란 말할이가 들을이에 대한 아무런 요구 없이 자기의 뜻을 전달하는 데 그치는 것이다.

물음월이란 말할이가 들을이에게 답을 요구하는 것이다.

시킴월이나 꾀임월은 다 같이 행동을 요구하는 것인데, 시킴월은 들을이만의 행동을 요구하는 것이고, 꾀임월은 말할이와 들을이가 행동을 함께함을 요구하는 것이다.

Ⅱ. 월성분

　모든 월은 일차적으로 임자조각과 풀이조각으로 나뉜다. 임자조각은 그대로 임자말이 되는데, 임자말은 임자씨나 '매김말＋임자씨'에 임자자리토씨가 연결되어 만들어진다. 풀이조각은 풀이말에 이끌리는 여러 월성분(부림말, 위치말, 방편말… 등)과 풀이말이 합쳐져서 이루어진다. 임자조각과 풀이조각을 제외한 월성분은 월 짜임새 밖에 놓이는데, 이를 홀로말이라 한다.

1. 임자조각(임자말)

　임자조각(임자말)은 일반적으로 임자씨에 임자자리토씨가 붙어서 만들어진다. 그러나 때로는 임자자리토씨가 생략될 때도 있고, 임자자리토씨 대신 도움토씨가 올 수도 있다. 또한, 임자씨 앞에 임

자씨를 꾸며 주는 매김말이 올 때도 있는데, 이때에는 '매김말+임
자씨'가 한 덩어리가 된 후 임자자리토씨가 붙어 임자말이 된다.
임자말이 되는 여러 유형을 나누어 살피기로 한다.

1.1. 임자씨＋임자자리토씨

뎐회 그셔 (박통 상:9)
네 네 나라히 니거든 (박통 상:9)
쟝뷔 동ᄒᆞ야 (노걸 하:40)
아ᄎᆞ미 ᄀᆞ장 치우니 (번소 7:14)
어름미 믄득 절로 헤여뎌 (번소 9:25)
향괴 업거든 (여향 38)

1.2. [매김말＋임자씨]＋임자자리토씨

[내 아ᄃᆞ] 일 죽고 (번소 9:71)
[兄弟의 義ㅣ] 이시니 (소학 5:78)
[여러가짓 연이] 잇ᄂᆞ니라 (박통 상:17)

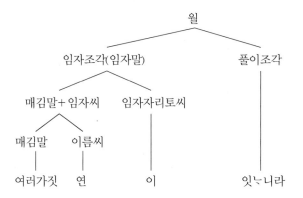

1.3. 다른 토씨와 겹침

<이음토씨+임자자리토씨>

가마와 노곳자리와 사발와 뎝시왜 다 잇ᄂ녀 (노걸 상:68)
님금과 신하와 번괘 다 공경ᄒ기로 웃ᄃ몰 사몰디니라 (번소 7:45)
뎡과 혜왜 드러이 불가 (계초 20)
모매 엇디 슈고와 낙과 셩과 쇠왜 이시리오 (야운 75)
늘그니와 져므니왜 흔 환곰 다 ᄶᆞᆫᆞᆫ에 머그라 (벽온 4)
生과 住과 異과 滅괘 다 업서 (선가 11)
힝실과 아롬괘 ᄀᆞᄌᆞ면 (발심 30)

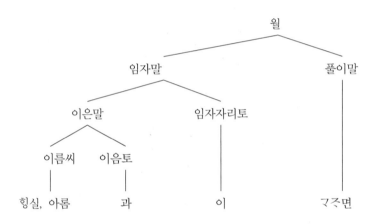

<도움토씨+임자자리토씨>

좃디피ᄉᆞ 됴ᄒ니 (노걸 상:18)
조심호미ᄉᆞ 됴ᄒ니라 (노걸 상:27)
비단을 너를 닷량만 주미ᄉᆞ 이 진짓 비디니 (노걸 하:27)
엇디 사ᄅᆞ미ᄉᆞ 업스리오마ᄂᆞᆫ (번소 9:79)
ᄆᆞ슴미 木石 ᄀᆞᄐᆞᆫ 사ᄅᆞ미ᄉᆞ 비롯 道 빈홀 分ㅣ 이시리라 (선가 19)
오직 仁흔 者ㅣᄉᆞ 能히 사롬을 好ᄒ며 (논어 1:31)

비록 <u>도힝이야</u> 업스나 (발심 29)

<u>아바니미야</u> 이제 네 ᄀ티 편ᄒ니라 (무덤편지 15)

<u>내야</u> 아니 됴히 든녀 갈가 (무덤편지 49)

<u>우리사</u> 됴히 인노라 (무덤편지 15)

詩예 닐오ᄃᆡ <u>西로브터</u> ᄒ며 東으로브터 ᄒ며 南으로보터 ᄒ며 北으로브테 ᄉ 思ᄒ야 服디 아니리 업다 ᄒ니 (맹자 3:24)

<u>딕월이라셔</u> 모든 사름의 손ᄃᆡ 알외라 (여향 37)

1.4. 임자자리토씨 생략

임자자리토씨가 생략될 수 있는 것은 지금말과 같다.

수울 이시면… (박통 상:7)

곳 픠오… (박통 상:40)

직샹 되여셔 (소학 6:128)

1.5. 도움토씨만으로

도움토씨가 붙어 특별한 뜻을 덧보태는 경우이다.

뎌 <u>류가ᄂᆞᆫ</u> 엇더ᄒ뇨 (박통 상:25)

<u>나ᄂᆞᆫ</u> 어리고 미혹흔 사름미라 (박통 상:9)

<u>뫼토</u> 서ᄅ 맛볼 나리 잇ᄂᆞ니 (노걸 하:73)

우리짓 <u>둘도</u> 여러 판이 믈어디돗더라 (박통 상:9)

이 ᄒ가짓 <u>치사</u> 맛다 (노걸 하:32)

<u>갑곳</u> 잇거든 풀오 (노걸 상:70)

<u>너옷</u> 사고져 커든 (노걸 하:21)

<u>아뫼나</u> 흔 마를 무러든 (노걸 상:5)

내 <u>모민돌</u> 엇디 미양 사라시리오 (번소 10:31)

大水춤이 <u>반만</u> 닉고 <u>반만</u> 서니 잇다 (박통 상:5)

비록 사오나온 <u>사르미라도</u> 서르 사랑티 아니리 업스니라 (번소 7:39)

1.6. 겹임자말

임자말 둘이 겹쳐져서 '같은 자리 임자말(동격 주어)'이 되는 경
우이다.

<u>우리</u> 셜혼 사르미 각각 돈 일빅곰 내면 (박통 상:1)

<u>郎中</u>이 네 이제 안해 드러가… (박통 상:12)

<u>우리</u> 며치 가료 (박통 상:54)

<u>우리</u> 남지니 믈 업스면 엇디 디낼고 (박통 상:43)

<u>우리</u> 머리 갓그리 므스일 ᄀ슥마라셔 갈히 무뒤료 (박통 상:44)

<u>우리</u> 여러 ᄆ숨 됴히 너기ᄂ 형뎨 ᄀᄐ니둘히 더 일훔 난 화원
의 가… (박통 상:1)

<u>남지니 ᄆ숨 구드니 몃</u> 사르미 겨지븨 마리 혹디 아니ᄒ료 (번
소 7:42)

2. 풀이조각

풀이조각은 풀이말이 부림말, 위치말 등의 월성분을 이끌면서 이
루어지는데, 임자조각의 뒤에 위치한다.

2.1. 부림말

부림말도 일반적으로 임자씨(체언)에 부림자리토씨가 붙어서 만들어진다. 때로는 부림자리토씨가 생략될 때도 있고, 부림자리토씨 대신 도움토씨가 올 수도 있다. 또한, 임자씨 앞에 임자씨를 꾸며주는 매김말이 올 때도 있는데, 이때에는 '매김말+임자씨'가 한 덩어리가 된 후 부림자리토씨가 붙어 부림말이 된다.

① 임자씨+부림자리토씨

　　우리 <u>시르믈</u> 슬우며 (박통 상:1)
　　<u>첫파놀</u> 지느니라 (박통 상:24)
　　내 다 <u>뎌를</u> 주마 (노걸 상:24)
　　네 <u>나롤</u>…다고려 (박통 상:18)
　　<u>날</u> 달라 (박통 상:48)

② [매김말+임자씨]+부림자리토씨

　　[여러 히룰] 도라오디 아니ᄒ니 (속삼 열:10)
　　[셜흔 히룰] 즐기려 (박통 상:33)
　　[伊尹의 먹턴 ᄠ들] 내 ᄠ를 ᄒ며 (번소 8:3)
　　[됴흔 시져를] 맛나니 (박통 상:1)

위의 마지막 예문은 매김마디가 있으므로 겹월이지만, 여기는 월 성분을 설명하는 자리이므로 예로 들었다. 그 구조를 보면 다음과 같다.

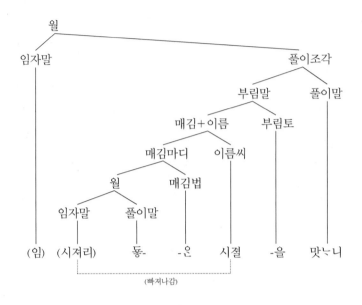

③ 다른 토씨와 겹침

넷 사ᄅ미⋯고기와 술와롤 머그리 업더니라 (번소 7:11)

衣服과 飮食과브테며 일 잡옴브터를 敢히 父母 ᄉ랑ᄒ시ᄂ 바와
굴와 마라 (소학 2:17)

아기롤다가 둘고지예 엿ᄂ니라 (박통 상:56)

④ 부림자리토씨 생략

수울 ᄀᅀ만 마숤 관원 (박통 상:3)

샹 펴라 (박통 상:4)

어름 노코 (박통 상:5)

각싴 약 드려 밍근 교토 두라 (박통 상:6)

이제 다대 놀애 브르며 뎌 불라 (박통 상:7)

믈 고티ᄂ 사ᄅ (박통 상:42)

죠ᄒ 먹 붇 벼루 가져 오라 (박통 상:60)

녀ᄂ쇠 말오⋯ (박통 상:16)

즉재 너 주리라 (박통 상:16)

내 밍ㄱ라 너 주어 젼송호마 (박통 상:48)

ᄒᆞᆫ 디위 굼고 (박통 상:52)

ᄒᆞᆫ 디위 쉬오 (박통 상:53)

ᄒᆞᆫ 숨 자고 (박통 상:53)

⑤ 도움토씨만으로

伯高ᄂᆞᆫ 본받다가 몯ᄒᆞ야도 오히려 조심ᄒᆞᄂᆞᆫ 사름이 두외리니
(번소 5:14)

은은 너를 됴ᄒᆞ니 주마커니와 (노걸 하:57)

내 민쳔만 갑고 흔푼 니쳔도 가포믈 즐겨 아니ᄒᆞᄂᆞ다 (박통 상:34)

반 거름도 ᄃᆞ니디 몯ᄒᆞ리라 (박통 상:43)

ᄒᆞᆫ 희옷 빙얌 믈이기 디내면 삼년이도록 드렛줄도 저프다 ᄒᆞᄂᆞ
니라 (박통 상:37)

삼년이도록 도라가 어버ᅀᅵ를 뫼ᅀᆞ와 잇디 아니ᄒᆞ리 잇거늘 (번
소 9:8)

국ᄉᆡ 니러날ᄉᆡ 여듧희도록 영장을 몯ᄒᆞ야 (번소 9:32)

ᄒᆞᄅᆞ쌔ᄆᆡ 열 번곰 가 보듸 (번소 10:1)

ᄒᆞᄅᆞ 세 번식 저희를 밥 주어 (박통 상:10)

사ᄅᆞᆷ 일셰만 사라 잇고 (박통 상:1)

우므를 네 길나마 포듸 (속삼 효:1)

저를 일빅 번나마 ᄒᆞ야 (온역 22)

반만 죽다가 사라나니 (박통 상:36)

ᄒᆞᆫ두 돌만 기드리면 ᄆᆞᄎᆞ리라 (박통 상:49)

⑥ 겹부림말

부림말 하나는 행동이 미치는 상대(사람)이고, 다른 하나는 행동
을 당하는 대상이다. 따라서 '행동이 미치는 상대'는 위치말로 갈
음하여도 뜻에 큰 다름이 없다.

ㅎ르 세번식 <u>저희를</u> 밥 주어 비브르 머기고 (박통 상:10)

<u>너를</u> 흔돈 여듧푼 은을 내여 주마 (박통 상:33)

<u>너를</u> <u>구품은을</u> 주듸 엇더ㅎ뇨 (노걸 하:63)

쳡을 수업시 호믄 <u>사르믈</u> <u>어즈러우믈</u> ㄱ르츄미니 (번소 7:31)

네 <u>나를</u> 활 두댱만 밍ㄱ라 주듸 엇더ㅎ뇨 (박통 상:59)

네 갇모 둘만 가져다가 <u>날</u> <u>ㅎ나</u> 빌이고려 (박통 상:65)

네 <u>나를</u> 흔 댱 빋내는 글월 써 다고려 (박통 상:60)

<u>너를</u> <u>돈 다ᄉᆞ</u> 주마 (박통 상:45)

2.2. 위치말

위치말도 앞의 임자말, 부림말처럼 분류할 수 있다.

① 임자씨+위치자리토씨

<u>갓쟐에</u> 쫑 담고 (선가 55)

<u>알ᄑᆡ</u> 나ᅀᅡ오라 ㅎ야 (박통 상:6)

네 오늘 엇디 <u>흑당의</u> 아니 간다 (박통 상:49)

아니 <u>내게</u> 결우녀 (박통 상:11)

우리 <u>네거긔</u> 만히 해자히와라 (노걸 하:72)

록 튼 거슬 <u>아ᅀᆞ믜거긔</u> 골오 주며 (번소 7:49)

<u>즁의손듸</u> 가니 (박통 상:74)

<u>네손듸</u> ᄑᆞ로마 (박통 상:74)

어미 주글제 그딧게 부쵹ㅎ야 (이륜 14)

<u>부텻긔</u> 울워러셔 (박통 상:36)

<u>스승님씌</u> 읍ㅎ고 (박통 상:49)

내 <u>너ᄃᆞ려</u> ㄱ르쵸마 (박통 상:10)

② [매김말+임자씨]+위치자리토씨

내 [그 마ᄉᆞ래] 가 (박통 상:3)

수리 [셔울 술집들해] 비록 하나 (박통 상:3)
[그릇 안해] 돔가 두면 (박통 상:5)
[샹녯 말ᄉ매] 닐오딕 (박통 상:43)
[새 뵈쟐이] 콩 흔 되롤 녀허 (온역 21)
[일훔 난 화원의] 가 (박통 상:1)

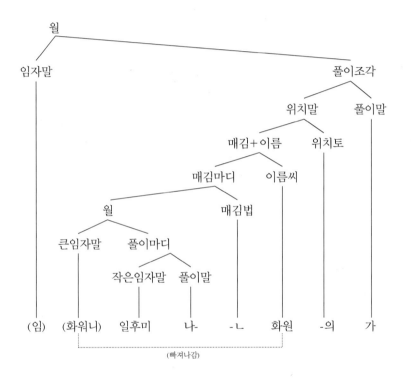

③ 다른 토씨와 겹침

어버솴 가히와 몰 뒤졉호몰 반ᄃ시 내 가히와 <u>몰와애</u> 달이 호딕
(번소 7:43)

口이 <u>味에와</u> 目이 <u>色애와</u> 耳ㅣ <u>聲에와</u> 鼻ㅣ <u>臭에와</u> 四肢ㅣ 安佚
홈애 性이나 命이 인ᄂ디라 (맹자 14:15)

니플 몰외여 ᄀ라 <u>당쉬예나</u> <u>수우레나</u> 프러 머그라 (벽온 14)

高麗ㅅ 짜해는…우리 예 혼가지로 엄정ᄒ야 (노걸 상:51)

샹을 북녁 ᄇ룸 아래다가 빈셜ᄒ고 (여향 38)

네 닐옴곳 올ᄒ면 두서 마래도 흥졍을 즉재 ᄆ츨 거시니 (노걸 하:10)

④ 위치자리토씨 생략

민실 이러트시 브즈러니 머기면 (박통 상:22)

이제 다대 놀애 브르며 뎌 불라 (박통 상:7)

언제 길 나실고 (박통 상:8)

올ᄒ희 비므슬히 ᄀ장 하니 (박통 상:9)

ᄒ로 세번식 저희를 밥 주어…머기고 (박통 상:10)

져제 비단 사라 녀러 오노이다 (박통 상:14)

어듸 잇ᄂ뇨 (박통 상:17)

네 오늘 어듸 가ᄂ다 (박통 상:19)

이 두서날 그 노믈 보디 몯ᄒ로다 (박통 상:33)

⑤ 도움토씨만으로

이젠 엇디 져그니오 (박통 상:4)

두 아ᄉ런 사오나온 거슬 주니 (이륜 4)

싀골셔 나 자라되 (소학 6:60)

오늘사 미릇 本來 일 업슨돌 알리로다 (선가 33)

이제사…알와라 ᄒ더라 (이륜 11)

나ᄂ 닉일사 갈가 시븨 (무덤편지 118)

내 오늘브터 대갈과 딜바리 장망ᄒ야 (박통 상:37)

네 날마다 먹논 딥과 콩 (노걸 상:11)

바ᄅ 낮만 ᄒ거든 셔품쓰기 ᄒ야 (박통 상:50)

⑥ 겹위치말

이 八月 보름날 仲秋節에 (박통 상:24)

그 흐근 긴 딕 쑥을 가져다가 (박통 상:38)

그늘 서느러운 딕 밀여 두고 (박통 상:21)

2.3. 방편말

반드시 방편자리토씨가 있어야 월 안에서 방편말로 기능할 수 있다. 따라서 방편자리토씨가 생략되는 경우나 도움토씨만으로 방편말을 만드는 경우가 없다.

① 임자씨+방편자리토씨

보비로 꾸민 수늙 노픈 곳 곳고 (박통 상:5)
듀판으로 담애 마가…돌달고로 날회여 다으고 (박통 상:10)
사르모로 ᄒ여 (노걸 하:31)
쫄로뻐 안해 삼으니 (소학 6:52)
어버이를 깃기모로뻐 일 삼고 (소학 6:37)
내 널로뻐 死ᄒ니라 호라 (논어 3:11)
남기 글로 이우니라 (번소 9:27)
일로뻐 우둥이다 (소학 4:19)

② [매김말+임자씨]+방편자리토씨

네 어찌…[므슴 연고로] 아니 온다 (박통 상:66)
[빈 춤비소로뻐] ᄀ장 빗겨 (박통 상:44)
[쉰 예슌 발 굴근 삼실로도] 노호매 모즈라 ᄒᄂ니라 (박통 상:18)
[안 므슴오로므터셔] 밧긔 이를 비졉ᄒᄂ니 (번소 8:8)

③ 다른 토씨와 겹침

비단과 랍고로와로 히욘 고의 (노걸 하:51)
우흐로ᄂ 天時를 律ᄒ시고 아래로ᄂ 水土를 襲ᄒ시니라 (중용 48)
구윗 자호로ᄂ 스므 여듧 자히오 (노걸 하:28)
小人이 遼東 잣 안햇 閣으론 북녀기오 거리론 동녀긔셔 사노나
(노걸 상:48)

富론 天下를 두샤딕 (맹자 9:4)

안호론 어딘 아비와 형과 업스며 밧고론… (번소 9:5)

그올로사 아모거시나 흐로쇠 (무덤편지 48)

西湖ㄴ 玉泉으로셔 흘러 오ᄂ니 (박통 상:67)

네 어드러로셔브터 온다 (노걸 상:1)

2.4. 견줌말

다른 토씨와 겹치는 예가 없으며, 도움토씨만으로 견줌말을 만드
는 예도 없다.

① 임자씨+견줌자리토씨

이 엇디…내 아니라 兵이라 홈과 다ᄅ리오 (맹자 1:10)

子貢이 仲尼두곤 賢ᄒ니라 (논어 4:63)

아릳두곤 두 자히 놉고 (노걸 상:26)

民이 仁에 火水도곤 甚ᄒ니 (논어 4:13)

샹녜 다른 사ᄅᆷ믈 친히 너겨 형뎨라와 더ᄒ리 잇ᄂ니 (정속 4)

례되 샤치ᄒ모론 검박ᄒ미 올코 (정속 17)

내 아ᄉ ᄅᆡ 병ᄒ여 누엇더니 날만 슬지디 몯ᄒ니라 ᄒ대 (이륜 6)

蘇合元을 탄즈맛감 크게 비븨여 (온역 9)

그 구스리…룡안마곰 굵고 (박통 상:20)

쇼콰 사괴여 (계초 11)

나히 시졀와 다못 드ᄅ며 (번소 6:17)

날와 ᄒ딕 일ᄒ연디 오라니 (번소 9:23)

요ᄉ이…아이돌ᄒ고 엇디 읻ᄂ고 (무덤편지 48)

아ᄉ미며 벋과로 화동ᄒ며 (여향 3-4)

이 병이…덥듯ᄒ 병과로 ᄒ가지니 (벽온 1)

셩인은 性대로 하시ᄂ 者ㅣ라 (소학辭 2)

② [매김말＋임자씨]＋견줌자리토씨

　네 닐오미 [내 뜯과] 곧다 (노걸 상:11)
　원망호미 수이 나 [ᄇᆞ롬앳 믓겨리] ᄀᆞᄐᆞ야 (번소 6:24)
　며느리 어두믈 모르매 [내 집만] 몯ᄒᆞ니를 홀디니 (번소 7:34)

③ 견줌자리토씨 생략

　형뎨 ᄀᆞᄐᆞ니돌히 (박통 상:1)
　(쟉도) ᄇᆞ롬놀 ᄋᆞ티 쾌ᄒᆞ니 (노걸 상:19)
　우리 곧 <u>내 집</u> ᄒᆞ가지니 (노걸 상:18)
　갑시 <u>샹녜</u> 곧다 (노걸 하:2)
　물 갑과 볏 갑시 그저 <u>녜</u> 곧거니와 (노걸 하:5)
　<u>쇠로기</u> ᄀᆞ티 혼 연 (박통 상:17)
　잰 ᄆᆞ리 젼혀 뎌 살 곧ᄐᆞ니 (박통 상:30)
　그 갓나히도…됴호미 <u>관음보살</u> 곧고 (박통 상:45)
　道 닷고미 거우루 ᄀᆞ라 光 <u>내욤</u> ᄀᆞᄐᆞ니 (선가 29)

2.5. 어찌말

　앞의 임자말, 부림말, 위치말, 방편말, 견줌말 등은 모두 임자씨로 이루어진다. 이에 비해 어찌말은 어찌씨로 이루어지는데, 때로는 도움토씨가 붙는 경우도 있다.
　어찌말은 월 안에서 주로 풀이말을 꾸며 주는 기능을 한다. 그러나 때로는 같은 어찌씨를 꾸밀 때도 있고 매김씨를 꾸밀 때도 있다.

① 풀이말을 꾸밈

　수리 셔욼 술집돌해 <u>비록</u> 하나 (박통 상:2)
　<u>흙씌</u> 가새이다 (박통 상:9)
　올히 비므슬히 <u>ᄀᆞ장</u> 하니 (박통 상:9)

나도 젼년희 뎨 브리엿다니 <u>ᄀ장</u> 편안ᄒ더라 (노걸 상:11)
박쯩이 틸 아희둘히 <u>ᄀ장</u> 흔ᄒ다 (박통 상:17)
<u>이러트시</u> 져ᄃ려 글월 받고 (박통 상:10)
<u>볼셔</u> 아더든 보라 가미 됴탓다 (박통 상:37)

네 <u>ᄯ 다시</u> 져ᄃ려 의론ᄒ듸 (박통 상:10)

<u>가스 ᄒ다가</u> ᄂᆡ년희 믈어디거든 (박통 상:10)

② 어찌씨를 꾸밈

<u>즉재 바ᄅ</u> 아라 올히 닐어다 (박통 상:15)

이 관원이 <u>ᄀ장 츤츤니</u> ᄉ랑ᄒ며 (박통 상:23)

미실 <u>이러트시 브즈러니</u> 머기면 (박통 상:22)

<u>그리도록 너므 만히</u> 드려 므슴 ᄒ고 (박통 상:20)

③ '아니', '몯'

<풀이말 부정>

부정할 풀이말 앞에 놓여 풀이말 내용을 부정한다.

마초아 내 <u>아니</u> 갈셔 (박통 상:53)
<u>아니</u> 가니ᅀᅡ 도ᄅᆞ혀 즐겁도다 (박통 상:54)
내 <u>아니</u> 맛버리져 ᄒ더녀 (박통 상:24)
ᄯᅩ <u>아니</u> 됴ᄒ녀 (박통 상:36)

고디 <u>아니</u> 듣다니 (무덤편지 73)

<u>몯</u> 보리라 (노걸 하:73)

사룸도 공혼 쳔 <u>몯</u> 어드면 (박통 상:22)

<u>몯</u> 이긔니눈 (박통 상:23)

<매김씨 부정>

아니 여러 　 믈 (노걸 상:27)

아니 여러 　 나그내 (노걸 상:27)

<'-ᄒᆞ다'형 파생풀이씨 부정>

뿌리에 '하-'가 붙어서 파생되는 풀이씨의 경우, 뿌리와 '하-' 사이에 '아니'를 넣어 그 풀이씨를 부정하는 경우가 있다.

머리 어즐ᄒᆞ고 음식 스랑 <u>아니</u> ᄒᆞ오니라 (노걸 하:40)

덕과 업과를 서르 권 <u>아니</u> 호미오 (여향 7)

허믈을 서르 경계 <u>아니</u> 호미오 (여향 7)

④ 도움토씨를 붙임

<u>갓가이눈</u> 父母를 事ᄒᆞ며 멀리눈 君을 事ᄒᆞ이오 (논어 4:36)

<u>죠고매도</u> 고티디 아니ᄒᆞ니라 (번소 9:105)

<u>머리셔</u> ᄇᆞ라매…<u>갓가이셔</u> 보니 (박통 상:67)

네 엇디 <u>앗가ᅀᅡ</u> 온다 (박통 상:64)

<u>그리옷</u> 아니ᄒᆞ여든 (번소 10:33)

모둔 션빅 <u>죠곰애나</u> 글옴이 잇거든 (소학 6:4)

네 <u>그리도록</u> 츤츤흔 양을 혜언든 (박통 상:64)

<u>엇디들</u> 인눈다 (편지 19)

호잔 ᄀᄃ기곰 먹고 (노걸 상:64)

미양 다시곰 넓고 (번소 9:27)

2.6. 풀이말

풀이말은 앞의 여러 월성분을 이끌고 혹은 어찌말의 꾸밈을 바로 받으면서 풀이조각을 형성한다. 따라서 풀이조각에서 가장 중심이 되는 기능과 의미를 담당하며, 모든 문법정보를 짊어지고 있으므로 다른 모든 월성분을 통제하고 제약한다.

풀이말이 짊어진 문법정보는 크게 두 가지로 나뉘니, 하나는 '인간에 대한 판단'이요, 다른 하나는 '사건에 대한 판단'이다.

2.6.1. 인간에 대한 판단

(1) 의향법

의향법은 '인간에 대한 판단' 중 들을이에 대한 말할이의 요구를 나타낸다. 의향법은 다음과 같이 하위분류된다.

의 향 법	요구 없음		정보 전달만	서술법
			자신에 대한 다짐	약속법
	요구 있음		답 요구	물음법
		행동 요구	들을이만의 행동 요구	시킴법
			들을이와 말할이의 행동 요구	꾀임법

이 중에 시킴법과 꾀임법은 들을이가 할 수 있는 행동을 요구하는 것이기 때문에 움직씨에서만 실현된다.

① 서술법

말할이가 들을이에 대한 아무런 요구 없이 어떤 정보를 들을이에게 전달하는 방법이다. 자신의 느낌을 전달하는 것도 서술법에서 기술한다.

　　더로미 아니 <u>하다</u> (박통 상:4)
　　그듸 <u>어딘뎌</u> (번소 10:6)
　　마치 됴히 네 <u>올셔</u> (노걸 하:66)

② 물음법

말할이가 들을이에게 답을 요구하는 방법인데 단순히 마음속에 의문을 품는 경우는 들을이가 자기 자신이 된다.

　　네 <u>본다</u> (박통 상:33)
　　네 어듸쓴 나를 <u>의긜다</u> (박통 상:22)
　　그 구스리 언메나 <u>굴근고</u> (박통 상:20)
　　엇디 우각쓈 <u>홀고</u> (박통 상:38)
　　그 <u>그러흔가</u> (박통 상:58)
　　뎌 흐야 밍굴이디 <u>몯홀가</u> (박통 상:15)

다음은 '임자씨＋물음토씨'가 풀이말이 되는 경우이다. 물음말이 있으면 '-고', 물음말이 없으면 '-가'가 선택된다.

　　네 스승은 엇던 <u>사룸고</u> (박통 상:49)
　　이 심이 몃근 <u>므긔오</u> (노걸 하:57)
　　이 세 버디 이 네 <u>아슴가</u> (노걸 상:15)
　　네 이 무리 흔 <u>님자가</u> <u>각각치가</u> (노걸 하:15)

③ 시킴법

들을이만의 행동을 요구하는 방법이다.

> 흔녀고론 샹 펴라 (박통 상:4)
> 네…기들워라 (노걸 하:1)
> 네 됴히 니거라 (노걸 하:56)
> 글란 네 무슴 노하시라 (노걸 상:68)

④ 꾀임법

말할이가 들을이와 행동을 함께 하기를 요구하는 방법이다.

> 흔 술위에 두 셤식 미러가져 (박통 상:11)
> 뒷 내해 물 싯기라 가져 (박통 상:21)
> 우리 샤령의 활 쏘라 가져 (박통 상:54)
> 즐기거든 네 거슬 흐고 아니 즐기거든 마쟈 (박통 상:74)
> 이믜셔 비단 사 가지고 가쟈 (노걸 하:23)[1]

(2) **높임법**

① 들을이 높임

들을이 높임의 등급은 낮춤, 반말, 보통높임, 아주높임으로 나뉜다.

<낮춤>

> 더로미 아니 하다 (박통 상:4) … 서술
> 네 본다 (박통 상:33) … 물음
> 흔녀고론 샹 펴라 (박통 상:4) … 시킴

---

1) '-쟈'는 16세기에 새로 나타난 어형이다.

혼 술위에 두 셤식 미러가져 (박통 상:11) … 꾀임

<반말>

격기는 됴히 (무덤편지 155) … 서술
비로 갑새 (무덤편지 20)
셩지 맏즈오신가 (박통 상:8) … 물음
요스이 엇디 겨신고 (무덤편지 49)
이제는 긔운 엇더ᄒ니 (편지 30)
내사 즈식글 어늬 달이 혜리 (무덤편지 23)
네 어엿비 너기고라 (노걸 상:49) … 시킴
네 허믈 마오려 (박통 상:38)
사ᄅᆷ 브려 진쵹ᄒ새 (무덤편지 52) … 꾀임

<보통높임>

嵩山느로셔 왼다 (선가 1) … 서술
어늬 시져릐 주글 주를 알릿고 (무덤편지 55) … 물음
즉시 뎐ᄒ소 (편지 4) … 시킴
몬져 례 받조 (노걸 상:63) … 꾀임

<아주높임>

우리 ᄀ장 브르이다 (노걸 상:42) … 서술
管仲은 儉ᄒ닝인가 (논어 1:27) … 물음
싱심이나 그러ᄒ리잇가 (박통 상:58)
엇디 알리잇고 (박통 상:14)
나그내네 됴히 자쇼셔 (노걸 상:31) … 시킴
우리 모다 흠쯰 가새이다 (박통 상:9) … 꾀임

② 주체높임

말할이가 주체를 높이고자 할 때 쓰이는 높임법이다. 안맺음씨끝

'-으시-'로 표시된다. 주체는 속구조에서 임자말로 지시되는 사람이다.

> 님굼이…주기시다 (번소 9:43)
> 하ᄂᆞ리…일마다 ᄒᆞ욜 법을 두시니… (번소 6:1)
> ᄆᆞ슴 됴ᄒᆞ신 원판 형님하 (박통 상:17)
> ⇐ 형니미 ᄆᆞ슴 됴ᄒᆞ시-

③ 객체높임

말할이가 객체를 높일 의도가 있어야 하고, 주체보다 객체가 높다고 판단되어야 한다. 객체란 속구조에서 부림말이나 위치말로 지시되는 사람이며, 안맺음씨끝 '-ᄉᆞᆸ-'으로 표시된다.

> 子ㅣ…孟子ᄭᅴ 묻ᄌᆞ오라 (맹자 5:6)
> 佛祖의 大恩을 感激ᄒᆞᅀᆞ오리로다 (선가 3)
> 뉘 然燈佛ᄭᅴ 受記 받ᄌᆞ오료 (선가 62)
> 君子를…졷ᄌᆞ오리이다 (소학 6:54)
> ᄆᆞᆫ득 彌陀를 보ᅀᆞ오리라 (선가 42)

(3) **인칭법**

말할이가 인칭을 판단하여 이분화시키는 방법이다.

서술법 '-다', 이음법 '-으니', 회상법, 확정법에서는 1/2, 3인칭으로 이분화하고 물음법에서는 2/1, 3인칭으로 이분화한다.

① 서술법, 이음법, 회상법, 확정법의 인칭

<서술법, 이음법>

서술법 '-다', 이음법 '-으니' 활용형에 안맺음씨끝 '-오/우-'를 연

결하여 임자말이 1인칭임을 나타낸다. 2, 3인칭일 때는 '-오/우-'를 연결하지 않는다. 1인칭 활용의 예만 보이기로 한다.

　내…수울 만히 머고라 (노걸 하:40)
　내…가노라 (노걸 상:1)
　내…토리라 (박통 상:11)
　나는…닐오리라 (노걸 상:18)
　나는 몰라 일즉 가져오디 아니호니…날 ㅎ나 빌이고려 (박통 상:65)
　나도 싱각호니 그리 ㅎ샴이 올ㅎ샷다 (번소 9:62)
　내 쏘 싱각호니 許ㅎ심이 올타 ㅎ야늘 (소학 6:57)
　나는 들오니… (논어 2:25)

<회상법>

　자신의 일을 회상할 때에는 '-다-'를, 2, 3인칭의 일을 회상할 때에는 '-더-'를 연결한다.

　-1인칭-
　내…믈 ㅌ디 몯ㅎ다라 (박통 상:37)
　내 쏘 흔 일 니젓다이다 (노걸 상:31)
　흔 즈는 내 듣디 몯ㅎ엿당이다 (번소 9:53)
　小人이 미실 지븨 잇디 아니ㅎ다니 (박통 상:58)
　ㅎ마 너희 추즈라 가려 ㅎ다니 네 쏘 오나다 (노걸 상:68)

　-2, 3인칭-
　뎌긔 네 햐근 술위 잇더라 (박통 상:12)
　그 아비는…수업슨 쳔량이러라 (박통 상:46)
　先生이…낫바츨 잠깐 느즈기 ㅎ더시다 (번소 9:4)

<확정법>

1인칭에는 '-과-', 2, 3인칭에는 '-으니-'가 쓰인다.

-1인칭-

이 글월 쓰과라 (박통 상:60)

내 이 흔 글월 쓰과라 (노걸 하:16)

내 맛보과라 (노걸 상:22)

-2, 3인칭-

그는 ㄱ장 쉬우니라 (박통 상:48)

랑듕하…흔 우홈 뿔만 주미 올흐니라 (박통 상:11)

人家ㅣ 업스니라 (노걸 상:10)

② 물음법

임자말이 2인칭일 때는 '-(은, 을)다', 1, 3인칭일 때는 '-(은, 을)고/가'가 선택된다. 들을이를 중심으로 이분화한 것이다. 이는 물음법은 들을이의 답을 요구하는 문법적 방법이므로 들을이가 어떤 사실을 판단하게 되기 때문이다.

-2인칭-

네 본다 (박통 상:33)

네 언제 온다 (박통 상:51)

네 어듸 가 잇던다 (박통 상:37)

네 므슴 밥을 머글다 (노걸 상:20)

-1, 3인칭-

며츳나리 됴흔고 (노걸 하:71)

그 구스리 언메나 굴근고 (박통 상:20)

쟉비공은 <u>완논가</u> (무덤편지 52)

이 日은 어늬제 <u>喪홀고</u> (맹자 1:5)

2.6.2. 사건에 대한 판단

(1) 때매김법

사건(움직임이나 상태)이 일어난 때를 판단하는 방법이다.

① 현실법

어떤 사건이 실지로 방금 일어나고 있는 것을 기술하거나 방금 눈앞에서 일어나고 있다고 생각하면서 기술하는 방법이다. 안맺음 씨끝 '-ᄂ-'로 표시된다.

이 느즌듸 희도 <u>디ᄂ다</u> (노걸 상:49)

네 <u>모르ᄂ고나</u> (노걸 상:50)

내…<u>가노라</u> (박통 상:8)

② 회상법

지나간 일을 되돌려 생각하며 기술하는 방법이다. 안맺음씨끝 '-더/다-'로 표시된다.

孔子ᄂ…말ᄉᆞᆷ 아니 <u>ᄒ더시다</u> (소학 3:14)

政이 <u>잇뎨이다</u> (논어 3:41)

내 요ᄉᆞ이…물 ᄐ디 <u>몯ᄒ다라</u> (박통 상:37)

小人이 미실 지븨 잇디 <u>아니ᄒ다니</u> (박통 상:58)

③ 확정법

이미 확정된 사실로 판단하여 기술하는 방법이다. 안맺음씨끝
'-으니/과-'로 표시된다.

　　그는 ᄀ장 <u>쉬우니라</u> (박통 상:48)
　　랑듕하···ᄒᆫ 우훔 뿔만 주미 <u>올ᄒᆞ니라</u> (박통 상:11)
　　人家ㅣ <u>업스니라</u> (노걸 상:10)
　　이 글월 <u>쓰과라</u> (박통 상:60)
　　내 이 ᄒᆞᆫ 글월 <u>쓰과라</u> (노걸 하:16)
　　내 <u>맛보과라</u> (노걸 상:22)

④ 미정법

아직 결정되지 않은 일, 혹은 어떤 일을 추측하면서 기술하는 방
법이다. 안맺음씨끝 '-으리-'로 표시된다.

　　일 <u>업스리라</u> (선가 6)
　　팔월 초싱애 <u>나시리라</u> (박통 상:18)
　　나는 그저 이리 <u>닐오리라</u> (노걸 상:18)
　　그 마ᄅᆞᆯ 엇디 <u>니르리오</u> (노걸 상:2)
　　므슴ᄒᆞ려 입힐훔 <u>ᄒᆞ료</u> (박통 상:22)

⑤ 완결지속법

이미 완결된 일이 아직도 그 상태로 지속되어 있음을 나타내는
방법이다. '-어 잇(이시)-'에서 발달된 어형이다. 15세기 말기부터
발달한 때매김법이다.

당시론 <u>일엇다</u> (박통 상:53)
그 도즈기…<u>가텻느니라</u> (노걸 상:30)
子ㅣ <u>드런느냐</u> (맹자 7:33)
禮을 <u>빈환는다</u> (소학 4:5)

⑥ 미정회상법

지난 어떤 때의 상황으로는 미정적이었던 것을 지금에 와서 회상하는 방법이다. 안맺음씨끝 '-으리러-'로 표시된다. 15세기에는 때매김의 겹침이 이것뿐이다.

이러트시 고텨 두외샤미 몯 <u>니르혜리러라</u> (월석 1:21)
ᄒᆞ마 누니 <u>멀리러라</u> (번소 9:36)
져제 됴훈 몰 몯 <u>어드리러라</u> (박통 상:63)

⑦ 완결회상법

어떤 일이 지난 어떤 때에 완결되었음을 지금에 와서 회상하는 방법이다. 안맺음씨끝 '-엇더-'로 나타내며, 이는 '-어 잇더-'에서 발달한 어형이다. 16세기부터 보이는 때매김의 겹침이다.

그적의 張公이…轉運使를 <u>ᄒᆞ엿더라</u> (소학 6:6)
ᄒᆞᆫ 주는 내 듣디 몯ᄒᆞ엿댕이다 (번소 9:53)

⑧ 완결추정법

완결된 것으로 추측하는 방법이다. 안맺음씨끝 '-어시리-'로 나타나는데, 이는 '-어 이시리-'에서 발달된 어형이다. 16세기부터 보이는 때매김의 겹침이다.

내 모민들 엇디 미양 미라시리오 (번소 10:31)

能히 믿비 몯ᄒ면 쟝ᄎᆺ 엇디 뻐 셰샹의 셔시리오 ᄒ고 (소학 6:52)

多寶如來를 알면…法엣 財寶ㅣ ᄀ자시리라 (칠대 14)

(2) 강조 · 영탄법

사건의 내용을 강조하는 방법이다.

① '-아/어-'계

당티 몯ᄒ야이다 (노걸 하:35)

고윤은…두리슥와 말ᄉᆞᆷ자ᄎᆞ롤 그르ᄒ여이다 (번소 9:46)

쇽졀업시 아ᄋᆞᆷᄃᆞᆯ 쳥ᄒ야…차반도 빕브르디 몯ᄒ샤이다 (노걸 하:35)

② '-거-'계

네 됴히 니거라 (노걸 하:56)

네 됴히 잇거라 (노걸 하:72)

아ᄆᆞ려나 견듸여 사라거라 (무덤편지 67)

ᄒ마 길히 이리 어렵거니 우리 아ᄆᆞ란 밧븐 이리 업거니 므스므
려 일녀리오 (노걸 상:69)

③ '-도-'계

됴토다 됴토다 (박통 상:55)

과션 긔이ᄒ도다 (박통 상:68)

진실로 百姓인 者ㅣ 잇도다마ᄂᆞᆫ (맹자 1:20)

古人ㅣ…뵈디 몯홀 거슬 구틔여 이리 뵈시도다 (선가 1)

④ '-노-'계

큰 형아 우리 도라가노소라 (노걸 하:72)

秀氏ㅣ…事를 두려 ᄒ노쇠이다 (논어 4:16)

四夷를 撫코쟈 <u>호시노소이다</u> (맹자 1:28-9)

⑤ '-다-'계

우리 后를 俟호다소니 后ㅣ 來호시니 그 蘇콰라 호니이다 (맹자 2:31-2)

해 내 일즉 아디 몯호라 볼셔 아더든 보라 가미 <u>됴탓다</u> (박통 상:37)

뎨 사 석두리나 묵노라 호야 집삭 무러 속절업시 <u>허비호리랏다</u> (박통 상:54)

⑥ '-샤'계

羊으로뻐 易호라 <u>호샤소니</u> 아디 몯게이다 인느니잇가 (맹자 1:19)

그러호면 이셩 사괴요믈 녯 님고미 듕히 <u>너기샷다</u> (정속 11)

⑦ '-소-'계

앏픠는 아무란 뎜도 업슬시 우리 부러 <u>오소니</u>… (노걸 상:40)
내…<u>업쇠</u> (무덤편지 56)

3. 그 밖의 월성분

3.1. 매김말

매김말은 월 안에서 임자씨를 꾸미는 역할을 하기 때문에 그 꾸밈을 받는 임자씨와 더불어 임자말, 부림말, 위치말 등의 월성분이 된다. 매김말은 매김씨로 이루어지는 경우와 임자씨와 매김토씨가 어울려 이루어지는 경우, 매김토씨가 생략되어 임자씨 단독으로 되는 경우가 있다.

① 매김씨

므슴 이리 잇ᄂᆞᆫ고 (박통 상:7)
어느 짜 (박통 상:8)
여러 담ᄉᆞ리 (박통 상:9)
네 그 쌈 우희 므슴 헌듸오 (박통 상:13)
뎌 紅橋 (박통 상:42)

② 임자씨+매김토씨

<매김토씨만으로>

즁싱의 얼굴 (박통 상:4)
그 가희 삐 (박통 상:33)
아ᅀᆡ 아들 (번소 9:71)
쇠 거름 (노걸 하:9)
염쇠 삿기 (노걸 하:22)
엇디 각각 녜의 ᄠᅳ들 니ᄅᆞ디 아니ᄒᆞ리오 (논어 1:51)[2]

내의 平生 ᄠᅳ든 (번소 10:20)

내 모매 솔콰 (칠대 2)

위의 예에서 '-애'는 위치자리토씨가 매김토씨의 역할을 한 경우이다. 16세기에는 이런 예가 더러 보인다.

---

2) 두 매김씨(ㅣ +의)가 겹친 꼴이다.

<이음토씨와 더불어>

비단갇과…돈피털갇<u>과인</u> 우히 (노걸 하:52)

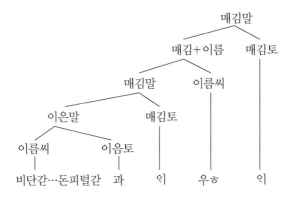

③ 매김토씨 생략

매김토씨가 생략되는 경우도 다음의 여러 유형이 있다.

<임자씨 단독으로>

<u>平生</u> 쁘든 (번소 10:20)
<u>삼년</u> 스싀예 (박통 상:39)

방향을 나타내는 말(밑, 우히, 곁…) 앞의 매김말에는 매김토씨를
쓰지 않는 것이 일반적이다. 이는 현대말에 있어서도 마찬가지이다.

<u>나모</u> 미틔 이셔셔 (노걸 상:27)
네 그 <u>쌈</u> 우희 무슴 헌듸오 (박통 상:13)
이 덤 <u>셧녁</u> 겨틔 (노걸 상:26)
붇 <u>그테</u> 다 스디 어려우니 (박통 상:69)
믓 가온듸 <u>드리</u> 우희 (박통 상:71)

셈이나 숱을 나타내는 말에는 토씨를 붙이지 않는다.

　다숫 낫 돈 (박통 상:52)
　두 낫 돈 (박통 상:52)
　쉰 낫 돈 (박통 상:11)
　흔 물 양이 난나치 쇠리 긴 거셔 (박통 상:41)

이 경우, 매김말과 임자말의 위치가 뒤바뀔 수 있다.

　돈 다숫 주마 (박통 상:45) ← 다숫 (낫) 돈
　우리 셜흔 사람미 각각 돈 일빅곰 내면 (박통 상:1)
　은 일빅량 (박통 상:45) ← 일빅량 은
　플 흔나츨 가져다가 (박통 상:38)
　쇼 흔나 사며 (박통 상:2)
　도틱 고기 쉰근만 사면 (박통 상:2) ← 쉰근 도틱 고기
　됴흔 수울 여라믄 병만 어더 오딕 (박통 상:2)
　잔 흔나 (박통 상:7)
　죠희 흔댱 가져다가 (박통 상:24)
　갈 흔부 (박통 상:15)

<사잇소리>

사잇소리가 들어가 매김말 구실을 할 때가 있다.

　셔욼 술집들해 (박통 상:2)
　져젯 술 (박통 상:2)
　수울 ᄀᄉ만 마숤 관원 (박통 상:3)
　여러 가짓 로롯바치 (박통 상:5)
　흔 덩잇 어름 (박통 상:5)

짓짓 종 <u>나못 거플</u> 실 (박통 상:27)
뎌 <u>紅橋ㅅ</u> ᄀ새 (박통 상:42)
<u>뎌긧</u> 법 (박통 상:9)
<u>고렷</u> 짜 (박통 상:8)
두 <u>돐</u> 월봉 (박통 상:11)
흔 <u>갓</u> 방 (박통 상:41)

다음은 이음토씨에 사잇소리가 연결된 예이다.

機ᄂ 能과 <u>所왓</u> 므슴 니ᄂ 고디라 (선가 7)
므슴 모ᄅ고 念佛호미 取와 <u>捨왓</u> 쁘디 잇ᄂ니 (선가 42)

<위치자리토씨>

위치자리토씨가 들어가 매김말 구실을 할 때가 있다. 15세기에
는 이러한 예가 보이지 않는데, 16세기에는 드물게 보인다. 따라서
이를 예외로 볼 것인가 아니면 16세기의 매김토씨로 인정해야 할
것인가를 결정하는 것은 간단한 일이 아니다. 여기에서는 일단 예
외로 보고 설명하고자 한다.

안씨를 돗의 가온대 아니ᄒ며 둔니기를 <u>길헤</u> 가온대 아니ᄒ며
셔기를 <u>문에</u> 가온대 아니ᄒ며 (소학 2:10)
내 <u>모매</u> 술콰…내 <u>몸에</u> 피와…내 <u>모매</u> ᄃᄉ 氣韻이오 (칠대 2)

<위치자리토씨+사잇소리>

위치자리토씨와 사잇소리가 겹쳐져서 매김말 구실을 할 때가 있다.

깁 그샛 나모 미틔 이셔셔 (노걸 상:27)

후엣 사르믜 일흐요믄 (번소 8:15)

란간앳 스지 머리 (박통 상:9)

텬하앳 경박흔 거시 두외리니 (번소 6:15)

教坊잇 여라믄 樂工 (박통 상:5)

이 무리 네 님자읫 거시니 (노걸 하:15)

<도움토씨>

매김토씨가 생략되고, 임자씨에 도움토씨가 연결되어 매김말 구실을 하는 경우가 있다. 이는 지금말에는 쓰이지 않는 용법이다.

우리 몬져 두슌만 슌비 수울 머거든 (박통 상:6)

거싀 싀십리만 짜해 다두라 (노걸 상:29)

흔 사발만 두순 믈 가져 오라 (노걸 상:61)

이맛감 뷘 바비 (노걸 상:41)

다음은 도움토씨에 사잇소리가 연결된 예이다.

십리맛값 길히라 흐더니 (노걸 상:59)

3.2. 이은말

이은말은 여러 임자씨에 이음토씨가 연결되어 만들어지며, 이들이 한 덩이가 되어 월 안에서 하나의 월성분으로 역할을 한다.

① 이음토씨

<이음토씨만으로>

우리 지븨 [전산과 갇모와] 가지라 가노라 (박통 상:65)
[스승과 벋]이 업고 (번소 9:5)
[술와 사발] 다 잇다 (노걸 상:57)
[제 아ᅀᆞᄒᆞ며 누의]를 어엿비 너규믈 (번소 9:36)
[더브럿는 사ᄅᆞ미며 죵돌]도 잇다가 (노걸 하:48)
[놀애며 춤과]를 ᄀᆞᄅᆞ치고져 식브니라 (번소 6:7)
추모로…[나져 바며]…ᄇᆞᄅᆞ라 (박통 상:13)
[수리라 바비이라] 됴히 머기소 (무덤편지 72)
[흰 깁과 힌 싱깁과] 잇다 (노걸 하:26)

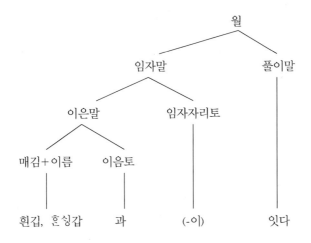

<다른 토씨와 겹침>

國公이 天下를 두디 몯ᄒᆞ심은 [益의 夏에와 伊尹의 船에] ᄀᆞᆮ
니라 (맹자 9:28)

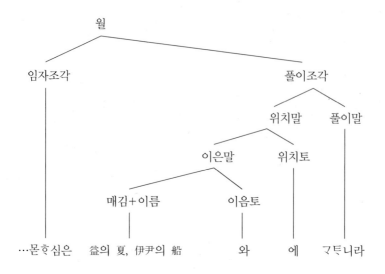

[시옥과…터리와는] 내게 다 있다 (박통 상:48)

[브즈러니 홈과…온화홈과는] ᄒ마 듣ᄌ왓거니와 (번소 9:53)

[덕과 업과로] 서ᄅ 권호미라 (여향 2)

과시를 [빈와…감과썬] ᄒ고 (번소 10:32)

[衣服과 飮食과브테며 일 잡옴브터]를 (소학 2:17)

다음은 '-이다'와 더불어 풀이말을 만든 예이다.

둘째는 므리니 믈와…싫믈쾌오 (칠대 2-3)

性이라 흔 거슨 쇠며…홈쾌니 (칠대 9)

② 이음토씨 생략

죠희 먹 붇 벼루 가져오라 (박통 상:60)

열 숫가락도 기니 뎌르니 잇ᄂ니 (박통 상:32)

비단 열필 깁 열필와…골회와 (박통 상:45)

3.3. 홀로말

홀로말은 월 짜임새 밖에 놓이는 월성분인데, 다음의 몇 가지가 홀로말이 된다.

① 임자씨+부름토씨

형아 네 드른다 (박통 상:53)
이 버다 네 사ᄒᆞ논 딥피 너므 굵다 (노걸 상:19)
求아 너ᄂᆞᆫ 엇디료 (논어 3:14)
살 님재야 네 갑슬 더으디 아니ᄒᆞ야도 (노걸 하:13)
아ᄒᆡ야 네…지븨 가라 (노걸 상:62)
八金여 네 어듸 가ᄂᆞᆫ다 (박통 상:65)
령공하 왕오 왓나이다 (박통 상:59)

다음은 부름토씨가 생략된 경우이다.

누의님 니ᄅᆞ디 말라 (박통 상:48)

② 느낌씨

느낌씨는 월 안에서 그대로 홀로말이 된다.

해 진실로 영노ᄉᆞᆯ갑고 ᄉᆞ밋가올셔 (박통 상:15)

③ 이음씨

이제 밥도 져그나 머그며 ᄯᅩ 무ᄉᆞᄒᆞ얘라 (박통 상:38)
돈을 흐러주라 그리ᄒᆞ면 힘 ᄆᆞᄃᆞ리라 (박통 상:66)

<u>이러면</u> 우리 며치 가료 (박통 상:54)

…<u>그러면</u> 즉재 스러디리라 (박통 상:13)

…<u>그러코</u> 亡티 아닐 者ㅣ 잇디 아니ᄒ리라 (맹자 12:12)

CHAPTER
02

겹월

Ⅰ. 겹월의 개념과 종류

겹월에는 안은 겹월과 이은 겹월이 있다.

안은 겹월이란 홑월이 다른 월의 한 월성분으로 안기는 겹월을 뜻한다.

이은 겹월이란 홑월의 마침법 활용을 이음법 활용으로 바꾸어, 그 뒤에 다른 홑월을 연결시킨 겹월을 뜻한다.

1. 안은 겹월

홑월의 마침법 활용이 두자격법으로 바뀌어, 다른 월에 안기게 되는 '안긴마디'는 다음의 세 종류가 있다.

① 이름마디

홑월의 마침법 활용이 '이름법'으로 바뀌어 다른 월에 안기는 마디이다. 이때 이름마디는 이름씨처럼 여러 월성분으로 기능할 수 있다.

　　[正覺 일우샤몰] 뵈샤 (월석, 서:6)

② 매김마디

홑월의 마침법 활용이 '매김법'으로 바뀌어 다른 월에 안기는 마디이다. 이때 매김마디는 매김씨처럼 그 뒤의 이름씨를 꾸며 준다.

　　[뎌 ᄯᅡ해 겨신] 諸佛 (석보 13:13)

③ 어찌마디

홑월의 마침법 활용이 '어찌법'으로 바뀌어 다른 월에 안기는 마디이다. 이때 어찌마디는 어찌씨처럼 그 뒤의 풀이말을 꾸며 준다.

　　三乘ᄋᆞᆯ [크게] 여ᄅᆞ시며 (월석, 서:7)

마침법 활용을 그대로 유지한, 하나의 완전한 월의 형식이 곧바로 마디가 되는 경우가 둘 있다.

④ 인용마디

인용말은 인용마디가 되어 안은마디에 안기게 된다. 인용은 '직접인용'과 '간접인용'이 있는데, 우리말에 있어서는 이 둘의 구분이 쉽지 않다. 인용마디를 하위분류할 때에는 '직접인용'과 '간접인용'을 구분하는 명확한 기준이 마련되어야 한다.

⑤ 풀이마디

임자말과 풀이말을 가진 홑월 전체가 전체 월 안에서 풀이말로 기능하는 경우가 있다. 이때 안긴마디의 임자말은 '작은 임자말'이라 하고, 안은마디의 임자말은 '큰 임자말'이라 한다. 안긴마디는 '풀이마디'가 된다. 대부분의 경우, 작은 임자말은 큰 임자말의 소유물이 되는데, 이에 따라 일어나는 통어적 제약은 매우 흥미롭다.

2. 이은 겹월

이음법이 실현된 앞의 마디를 앞마디(혹은 이은마디)라 하고, 그 뒤에 연결되는 마디를 뒷마디라고 한다. 이때 뒷마디는 마침법으로 끝날 수도 있고, 다시 이음법이 실현되어 그 자신이 그 뒷마디에 대한 앞마디가 될 수도 있다.

1차적으로 생성된 이은 겹월의 구조를 보이면 다음과 같다.

예) 봄이 오니, 꽃이 핀다.

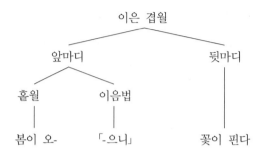

이때 이음법 씨끝은 앞마디와 뒷마디의 통어적, 의미적 관계에 의해 선택이 된다(여기에 드는 예는 극히 단편적인 것이다. 예문은 이해를 돕기 위하여 현대국어로 한다).

<의미적 관계에 의한 선택>

이음법 '-지마는/지만'은 '봄이 오-'와 '꽃이 피-'를 연결시켜 줄 수 없다.

*봄이 오지만 꽃이 핀다.

이것이 비문이 되는 것은 통어적으로는 설명되지 않는다. 이와 같은 구조인 「바람이 불지만 꽃은 핀다」는 성립하기 때문이다. 이는 '봄이 오-'라는 명제와 '꽃이 피-'라는 명제가 진리적으로 '순행'의 의미관계에 있어서 '역행'을 요구하는 '-더라도' 따위와 의미적으로 연결될 수 없기 때문이다. 이와 반대로 '바람이 불-'과 '꽃이 피-'는 '역행'의 의미관계에 있으므로 '-더라도'가 연결되는 것이다.[3]

---

3) 진리적 '순행'이란 '봄이 온다'는 사실은 '꽃이 핀다'는 사실을 진리적으로 수반한다는 것을 뜻

그러나 '진리'를 따질 수 없는 명제 '나는 가-'와 '그는 오-' 따위
는 '-으니'와 '-더라도'가 모두 성립한다.

　　내가 가니 그는 온다.
　　내가 가더라도 그는 온다.

<통어적 관계에 의한 선택>
　현대국어에서의 '가정'의 뜻을 나타내는 '-거든'은 뒷마디가 '서
술법'일 때는 연결될 수 없다.[4]

　　*봄이 오거든 꽃이 핀다.

　이러한 현상은, '-거든'의 의미만으로는 그 이유를 설명할 수 없
다. '-거든'과 마찬가지로 '가정'의 뜻을 나타내는 '-으면'은 뒷마디
가 서술법일 때도 연결되기 때문이다.

　　봄이 오면 꽃이 핀다.

　이러한 현상은 '통어적 제약'으로 설명되어야 한다.
　'-고자'는 앞마디와 뒷마디의 임자말이 다를 때는 연결되지 않는다.

한다. 만약 진리가 바뀌어 꽃이 추운 겨울에 피는 것이라면 「봄이 오지만, 꽃은 핀다」는 의미
적으로 성립하게 된다.

4) '「-거든」은 뒷마디에 서술법을 허용하지 않는다(서술법을 제약한다)'라는 설명보다는 위의 설명
(통어적 여건에 따른 '선택')이 더 합당하다. 말할이는 '봄이 오-'와 '꽃이 피-'의 두 명제를 먼
저 머릿속에 설정하고, 그 다음에 이음법을 선택하기 때문이다. 그러나 관례에 따라, 이 책에
서는 앞으로 '통어적 제약'으로 기술하기로 한다.

*봄이 오고자 밤부터 소쩍새는 그렇게 울었나 보다.

'-고자'와 비슷한 뜻을 가진 '-으려'는 임자말이 다르더라도 연결된다.

봄이 오려고 밤부터 소쩍새는 그렇게 울었나 보다.

<결론>

이음법은 '의미'만으로는 그 정체를 파악하기가 어렵다. 그것이 가지는 뜻이 너무나 광범위하고 다양하기 때문이다. 이음법은 '의미'와 '통어적 제약'이 함께 얽혀서 실현된 것이므로 이음법의 체계를 바르게 세우기 위해서는 이 둘을 함께 고려해야만 한다.

II. 안은 겹월

II.1. 이름마디

중세국어의 이름마디는 주로 씨끝 '-ㅁ'에 의해서 만들어진다. '-기', '-디'도 이름마디를 만들기는 하지만 그 예가 매우 적다. 현대국어에 있어서의 씨끝 '-ㅁ'은 그 생산성이 매우 약해졌으나, 중세국어에 있어서는 매우 생산적이어서 중세국어의 이름마디의 통어적 연구에는 '-ㅁ'이름마디의 연구가 중요한 과제가 된다.

II.1.1. '-ㅁ'이름마디

1. 이름마디의 특질

1.1. 문법정보의 제약

이름마디의 풀이말이 나타낼 수 있는 문법정보는 이름법 이외에는 주·객체높임법과 때매김법뿐이다.

이름마디의 풀이말에는 '-오/우-'가 반드시 들어가게 되는데, 이 경우의 '-오/우-'에는 아무런 문법정보가 들어 있지 않다.[5]

① 주체높임

-15세기-
[正覺 일우샤몰] 뵈샤=示成正覺 (월석, 서:6)
[東南門 노니샤매] 늘그니 病ᄒᆞ니를 보시고 (천강곡 상, 기44)
[가샴 겨샤매] 오늘 다ᄅᆞ리잇가 (용 26장)

-16세기-
이제 天下ㅣ 溺ᄒᆞ얏거늘 [天子의 援티 아니ᄒᆞ심은] 엇디잇고 (맹자 7:27)
[周公의 天下를 두디 몯ᄒᆞ심은] 益의 夏에와 伊尹의 殷에 ᄀᆞ트니라 (맹자 9:28)
[근심ᄒᆞ시ᄂᆞ ᄂᆞᆺ빗츨 두겨샴은] 엇뎨미니잇고 (소학 4:17)
立ᄒᆞ야 天子ㅣ 되샤ᄂᆞ [放ᄒᆞ심은] 엇디잇고 (맹자 9:10)

---

5) '-오/우-'의 변이형태의 실현에 대해서는 허웅(1983: 627-632) 참조.

② 객체높임

우리 부텨 如來…일후미 天人師ㅣ시며 [일쿨ㅈᄫᅩ미] 一切智샤
(월석, 서:6)

젓ᄉᆞ오며 [ᄉᆞ랑ᄒᆞᅀᆞ오ᄆᆞᆯ] 兼ᄒᆞ야 (능엄 7:28)

이 일후미 부텻 恩을 [갑ᄉᆞ오미이다]=是則名爲報佛恩이이다 (능
엄 3:112)

-16세기-

小人ᄂᆞᆫ [바티ᅀᆞ오미사] 올ᄒᆞ니 (박통 상:60)

[文王ᄭᅴ 잡아 받ᄌᆞ옴이] 이심애 (소학 4:14)

夷之ㅣ…[孟子 보ᅀᆞ옴을] 求ᄒᆞ대 (맹자 5:32)

③ 주·객체높임의 겹침

풍류에 [十萬가짓 伎樂 받ᄌᆞᄫᆞ샤ᄃᆞᆫ] 妙法 너비 펴고져 호ᄆᆞᆯ 뵈
시고 (월석 18:83)

能히 한 부텨를 [보ᅀᆞ오샤미라] (법화 6:177)

④ 때매김법

이름마디의 풀이말에 나타날 수 있는 때매김법은 '완결법'의
'-아시(앗)-' 뿐이다.[6]

-15세기-

[혼 벼스레 미여쇼ᄃᆞᆫ] 진실로 모ᄆᆞᆯ 갊가라 ᄒᆞ논디라 (두언 21:29)

[모ᄆᆞᆯ 고ᄌᆞ기ᄒᆞ야쇼ᄃᆞᆫ] 간곡흔 톳기를 ᄉᆞ랑ᄒᆞᄂᆞᆺ고 (두언 16:45)

[힌 누니 뫼해 ᄀᆞ득ᄒᆞ야슈믈] 시르며 對ᄒᆞ얏노라=愁對…白滿山
(두언 11:35)

---

6) 때매김 안맺음씨끝 '-아시(앗)-'에 대해서는 허웅(1987: 466) 참조.

넷 병에 [예 와쇼물] 둘히 너기노니=舊疾甘載來 (두언 6:51)

이 유무에 [써쇼미] 아무란 ᄌ셔흔 주리 업다 (노걸 하:3)
사름이 세샹의 [나슈미] 가븨야온 듣틀이 보ᄃ라온 플에 [븓터
슘] ᄀᆞ투니 (번소 9:63)
네 인도 [맛나쇼미] 반ᄃ시 눈 먼 거부비 나모 맛나미 ᄀᆞ투니
(야운 79)
이 사ᄅᆞ미 病은…光影門 쁘테 [안자슈매] 잇ᄂᆞ니라 (선가 23)

1.2. 임자자리토씨의 변형

속구조의 홑월이 겉구조인 이름마디로 바뀔 때에 임자자리토씨
'-이'가 그대로 유지되는 경우도 있지만, 때로는 매김토씨 '-의/의'
로 바뀌는 일이 있다.

[네의 나미] 甚히 正直ᄒ니 (두언 16:57) ⇐ [네(너+ㅣ) 나-]
[내의 衰老호ᄆ] =我衰 (두언 22:27) ⇐ [내(나+ㅣ) 衰老ᄒ-]
[ᄀᆞᄅᆞ미 흘루미] =江流 (두언 7:12) ⇐ [ᄀᆞᄅᆞ미 흐르-]
비르수 [蕃과 漢과의 달오몰] 드르리로다=始聞蕃漢殊 (두언 6:38)
⇐ [蕃과 漢괘 다ᄅᆞ-]
[바ᄅᆞᆺ 므릐 밀유미] 분 히믈 주도다=溟漲與筆力 (두언 16:20)
⇐ [바ᄅᆞᆺ 므리 밀이-]
[안히 딥다로ᄆ] (두언 20:50-1) ⇐ [안히 딥달-]
[衆生의 ᄒ며 말며 念 뮈우미] (월석 21:98) ⇐ [衆生이 (ᄒ며 말
며) 念 뮈우-]
[佛智의 어려우미] 아니라 (법화 3:165) ⇐ [佛智ㅣ 어렵-]

- 16세기 -
이제 天下ㅣ 溺ᄒᆞ얏거늘 [夫子의 援티 아니ᄒᆞ심은] 엇디잇고 (맹
자 7:27) ⇐ [夫子ㅣ 援티 아니ᄒᆞ시-]

이렇게 임자자리토씨 '-이'가 '-ᄋᆡ/의'로 바뀌는 이유에 대해서는
다음과 같은 가설을 세워 볼 수 있다.

중세 이전에는 '-ㅁ'은 이름법으로 '-기'는 파생법으로 기능하다
가 현대국어로 오면서 차츰 그 기능이 뒤바뀌게 되어 이름법에는
'-기', 파생법에는 '-ㅁ'이 많이 쓰이게 되었는데, 15세기 중·후반
기는 이미 '-ㅁ'이름법이 파생법으로 기능하기 시작한 과도기였기
때문에 때로는 '-이'가 '-ᄋᆡ/의'로 변하지 않았을까 생각된다.

1.3. 이름마디의 기능

이름마디는 이름씨처럼 여러 토씨가 붙어서 여러 월성분으로 기
능할 수 있다.

<임자말> 羽旗 [뮈유미] 흔글ᄋᆞ투니 (두언 24:23)
　　　　　남진 겨집븨 [화동호미] 집븨 됴홀 샨 아니라 (정속 6)
<부림말> 우숨 우스며셔 [주규믈] 行ᄒᆞ니 (두언 6:39)
　　　　　[ᄆᆡ요믈] 구디 ᄒᆞ라 (노걸 상:37)
<위치말> 새려 [시름호매] 누니 돌올ᄃᆞ시 바라노라 (두언 20:18)
　　　　　뉘 能히 [出홈애] 戶를 由티 아니오마ᄂᆞᆫ (논어 2:8)
<견줌말> 逃亡ᄒᆞ야 [감] 곧다ᄉᆞ이다 (능엄 1:92-3)
　　　　　兵이라 [홈과] 다ᄅᆞ리오 (맹자 1:10)
<방편말> [이리ᄒᆞ샤ᄆᆞ로] 아홉 큰 劫을 걷내뛰여 (월석 1:52)
　　　　　글 [빈호모로브터] 터 잠ᄂᆞ 거시니 (정속 8)

<잡음씨 '-이다' 앞> 大悲로 [일쿠즈오미라] (능엄 6:41)
　　　　　　갓가이는 [父母를 事홈이며] 멀리는 [君을 事홈이오]
　　　　　　(논어 4:36)
<매김말> [혜아룜] 그틀 뮈우노라 (두언 16:69)

1.4. 생성과정

① 홑월에서 변형

속구조의 홑월의 풀이말이 씨끝 '-ㅁ'으로 활용하여 이름마디로
변형되는 경우이다.

[羽旗 뮈유미] 흔글ㅇ트니 (두언 24:23) ⇐ [羽旗(이) 뮈-]
ㅎ다가 [므슴 뿌미] 가곡ㅎ면 (몽산 7) ⇐ [므슴 쓰-]
[내 너룰 건네요미] 올ㅎ니라 (육조, 상:33) ⇐ [내 너룰 건네-]

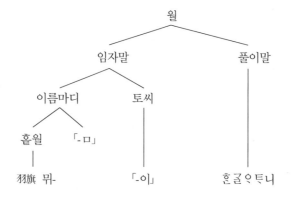

② 겹월에서 변형

속구조의 겹월이 이름마디로 변형되는 경우이다.

[(親호미) 쉽디 아니홈] 아니로다 (남명, 하:14)

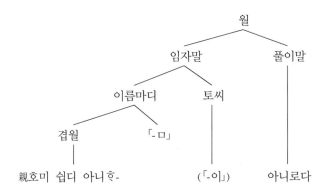

여기서 겹월은 이은겹월이 될 수도 있고, 안은 겹월이 될 수도 있다. 이론적으로 월이라는 것은 이음과 안음의 과정을 수없이 되풀이할 수 있다. 마디 안에 이음의 형식이 있을 수 있고, 그 이음 안에 마디가 있을 수 있으며, 또 그 마디 안에 또 다른 마디가 안길 수 있는 것이다. 그러나 실지의 언어현상에 있어서는 어느 정도의 제한이 있다. 언어 구조가 말할이나 들을이의 이해에 지장을 줄 만큼 복잡해서는 곤란하기 때문이다.

2. 홑월에서 변형된 이름마디

2.1. 임자말로 기능

홑월에서 변형된 이름마디가 안은마디 안에서 임자말로 기능하는 경우이다.

2.1.1. 임자말 제약

안은마디의 임자말과 이름마디의 임자말은 같다. 홑월이 이름마디로 바뀌어 그대로 안은마디의 임자말로 기능하기 때문이다. 또한 다음의 그림에서 안은마디의 임자말[1]과 이름마디의 임자말[2]가 같은 가지에 붙어 있기 때문이다.

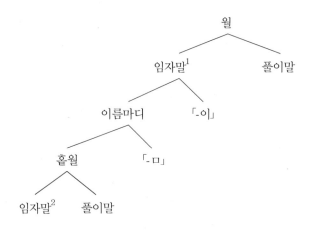

2.1.2. 두 풀이말의 씨범주 관계

임자말로 기능하는 이름마디의 가장 중요한 통어적 특성은 안긴마디의 풀이말과 안은마디의 풀이말의 씨범주 관계에 있다. 월의 모든 성분은 풀이말에 이끌려 있기 때문이다. 이 두 풀이말의 씨범주의 가려잡기가 서로 맞지 않으면, 그 월은 바른 월이 될 수 없다.

홑월에 있어서는 임자말과 풀이말의 가려잡기가 월의 옳고 그름을 판단하는 첫 기준이 되는데, 이름마디가 월 안에 안기게 될 때는 그 이름마디 안의 풀이말과 안은마디의 풀이말의 씨범주의 관계로 월의 문법성이 결정된다.

이러한 관계는 두 풀이말의 뜻바탕(의미자질)을 면밀히 분석하여 대조해 봄으로써 밝혀져야 되겠지만, 이 논문에서는 두 풀이말의 씨범주를 서로 대조하여 봄으로써 이름마디의 통어적 특성을 어느 정도 밝혀 보고자 한다.

'두 풀이말의 씨범주 관계에 대한 통어적 풀이(본 책 92쪽)'에서는 이 두 풀이말의 씨범주의 관계를 분석하여 그 관계에 대한 통어적 풀이를 꾀하여 본다.

(1) 안긴마디의 풀이말=움직씨

(가) 안은마디의 풀이말=그림씨

[움직씨] 그림씨

안긴 이름마디의 풀이말(속구조에서의 홑월의 풀이말)이 움직씨이고, 안은마디의 풀이말이 그림씨인 경우이다.

羽旗 뮈우미 흐글으튼니 (두언 24:23)

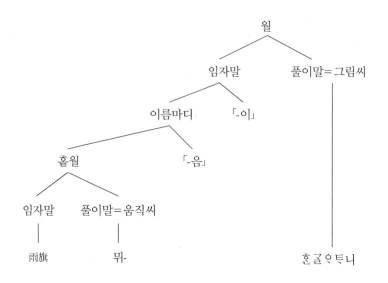

이름마디의 풀이말이 제움직씨인 경우와 남움직씨인 경우를 따로 설정하여 설명하기로 하겠다.

① [제움직씨] 그림씨

이름마디의 풀이말이 제움직씨이고, 안은마디의 풀이말이 그림씨인 경우이다.

－15세기－

[羽旗 뮈유미] 흔글으트니＝羽旗動若一 (두언 24:23)
⇐ [羽旗(-이) 뮈다]-ㅁ「-이」 흔글으트니
[人千ㅅ 귓 소배 숫우미] 浩浩ᄒ도다 (금강삼가 3:8)
⇐ [人天ㅅ 귓 소배 숫다]-ㅁ「-이」 浩浩ᄒ도다
막대여 막대여 [네의 나미] 甚히 正直ᄒ니＝杖兮杖兮 兩之生也
甚正直 (두언 16:57) ⇐ [네 나다]-ㅁ「-이」 正直ᄒ니

神力品前은 순지 [正宗애 屬호미] 불ㄱ니라 (법화 4:135-6)
識體ᄂ 기프니 반드기 微細히 기피 ᄉ랑홇디언뎡 [멀터이 데뿌
미] 몯ᄒ리니 (능엄 3:106)
[ᄆᄉ매 어긔르추미] 하니=心多違 (두언 7:27)
[周室이 다시 興起ᄒ요미] 맛당ᄒ니 (두언 6:21)
[뿔 니고미] 오라ᄃ 오히려 글희리 업세이다=米熟久矣로ᄃ 猶
缺篩在ᄒ이다 (육조, 상:27)

-16세기-
내 ᄒ 버디 ᄢ더이여 올ᄉ…이런 젼ᄎ로 [오미] 더듸요라 (노걸 상:1)
비록 그러나 네 능히…대법복을 니ᄇ란ᄃ 딘(塵)의 소사날 즈름
길흘 불으며 [ᄮ옴] 업ᄉ 묘법(無漏之妙法)을 빙호면 (야운 41)
내 일즉 아디 몯호라 볼셔 아더든 [보라 가미] 됴탓다(박통 상:37)
오직 사ᄅ의 ᄆᄉ미 검박ᄒ다가 [샤치예 드루ᄆᆫ] 쉽고 (번소
10:30-1)
[남진 겨집븨 화동호미] 집븨 됴홀 ᄲᆫ 아니라 (정속 6)
[신싱애 닐흔 사로미] 녜브터 드므다 ᄒᄂ니 (박통 상:76)
효되 [ᄆᄎ미며 비르숨이] 업고=孝無終始 (소학 2:34)
네 [비르숨] 업슨 적브터 오ᄆ로 (야운 80)
내 人이 내게 加ᄒ과댜 아니ᄒᄂ 거슬 내 ᄯᄒ 人의게 [加홈이]
업고져 ᄒ노이다 (논어 1:44-5)

위의 예로 보면, 이름마디의 풀이말(=제움직씨)에 이끌릴 수 있
는 월성분은 임자말과 위치말만 나타난다. 임자말은 필수적이고 위
치말은 선택적이다.
안은마디의 풀이말(=그림씨)은 임자말로 기능하는 이름마디만을
이끈다.

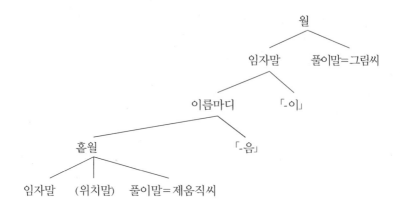

[임자말 (위치말) 풀이말(＝제움직씨)]-ㅁ「-이」풀이말(＝그림씨)

② [남움직씨] 그림씨

-15세기-

[孔門을 당다이 브툐미] 몯ᄒ리니라 (두언 6:21)

모ᄆ로 端正히 홇디언뎡 [등 구표미] 몯ᄒ리라＝身體로 端正이 언뎡 不可背曲이니라 (몽산 24)

[다시 虛空앳 方혼 相 잇논딜 더루려 닐오미] 몯ᄒ리라＝不應說 言更除虛空앳 方相所在니라 (능엄 2:43)

ᄒ다가 [믐 뿌미] 가ᄀᆨᄒ면＝若用心急 (몽산 7)

오라면 工夫ㅣ 니거 반ᄃᆞ기 [能히 힘뿌미] 져그리라 (몽산 4)

이런 時節에 [키 아로미] 갓가ᄫᅵ리라 (몽산 4)

諸佛와 聲聞과 佛子菩薩等의 ᄒ오새어나 한게 이셔 [設法호미] 다 現ᄒ리니 (법화 6:61)

마ᄆᆞᆫ 싸히 도로혀 [조 가로미] 됴ᄒ니 (두언중간 13:40)

기퍼 [測量호미] 어려우나컨마른 頭頭에 샹녜 現露ᄒ니라＝心難 測이나 爭奈頭頭에 常現露ᄒ니라 (금강삼가 3:27-8)

員의 ᄠᅳᆯ안핸 숫두워려 [브로미] 업도다＝太守庭內不喧呼(두언중 간 9:31)

[福과 德과 難量호미] 어려우ᄆ란 아직 둘디어니와 어늬 이 住
업슨 道理오 (금강삼가 2:20)

[悲로 含生ᄋᆞᆯ 敎化ᄒᆞ샤미] 곧 업디 아니ᄒᆞ시나컨마ᄅᆞᆫ 能과 所왜
반득ᄒᆞ거니와=悲化含生이 卽不無ㅣ나 爭乃能所ㅣ 歷然커니와
(금강삼가 2:13) ⇐ [(임) 悲로(방편말) 含生ᄋᆞᆯ(부림말) 敎化ᄒᆞ시다]

[여희요미] ᄆᆞᆺ매 오라디 아니ᄒᆞ리언마ᄅᆞᆫ 아ᅀᆞᄆᆞᆯ ᄎᆞ마 서르 ᄇᆞ
리리아 (두언 8:60)

ᄒᆞ다가 내 큰 法 즐기던댄 [오로 맛디샤미] 오라시리랏다=若我
ㅣ 樂大ᄒᆞ던댄 則全付ㅣ 久矣시리랏다 (법화 2:231-2)

[나라ᄒᆞᆯ 버으리와다쇼미] 머도다 (두언 7:5)

[藥師瑠璃光 如來ㅅ 일훔 시러 듣ᄌᆞᄫᅩ미] ᄯᅩ 어려ᄫᆞ니 (석보9:28)

[正ᄒᆞᆫ 法 ᄀᆞᄅᆞ쵸미] 어렵더니 (석보 6:21)

[부텨 맛:나미] 어려ᄫᆞ며 (석보 6:11)

[法 드로미] 어려ᄫᆞ니 (석보 6:11)

내 地藏 威神力을 보니 [恒河沙劫에 다 닐우미] 어렵도다 (월석
21:172)

엇뎨어뇨…[時도 ᄯᅩ 맛나미] 어려울씨니이다=何ㅣ 어뇨…時亦
難遇ᆯ씨니이다 (법화 7:137-8)

[간 고대 ᄀᆞ료미] 업ᄂᆞ니라 (금강 10)
⇐ [(임) (부) 간 고대 ᄀᆞ리다]-ㅁ「-이」

이런ᄃᆞ로 安樂行ᄋᆞᆯ 닷ᄀᆞ샬ᄠᅦᆫ [實다이 보샤미] 貴ᄒᆞ니라=是故로
修安樂行인댄 貴如實觀ᄒᆞ니라 (법화 5:21)

如來ㅣ 現在ᄒᆞ샤도 오히려 그러콘 ᄒᆞᄆᆞᆯ며 [滅後惡世예 機를 ᄀᆞᆯ
히디 아니호미] 올ᄒᆞ려 (법화 4:87)

[내 너를 건네요미] 올ᄒᆞ니라=合是吾ㅣ 渡汝ㅣ니라 (육조, 상:33)

[녯 法을 조ᄎᆞ샤미] 맛당ᄒᆞ시도소이다=宜依舊典이로소이다 (내
훈, 2 상:49)

[녯 聖人ᄉᆞ냇 보라ᄆᆞᆯ 보미] 맛당컨뎡 모디 杜撰ᄋᆞᆯ 마롫디니 아란
다 (몽산 20)

本來 [아로미] 붉디 몯ᄒᆞ거든 다 疑心을 두리니 (몽산 13)

[슬허ᄒᆞ요ᄆᆞᆫ] 희로 다ᄆᆞᆺ 깁ᄂᆞ다=爲恨與年深 (두언 11:10)

[茅齋예 쎌리 보내요미] 또 가히 스랑ᄒ오니라=急送茅齋也可憐
(두언 16:60)7)

[서르 도보미] 조ᅀᆞᆯ뷔니라=相資爲妙 (몽산 9)

[부텨 滅度ᄒ샤미] 엇뎨 쌘ᄅᆞ신고 ᄒ더니=佛滅이 一何速이신고
ᄒ더니 (법화 1:122)

-16세기-

즐거운 일 잇거든 ᄒᆞᆫ가지로 즐콘디니 [이리호미] ᄀᆞ장 됴ᄒ니라
(박통 상:72)

[네…가문을 빗내요미] 엇더ᄒ고 (박통 상:50)

三年을 아빈 道애 [고팀이] 업세ᅀᅡ 피히 효도ㅣ라 닐으리니라
(소학 2:24)

ᄢᆞᆯ 타 나거든 [몰 미엿던 갑슬 뎌를 ᄒᆞᆫ 우훔 ᄢᆞᆯ만 주미] 올ᄒ니
라 (박통 상:11)

져그나 [인연 밍ᄀᆞ로미] 됴토다 (박통 상:76)

오늘 훠 바사 구들헤 오ᄅᆞ고도 닉일 시노려 [미도미] 어려우니
라 (박통 상:76)

[빈호ᄆᆞᆫ] 모로매 안정ᄒ야ᅀᅡ ᄒ리오 지조는 모로매 빈화ᅀᅡ ᄒ리
니 (번소 6:16)

子路ㅣ 그리호려 ᄒᆞᆫ 말ᄋᆞᆯ [무굼이] 업더라 (소학 4:43)

네…나라 돕ᄉᆞ와 님굼씌 진심ᄒᆞᆯ야 셤기ᄉᆞ오며 부못씌 효도ᄒᆞᅀᆞ
오며 [가문을 빗내요미] 엇더ᄒ고 (박통 상:50)

[분변티 아니홈이] 이실띠언뎡 (중용 33)

[빈호디 아니홈이] 이실띠언뎡 (중용 33)

이제 天下ㅣ 溺ᄒᆞ얏거늘 [天子의 援티 아니ᄒ심은] 엇디잇고 (맹
자 7:27)

두워 두워 [더로미] 아니 하다 (박통 상:4)

[뎌를 ᄒᆞᆫ 우훔 ᄢᆞᆯ만 주미] 올ᄒ니라 (박통 상:11)

ᄯᅩ 그리 몯ᄒ거든 부텻긔 울워러서 [법을 공경ᄒ며 경도 보며
념불호미] 됴터닛ᄃᆞᆫ (박통 상:36)

---

7) 남움직씨 '스랑ᄒ다'가 그림씨로 파생되면 '스랑홉-', '스랑홉-'이 된다.

[네 닐옴곳] 올ᄒ면 (노걸 하:10)

[아로미] 녀튼 무리ᄂ 因을란 輕히 너기고 果를 重히 너기ᄂ니 (선가 24)

[周公의 天下를 두디 몯ᄒ심은] 益의 夏에와 伊尹의 殷에 ᄀᄐ니라 (맹자 9:28)

삼월과 류월와 구월와 섯ᄃᆯ와 ᄒ야 [이 약 머고미] 맛당ᄒ니라 (온역 16)

랑듕하…[더를 ᄒ 우훔 ᄲᆞᆯ만 주미] 올ᄒ니라 (박통 상:11)

[원망호미] 수이 나 ᄇ룸앳 믓겨리 ᄀᄐ야 (번소 6:24-5)

[네 닐오미] 내 ᄠᅳᆮ과 ᄀᆮ다 (노걸 상:11)

녯 해(害)ᄂ 갓가와 쉬 일리러니 이젯 해ᄂ (기퍼) [굴히요미] 어렵도다 (번소 8:40-1)

부텨ᄂ [ᄀᄅᆷ] 업슨 法을 니ᄅ샤사 비릇 一味예 도라가시거든 (선가 12)

⇐ 부텨ᄂ [法이 [ᄀ료미] 없-]-ㄴ 法을 니ᄅ-8)

더 앏 ᄌᄆᆯ돈 세나츤 [밍ᄀ로미] 됴코 앏픳 륙성돈은 [밍ᄀ로미] 너므 두렵고…두녁 도화돈이 단정ᄒ 주리 업고 뒷 칠성돈도 [밍ᄀ로미] 됴코 더 혓쇠 구드니 곧 됴타 (박통 상:19)

果ᄂ 나타 쉬이 信ᄒ리어니와 因ᄂ 수머 [볼규미] 어려우니 (선가 상:24)

그러모로 孝ㅣ [밋디 몯홈이] 이시며 悌ㅣ ᄢᅢ예 [몯홈이] 잇다 ᄒ니 (소학 2:76)

덕 업시셔 [잔탄 니보미] 실로 나ᄂ 붓그러우니 (야운 72)

立ᄒ야 天子ㅣ 되샤ᄂ [放ᄒ심은] 엇디잇고 (맹자 9:10)

正獻公과 申國夫人괘 [ᄀᄅ츄미] 이러ᄐ시 엄정ᄒ고 (번소 9:5)

이름마디의 풀이말(=남움직씨)에 이끌릴 수 있는 월성분은 임자말·부림말·위치말·방편말인데, 임자말과 부림말은 필수적이고, 위치말과 방편말은 선택적이다.

---

8) 매김마디가 풀이마디를 안고 있는 구조이다.

안은마디의 풀이말(=그림씨)은 임자말(이름마디)만을 이끈다.

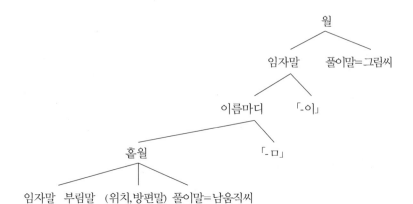

[임자 부림(위치, 방편) 풀이(=남움직)]-ㅁ「-이」 풀이(=그림)

(나) 안은마디의 풀이말=움직씨

[움직씨] 움직씨

이름마디의 풀이말은 움직씨이고, 안은마디의 풀이말도 움직씨
인 경우이다.

① [제움직씨] 제움직씨

-15세기-
[내익 여희ᄂ 興이 궂여 나미] 더으ᄂ다=添余別興牽 (두언 8:46)
[物 化ᄒᅟᅣ샤미] ᄒᆞ마 다ᄒᆞ샤=化物既周 (영가, 서:6)
[諸佛이 出世호미] 難히사 맛나ᄂ니=諸佛出世難可直遇 (법화
5:148) 9)

---
9) '맛나다'는 원래 남움직씨이지만, 위의 경우는 제움직씨의 구실을 하고 있다.

－16세기－
예 없음.

② [제움직씨] 남움직씨

－15세기－
[바룻 므리 밀유미] 분 히믈 주도다＝溟漲與筆力 (두언 16:20)
⇐ [바랏 므리 밀이다]-ㅁ「-이」
[閻浮에 볼와 돈노미] 몃 千올 도라 오나뇨 (금강삼가 2:7)
[惑業의 옮돈노미] 一切 이롤 브터 ᄒᆞᄂᆞ니라＝惑業轉徙ㅣ 一切
由此ᄒᆞᄂᆞ니라 (능엄 1:45) 10)

－16세기－
예 없음.

이름마디의 풀이말(＝제움직씨)에 이끌릴 수 있는 월성분은 임자
말과 위치말인데, 임자말은 필수적이고 위치말은 선택적이다. 안은
마디의 풀이말(＝남움직씨)은 임자말(＝이름마디)과 부림말은 필수
적으로 이끌고 위치말은 선택적으로 이끈다.

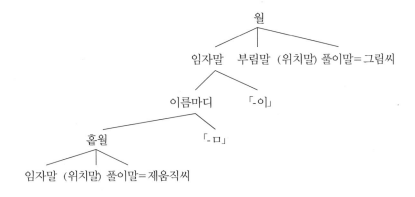

---

10) ‘-룰 브터’를 하나의 토씨로 보면 ‘이롤브터’는 위치말이 된다.

③ [남움직씨] 제움직씨

-15세기-

져머셔 [나 아로미] 쌔나샤=小挺生知 (영가, 서:7)
⇐ [알다]-ㅁ「-이」 쌔나샤

둘히 다 외언마른 그러나 그 中에 [空을 觀호미] 오히려 더으니라
=二俱差過ㅣ언마른 然於中에 觀空이 猶勝ᄒ니라 (금강삼가 4:31)

小人이 길헤 마갯ᄂ니 [양ᄌ ᄒ요미] ᄌ모 수스워리놋다=小人
塞道路爲態何喧喧 (두언 16:68)
⇐ [양ᄌ(ᄅᆞᆯ) ᄒ다]-ㅁ「-이」 11)

[네 三昧 닷고ᄃᆞᆫ] 本來 塵勞애 나례어늘 淫心을 더디 아니ᄒ면
塵에 나디 몯ᄒ리니=汝ㅣ 修三昧ᄂᆞᆫ 本出塵勞ㅣ어늘 淫心을 不
除ᄒ면 塵에 不可出이니 (능엄 6:86)
⇐ [네 三昧(ᄅᆞᆯ) 닷다]-ㅁ「-ᄋᆞᆫ」 塵勞애 나례어늘

[네의 어미 그려호미] 샹녯 ᄠᅳ뎃 衆生애셔 倍홀씨 (월석 21:22)

그럴씨 [혀샤미] 이만 ᄒ시니라=故援引止此 (법화 1:113)

-16세기-

[사ᄅᆞ미 샹해 어딘 도리를 가져 이쇼미] 하ᄂᆞᆯ 삼긴 셩오로브터
나니 (번소 8:9)

나히 시졀와 다뭇 ᄃᆞ르며 ᄠᅳ디 ᄒᆡ와 다뭇 디나가 이우러 [ᄠᅳᆮ드
로미] 되어ᅀᅡ 궁훈 지븨셔 슬허훈ᄃᆞᆯ 쟝ᄎᆞᆺ 다시 어늬 미츠리오
(번소 6:16-7)

이름마디의 풀이말(=남움직씨)에 이끌릴 수 있는 월성분은 임자
말과 부림말이고, 안은마디의 풀이말(제움직씨)은 임자말은 필수적
으로 이끌고 위치말은 선택적으로 이끈다.

---

11) '양ᄌᄒ다'를 한 덩어리로 보면 제움직씨가 된다.

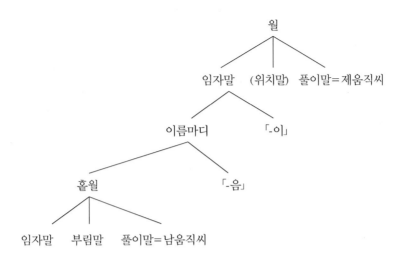

④ [남움직씨] 남움직씨

15·16세기 모두 예가 하나도 없음.

(다) 안은마디의 풀이말=잡음씨

[움직씨] 잡음씨

이름마디의 풀이말은 움직씨이고, 안은마디의 풀이말은 잡음씨
인 경우이다.

① [제움직씨] 잡음씨

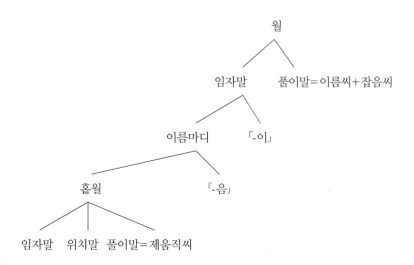

이름마디의 풀이말(=제움직씨)은 임자말은 필수적으로 이끌고, 위치말은 선택적으로 이끈다. 안은마디의 풀이말(=이름씨+잡음씨)은 임자말만을 이끈다.

   −15세기−
   狄人이 글외어늘 [岐山 올모샴도] 하눓 뜨디시니 (용 4장)
   [뼈러듀미] 蒲柳ㅣ라와 몬졔로다 (두언 18:18)
   [구룸 올옴과 새 ᄂᆞ롬과 ᄇᆞ룸 뮈윰과 드틀 니룸과… ㅣ] 다 物이
   라 너 아니니라 (능엄 2:34)
   [훈 벼스레 믜여쇼ᄆᆞᆫ] 眞實로 모ᄆᆞᆯ 닲가라 ᄒᆞ논디라 (두언 21:29)

위 월은 다음과 같이 구성되어 있다.

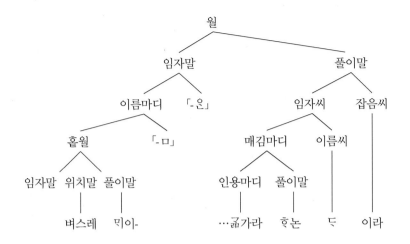

－16세기－
百世예 뻐 聖人을 侯ᄒ야도 [惑디 아니홈은] 人을 알ᄉ니라 (중용 46)

② [남움직씨] 잡음씨

－15세기－
體相性分大小다와 [저쥬미] 흔가지로ᄃᆡ=如其體相性分大小ᄒ야
所潤이 是一이로ᄃᆡ (법화 3:37)
이 아기ᄅᆞᆯ 아나다가 [므레 ᄇᆞ리곰 호미] 두번이러니 (＜정양사영
인＞ 불정심경 p.70)
우리 부텨 如來…일후미 天人師ㅣ시며 [일쿨ᄌᄫᅩ미] 一切智샤
(월석, 서:6)
[그 罪業의 갑ᄉ로 果報 겻구미] 次第러니 (월석 2:63)
⇐ [갑ᄉ로 果報(ᄅᆞᆯ) 겨다]-ㅁ「-이」
[燧 비취워 블 내요미] 이라=照燧生火是也 (능엄 4:42)
諸聲聞衆은 다 滅度ㅣ 아니어니와 [너희 行호미사] 이 菩薩道ㅣ
니 (법화 3:51)
[술 ᄉ랑호ᄆᆞᆫ] 晋ᄉ 山簡이오 詩 잘호ᄆᆞᆫ 何水曹ㅣ로다=愛酒晋
山簡能詩何水曹 (두언 7:21)

[버리디 아니호ᄆᆞ] 조리니라 (법화 1:52)

다음은 잡음씨 앞의 이름씨가 매김을 받는 경우이다.

[ᄀᆞ올홀 ᄀᆞ숨아로미] ᄆᆞᄎᆞ매 죠고맛 이리오 (두언 20:19)
[七寶 바리예 供養을 담ᄋᆞ샤미] 四天王이 請이ᅀᆞᆸ니 (천강곡
상, 기 87)
[소리 드로미] 이 證홀 時節이며 色 보미 이 證홀 時節이라 (금
강삼가 4:47) ⇐ [소리(ᄅᆞᆯ) 듣다]-ㅁ「-이」이 證홀 時節이며
말ᄉᆞᆷ 바다 [ᄠᅳᆮ 아로미] 思ᄋᆞᆯ 아논 아치오=承言會旨ᄂᆞᆫ 所以知恩
이오 (금강삼가 3:38)
[行ᄒᆞ요미] 샹녯 이ᄅᆞᆯ 조차 ᄒᆞᄂᆞᆫ ᄆᆞ슴이오 (석보 19:25)
覺ᄋᆞᆫ 이 能히 아ᄂᆞᆫ 智오 [ᄆᆞᅀᆞ미 처섬 니로미] 이 아론 業相이니
=覺是能覺之智 心初起 是所覺之業相 (원각, 하 1-2:36)
[빈호미] 等을 거르ᄲᅱ디 아니과뎌 ᄒᆞ시논 젼치라 (월석 14:41)

다음은 잡음씨 앞이 매인이름씨인 경우이다.

[큰 悲心 發호ᄆᆞ] 一切衆生을 너비 救호려 홀씨오 [큰 慈心 發호
ᄆᆞ] 切世間을 ᄒᆞᆫ가지로 도보려 홀씨니라 (월석 9:22)
設法은 반ᄃᆞ기 情想을 니줄ᄯᅢ며 [말ᄊᆞᆷ 므튜ᄆᆞᆫ] 반ᄃᆞ기 嫌疑ᄅᆞᆯ
避홀 ᄯᅵ니 (법화 5:16)
바ᄅᆞ래 드러 [몰애 혜요미] ᄒᆞᆫ갓 힘ᄲᅮᆯᄯᆞᆫ니니 (금강삼가 2:71)
[理 나토미] 마ᄅᆞᆯ 因혼디라=理顯은 因言이라 (영가, 하:30)
[모ᄆᆞᆯ 고즈기ᄒᆞ야쇼미] 간곡ᄒᆞᆫ 톳기ᄅᆞᆯ ᄉᆞ랑하ᄂᆞᆫᄃᆞᆺ고 (두언 16:45)
[즐거ᄫᆞᆫ 일 :주미] 그지업슬씨오 (석보 13:39)

-16세기-
父母ㅣ 怒ᄒᆞ거시든 ᄠᅳᆮ에 짓디 아니ᄒᆞ며 [ᄎᆞ빗체 나타내디 아니
홈이] 버게오 (소학 4:20)

庶人이 質를 傳ᄒ야 臣이 되디 아니ᄒ야셔는 [敢히 諸侯를 보디 몯홈이] 禮니라 (맹자 10:27)

史記는 [每日에 모롬이] 흔 권이어나 或 半 권으로ᄡᅥ 우흘 닐에샤 비로소 공효를 볼 거시니 (소학 5:103)

[皮를 主티 아니홈은]…녯 道ㅣ 니라 (논어 1:25)

[근심ᄒ시는 ᄂᆞᆺ빗츨 두겨샴은] 엇뎨미니잇고 (소학 4:17)

[희요미] 므스거시료 (박통 상:48)

[天의 視ᄒ욤이] 우리 民의 視ᄒ욤으로브테며 [天의 廳ᄒ욤이] 우리 民의 廳ᄒ욤으로브테라 ᄒ니 (맹자 9:22)

[어버이 빗내요미] 다 글 비호모로브터 터 잡ᄂᆞ거시니 (정속 8)

이 다ᄉᆞᆺ 됴흔 믈게는 [내 혜요믄] 예순 량이오 (노걸 하:11)

[돈 치며 술 딩글옴이] ᄡᅥ 화란이 되게 흔 주리 아니언마는 (소학 3:27)

어버이 병ᄒ얏거시든 [ᄂᆞᆺ빗츨 펴디 아니홈이] 이 孝子ㅣ 소략흔 례졀이니라 (소학 2:16)

아비 업ᄉᆞ시거든 ᄎᆞ마 [아비 칙을 닑디 몯홈은] 손씸(=手澤)이 이실ᄉᆞ며 엄이 업ᄉᆞ시거든 [잔과 그릇슬 ᄎᆞ마 먹디 몯홈은] 입 김씌운(=口澤之氣)이 이실ᄉᆞ니라 (소학 2:16)

진실로 殿下의 다시 사ᄅᆞ신 은혜를 닙소왓거니와 내 ᄆᆞ솜과 달이ᄒ야 죄를 안주 면호믄 [내 ᄒᆞ고져 호미] 아니이다 (번소 9:48)

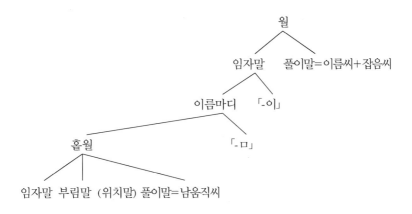

(2) 안긴마디의 풀이말=그림씨

(가) 안은마디의 풀이말=그림씨

[그림씨] 그림씨

-15세기-

[입시울 축축호미] 맛가ᄫᅵ시며 (월석 2:58)

번드기 法華ㅣ 아니어늘ᄼᅡ ᄒᆞᄆᆞᆯ며 [道記와 果記와 달오미] 잇거
니ᄊᆞ녀=灼非法華ㅣ 어늘ᄼᅡ 況有道記와 果記之異ᄊᆞ녀 (능엄 1:11)

[안히 덥다로ᄆᆞᆫ] 요ᄉᆞᄉᆡ예 엇더ᄒᆞ뇨=內熱比何如 (두언 20:50-1)

[ᄒᆞ논일 업수미] 비록 뷔나 (월석 8:31)

[글워리 諷諫홀 말ᄉᆞ미] 답사핫건마ᄅᆞᆫ 宮闕에 奔走호미 限隔ᄒᆞ
도다 (두언 8:4)

다음은 월 전체의 풀이말(=그림씨)이 견줌말을 갖는 경우이다.

[터릿 비치 프라ᄫᆞᆯ가ᄒᆞ샤미] 孔雀이 모기 ᄀᆞᆮ시며 (월석 2:58)

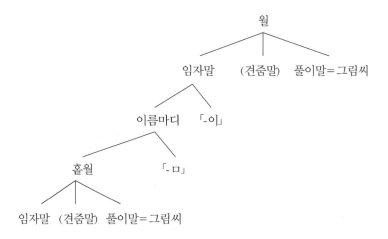

-16세기-

三年을 父의 道애 고티미 업세사 피히 孝ㅣ라 닐을이니라 (논어
1:6) ⇒ [고티미] 道애 없-

夫人이 글티 아닐쑨이언뎡 글ᄒ면 반ᄃ시 [中홈이] 인ᄂ니라 (논
어 3:6-7)

씬티 아니ᄒ건뎡 엇디 [머롬이] 이시리오 (논어 2:50)

[理ㅣ] 順ᄒ욤ᄋᆫ] 오라야 스스로 어들 거시라 (소학 5:115)

져머셔븓터 얼운 ᄃ외도록 [어류미] 흔ᄀᆯᄀᆮᄐ니 (번소 7:9)

ᄒ다가 터럭 근마나나 [지극디 몯호미] 이시면 (번소 7:24)

吳中권당이…내거긔 진실로 [親ᄒ며 疎홈이] 잇거니와 (소학 5:80)

사ᄅᆷ이 녜와 이제 이실쑨이뎡 법ᄋᆫ [멀며 갓가오미] 업수며 사
ᄅᆞ미 슬거오니 어리니 이실쑨뎡 도ᄂᆞ 셩쇠 업ᄉ니라 (야운 39)

[니움이] 이만 큰이 없고…[重홈이] 이만 重ᄒ니 업도다 (효경 16)

(나) 안은마디의 풀이말＝움직씨

[그림씨] 움직씨

① [그림씨] 제움직씨

-15세기-

[비리누류미] 섯모ᄃ며 (능엄 1:42)

[숫어 어즈러오미] 긋도다＝絶喧煩 (금강삼가 5:11)

ᄒᄂᆞ히 현마 즐겁고도 福이 다아 衰ᄒ면 [受苦ᄅᆞᄫᆡ요미] 地獄두
고 더으니 (월석 1:21)

이름마디의 풀이말(＝그림씨)은 임자말만을 이끌고, 안은마디의
풀이말(＝제움직씨)은 임자말은 필수적으로 이끌고 견줌말은 선택
적으로 이끈다.

-16세기-
예 없음.

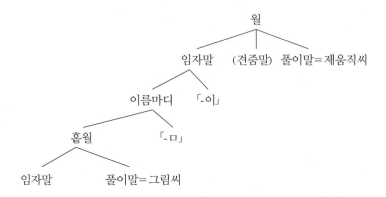

② [그림씨] 남움직씨

-15세기-
[므렛 드리 (이시며) 업소ᄆ란] ᄒᆈ 조초ᄒ고=從敎水月의 有無
ᄒ고 (금강삼가 2:25)

-16세기-
예 없음.

③ 안은마디의 풀이말=잡음씨

[그림씨] 잡음씨

-15세기-
[눈ᄌᅀᅵ 紺靑ᄒ시며 조히 희시며 블근 돌애 섯거 ᄭᅮ미샤 조ᄒ며
分明ᄒ샤미] 二十九ㅣ시고 (법화 2:13)
眉ㅅ 우아래 圓滿ᄒ샤…[威嚴이 ᆲᄉ오리 업스샤미] 四十六이시고
(법화 2:17)
[逃亡ᄒ야 가 뷔든녀 辛苦호미] 쉬나ᄆᆫ 히러니 (월석 13:29)

다음은 잡음씨 앞의 이름씨(다음의 경우는 매인이름씨)가 매김마디의 꾸밈을 받는 경우이다.

舍利佛아 [이러호미] 諸佛이 흔 큰 잀 因緣으로 世間애 나시논디라 (석보 13:49)
[各別히 온 性이 이슈미] 맛당호간디어니쭌 (능엄 1:89)
[精微호믄] 溟涬을 들우리오 놀뮈는 뜨든 霹靂도 겄그리로다 (두언 16:2)

－16세기－

鬼神에 質호야도 [疑ㅣ 업슴은] 天을 알시오 (중용 46)
ᄀ로치디 아니ᄒᆞ야셔 [어디롬이] 聖人 아니오 므서시며 (소학 5:27)
[일이 만홈이] 일쳔 근티며 일만 근티로딘 (소학 6:108)
싀어미는 어엿비 너기고도 조츠며 며느리는 듣즙고도 [완슌홈이] 禮옛 어딘 일이니라 (소학 2:75)
기티는 배 [업스미] 아니라 흔대 表ㅣ 嘆息ᄒᆞ고 가다 (소학 6:85)

(3) 안긴마디의 풀이말=잡음씨

(가) [잡음씨] 그림씨

－15세기－

이 萬象中에…[見 아뇨미] 업도소이다＝是萬象中에…無非見者ㅣ로소이다 (능엄 1:52)
⇐ [(임) [見이 아니-]]-ㅁ「-이」 업도소이다.12)
[봄 아뇨미] 잇다 닐오미 못ᄒᆞ리니＝不應言…有…非見 (능엄 2:83)
⇐ [[[봄(이) 아니-]-ㅁ「-이」 잇다] 니ᄅᆞ-]-ㅁ13)

이 월은 다음과 같은 구조를 가지고 있다.

---

12) 풀이마디 구조이다.
13) 인용마디를 안고 있다.

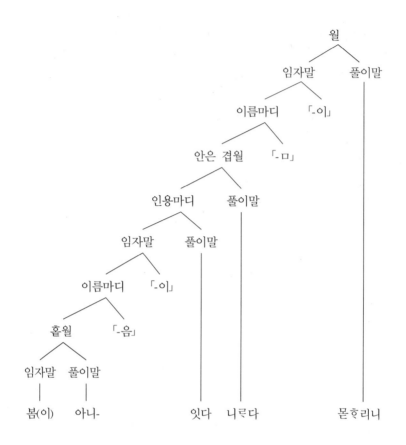

-16세기-
[中庸의 德이로옴이] 그 至호며 (논어 2:12-3)
[鬼神의 德이로옴이] 그 盛호며 (중용 15)

(나) [잡음씨] 잡음씨

-15세기-
[智 둘 아니로딘] 흔 智慧로딘… (월석 8:31)
[能히 色이로미] 거우루의 붉곰 곧호시라=能色호미 如鏡之明홀
시라 (원각, 상1-1:59)

-16세기-
[奕의 數ㅣ로옴이] 적은 數ㅣ나 (맹자 11:22)

(다) [잡음씨] 움직씨

-15세기-
예 없음.

-16세기-
[그 사름이로옴이] 憤을 發ᄒ야 食을 니즈며=(논어2:20)
[그 사름이로옴이] 善을 好ᄒᄂ니라 (맹자 12:33)
[그 사름이로옴이] 져기 才를 둣고 (맹자 14:19)
[流水의 物이로옴이] 科애 盈티 몯ᄒ면 行티 몯ᄒᄂ니 (맹자
13:19-20)

(4) 두 풀이말의 씨범주 관계에 대한 통어적 풀이

이름마디의 풀이말의 씨범주와 안은마디의 풀이말의 씨범주를
서로 대조한 예문의 수는 다음과 같다.

[안긴마디] 안은마디	15C	16C	합		
[제움직씨] 그림씨	8	9	17	[움직씨] 그림씨: 79	
[남움직씨] 그림씨	32	30	62		
[제움직씨] 제움직씨	3	0	3	[움직씨] 움직씨: 14	132
[제움직씨] 남움직씨	3	0	3		
[남움직씨] 제움직씨	6	2	8		
[남움직씨] 남움직씨	0	0	0		
[제움직씨] 잡음씨	4	1	5	[움직씨] 잡음씨: 39	
[남움직씨] 잡음씨	21	13	34		

[그림씨] 그림씨	6	9	15	[그림씨] 움직씨: 4	30
[그림씨] 제움직씨	3	0	3		
[그림씨] 남움직씨	1	0	1		
[그림씨] 잡음씨	6	5	11		
[잡음씨] 그림씨	2	2	4		11
[잡음씨] 움직씨	0	4	4		
[잡음씨] 잡음씨	2	1	3		

이를 종합 분석해 보면 다음의 두 가지 사실을 발견할 수 있다.

① 이름마디의 풀이말이 움직씨인 예문은 132개인 데 비해 그림씨나 잡음씨인 경우는 41개뿐이다(그림씨나 잡음씨는 모두 '상태성'을 나타내기 때문에 함께 취급하기로 한다). 이러한 현상은 다음과 같이 설명할 수 있을 것이다.

우리말의 풀이씨 가운데는 움직씨가 그림씨보다 월등하게 많다.[14] 그러므로 이름마디의 풀이말에도 움직씨인 예가 많은 것은 당연한 일이다.

② 안은마디의 풀이말이 그림씨나 잡음씨인 예문은 151개인 데 비해 움직씨인 경우는 22개뿐이다.

그림씨나 잡음씨인 경우는, 어떠한 사실을 묘사·설명하는 형태가 되므로 자연스러운 연결이 된다; [ ]-ㅁ「-이」 어떠하다 (무엇이다)

움직씨가 이름마디를 임자말로 가지는 형태는 매우 어색한 월이 된다. 움직씨는 원칙적으로 '실지로 움직일 수 있는 주체' 혹은 '말할이가 움직일 수 있다고 판단한 주체'를 임자말로 가져야 한다. 그런데 이름마디는 '움직임이나 상태를 관념적으로 가리키는 것(최

---

14) 유재원, 『우리말 역순사전』(정음사, 1985) 참조. 이 사전에 의하면 움직씨 8,740개, 그림씨 3,287개로 되어 있다.

현배, 우리말본 277쪽)이기 때문에 움직임의 주체가 되기 어렵다.

안은마디의 풀이말에 움직씨가 올 수 있는 경우는 다음의 두 경우뿐이다.

첫째, 움직씨가 그림씨의 성격을 강하게 지니고 있는 경우이다. 곧 움직씨가 '어떠하다'란 의미를 강하게 가지고 있는 경우인데, 이러한 예문이 7개이다(더으다, 다ᄒ다, 쌔나다, 더으다(2), 倍ᄒ다, 궂다).[15]

둘째, 주체가 움직일 수 있는 것으로 인식되는 경우이다. 이는 의인법적인 성격이 매우 강하다.[16]

　바릿 므릐 밀유미 분 히믈 주도다 (두언 16:20)
　비리누류미 섯모ᄃ며 (능엄 1:42)

나머지 예문들은 모두 어색한 표현들이다. 이러한 어색한 월이 생겨난 것은, 한자를 그대로 직역하려는 데에서 비롯된 것이라고 생각된다. 옛 문헌을 보면 이러한 어색한 월이 더러 나타나는데, 이는 바로 그러한 이유 때문일 것이다(지금 영어 교육의 영향으로 영어를 직역하는 식의 우리말답지 않은 월을 더러 볼 수 있는데, 15세기에 한문의 영향을 받은 것은 지극히 당연한 일이라 할 것이다).

　諸佛이 出世호미 難히샤 맛나ᄂ니=諸佛出世難可直遇 (법화 5:148)[17]

---

15) 현대국어의 예: 용모가 빼어나다, 병세가 더하다, 목숨이 다하다. 이러한 움직씨는 그 수가 매우 적다.

16) 현대국어의 예: 해가 진다, 냄새가 여기로 모였다, 깃발이 펄럭인다, 그 말이 나에게 용기를 주었다.

17) '遇'를 '맛나다'로 해석하여 매우 어색한 월이 되었다.

惑業의 옮둔노미 一切 **이룰 브터** ㅎᄂ니라=惑業轉徙ㅣ 一切
由此ㅎᄂ니**라** (능엄 1:45)
양즈 ㅎ**요미** 즈모 수스워리놋다=爲能何喧喧 (두언 16:68)[18]그
럴씨 혀샤미 **이만** ㅎ**시니라**=故援引**止此** (법화 1:113)
므렛 ᄃ리 이시며 업소ᄆ란 ㅎ**욘 조초**ㅎ**고**=從敎水月의 有無
ㅎ고 (금강삼가 2:25)

2.1.3. 높임법 제약

(→ 높임)

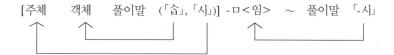

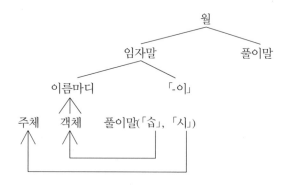

  이름마디의 풀이말에 '-습-'이 연결되는 경우는 '-습-'이 이름마
디 안의 객체만을 높여 주게 되므로 안은마디의 높임에 아무런 통
어적 제약을 주지 않는다.

---

18) '爲'를 'ᄒ요미'로 해석하여 어색한 표현이 되었다.

다음이 그러한 예문이다.

[如來ㅅ 일훔 시러 듣ㅈㅂ오미] ㅼ또 어려ㅸ니 (석보 9:28)
小人는 [바티ㅿ오미ㅿ] 올ㅎ니 (박통 상:60)
[文王ㅅㅢ 잡아 받ㅈㅂ옴이] 이심애 (소학 4:14)
夷之ㅣ…[孟子 보ㅇ옴을] 求ㅎ대 (맹자 5:32)

이름마디의 풀이말에 '-으시-'가 연결되면 이 '-으시-'는 안은마
디의 임자말을 높여 주게 되므로 안은마디의 풀이말에도 '-으시-'
가 연결됨이 원칙이다.

ㅎ다가 내 큰 法 즐기던댄 오로 맛디샤미 오라시리랏다 (법화
2:231-2)
녯 法을 조ᄎ샤미 맛당ㅎ시도소이다 (내훈, 2상:47)
悲로 含生을 敎化ㅎ샤미 곧 업디 아니ㅎ시나컨마른 (금강삼가 2:13)
부텨 滅度ㅎ샤미 엇뎨 ㅼ른신고 ㅎ더니 (법화 1:122)
物 化ㅎ샤미 ㅎ마 다ㅎ샤 (영가, 서:60)
그럴씨 혀샤미 이만 ㅎ시니라 (법화 1:113)
큰 형님 니른샤미 올ㅎ시이다 (노걸 상:41)
어마니믜 ㅿ랑ㅎ샤미 세 고대 올ᄆ시던 주를 싱각ㅎ야 (번소 6:10)
父母와 ㅅ부모 겨신 곧애 이셔 긔결ㅎ시미 잇거시든 (소학 2:6)

이때 '-으시-' 하나가 잉여적이 되어 생략되는 경우가 있는데, 이
름마디에서 생략될 수도 있고 안은마디에서 생략될 수도 있다.

-이름마디에서 생략-
져머셔 나 아로미 ㅼ빠나샤 (영가, 서:7)
-안은마디에서 생략-

이런ᄃ로 安樂行을 닷ᄀ샬뗴 實다이 보샤미 貴ᄒ니라 (법화 5:21)

이제 天下ㅣ 溺ᄒ얏거늘 天子의 援티 아니ᄒ심은 엇디잇고 (맹자 7:27)

周公의 天下를 두디 몯ᄒ심은 益의 夏에와 伊尹의 殷에 ᄀᄐ니라 (맹자 9:28)

立ᄒ야 天子ㅣ 되샤ᄂ 放ᄒ심은 엇디잇고 (맹자 9:10)

2.2. 부림말로 기능

홑월에서 변형된 이름마디가 안은마디의 부림말로 기능하는 경우이다.

$$(임자말)^2 \; [(임자말)^1 \; (그 밖) \; (풀이말)^1]\text{-}ㅁ<부>\sim(풀이말)^2$$

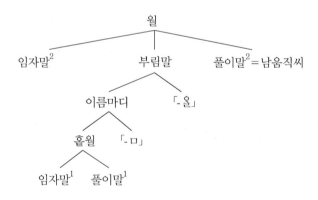

2.2.1. 임자말 제약

안긴마디의 임자말과 안은마디의 임자말은 같을 수도 있고 다를 수도 있다(같은 가지에 붙어 있을 때는 '임자ㅡ풀이'의 관계가 일

원적이고 다른 가지에 붙어 있을 때는 그 관계가 이원적이다). 위
의 그림에서 임자말¹과 임자말²는 다른 가지에 붙어 있기 때문이다.

2.2.2. 두 풀이말의 씨범주 관계

안은마디의 풀이말은 원칙적으로 남움직씨이다. 안긴 이름마디
를 부림말로 가지기 때문이다.

안긴 이름마디의 풀이말의 씨범주에는 제약이 없다(제움직씨, 남
움직씨, 그림씨, 잡음씨가 다 올 수 있다). 안긴 이름마디의 풀이말
과 안은마디의 풀이말 사이에는 씨범주에 관한 아무런 통어적 제
약이 발견되지 않는다.

안긴 이름마디의 풀이말의 씨범주에 따른 예문을 보이기로 하겠다.

(1) [제움직씨] 남움직씨

이름마디의 풀이말은 제움직씨이고, 안은마디의 풀이말은 남움
직씨인 경우이다.

-15세기-
[새 개요믈] 알외디 아니ᄒ리로다=不…報新晴 (두언 6:16)
[열다ᄉᆞ 가짓 구지 주구믈] 受티 아니ᄒ리라=不受十五動惡死也
(영험약초 3)
見이 갓ᄀ라 [惑이 나믈] 因ᄒ야=因見倒惑生 (영가, 하:117)
[셜리 京畿예 가믈] 애ᄃ로니=恨…俄赴京畿 (영가, 서:13)
오직 [妄量앳 무ᅀᆞ미 믄득 니러나믈] 브트면=只緣妄心瞥起 (월
석, 서:3)
[녯 病에 예 와쇼믈] ᄃᆞᆯ히 너기노니 (두언 6:5)

[사르미 怒호몰] ᄀ장ᄒ면 반ᄃ기 소리 미이ᄒ야 (법화 2:253)

[醉ᄒ고 더위자펴 도라오몰] 므던히 너기노라=酩酊任扶還 (두언 15:51)

너와 다못ᄒ야 [山林에 사로몰] 서르 일티 마락 모매 藥 ᄢᆫ 거슬 갓가이 ᄒ곡=與汝林居未相失 近身藥懷 (두언 8:33-4)

누른 새는 [져기 ᄂ로몰] 任意로 ᄒ노라 (두언 20:10)

[秦ㅅ 뜰헤 우루믈] 모다 議論ᄒ다소라=俱議哭秦庭 (두언 24:6)

[ᄂᆞᆷ과 닫 :나몰] 즐겨 (석보 9:16)

-16세기-

牧과 다못 芻를 求ᄒ야 得디 몯ᄒ면 그 人의게 反ᄒ랴 또ᄒᆫ 立 ᄒ야셔 [그 死홈을] 보랴 (맹자 4:14)

[어디단 소리 나몰] 구티 아니ᄒ더니 (번소 8:19)

[인ᄉ에 오명가명호몰] 삼가며 (계초 13)

쥬신이 게으른 비츨 둣거나 혹 뵈야호로 이몰 ᄒ고져 ᄒ야 [손 믈러 가몰] 기들우거나 ᄒ거든 (여향 21)

舜은 天下의 法이 되샤 可히 後世예 傳ᄒ거시ᄂᆞᆯ 나ᄂᆞᆫ 오히려 [샹사름 되욤을] 免티 몯ᄒ얏노니 (소학 4:1)

[네 室에 在홈을] 相혼ᄃᆡ 거의 屋漏에 붓그럽디 아니타 ᄒ니 (중 용 53)

果ㅣ 엳ᄌᆞ와 [벼슬 올오몰] 求ᄒᆞᆫ대 質이 그랄 지서 알외니라 (번 소 6:21)

[미요몰] 구디 ᄒ고 돌달고로 날회여 다ᄋᆞ고 바차 말오 저히여 공부드려 다ᄋᆞ게 ᄒ라 (박통 상:10)

우리 ᄒ나히 둘콤 잇거가 [미요몰] 구디 ᄒ라 (노걸 상:37)

(2) [남움직씨] 남움직씨

-15세기-

集賢殿 學士ㅣ …中書堂애 [내 붇 : 디요몰] 보더라=觀我落筆中 書堂 (두언 25:52)[19]

[모딘 龍이 특아래 구슬 뼈유믈] 免티 몯ᄒ리언마른 (금강삼가 5:31)
師ㅣ 悅師와 祖師와로 날 爲ᄒ야…[뎌를 다시 지소려 호믈] ᄃ
로니 (상원사 권선문)

듣글 업다 ᄒ닐 衣鉢 傳호믈 許티 몯ᄒ리온 그리메 놀이린 [수
이 보디 몯호믈] 모로매 아로리라=無塵을 未許傳衣鉢이온 弄影
ᄋ 須知不易觀호리라 (남명, 하:29)

[徐公이 온가짓 이를 시름 아니ᄒ요믈] 내 아노니=吾知徐公百
不憂 (두언 8:24)

[곧…옮겨오믈] 지셕 ᄀᆞᆺ 빗돗글 내 헌 지브로셔 나가라 (두언
20:52-3)

淸河公이 즈릆길호로 [玉册을 傳호믈] 맛드라=際會淸河公 聞道
傳玉册 (두언 24:13)

부톄 目連이 ᄃ려 니ᄅ샤ᄃᆡ…羅睺羅ㅣ 得道ᄒ야 도라가ᅀᅡ 어미
를 濟渡ᄒ야 [涅槃 得호믈] 나 ᄀᆞᆮ게 ᄒ리라 (석보 6:1)

ᄒ다가 人天이 本來ㅅ ᄆᆞᅀᆞ믈 아더든 엇뎨 어리미혹ᄒ야 [귀를
기우려 ᄃ로믈] 쁘리오 (금강삼가 4:41)

[녜 븓근 횟두루이주믈] ᄉ랑호니=念昔揮豪端 (두언 16:21)

－16세기－
ᄇᆞᄅᆞ미 치운 ᄀᆞᄅᆞ믈 [혜부루믈] 더듸ᄒ놋다=風破寒江遲 (두언중
간 19:25)
블러 히여곰 [붑 두드류믈] 비호이ᄂᆞ다 (두언중간 4:11)
羊의 얼구레 범의 가칫 무리…그스기 고온양 ᄒ야 [괴오믈] 取
ᄒᄂ니 슬프다 그 懲證호린뎌 (선가 51)
반ᄃᆞ시 [비호믈] 즐기디 아니ᄒ리니 (번소 6:7)
[제 아ᅀᆞᄒ며 누의를 어엿비 너규믈] 더욱 후히 ᄒ야 (번소 9:36)
[뜯 머고믈] 明道先生과 范希文과로써 제 모믈 긔약ᄒ야 ᄀᆞ티
되요려 홀디니라 (번소 6:34)
[쥬ᅀᅵᆫ이 밥 먹거나 아니 먹거나 홈과…다ᄅ 아모란 이를 ᄒ거나
아니 ᄒ거나 호믈] 무러 (여향 20)

---

19) '디-'는 제움직씨로 쓰일 때는 '듐'으로, 남움직씨로 쓰일 때는 '디욤'이 된다.

사룸의 집 兄弟 올티 아니ᄒ니 업건마ᄂ 다 겨집 어더 [가문의
들여옴을] 因ᄒ야 (소학 5:73)

이리ᄒ면 [물둘히 분외로 머구믈] 빈브르려니와 ᄒ다가 몬져 콩
을 주면 (노걸 상:24)

사룸미 [제 동셩 아ᅀᆷ 듕히 너교믈] 알오도 ᄯᅩ 어믜녁 아ᅀᆷ도 이
시며 (정속 11)

[ᄯᅩ 혼 디위 마조믈] 니버도 올토다 (박통 상:36)

父母ㅣ 비록 업스시나…[父母ᄋᆡ 어딘 일훔 기팀을] 싱각ᄒ야 (소
학 2:24)

만일에 [民의게 施홈을] 너비ᄒ고 能히 濟홈이 衆혼딘 엇더ᄒ닝
잇고 (논어 2:13)

一羽의 擧티 몯홈은 [力을 用티 아니홈을] 爲ᄒ얘며 (맹자 1:24)

어미와 아들왜 서르 아디 몯호미 쉰히러니 壽昌이 사방오로 돈
녀 [어두믈] 그치디 아니ᄒ며 (번소 9:34)

五品이 슌티 아니ᄒ릴ᄉᆡ 네 司徒ㅣ 되옌ᄂ니 [다ᄉᆞᆺ가지 ᄀᆞᄅ쵸
믈] 공경ᄒ야 베푸디 어위크매 이셔 ᄒ라 (소학 1:9)

[며느리 어두믈] 모로매 내 집만 몯ᄒ니를 홀디니 (번소 7:34)

[어버ᅀᅵ 개와 ᄆᆞᆯ 디졉홈을] 반ᄃᆞ시 내 개와 ᄆᆞᆯ계셔 달리호디 (소
학 5:74-5)

[衣服과 飮食과브테며 일 잡옴브터를] 敢히 父母 ᄉᆞ랑ᄒ시ᄂ 바
와 ᄀᆞᆯ와 마라 (소학 2:17)

부톄 광명을 도ᄅ혀샤 보허 즁의 모매 비취여시ᄂᆞᆯ…[씌드로믈]
어더 (박통 상:74)

[일빅낫 돈애 밧고믈] 혼 말 ᄲᆞ롬 ᄒ니 (노걸 상:54)

[사룸 더블어 ᄆᆞᄋᆞᆷᄉᆞ지 홈을] 비록 되(夷狄)게 가도 피히 ᄇᆞ리디
아닐디니라 (소학 3:4)

[님금 셤김을] 求코져 ᄒ며셔 몬져 님금을 소김이니 (소학 6:45)

[님금 셤규믈] 모ᄅᆞᄂ 사ᄅᆞᄆᆞᆫ 녯 사ᄅᆞᄆᆡ…스싀로 혜아려 비오과
ᄃᆞ네니라 (번소 8:26)

[다시곰 경계홈을] 因ᄒ야셔 (소학 6:74)

내 몸 가지며 [ᄂᆞᆷ 디졉홈] 다ᄒ고도 ᄯᅩ 모로미 힘서 됴히 ᄂᆞᄆᆡ게

덕글 만히 지술 거실식 (정속 27)

(3) [그림씨] 남움직씨

-15세기-

엇뎨 見愛 오히려 이셔 二乘에 버으롤 [甚히 머로몰] 알리오=寧
知見愛ㅣ 尚存ᄒ야 去二乘홀 而甚遠이리오 (영가, 하:71)

ᄒ다가…사ᄅ미 [일로 갓ᄀ로몰] 사ᄆᆞᆰ뎬…므스글 가져 正을 사
ᄆᆞ료=若…人이 以此로 爲倒ㄴ댄 卽…將何爲正고 (능엄 2:13)

네 일즉 업디 아니ᄒ야셔 엇뎨 [업수믈] 아ᄂ다=未會滅ᄒ야셔
云何知滅ᄒᄂ다 (능엄 2:4)

疑心 머그리 이셔도 즉재 가 부텻긔 묻ᄌᆞ와ᄃᆞᆫ 부톄 즉재 [맛당호몰]
조차 爲ᄒ야 닐어시든 마초 아디 아니ᄒ리 업서니와 (금강 75-6)

不可思議ᄂᆞᆫ…[ᄀ장 : 하몰] 니르니라 (월석 7:72)

우리 오늘 이 구즌 길흘 免ᄒ야 훤히 [便安호몰] 得과라 (월석 14:77)

臺와 亭子왜 [싸히 놉ᄂᆞ가오몰] 조차ᄒ니 (두언 6:36)

[어젯 바ᄆᆡ ᄇᆞ롬과 비 샐로몰] 도ᄅᆞ혀 ᄉᆞ랑호니=反思前夜風雨
急 (두언 16:30)

[이 사ᄅᆞᄆᆡ 氣運이 揚揚호몰] 感激ᄒ노니 (두언 15:42)

[서리옛 염괴 허여호몰] 甚히 듣노니 (두언 7:40)

-16세기-

겨집의 지믈을 因ᄒ야뻐 가ᅀᆞᆷ 여름을 닐위며 겨집의 勢를 의거
ᄒ야뻐 [貴홈을] 얻올디라도 (소학 5:65)

[위연ᄒ며 되요몰] 아로려 홀딘댄 오직 똥을 들며 ᄡᅮ믈 맛볼거
시라 (번소 9:31)

만일에 [周公의 才의 美홈을] 두고도 ᄒ여곰 驕ᄒ고 쏘 吝ᄒ면
(논어 2:33)

[샹녜 유화코 션슌호몰] 념홀디언뎡 나롤 미더 노피 바티디 마
놀디니라 (계초 2)

罪ㅣ ᄆᆞᅀᆞ믈 조차 滅ᄒ리며 쏘 [외요몰] 안 一念이 부텨 되이며
(선가 56)

[輕과 煖이 體예 足디 몯홈을] 爲ᄒ얘니잇가 (맹자 1:28)

射홈애 皮를 主티 아니홈은 [힘이 科ㅣ 同티 아님을] 爲ᄒ얘니

넷 道ㅣ니라 (논어 1:25)

[이 그 智 ᄀᆞᆮ디 몯홈을] 爲ᄒ야아 ᄀᆞᆯ오ᄃᆡ 그러티 아니ᄒ니라 (맹

자 11:22-3)

父母를 셤교ᄃᆡ 스스로 [足디 몯홈을] 아ᄂᆞ이ᄂᆞᆫ 그 舜이신뎌 (소

학 4:10)

ᄎᆞᆯ하리 주긇부니언뎡 [ᄌᆞ손이 이런 ᄒᆡᆼ뎍 이슈믈] 듣고져 아니ᄒ

노라 (번소 6:13)

[우히며 아래 이심을] 뵈미니라 (소학 2:11)

엇디 [사ᄅᆞᆷ 업슴을] 爲ᄒ예리오 (소학 6:73)

…닐오ᄃᆡ 담은 [天下애 올티 아니ᄒ 父母ㅣ 업슴을] 爲ᄒ옐시라

ᄒ여ᄂᆞᆯ (소학 5:38)

(4) [잡음씨] 남움직씨

이러한 구조는 의미적으로 매우 어색한데, 15세기에 나타난 다
음의 몇 예는 모두 한자를 직역한 투의 말이다.

-15세기-

[세히 業이 ᄒᆞᆫ가지로믈] 因홀씨=因…三者業同 (능엄 4:25)[20]

[工夫ㅣ ᄒᆞᆫ가지로믈] 니르니라 (몽산 19)

ᄒᆞᆫ가지로 一音 敎澤을 닙ᄉᆞᆸ보ᄃᆡ [各各이로믈] 니ᄅᆞ시니라 (월석

13: 47)

滔滔ᄂᆞᆫ 므리 두루 펴딘 양진니 [사ᄅᆞ미 다 ᄒᆞᆫ가지믈] 가줄비니

라 (내훈 2상:15)[21]

-16세기-

예 없음.

---

20) 잡음씨 밑에서는 원칙적으로 /ㄹ/을 덧붙인다.

21) 잡음씨 밑에서 '-오/우-'가 줄어진 예이다.

2.2.3. 높임법 제약

안긴 이름마디의 풀이말과 안은마디의 풀이말에는 모두 높임 형태소가 연결될 수 있다.

이때 연결되는 주·객체높임의 모습을 보이면 다음과 같다.

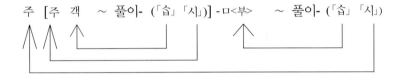

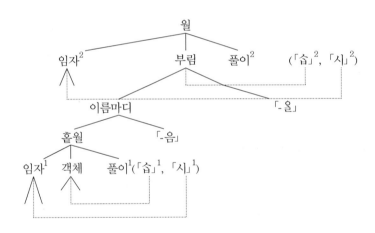

(1) 안긴 이름마디에 '-습-¹'이 연결되는 경우

이 경우의 '-습-'은 안은마디에 아무런 영향을 미치지 않는다. 홑월의 객체만을 높여 주면 되기 때문이다. 즉, 이름마디의 객체의 높임은 안은마디의 높임에 대해 아무런 통어적 영향을 주지 않는다. 다음은 안긴 이름마디의 객체만을 '-습-¹'으로 높여 준 경우이다.

엇뎨 이 ᄀᆞᆮ흔 기픈 法을 듣ᄌᆞᆸ디 몯ᄒᆞᆫ관ᄃᆡ 엇뎨 釋迦牟尼佛所애
비르서 [듣ᄌᆞ오ᄆᆞᆯ] 솔오뇨=豈得不聞如是深法이완ᄃᆡ 豈於釋迦牟
尼佛所애 始言聞也오 (금강 72-3)

[님금 셤기ᅀᆞᄫᆞᆯ] 힚 ᄀᆞ장 홀씨 忠이라 (월석 2:63)

모로매 [일 ᄆᆞᆺ 일우ᅀᆞᄫᆞᆯ] 몬져 홇디니 (월석, 서:17)

뎌…[如來 恭敬 供養ᄒᆞᅀᆞᄫᆞᆯ] 엇뎨ᄒᆞ며 (석보 9:31)

우흰 ᄯᅩ 宗ᄋᆞᆯ 標ᄒᆞ시고 [묻ᄌᆞ오ᄆᆞᆯ] 對答 아니어시니와 이제 알
면…=上앤 且標宗ᄒᆞ시고 未爲酬問이어시니와 今에… (원각, 상
1-2:125)

이제 와이셔 [尊奉ᄒᆞᅀᆞᄫᆞᆯ] 엇뎨 누기리오=其在于今ᄒᆞ야 崇奉
ᄋᆞᆯ 曷弛리오 (월석, 서:13)

⇐ (우리) [(우리)(부텨의)尊奉ᄒᆞᅀᆞᆸ다]-ㅁ「-ᄋᆞᆯ」 엇뎨 누기리오

위의 마지막 예문을 보면, 이름마디로 만들어진 부림말은 안은마
디의 풀이말 '누기다'의 높임의 대상이 되지 않는다. 그리하여 '누
기다'에 '-ᄉᆞᆸ-'이 연결되지 않았다. 이름마디 안의 객체의 높임은
그 이름마디 전체를 객체로서 높여 줄 수 없는 것이다.

大丈夫ᄂᆞᆫ [부텨 보ᅀᆞ오며 祖師 보ᅀᆞ오ᄆᆞᆯ] 寃讎 ᄀᆞ티 홀디니라
(선가 66)

夷之ㅣ…[孟子 보ᅀᆞ옴올] 求ᄒᆞ대 (맹자 5:32)

(2) 안긴 이름마디에 '-으시-[1]'가 연결되는 경우

(가) 두 임자말이 다를 경우

안긴 이름마디의 임자말[1]과 안은마디의 임자말[2]가 다를 경우이
다. 이 경우의 '-으시-[1]'은 안은마디의 높임에 영향을 미치게 된다.

즉, 이름마디에 '-으시-¹'이 연결되면, 이름마디는 안은마디에서 객체로서의 높임의 대상이 되어, 안은마디에 '-숩-²'가 연결되는 것이 원칙이다.

-15세기-

[부텻 慈悲ㅅ ㄱ르치샤믈] 닙ᄉ와 (능엄 7:67)

우리 平常애 [如來ㅅ 微細히 여러뵈샤믈] 닙ᅀᆞᆸ디 몯ᄒᆞᅀᆞ왯다이다 (능엄 10:76)

[부텻 ㄱ르치샤믈] 만히 드ᄌᆞᆲ씨 聞이오 (석보 11:43)

世尊하…이제 [世尊ㅅ 브즈러니 讚歎ᄒᆞ샤믈] 닙ᅀᆞᆸᄂᆞ니잇고 (월석 21:49)

大衆이…[그를 爲ᄒᆞ샤 說法ᄒᆞ샤믈] 보ᅀᆞᆸ거든 地上大衆은… (원각, 상1-2:45)

이제 [ㄱ르쳐 뵈샤믈] 닙ᅀᆞ오니=今蒙指示ᄒᆞᅀᆞ오니 (육조, 상:38)

모든 大衆이 부텻 뵈야 [ㄱ르치샤믈] 듣ᄌᆞᆸ고=諸大衆이 聞佛示誨ᄒᆞᅀᆞᆸ고 (능엄 2:1)

[부톄 불기 굴히샤믈] ᄇᆞ라ᅀᆞ오니라=冀佛이 甄別也ᄒᆞᅀᆞ오니라 (능엄 2:63)

[외다 ᄒᆞ샤믈] 듣ᄌᆞ온 젼ᄎᆞ로 (능엄 1:86)

阿難이 솔오ᄃᆡ [如來ㅣ …펴락 쥐락 ᄒᆞ샤믈] 내 보ᅀᆞᆸ노이다 (능엄 1:108)

몬져 [丈六像이 못 우희 겨샤믈] 보ᅀᆞᆸ롧디니 (월석 8:44)

衆生이…[부텨 니르샤믈] 듣ᄌᆞ오면 能히 恭敬ᄒᆞᅀᆞ와 信ᄒᆞᅀᆞ오리이다 (법화 1:166)

[두 겨샤믈] 讚歎ᄒᆞᅀᆞᆸ고 (법화 3:110)

내…이젯 [부톄 法華經 니르고져 ᄒᆞ샤믈] 아ᅀᆞᆸ노라 (법화 1:127)

須菩薩ᄃᆞᆯ히…[釋迦ㅅ ㄱ르치샤믈] 닙ᄉ올씨 (법화 1:114)

[부톄 덩바기 ᄆᆞ지샤믈] 받ᄌᆞ와 (능엄 7:23)

[雲雷音王佛ㅅ게…바리 받ᄌᆞ오샤믈] 보ᅀᆞᆸ건댄 (월석 18:62)

-16세기-

[堯舜 ㄱ티 다ᄉ리샤ᄆᆞᆯ] 맛나ᅀᆞ와 (번소 6:27)

曾子ㅣ ᄀᆞᆯ으샤ᄃᆡ…어버이를 편안ᄒ시게 홈과 일홈을 베프기는

[參이 니ᄅᆞ심을] 듣ᄌᆞ왓ᅀᆞᆸ거니와 敢히 묻ᄌᆞᆸ노이다 (효경 23)

이렇게 되는 이유는 다음과 같다.

이름마디의 주체를 '-으시-[1]'로 높여 주게 되면, 이름마디의 풀이말[1]은 그 주체(임자말[1])의 행동이나 상태가 되므로 이름마디 전체가 높임의 대상이 될 수 있다. 객체높임의 '-ᅀᆞᆸ-[2]'는 높임의 대상이 되는 객체의 행동이나 상태까지도 높여 줄 수 있으므로, '-으시-[1]'이 연결되면 '-ᅀᆞᆸ-[2]'가 필요하게 되는 것이다.

그러나 16세기 예문에서 이러한 경우에 '-ᅀᆞᆸ-'이 나타나지 않는 예가 보인다.

비록 부텨 겨실제 나 이시나 [부텨 ᄀᆞᄅᆞ치샤ᄆᆞᆯ] 좃디 아니면 므슴 니익이 이시며 비록 말셰롤 맛나시나 [부텨 ᄀᆞᄅᆞ치샤ᄆᆞᆯ] 바다 힝ᄒ면 엇디 샹해ᄒ리오 (야운 41-2)

'좃디'와 '바다'에 모두 '-ᅀᆞᆸ-'이 연결되지 않았다. 이는 16세기에 이미 '-ᅀᆞᆸ-'이 흔들리고 있었다는 증거가 된다.

(나) 두 임자말이 같을 경우

이름마디의 임자말[1]과 안은마디의 임자말[2]가 같을 경우는 안은마디의 풀이말[2]에 '-ᅀᆞᆸ-'이 탈락되고 '-으시-'가 연결된다.

-15세기-

[記 주샤물] ᄒ마 ᄆᆞᆾ시고ᅀᅡ (법화 3:63-4)

오직 病을 對ᄒᆞ야 [藥 밍ᄀᆞ릭샤물] 브트샤 (금강 40-1)

몃마 歌王을 爲ᄒᆞ야 [슬ᄒᆞ샤믈] 아니ᄒᆞ야시뇨 (남명, 상:55)

[正覺 일우샤물] 뵈샤=示成正覺 (월석, 서:6)

[先知先覺이샤물] 니ᄅᆞ시고=記先知先覺也 (법화 3:17)

-16세기-

夫子ㅣ …齊예 겨샤 儲子를 보디 아니ᄒᆞ시니 [그 相 되야심을]
爲ᄒᆞ얘시니잇가 (맹자 12:14)

이렇게 되는 이유는 다음과 같이 설명될 수 있다.

안은마디의 임자말과 부림말로 기능하는 이름마디는 둘 다 높임의 대상이 되므로 안은마디의 풀이말[2]에는 '-ᄉᆞᆸ-', '-으시-'가 연결되어야 하는데, 이 두 형태소는 결국 같은 대상을 높이게 되므로 둘 중 하나는 잉여적이 되어 탈락된다. 이 중에 '-ᄉᆞᆸ-'이 탈락되는 이유는 주체높임이 객체높임보다 개념적으로 확고한 위치를 차지하고 있기 때문이다(주체높임은 아직도 그대로 남아 있는데, 객체높임은 허물어진 것은 객체높임의 개념의 불확실성 때문이다).

그리고 안은마디와 이름마디의 두 '-으시-' 중 하나는 잉여적이 되어 탈락되는 일이 있는데, 이 경우에는 반드시 이름마디에 연결되었던 '-으시-[1]'이 생략된다. 그 이유는 안은마디의 풀이말이 이름마디의 풀이말보다 더 중요한 통어적 기능을 가지고 있기 때문이다.

다음은 다 그러한 예문이다.

-15세기-

(釋譜詳節을 世宗께) 進上ᄒᆞᅀᆞᄫᆞ니 [보믈] 주ᅀᆞ오시고 (월석, 서:13)

聲聞이 비록 못 미츠나 그러나 [信으로 드로믈] 許하실씨 (법화 2:159)

더욱 [ᄉ랑호믈] 너비ᄒ샤=益用覃思 (월석, 서:11)

ᄒ다가 셜운 ᄆᅀᅮ미 겨시면 곧 嗔心ᄒ야 [믜요믈] 내시리러니라 =若有痛惱之心ᄒ시면 卽生瞋恨ᄒ시러라 (금강 79-80)

目連이 술ᄫᅩ디…羅睺羅ㅣ 道理를 得ᄒ야ᅀᅡ…네가짓 受苦를 여희여 [涅槃 得호믈] 부텨 ᄀᆮ티시긔 ᄒ리이다 (석보 6:3-4)

⇐ 羅睺羅ㅣ [羅睺羅ㅣ 涅槃(을) 得ᄒ다]-ㅁ「-을」 부텨(와) ᄀᆮ티시긔 ᄒ다

[性에 잇디 아니호믈] 불기시논 젼ᄎ로 (능엄 1:11)

執을 對ᄒ야 [일훔 得호믈] 表ᄒ야시니와 이제 摩尼珠는 本來 조ᄒ며 本來 불가 (원각, 상2-2:45)

大王이…彌眥훓 싀예도 [德 심고믈] ᄒ나 날비 너기샤 (월석 10:4)

-16세기-

셜울셔 父母ㅣ여 [날 나호믈] 슈고로이 ᄒ샷다 (번소 9:27)

(3) 안은마디에만 '-으시-'가 연결되는 경우

다음의 예문은 안은마디의 풀이말에만 '-으시-'가 연결되었다. 이 때의 높임의 대상은 안은마디의 주체(임자말²) 하나뿐이다.

-15세기-

實로 [두 相 업수믈] 불기시도다=明…實無二相이로다(능엄 2:59)

⇐ 부톄 [두 相(이) 없다]-ㅁ「-을」 불기시도다.

師子尊者씌…國王이…묻ᄌᆞ와 닐오ᄃᆡ 師ᄂᆞᆫ [蘊이 부요믈] 得ᄒ야 겨시니 對答호ᄃᆡ… (남명, 상:53)

⇐ 師ᄂᆞᆫ [蘊이 뷔다]-ㅁ「-을」

뉘 修行ᄒ리완ᄃᆡ 엇뎨 [幻 ᄀᆞᆮ호믈] 다시 니ᄅᆞ시니잇고=誰爲修行 이완ᄃᆡ 云何復說修行如幻이니잇고 (원각, 상2-1:8)

이 相을 여희여 [發心호믈] 勸ᄒ샨 아치니라=此ㅣ 所以勸離相

發心也ㅣ니라 (금강삼가 3:36)

-16세기-

仲尼ㅣ 글으샤뒤 비로소 俑을 作흔 者ㅣ 그 後ㅣ 업스린뎌 흐시니 [그 人을 象흐야 用흐욤을] 爲흐얘시니 (맹자 1:12)

위의 예문들은 물론 안긴 이름마디와 안은마디의 임자말이 서로 다른 경우이다.

(4) 마무리

안긴 이름마디가 부림말로 기능하는 겹월에서는 높임 형태소와 연관된 중요한 통어적 제약 규칙이 성립한다.

첫째, 안긴 이름마디의 '-습-'은 아무런 통어적 제약을 갖지 않는다.

둘째, 안긴 이름마디에 '-으시-'가 연결되지 않으면, 안은 겹월에 '-습-'이 연결될 수 없다. 이것은 필연적인 제약이다.

셋째, 안긴 이름마디에 '-으시-'가 있는 경우는 두 경우로 나누어야 한다.

㉠ 안긴 이름마디 안의 임자말과 안은마디의 임자말이 다를 경우: 안긴마디의 '-으시-'와 안은마디의 '-습-'은 필연적으로 연결된다.

㉡ 안긴 이름마디 안의 임자말과 안은마디의 임자말이 같을 경우: 안긴마디의 '-으시-'와 안은마디의 '-으시-'는 수의적으로 연결된다. 이때 안은마디에는 '-습-'이 연결되지 않는다.

이로써 다음의 통어적 제약 규칙이 성립한다.

<높임 형태소의 통어적 제약 규칙>

	<안긴 이름마디>	<안은마디>	
	「-으시-」	「-습-」	「-으시-」
	×	×	
임자말이 다를 때	○	○	
임자말이 같을 때	○(수의적)	×	○

2.3. 위치말로 기능

(임자말)^2 [(임자말)^1 (그 밖)~(풀이말)^1]-ㅁ<위>~(풀이말)^2

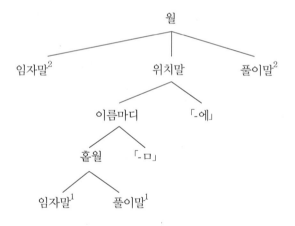

2.3.1. 임자말 제약

임자말^{1}과 임자말^{2}는 다른 가지에 붙어 있으므로 같을 수도 있고 다를 수도 있다

2.3.2. 두 풀이말의 씨범주 관계

(1) [움직씨] 움직씨

이름마디의 풀이말은 움직씨이고, 안은마디의 풀이말도 움직씨
인 경우이다.

－15세기－

[成佛호매] 니르로니 (월석 21:210)

心魂이 이대 [아로매] 덜머＝心魂染於靈悟 (능엄 9:58)

[나그내로 사로매] 自出을 맛보니 여희유메 몃 버늘 슬카니오＝
客居逢自出 爲別幾悽然 (두언 23:53)

[빗돗 글어가매] 歲月이 졈그느니＝解帆歲云暮 (두언 22:42)

[플완 버후매] 당당이 나를 虛費ㅎ리로소니 (두언 7:17)

[아자비 여희요매] 感念이 기프니 여횐 後에 엇던 사르믈 보려
니오 (두언 8:62)

[나그내로 사로매] 간 심거 낫바믈 瑤琴과 딱ㅎ야 뒷다라 (두언 15:3)

ᄀᆞᄂᆞ 프리 [기우시 안조매] 마즈니＝細草稱偏坐 (두언 15:48)

[ᄒᆞᆫ번 믈드류매] 一切 믈드느니라＝一染一切染 (금강삼가 3:46)

[새려 시름호매] 누니 둘올ᄃᆞ시 바라노라 (두언 20:18)

[네 鼓聲 드로매] 그 귀 ᄒᆞ마 鼓 티ᄂᆞ 고대 가면 鐘聲 흔쁴 나매
반ᄃᆞ기 다 듣디 몯ᄒᆞ리니 (능엄 3:22)

跋陀婆羅ᄂᆞ [닐오매] 어디리 護持홀씨라 (능엄 5:40)

ᄒᆞᆫ 쪠나 [禮拜供養호매] 니를면 (법화 7:68)

내이 ᄉᆞ랑ᄒᆞ야 [혜요맨] ᄀᆞᄆᆞ니 根 쏘배 수멧도소이다＝如我思
忖앤 潛伏根裏ᄒᆞ도소이다 (능엄 1:56)

[無上菩提를 證호매] 니를의 호리라 (석보 9:17)

微妙히 아로ᄆᆞᆫ 모디 [ᄆᆞᅀᆞ맷] 길히 그추메 다ᄃᆞ라ᅀᅡ ᄒᆞ리니＝妙
悟ᄂᆞ 要窮心路ㅣ 絶이니 (몽산 10)

우리…[衆生 일우오매] ᄆᆞᅀᆞ믈 즐기디 아니타니 (월석 13:4)

이 南閻浮提 衆生이…[여러 善因 지소매] 니를면 이 命終호 사
ᄅ미 큰 利益과 解脫을 得ᄒ리잇가 몯ᄒ리잇가 (월석 21:107)

黤은 [蚡을 봄애] 일즉 절을 아니ᄒ고 揖ᄒ더라 (소학 6:34)

浩ᄂ…대개를 모도자바셔 고틸만 ᄒ여니와 [글 지수매] 다ᄃ라
ᄂ 내 최 호두곤 만히 호이다 (번소 9:46)

顔氏 가문 ᄀᄅ치ᄂ 글월의 닐어쇼ᄃᆡ 쩌곰 글 닐거 빈호며 무러
호ᄆᆞᆫ 본ᄃᆡ ᄆᆞᅀᆞᄆᆞᆯ 열며 눈을 볼겨 [힝ᄒ요매] 리콰댜 ᄒ예니라
(번소 8:25)

[혼 솽 후시 밍ᄀ로매] 슈공 혜디 아니코도 대엿돈 은곳 업스면
미ᅕᆞ며 내디 몯ᄒ리라 (박통 상:48)

[주구매] 니르러도 ᄒ가지로… (번소 6:3)

[性을 다홈애] 니르샤 循循히 ᄎᆑ 잇게 ᄒ더시니 (소학 6:17)

學者ㅣ 모로미…샹녜 스스로 격려ᄒ야 니르와대야 [믄득 쩌러딤
애] 니르디 아니ᄒ리라 (소학 5:98)

父ㅣ [沒홈애] 行을 볼띠나 三年을 父의 道애 고티미 업세샤 可
히 孝ㅣ라 닐을이니라 (논어 1:6)

[往을 告홈애] 來者를 알오녀=告諸往而知來者ㅣ온여 (논어 1:8)

뉘 能히 [出홈애] 戸를 由티 아니오마ᄂ 엇디 이 道를 由티 아니
ᄒᄂ고 (논어 2:8)

사름의 허믈이 각각 그 류에니 [허믈을 봄애] 이에 仁을 알띠니
라 (논어 1:33)

조ᄇ면 [옷 지소매도] ᄌᆞ라디 몯ᄒ며 (노걸 하:62)

내 [벼슬ᄒ욤브터] 오모로 미양 네 ᄌᆞ룰 가져 잇노니 (번소
9:52-3)

(2) [움직씨] 그림씨

마ᅀᆞ래 사라션 [ᄠᅳ들 行호매] 잇ᄂ니라=居官志在行 (두언 8:63)

興心이…[白玉珂를 울요매] 잇도다=興在…白玉珂 (두언 21:17)
詩句를 일우니 구스리 [분 두루튜메] 잇도다=詩成珠玉在揮豪
(두언 6:4)
민얼거 지순듸 [안자쇼매] 重疊ᄒ도다=結構坐來重 (두언 23:26)

-16세기-
[드나드로매] 암만 ᄀ외도 업스니라=出入無完裙 (두언중간 4:8)
이믜 그 벼슬에 이시나 비록 몸을 앗기나 [朝廷을 슈욕홈애] 엇
디료 (소학 6:36)
내 날로 세가지로 내 몸을 슬피노니 [사름을 爲ᄒ야 謀홈애] 忠
티 몯ᄒᆫ가…傅코 쩝디 몯ᄒ개니라 (논어 1:2)
[發홈애] 조급ᄒ며 망녕되욤을 금지ᄒ여사 안히 이에 안졍ᄒ며
젼일ᄒᄂ니라 (소학 5:90)
너브면 [옷 지소매] 유여ᄒ며 ᄯᅩ 수이 풀거시어니와 (노걸 하:62)

(3) [움직씨] 잡음씨

이러한 연결은 나타나지 않는다. 아마도 이러한 연결이 의미적으
로 연결되지 않기 때문이라 생각된다.

___이 [동작성]-ㅁ「-에」___이다.

(4) [그림씨] 움직씨

-15세기-
[妄識 더러부매] ᄀᄆ니 구쁠씨 사오나바 어디디 몯ᄒᄂ니 (월석
14:14)
[괴외호매] 전혀 向ᄒ야=一向冥寂 (영가, 상:62)
[患難 하매] 便安히 사디 몯ᄒ소라=多難不安居 (두언 8:43)

-16세기-

예 없음.

(5) [그림씨] 그림씨

-15세기-

예 없음.

-16세기-

口이 味에와 目이 色애와 耳ㅣ 聲에와 鼻ㅣ 臭에와 [四肢ㅣ 安佚홈애]…命이 인ᄂᆞ디라 (맹자 14:15)

(6) [그림씨] 잡음씨

이는 앞의 '(다) [움직씨]잡음씨'의 경우와 마찬가지로 의미적인 연결이 불가능하여 그 예문이 나타나지 않는 듯하다.

(7) [잡음씨] 풀이씨

안긴 이름마디에 잡음씨가 연결된 예는 하나도 찾지 못했다. 위치말로 기능하는 안긴 이름마디가 이유의 뜻을 가질 때는 이러한 연결이 가능할 듯하다.

이상의 예로써 다음과 같은 결론을 얻을 수 있다.

<u>이름마디가 위치말로 기능할 때에는 안은마디나 안긴마디의 풀이말에 잡음씨를 제약</u>한다.

2.3.3. 높임법 제약

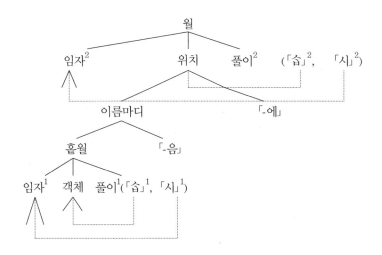

위치말도 객체이므로 앞의 <2-2.(3)>에서 풀이한 '안긴 이름마
디가 부림말로 기능하는 겹월에서의 높임법의 통어적 제약 규칙'이
여기에도 그대로 적용된다.

① 안긴 이름마디에 결합되는 '-습-'은 안은마디의 높임법에 아
무런 통어적 제약을 주지 않는다.

　　左右로 (如來寶光을) [보ᅀᆞ오매] 머리 제 搖動ᄒᆞᄂᆞ이다 (능엄 1: 110)
　　昭憲王后ㅣ 榮養을 셜리 ᄇᆞ려시ᄂᆞᆯ 셜버 [슬ᄊᆞ보매] 이셔 ᄒᆞᆶ바
　　ᄅᆞᆯ 아디 몯ᄒᆞ다니 (월석, 서:10)

② 안긴 이름마디에 '-으시-'가 연결되지 않으면, 안은마디의 풀이말에도 '-습-'이 연결되지 않는다.

③ 안긴 이름마디 안의 임자말과 안은마디의 임자말이 같은 경우, 안긴 이름마디에 '-으시-'가 연결되면 안은마디에도 '-으시-'가 연결된다. 부림말로 기능하는 경우에는 안은 겹월의 '-으시-'는 수의적으로 연결되었는데, 위치말로 기능하는 경우에도 이 점은 마찬가지이다. 다음의 첫 두 예문만 생략된 경우이고, 나머지는 둘 다 연결된 예문이다.

> 法利 傳持호야 펴샬뗸 모로매 [사룸 어두매] 겨시니라=傳布法
> 利호샬뗸 期在得人也ㅣ시니라 (법화 4:135)
> 性을 다홈애 니르샤 循循히 추셔 잇게 호더시니 (소학 6:17)
> [東南門 노니샤매] 늘그니 病호니를 보시고 (천강곡 상, 기44)
> 뜨디 [權엣 혀근 사룸룰 니르텨 내샤매] 겨시니라=意在激發權
> 小也 (법화 1:156)
> 世尊이 부텨 得호샤 [오라디 몯호샤매] 能히 이 功德 이룰 지스
> 시니잇가 (법화 5:117)

④ 안긴 이름마디 안의 임자말과 안은마디의 임자말이 다르면서 안긴 이름마디에 '-으시-'가 연결된 예를 찾지 못했다. 안긴 이름마디가 안은 겹월에서 위치말로 기능하면 이 이름마디는 안은 겹월의 객체가 되므로, 이름마디 안에 '-으시-'가 연결되면 안은 겹월의 풀이말은 '-으시-'가 연결된 이름마디를 객체로서 높여 주어야 하므로 '-습-'이 연결될 것이다.

⑤ 다음의 예문은 안은 겹월의 주체만을 '-으시-'로 높여 준 것이다.

解脫이 [흘루메] 두르혀샨디라=解脫返流 (영가, 서:2)

2.4. 견줌말로 기능

(임자말)^2 [(임자말)^1(그 밖)~(풀이말)]-ㅁ<견>~(풀이말)

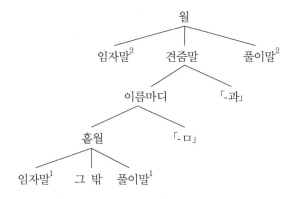

2.4.1. 임자말 제약

임자말^{1}과 임자말^{2}는 다른 가지에 붙어 있으므로 같을 수도 있고 다를 수도 있다.

2.4.2. 두 풀이말의 씨범주 관계

(1) [움직씨] 풀이씨

－15세기－
[닐옴과] 서르 근ᄒ니라=與說와 相類ᄒ니라 (능엄 2:117)
쉬나ᄆᆫ 힛 ᄉᆞᅀᅵ [솑바당 두위힐후미] 근ᄒ니=五十年間似反掌

(두언 16:48)

窮子ㅣ 놀라 [답교미] 굳ᄒᆞ면 (법화 1:208)

부텨 니ᄅᆞ샤ᄃᆡ 이러ᄒᆞᆫ 妙法은 諸佛如來 時節이어ᅀᅡ 니르시ᄂᆞ니 優曇鉢華ㅣ 時節이어ᅀᅡ [ᄒᆞᆫ번 뵈요미] 굳ᄒᆞ니라 (석보 13:47)

나모 스라 [숫 ᄃᆞ외요미] 굳고 (월석 14:67)

ᄃᆞ리 [즈믄 ᄀᆞᄅᆞ매 비취요미] 굳ᄒᆞ니라 (월석 1:1)

土ㅣ 水와 火와를 브터 나논디 [子息이 父母ㅅ 氣分을 바돔] 굳ᄒᆞ니 (능엄 4:22)

[오ᄉᆞ로 갓브레 더딤] 굳고져 願ᄒᆞ노라 (두언 14:9-10)

우리 무리…[졋 일흔 아히 믄득 慈母 맛남] 굳ᄒᆞ이다=如失乳兒ㅣ 忽遇慈母ᄐᆞᆺ ᄒᆞ이다 (능엄 5:29)

[ᄒᆡ :둠] 굳ᄒᆞ니=如日頹 (능엄 2:5)

[艱難ᄒᆞ니의 ᄂᆞᄆᆡ 보ᄇᆡ 혜욤] 굳다 (원각, 하 31-1,62)

富樓那아 [네 닐옴] 굳ᄒᆞ야 (능엄 4:9)

ᄇᆞ름 거스려 [홰 자봄] 굳ᄒᆞ야 노하ᄇᆞ리디 아니ᄒᆞ면 당다이 제 모미 데오 (월석 7:18)

몃 디위를 흘러 돌뇨ᄃᆡ [뽁 불욤] 굳ᄒᆞ야니오 (남명, 하:63)

[各別히 勞力호ᄆᆞ론] 더으니라=由勝別勞心 (금강삼가 4:30)

묻노라 [ᄌᆞ조 朝謁호ᄆᆞ론] [便安히 나ᄌᆡ ᄌᆞ오롬과] 엇더ᄒᆞ니오 (두언 20:10)

[寶塔 셰요ᄆᆞ라와] 더어 (월석 23:76)

-16세기-

이 엇디…내 아니라 [兵이라 홈과] 다ᄅᆞ리오 (맹자 1:10)

깃거티 아니ᄒᆞ샤도 다믓 그 鄕과 閭에 [죄를 어드시ᄆᆞ론] 출하리 닉이 諫홀디니 (소학 2:22)

례되 [샤치호ᄆᆞ론] 검박호미 올코 상ᄉᆞ애 [ᄀᆞ초호ᄆᆞ론] 슬허호미ᅀᅡ 올ᄒᆞ니라 (정속 17)

[뎌 사ᄅᆞᆷ믈 다 ᄑᆞ라 줌만] ᄀᆞᄐᆞ니 업스니 (노걸 하:8)

夫子의 求ᄒᆞ심은 [그 사ᄅᆞᆷ의 求홈애] 다ᄅᆞ신뎌 (논어 1:5)

[글 ᄇᆡ호디 아니홈만도] 굳디 몯ᄒᆞ니라 (번소 8:30)

志를 得ᄒᆞ야 [中國에 行ᄒᆞ샨 符節을 습ᄒᆞ욤] ᄀᆞᄐᆞ니라 (맹자 8:1)

원ᄒᆞᆫ건댄 이 며느릐…손ᄌᆞ들히 다 [이 며느릐…공경홈] ᄀᆞᄐᆞ면
(번소 9:30)

君子ㅣ 뼈 [告홈과 ᄀᆞᆮ다] ᄒᆞ니라 (맹자 7:35)

얻디…사라이신 저기나 주근 저기나 [ᄒᆞᆫ가지로 홈과] ᄀᆞᄐᆞ리오
(번소 10:31)

분묘를 슈호티 아니ᄒᆞ고셔 후ᄌᆞ손니 어딜와뎌 호미 믌근원늘 여
위에 코셔 흘로미 [길와뎌 홈과] ᄀᆞᆮᄐᆞ니 (정속 19)

賢人을 보고쟈 호ᄃᆡ 그 道로뻐 아니ᄒᆞ면 그 入과댜 호ᄃᆡ [門을
閉홈] ᄀᆞᄐᆞ니라 (맹자 10:31)

譬컨댄 北辰이 그 所애 居ᄒᆞ얏거든 [모ᄃᆞᆫ 별이 共홈] ᄀᆞᄐᆞ니라
(논어 1:9)

隣國의 政을 察ᄒᆞᆫ댄 [寡人의 心을 用홈] ᄀᆞᄐᆞᆫ 者ㅣ 업소ᄃᆡ (맹자 1:6)

(2) [그림씨] 풀이씨

-15세기-
비록 해 흐리시가ᅀᆞ며나 엇뎨 져기 믈기 [가난호미] ᄀᆞᆮᄒᆞ리오
(금강삼가 4:31)

行을 외다 ᄒᆞ야 닷디 아니ᄒᆞ면 [빈 빗 업수미] ᄀᆞᆮ거니 내죵애 엇
뎨 건나리오 (법화 5:206)

-16세기-
예 없음.

(3) [잡음씨] 풀이씨

-15세기-
듨 그림제 [眞實ㅅ 둘 아니로미] ᄀᆞᆮᄒᆞ니라 (월석 2:55)

예 없음.

2.4.3. 높임법 제약

견줌말도 객체이기 때문에, 앞의 부림말, 위치말과 같은 통어적 제약을 갖는다.

다음의 예는 안긴 이름마디 안의 임자말과 안은마디의 임자말이 같기 때문에 '-으시-'~'-으시-'의 결합이 성립된다.

> 모로매 이 經을 니ᄅ샤ᄆᆝᆫ 威音王ㅅ [큰 無畏 得ᄒ샴] ᄀᆞᆮᄒ시며
> (법화 6:86)

다음의 예는 안긴마디의 임자말과 안은마디의 임자말이 서로 다르기 때문에 '-으시-'~'-습-'의 연결이 성립되었다.

> 반ᄃᆞ기 [부텨 ᄀᆞᄅ치샴] ᄀᆞ티 ᄒᆞ으와 이 法을 너비 펴리라 (법화
> 4 :192)
> 내 [諸佛 니ᄅ샴] ᄀᆞ티 좃ᄌᆞᄫᅡ 호리라 (석보 13:59)

다음 예문은 안은마디의 주체만을 '-으시-'로 높인 것이다.

> 夫子의 求ᄒ심은 [그 사ᄅᆞᆷ의 求홈애] 다ᄅᆞ신뎌 (논어 1:5)

2.5. 방편말로 기능

-15세기-

[那律이 能히 보무로도] 수이 보디 몯ᄒ리로다=那律能觀ᄋ로도
不易觀이로다 (남명, 상:25)

[말ᄊᆞᆷ과 가줄보무로] 밋디 몯홀꺼시 그 眞實ㅅ 智ᄂ뎌 (금강 87)

내 [게으르디 아니호무로] 正覺ᄋᆞᆯ 일우오라 (석보 23:13)

塵ᄋᆞᆫ [더러부므로] 뜯ᄒ니 (월석 2:22의 1)

[이리ᄒ샤무로] 아홉 큰 劫ᄋᆞᆯ 걷내ᄠᅱ여 (월석 1:52)

-16세기-

그려도 집블 올케 홀뎐 모로미 [몸 닷고모로] 비릇ᄂᆞ니=然欲齊
家伊隱大必自修身始羅 (정속 5)

집븨 올티 아니호미 [남진 겨집븨 화동티 아니호무로] 조채니
(정속 4)

君子이 ᄒᆡᆼ뎍은…[검박호무로] 德ᄋᆞᆯ 길울디니 (번소 6:16)

禮ㅣ 그 [奢홈으로] 더브러론 출하리 儉홀띠오 喪이 그 [易홈으
로] 더브러론 출ᄒ리 戚홀띠니라 (논어 1:20)

그 奧애 [媚홈으로] 더브러론 출하리… (논어 1:23-4)

天의 視ᄒ욤이 우리 民의 [視ᄒ욤으로]브테며 天의 聽ᄒ욤이 우
리 民의 [聽ᄒ욤으로]브테라 ᄒ니 (맹자 9:22)

어버이 빗내요미 다 [글 빅호모로]브터 터 잠ᄂ 거시니 (정속 8)

[生民이 이심으로]브터 뻐 오므로 孔子만 ᄒ니 잇디 아니ᄒ니라
(맹자 3:20)

다음은 '-으로뻐, -오로뻐'가 연결된 예문들인데, 이는 15세기에
는 보이지 않던 꼴이다. '뻐'는 본디 '쓰-'의 활용꼴인데, 이 시기의
쓰임으로는 앞 토씨에 녹아 붙어 하나의 토씨로 굳어 버린 것으로
보인다.[22]

사룸을 그리호마 홈으로써 許ᄒ고 (소학 6:52)

夫子ᄂᆞᆫ…儉ᄒ시며 讓ᄒ시모로써 得ᄒ시ᄂᆞ니 (논어 1:5)

어버이룰 깃기모로써 일 삼고 (소학 5:37)

사룸이 뻐 즘승의게 다른 바ᄂᆞᆫ 그 仁과 義 이시모로쎼니 (소학 6:59)

椰을 ᄒ디 아니홈은…可히 徒行티 몯호모로쎼니라 (논어 3:3-4)

어버의 입이 내 입에서 重홈으로쎼오…어버의 몸이 내 몸애셔
重홈으로쎼라 (소학 5:74)

故로 굴오ᄃᆡ 告子ㅣ 일즉 義를 아디 몯혼다 ᄒ노니 그 外라 홈
으로쎌ᄉᆞ니라 (맹자 3:15)

내 태우의 後에 從홈으로쎄라 (논어 3:62)

2.6. 잡음씨 '-이다' 앞의 이름씨로 기능

2.6.1. 두 풀이말의 씨범주 관계

(1) [움직씨] __ '-이다'

-15세기-

이 일후미 [미요미로소이다] (능엄 5:18)

우업슨 法王ㅅ 이 眞實ㅅ 마리며 所如 다히 [닐오미라] (능엄 2:54)

快타 이 [무루미여]=快哉라 此問이여 (능엄 8:67)

클셔 萬法이 브터 [비르수미여]=大矣哉라 萬法資始也여 (원
각, 서:31)

잢간 듣줍고 ᄒ마 善혼 利를 得곤 ᄒ믈며 브즈러니 [行호미여]
(원각, 하 2-1:4)

둘흔 善果ㅣ 날로 [더우미오] (월석 21:184)

名稱은 일훔 [일쿨유미라] (월석 10:64)

스믈흔 業道룰 永히 [더루미오] (월석 21:185)

---

22) 허웅(1989: 91) 참조.

迦葉이…能히 受ᄒᆞᅀᆞ오니 이 [希有호미라] (법화 3:30)

利養ᄋᆞᆫ…제 몸쌘 됴히 [츄미라] (석보 13:36)

天魔ㅣ 영와 그 便을 [得호미오] (능엄 10:41)

겨집들홀 부텻 陰藏相 보ᅀᆞᆸ긔 [호미라] (석보 24:2)

다ᄆᆞᆫ 菩薩 [ᄀᆞᄅᆞ쵸미라] (석보 13:59)

네흔 닐온다히 [修行호미니] (영가, 상:25)

法華ᄂᆞᆫ ᄀᆞᆺ을 [거두우미오] (능엄 1:19)

ᄒᆞ물며 阿羅漢果ᄅᆞᆯ 得긔 [호미ᄯᆞ니잇가] (석보 19:4)

ᄒᆞ물며 ᄯᅩ 女身 [受호미ᄯᅡ녀] (월석 21:86)

그지업슨 福을 어드리어니 ᄒᆞ물며 수와 [보미ᄯᅡ녀] (월석 8:37)

ᄒᆞ물며 기리 여희옛ᄂᆞᆫ ᄆᆞᅀᆞᄆᆞᆯ [디내요미ᄯᅡ녀] (두언 25:17)

-16세기-

ᄀᆞᆺ가이ᄂᆞᆫ 父母를 [事홈이며] 멀리ᄂᆞᆫ 君을 [事홈이오] (논어 4:36)

다ᄆᆞᆫ 百步ㅣ 아닐ᄲᅮ니언뎡 이 ᄯᅩ흔 [走홈이니이다] (맹자 1:7)

征이란 말은 [正홈이니] 각각 ᄅᆞᆯ 正과뎌 ᄒᆞ니 엇디 戰을 쓰리오 (맹자 14:4)

져다가 거두워 히여곰 도로 몸애 [드려오게 콰뎌 홈이니] (소학 5:85-6)

힝실을 [責호려 홈이니] (소학 5:41)

님금 셤김을 求코져 ᄒᆞ며셔 몬져 [님금을 소김이니] 可ᄒᆞ냐 (소학 6:45)

내…네 ᄌᆞ를 가져 잇노니…[날희여 홈괘라] (번소 9:53)

엇디 [닐옴이닝잇고] (논어 1:11)

修行홀 宗要ᄂᆞᆫ 오직 凡夫情을 [다오미언뎡] 各別히 聖人 아롬 업스니라 (선가 34)

그러모로 孝ㅣ 밋디 몯홈이 이시며 悌ㅣ 째예 몯홈이 잇다 ᄒᆞ니 그 이를 [닐옴인뎌] (소학 2:76)

심홀셔 급암의 [어림이여] (번소 9:39)

시졀리 어즈러워 새도 흔듸 몯 잇곤 ᄒᆞ물며 [사름미여] (이륜 26)

엇뎌 ᄒᆞ물며 百年을 거느리치다가 ᄒᆞᆫ 수에 恩惠를 [背叛호미ᄯᅡ

녀] (선가 55)

(2) [그림씨] ___'-이다'

-15세기-

ᄒᆞ물며 風塵이 [오라미ᄯ녀]=況乃久風塵 (두언 6:31)

이제 나ᄂᆞᆫ [가난ᄒᆞ미라] (남명, 상:30)

-16세기-

근심ᄒᆞ시ᄂᆞᆫ ᄂᆞᆺ빗츨 두겨샴ᄋᆞᆫ [엇뎨미니잇고] (소학 4:17)

ᄯᅩ 니ᄅᆞ샤ᄃᆡ 조ᄒᆞ며 더러우미 ᄆᆞᅀᆞ매 [이슈미언뎡] 엇뎌 國土에
브트리오 ᄒᆞ시다 (선가 43)

(3) [잡음씨] ___'-이다'

이 예가 나타나지 않는 것은 당연한 일이다.

[···이다]-ㅁ 「-이다」 (···임이다)

이러한 연결은 불필요한 이중 서술이다. 그냥 '···이다'라고 하면
그만일 것을 '···임이다'라고 하는 것은 어색하다.

2.6.2. 높임법 제약

(1) '-ᅀᆞᆸ-'의 결합

大悲로 [일쿋ᄌᆞ오미라]=以大悲로 稱也ㅣ시니라 (능엄 6:41)

處處貪着애 니르린 三周說法을 모도아 [讚歎ᄒᆞᅀᆞ오미오] (법화 4:6)

이 일후미 부텻 恩을 [갑ᄉᆞ오미이다] (능엄 3:112)

고ᄌᆞ로 부텨씌 빗ᄉᆞ오ᄆᆞᆫ 스승니믈 [尊ᄒᆞᅀᆞ오미오] (법화 3:108)

(2) '-으시-'의 결합

이름마디에 '-으시-'가 연결되면 뒤의 '-이다'에도 '-으시-'가 연결되어 '-이시다'가 되는 것이 원칙이다.

大德天이 나민가 부톄 世間애 나샤미**신**가 (법화 3:117)
說法이 가지가지 **겨샤**민시니 (법화 5:137)[23]

여기에서도 '-으시-' 하나는 잉여적이 되어 생략되는 일이 있는데, 이때는 뒤의 '-이시다'의 '-으시-'가 생략된다. 이렇게 되는 이유는 이러한 구조에서는 이름마디 안의 풀이말이 전체 월의 뜻을 짊어지고 있기 때문이다. 다음은 '-이다'에 '-으시-'가 생략된 예문이다.

著둘 아니ᄒ샤미라 (능엄 5:83)
이를 닐온 그스기 심기샤미라=是謂冥授 (능엄 5:31)
能히 한 부텨를 보ᅀᄋᄉᆞᅡ미라 (법화 6:177)
粉 ᄇᆞᄅ디 아니ᄒᆞ 面目그로 보ᅀᆞᆸ건댄 佛祖 出世ᄒᆞ샤미…無風海예 믌결 니ᄅ와ᄃ샤미라 (선가 2)

2.7. 매김말로 기능

[여희요맷] 슬후미 조차 서르 지즈ᄂᆞ다=離恨兼相仍 (두언 22:26)
사ᄅᆞ미 眞實로 能히 시름 [버므로민] 다ᄉᆞᆯ 알며=人者苟能悟患累之由 (법화 3:141)
畦丁이 籠을 지여 오나ᄂᆞᆯ 感嘆ᄒᆞ야 온 [혜아룜] 그틀 뮈우노라=畦丁負籠至 感動百慮端 (두언 16:69)

---

23) '겨시-'는 '잇-'에 대한 주체높임의 낱말이므로, '-으시-'가 연결된 것으로 간주하였다.

3. 겹월에서 변형된 이름마디

3.1. 이은 겹월에서 변형

3.1.1. 임자말로 기능

[이은겹월]-ㅁ<임> ~

이은 겹월에서 변형된 이름마디가 안은 겹월 안에서 임자말로 기능하는 경우이다.

> [내며 드리며 부르며 利호미]=出入息利 (법화 2:186)
> ⇐ [내며 드리며 부르며 利ㅎ다]-ㅁ
> 알피 [티며 싀서늘호미] 百萬가지니=痛楚酸寒百萬般 (남명, 하32-3)
> ㅎ마 [나며 업수미] 업거니 엇뎨 [가며 오미] 이시리오=既無生
> 滅커니 焉有去來리오 (월석, 서:2)
> ⇐ [나며 없다]-ㅁ「-이」
> 道理로 몸 사ㅁ시니 이 부톄시니 이 經 닐긂 사르ㅁ…가락 [자
> ㅂ며 筌:두미] ᄀ장 슬ᄒ니라 (월석, 서:22)
> 비치 [히오 블구미] 몱 頭腦ㅣ ᄀ트니라 (월석 1:23)
> 우리 道의 [닐며 믈어듀미] (월석 2:74)
> [늘우츠며 ᄀ외요ᄆ] 누를 爲ᄒ야셔 雄ᄒ양 ᄒᄂ다=飛揚跋扈爲
> 誰雄 (두언 21:34)
> 衆生이 [ᄒ며 말며 念 뮈우미]…罪 아니니 업스니 (월석 21:98)
> ⇐ [衆生이 ᄒ며 말며 念 뮈다]-ㅁ
> 그 [ᄉ랑ᄒ며 어엿비 너교미] 어루 至極다 니르리언마ᄂ (내훈3:32)
> [됴ᄒᆫ 몸 ᄃ외어나 구즌 몸 ᄃ외어나 호미] (월석 1:12)
> 人生애 世間애 이셔 [모ᄃ락 흐르락 호미] 쏘 아니한 ᄢᅵ로다=人
> 生在世間 聚散亦暫時 (두언 22:22)

3.1.2. 부림말로 기능

[이은겹월]-ㅁ<부> ~

[거름 거르며 발뜨듸요물] 모로매 즈느기 즈느기 ᄒᆞ며 (내훈 1:26)
ᄆᆞ수미 뷔디 몯ᄒᆞ야 [내 몸 달혜오 ᄂᆞ믹 몸 달혜요물] 人相我相
이라 ᄒᆞᄂᆞ니라 (월석 2:63)
佛道ㅣ 길오 머러…[受苦ᄒᆞᆯ까 分別호물] 가줄비니라 (월석 13:15)
[正ᄒᆞ며 갓ᄀᆞ로물] 브터 달이 드외ᄂᆞ니라=由正倒成異 (능엄 2:14)
[댱가들며 셔방 마조물] 다 婚姻ᄒᆞ다 ᄒᆞᄂᆞ니라 (석보 6:16)
블근 나치 [싀오 드로물] (두언 15:2)
[가난코 病호물] 사ᄅᆞ미 모로매 (두언 21:25)
[나ᅀᅡ가거나 믈러오거나 호물] 길 녀든뇨매 브리과라=進退委行
色 (두언 6:53)
엇뎨 [드ᄆᆞ며 쓰며 호물] 혜리오 (두언 22:38)

3.1.3. 위치말로 기능

[이은겹월]-ㅁ<위> ~

菩薩이 [ᄃᆞ니시며 셔 겨시며 안ᄌᆞ시며 누브샤매] 夫人이 아ᄆᆞ라
토 아니 ᄒᆞ더시니 (월석 2:26)
[씨며 : 자매] 날씨=生於寤寐 (능엄 2:13)
世尊하 내 보ᄃᆡ 이 閻浮衆生이 [발 들며 念 뮈우매] 罪 아니니
업스니 (월석 21:102)
[뮈나 ᄀᆞ마니 잇거나 호매] (몽산 18)
고ᄒᆞᆫ 수믜 [나며 드로매] 맏고 ᄉᆞ싀롤 몯 마트며 (석보 19:10)

3.1.4. 방편말로 기능

[이은겹월]-ㅁ<방> ~

　도호며 구즈모로 (월석, 서:3) ⇐ [도호며 궂다]-ㅁ「-ᄋ로」

3.1.5. 견줌말로 기능

[이은겹월]-ㅁ<견> ~

　健壯호미 누른 쇠야지 [ᄃ로락 도로 오락 홈] ᄀ다라=健如黃犢
　走復來 (두언 25:51)

3.2. 안은 겹월에서 변형

안은 겹월이 이름마디로 변형되는 경우이다. 이름마디로 변형된
안은 겹월에 안길 수 있는 마디는 이름마디, 매김마디, 인용마디,
어찌마디, 풀이마디로서 그 종류에 제약이 없다.

3.2.1. 이름마디를 안음

₂[　₁[　]₁-ㅁ]₂-ㅁ

이 구조를 살펴보면 다음과 같다.

₁[　]₁　; 홑월
₁[　]₁-ㅁ ; 홑월이 변형된 이름마디안은마디 (₂[　]₂)에 '안긴 이름

마디(여기에 토씨가 붙어 모든 월성분으로 기능)'

₂[　　]₂　; 속구조의 안은 겹월 (이름마디 '₁[　　]₁-ㅁ'을 안음)

₂[　　]₂-ㅁ ; 이름마디 '₁[　　]₁-ㅁ'을 안고 있으므로 '안은 이름마디'
라 하겠다(여기에 토씨가 붙어 전체 월 안에서 여러
가지 월성분으로 기능).

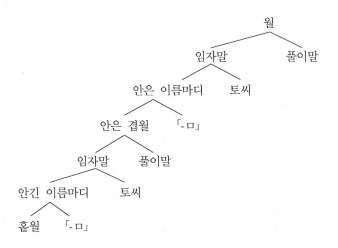

먼저, 안은 이름마디가 전체 월 안에서 어떠한 월성분으로 기능
하는가에 따라 나누기로 한다.

(1) 안은 이름마디가 임자말로 기능

이름마디를 '안은 이름마디(₂[　　]₂-ㅁ)'가 안은 겹월 안에서 임자
말로 기능하는 경우이다. 이름마디에 '안긴 이름마디'가 속구조의
겹월 안에서 어떠한 월성분으로 기능하는가에 따라 다시 나누기로
한다.

(가) 안긴 이름마디가 임자말로 기능

₂[₁[　　]₁-ㅁ<임>　∼]₂-ㅁ<임>　∼

₂[₁ [親호미]₁ 쉽디 아니홈]₂ 아니로다 (남명, 하:14)
⇐ [[(임) 親ᄒ다]-ㅁ「-이」 쉽디 아니ᄒ다]-ㅁ「-이」

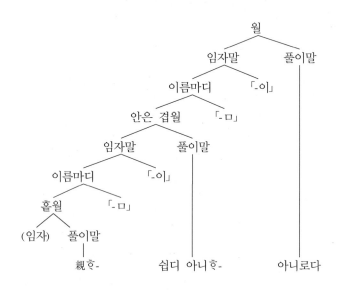

그러면 니ᄅ샨 ₂[₁[아롬]₁ 어려우미]₂ 佛智의 어려우미 아니라
(법화 3:165)
⇐ [[(임) 알다]-ㅁ「-이」 어렵다]-ㅁ「-이」

여기서 풀이말「佛智의 어려우미 아니라」는 다시 다음과 같이 분
석된다.

[佛智이 어렵다]-ㅁ「-이」 아니라

그러므로 전체 월의 구조는 다음과 같이 풀이마디의 구조로 분석된다.

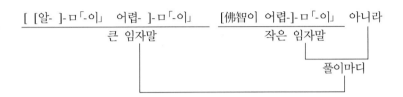

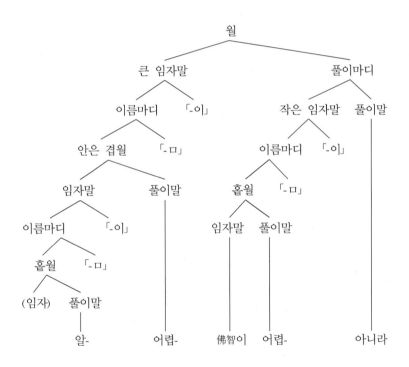

이렇게 안은 이름마디가 풀이마디의 큰 임자말이나 작은 임자말이 되는 경우는 뒤의 '안은 이름마디가 풀이마디의 임자말로 기능

(본 책 139쪽)'에서 다시 다루겠으나, 구조의 설명을 위해 여기에서
미리 보였다.

　　　스쵸 아뇨미 아니라 (월석 1:36)
　　　⇐ [[스치다]-ㅁ「-이」 아니다]-ㅁ「-이」 아니라
　　　오직 낫고 믈룸 업수미＝唯進이오 無退호미 (능엄 8:18)
　　　⇐ [[므르다]-ㅁ「-이」 없다]-ㅁ「-이」
　　　怨 하ᄃᆞᆫ 衆魔ㅣ 降伏 아니홀씨오 信홈 어려우믄 群機ㅣ 淳티 몯
　　　ᄒᆞᆯ씨라 (법화 5:64)
　　　⇐ [[信ᄒᆞ다]-ㅁ「-이」 어렵다]-ㅁ「-은」
　　　世尊하 내 ᄒᆞᆫ 일후미 뎌 모ᄃᆞᆫ 한 일훔과 달옴 업수믄 내 닷가
　　　니겨 眞實ㅅ 圓通ᄋᆞᆯ 得혼 다실씨니이다 (능엄 6:35)
　　　⇐ [[내 ᄒᆞᆫ 일후미…일훔과 다ᄅᆞ다]-ㅁ「-이」 없다]-ㅁ 24)

　'안은 이름마디가 임자말로 기능'하면서 '안긴 마디가 임자로 기
능'하는 예문은 매우 적은데, 그 이유는 안긴 이름마디 (₁[　]₁)에 붙
어야 하는 자리토씨와 안은 이름마디 (₂[　]₂)에 붙어야 하는 자리토
씨가 원칙적으로 같아야 하기 때문에 같은 구조의 되풀이에서 오
는 단조함을 피하기 위함이다. 이름마디 안에 다시 이름마디를 안
는 구조 자체가 단조한데, 거기에 자리토씨마저 같아진다면 더욱
단조할 수밖에 없다. 그리하여 <u>앞의 몇 예에서도 모두 자리토씨
하나가 생략되었다.</u> 심지어는 남은 하나마저도 도움토씨 '-은'을
연결하였다.
　다만 다음의 예에는 자리토씨 '-이'와 도움토씨 '-은'을 연결하였다.

―――――――――――――
24) 「일훔과」라는 견줌말이 있기 때문에 다음과 같이 분석되지 않는다.
　　　[내 ᄒᆞᆫ 일후미 … 달옴「-이」 없다]-ㅁ「-은」
　　　　　　　　　　풀이마디

分明히 밧글 보디 ᄀ료미 업수믄 根 안해 수멧논 견치이다 (능
엄 1:56-7)
⇐ [[ᄀ리다]-ㅁ「-이」 없다]-ㅁ「-은」

그러나 이를 더욱 자세히 분석하면 다음과 같다.

⇐ [(임) [(임) ᄀ리다]-ㅁ「-이」   없다]-ㅁ「-은」
        └─────── 풀이마디 ───────┘

포함관계는 다음과 같다: 이름마디⊃풀이마디⊃이름마디

圓覺애 닐오디 三昧正受ㅣ라 호ᄆᆞᆫ 正定中에 受用ᄒ논 法을 닐어
邪受에 ᄀᆞᆯ히디ᄫᅵ 梵語三昧 이엣 마래 正受ㅣ라 호미 아니라 (월
석 18:68)
⇐ [[三昧正受ㅣ라 ᄒ다]-ㅁ「-은」…正受ㅣ라 ᄒ다]-ㅁ

그러나 더욱 자세히 분석하면 다음과 같다.

⇐ [[[[三昧正受ㅣ라]ᄒ다]-ㅁ「-은」…正受ㅣ라]ᄒ다]-ㅁ「-이」
아니라

포함관계: 이름마디⊃인용마디⊃이름마디⊃인용마디

이상의 예문으로 보면, 이름마디가 단순히 이름마디만을 안는 경
우에는 자리토씨 하나가 생략됨을 알 수 있다.
다음의 예는 이름마디가 이름마디를 안은 경우로 생각하기 쉬우

나 그렇지 않다.

엇뎨 喪亂ㅅ 後롤 因ㅎ야 곧 주그며 사로미 ᄂᆞ호미 잇거뇨=那
因喪亂後 便有生死分 (두언 21:41)
⇐ [주그며 살다]-ㅁ「-이」 [ᄂᆞ호다-ㅁ「-이」 잇거뇨
풀이마디

　이 월은 풀이마디의 구조이며, 둘의 이름마디는 각각 '큰 임자말'
과 '작은 임자말'로 기능하고 있다. 이러한 풀이마디의 유형에서는
'큰 임자말'이나 '작은 임자말'에 모두 임자자리토씨 '-이'를 붙이
는 것이 원칙이다.

(나) 안긴 이름마디가 부림말로 기능

　2[1[ ]1-ㅁ<부> ~]2-ㅁ<임> ~

天人 濟度호물 쎨비 아니호미 당다이 나 ᄀᆞᆮㅎ니라 (월석 1:17)
⇐ [[天人「-올」 濟度ㅎ다]-ㅁ「-올」 쎨비 아니ㅎ다]-ㅁ「-이」
能者ㅣ 빅 잡쥐요믈 ᄲᆞᆯ리 호미 ᄇᆞ룸 ᄀᆞᆮᄐᆞ니=能者操舟疾若風
(두언 16:63)
⇐ [[能者「-이」 빅「-룰」 잡쥐다]-ㅁ「-을」 ᄲᆞᆯ리ㅎ다]-ㅁ「-이」
사라쇼믈 니조ᄆᆞᆫ 圓覺애 니ᄅᆞ샨 믄득 내 몸 닛다 ᄒᆞ샤미 ᄀᆞᆮᄒᆞ니
=忘生ᄋᆞᆫ 如圓覺所謂忽忘我身이니 (능엄 2:113) [25]
⇐ [[사라잇다]-ㅁ「-올」 닛다]-ㅁ「-은」
보샤몰 기튜미 업스샤=所覽無遺 (영가, 서:6)
⇐ (임) [(임) [(임) 보시다]-ㅁ「-올」 기타다]-ㅁ「-이」 업스샤
풀이마디

---

25) 이 월의 풀이말 부분은 이름마디가 인용마디, 매김마디를 안고 있다.

위의 예문에서 전체 월은 풀이마디를 안고 있다. 여기서 임자말
이 숨어 있다는 명백한 증거는 '보시다', '업스샤'에서의 '-으시-'이
다. 주체가 명백히 존재하며, 그를 높이기 위하여 '-으시-'가 들어간
것이다.

(다) 안긴 이름마디가 위치말로 기능

2[1[   ]1-ㅁ<위> ~]2-ㅁ<임> ~

…와 횼을 므던히 너규메 關係호미 아니라 오직 이 風塵을 避카
래니라 (두언 20:26)
⇐ [[(임)…와 횼을 므던히 너기다]-ㅁ「-에」關係ᄒ다]-ㅁ「-이」

안긴 이름마디가 방편말과 견줌말로 기능하는 예는 찾지 못했다.

(2) 안은 이름마디가 풀이마디의 임자말로 기능

이름마디(1[   ]1-ㅁ)를 안은 이름마디(2[   ]2-ㅁ)가 월 전체에서 풀
이마디의 큰 임자말이나 작은 임자말로 기능하는 경우가 있다.

(가) 큰 임자말로 기능

2[1[   ]1-ㅁ]2-ㅁ<임>~[풀이마디]

그러면 니르샨 아롬 어려우미 佛智의 어려우미 아니라 (법화 3:165)
⇐ [[알다]-ㅁ「-이」어렵다]-ㅁ「-이」 [佛智이 어렵다]-ㅁ「-이」
　　　　　　　큰 임자말　　　　　　　　　작은 임자말
아니라
풀이말

(나) 작은 임자말로 기능

$$[_2[_1[\quad]_1 - \square]_2 - \square <임> \sim]$$

(풀이 / 풀이)

보샤물 기튜미 업스샤 (영가, 서:6)
⟸ (부톄) [[보시다]-ㅁ「-올」 기티다]-ㅁ「-이」 업스샤
　　　　　　　　　작은 임자말

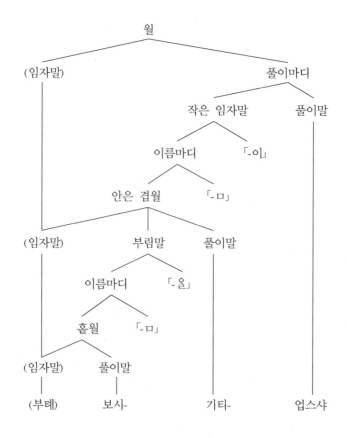

우리…부텻 恩惠 갑스오믈 ᄒᆞ마 得호미 ᄃᆞ외와라 ᄒᆞ다이다
＝我等이…則爲已得報佛之恩호라 타이다 (법화 2:251)

⇐(우리) [(우리) [(우리)…「-롤」 갑습다]-ㅁ「-올」 得하다]-ㅁ「-이」
ᄃ외다

위의 풀이마디 구문은 다시 전체 월 안에서 인용마디가 되어
'ᄒ다이다'에 걸린다.

  ⇐ 우리 [부텻 恩惠…ᄃ외와라] ᄒ다이다
  …冕을 므던히 너규메 關係호미 아니라 오직 이 風塵을 避카래
  니라 (두언 20:26)
  (임) [[…너기다]-ㅁ「-에」 關係ᄒ다]-ㅁ「-이」 아니라

(3) 안은 이름마디가 부림말로 기능

(가) 안긴 이름마디가 임자말로 기능

  ₂[₁[ ]₁-ㅁ<임> ~]₂-ㅁ<부> ~

  다시 말ᄊᆞ믈 펴 다시 觀體標호ᄃᆞᆫ 言과 觀은 方을 조차 올몸 이
  쇼믈 불기고제니=言觀有逐方移 (남명, 하:31)
  ⇐ [[言과 觀은…옮다]-ㅁ「-이」 잇다]-ㅁ「-올」
  다폴 다폴 다옴 업수믈 니르시니=謂…重重無盡 (법화 7:9)
  ⇐ [[다ᄋᆞ다]-ㅁ「-이」 없다]-ㅁ「-을」
  내 成佛ᄒᆞ야 衆生돌히 내 나라해 곳 나다가며 다 ᄆᆞᅀᆞ미 조코
  便安코 즐거부미 羅漢ᄀᆞᆮ호믈 得디 몯ᄒᆞ면 正覺 일우디 아니호
  리이다 (월석 8:65)
  ⇐ 衆生돌히[[(衆生돌히) [ᄆᆞᅀᆞ미 즐겁다]-ㅁ「-이」 羅漢ᄀᆞᆮ다]-
  ㅁ「-올」 得디 몯ᄒᆞ면
  ⇐ 포함관계: 이름마디⊃이름마디⊃풀이마디

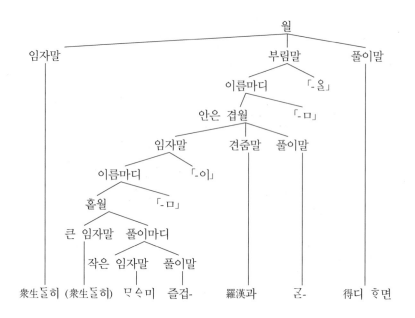

목수미 뎌근 딛도 몯ᄒᆞ야셔 ᄯᅩ 無常의 주규미 ᄃᆞ외요ᄆᆞᆯ 가줄비
시니=譬…命須臾 又爲無常所殺 (법화 2:129)
⇐ [[(임) (부) 주기다]-ㅁ「-이」 ᄃᆞ외다]-ㅁ「-ᄋᆞᆯ」
나ᄂᆞᆫ…가롬 업수믈 어두이다 (능엄 5:52)
⇐ [[(임) ᄀᆞ리다]-ㅁ「-이」 없다]-ㅁ「-을」
우리ᄃᆞᆯ히 今日에 身心이 불가 훤히 ᄀᆞ롬 업수믈 得ᄒᆞ이다 (능엄 5:29)
同業ᄋᆞᆫ 忘을 感ᄒᆞ오미 ᄒᆞᆫ가죠ᄆᆞᆯ 니ᄅᆞ시니=同業ᄋᆞᆫ 言感妄所同이니
(능엄 2:79)
⇐ [[(임) 忘을 感ᄒᆞ다]-ㅁ「-이」 ᄒᆞᆫ가지다]-ㅁ「-ᄋᆞᆯ」

(나) 안긴 이름마디가 부림말로 기능

₂[₁[   ]₁-ㅁ<부> ～]₂-ㅁ<부> ～

안조믈 能히 구디ᄒᆞ오ᄆᆞᆯ 내 아노라=自覺能賢 (두언 20:10)
⇐ [[(임) 앉다]-ㅁ「-ᄋᆞᆯ」 구디ᄒᆞ다]-ㅁ「-ᄋᆞᆯ」

正호 사루미 쁘든 긴 긴홀 놀요물 苟且히 아니호물 알와라=乃
知正人意 不苟飛長纓 (두언 25:34)
그 두푸믈 공번히 發호물 니루시니=公發其覆之謂也 (능엄 8:94)
虛空이 이어옴 내요물 因호야=因空이 生搖호야 (능엄 4:18)
⇐ [[虛空이 이어다]-ㅁ「-올」 내다]-ㅁ「-올」
智란 境界롤 브터 무슨매 둏오며 아니 둏옴 골히요물 니루와둘
씨라 (능엄 4:16)
⇐ [[둏오며 아니둏다]-ㅁ「-올」 골히다]-ㅁ「-올」

(다) 안긴 이름마디가 위치말로 기능

₂[₁[   ]₁-ㅁ<위> ∼]₂-ㅁ<부> ∼

數와 數 아뇨매 디여이쇼믈 니루시고 (남명, 하:13)
⇐ [[數「-이」 아니다]-ㅁ「-애」 디여잇다]-ㅁ「-올」

(라) 안긴 이름마디가 방편말로 기능

₂[₁[   ]₁-ㅁ<방> ∼]₂-ㅁ<부> ∼

키 아로무로 門에 드로믈 사모리라 (몽산 21-2)
⇐ [[(임) 키 알다]-ㅁ「-으로」 門에 들다]-ㅁ「-올」
衣服飲食브트며 일 잡주욤브터 호믈 父母ㅣ 사랑호시논 바롤 갊
간도 글와 마라=由衣服飲食과 由執事롤 毋敢視父母所愛호야
(내훈 1:55)

(마) 안긴 이름마디가 견줌말로 기능

₂[₁[   ]₁-ㅁ<견> ∼]₂-ㅁ<부> ∼

이 艱難호니의 福과 知와 어려이 뫼홈 근호믈 가줄비시니라=猶
此貧窮의 艱集福智호시니라 (원각, 하 3-1:43)

⇐ [[艱難ᄒ니「-이」…외ᄒ다]-ㅁ「-과」 궅다]-ㅁ「-ᄋᆞᆯ」

(4) 안은 이름마디가 위치말로 기능

₂[₁[   ]₁-ㅁ<위> ~]₂-ㅁ<위> ~

안은 이름마디가 위치말로 기능하는 예는, 안긴 이름마디 역시
위치말로 기능하는 다음의 한 예밖에 찾지 못했다.

迷惑 즐교ᄆᆡ 눈 멀유메 着ᄒ얫ᄂᆞ니＝著樂癡所盲 (법화 1:233)
⇐ [(임) [(임) 迷惑「-ᄋᆞᆯ」 즐기다]-ㅁ「-ᄋᆡ」 눈 멀다]-ㅁ「-에」

(5) 안은 이름마디가 방편말로 기능

₂[₁[   ]₁-ㅁ<위> ~]₂-ㅁ<방> ~

心魂이 이대 아로ᄆᆡ 닶규ᄆᆞ로 心光이 窮究ᄒ야 볼가 (능엄 9:57)
⇐ [[(임) 알다]-ㅁ「-이」 닶기다]-ㅁ「-ᄋᆞ로」

(6) 안은 이름마디가 잡음씨 앞의 이름씨로 기능

₂[₁[   ]₁-ㅁ]₂-ㅁ「-이다」

이 維摩의 갓고로와툐ᄆᆞᆯ 더위자바 니르와도미니 (남명, 상:44)
⇐ [[維摩이 갓고로왇다]-ㅁ「-ᄋᆞᆯ」…니르왇다]-ㅁ이다
가줄비건댄 빈 틋길 아디 몯ᄒ며셔 그 믈 구부믈 怨望호려 호미
로다 (영가, 하:126)
⇐ [[므리 굽다]-ㅁ「-을」 怨望호려 ᄒ다]-ㅁ이로다

안은 이름마디가 견줌말로 기능하는 예는 찾지 못했다.

3.2.2. 매김마디를 안음

2[1[   ]1-ㄴ]2-ㅁ

[[내 나눈] 눈물 그츄믄] ᄆᆞᄎᆞᆷ내 고티디 아니ᄒᆞ려니와 (두언 23:54)
[[고기 잡눈] 빅 놀요믈] 보노라 ᄒᆞ야 서늘히 陰山앳 누니 ᄂᆞ
리고져 ᄒᆞᄂᆞ니 (두언 14:16)
[이 經이 [됴ᄒᆞᆫ] 藥 ᄀᆞᆮᄒᆞ야 머구매] 萬病이 스러디여 (금강삼가 3:62)
[ᄒᆞ다가 [내이 니ᄅᆞ논] 法音 分別ᄒᆞ요ᄆᆞ로] 네 ᄆᆞᅀᆞᆷ 사ᄆᆞᆯ딘댄
(능엄 2:24)
사라쇼믈 니조ᄆᆞᆫ [[圓覺애 니ᄅᆞ샨] 믄득 내몸 닛다 ᄒᆞ샤미] ᄀᆞᆮ
ᄒᆞ니 (능엄 2:113)
⇐ [(임)] [圓覺애 니ᄅᆞ시-]-ㄴ [믄득 내몸 닛다] ᄒᆞ시다-ㅁ

3.2.3. 인용마디를 안음

2[1[인용]1]2-ㅁ

[[눈화 주마] 호미] 일 期約이 잇ᄂᆞ니라 (두언 7:39)
[[難히 보ᄉᆞᆸᄂᆞ다]1 니ᄅᆞ샤ᄆᆞᆫ] (법화 5:148)
世尊하 엇던 견ᄎᆞ로 나ᄅᆞᆯ 어리다 ᄒᆞ샤 [[釋子ㅣ로라] 호믈] 몯
ᄒᆞ리라 ᄒᆞ시ᄂᆞ니잇고 (월석 9:35)
[비록 부텻 音聲이 [우리 부텨 ᄃᆞ외와라] 니ᄅᆞ샤믈] 듣ᄌᆞ오나
(법화 3:65)
사라쇼믈 니조ᄆᆞᆫ 圓覺애 니ᄅᆞ샨 [[믄득 내몸 닛다] ᄒᆞ샤미] ᄀᆞᆮ
ᄒᆞ니 (능엄 2:113)

열 여슷자히눈 [[나 釋迦] 로라] ᄒ샤미]라 (월석 13:31)

3.2.4. 어찌마디를 안음

₂[₁[어찌]₁   ]₂-ㅁ

[[나리 져므ᄃ록] 밤 몯 머거슈믈] 놀라노니 (두언 25:7)
[디새 [봇아디ᄃ게] 몬호믈] 恨ᄒ느니 (남명, 하:32)
[ᄒ마 [둘 업수믈 아디옷] 더욱 거즛 ᄲ듀미] 顯ᄒ야 (능엄 4:56)
[[기운 盖 폇ᄃ] 호믈] 기들오노라 (두언 18:14)
[[炎天에 더위 ᄲ 는ᄃ] 호믈] 避ᄒ소라 (두언 8:9)

3.2.5. 풀이마디를 안음

₂[₁[풀이]₁   ]₂-ㅁ

네 모매는 ᄒ마 바튼 추미 구슬 ᄃ외요믈 보앳거니와 네 아자비
는 어느 말미로 머리터리 옷 ᄀ티리오 (두언 8:31)
⇐ [추미 [구스리 ᄃ외다]-ㅁ「-올」
오직 낫고 믈룸 업수미 (능엄 8:18)
⇐ [(임) [믈루미 없다]-ㅁ「-이」
네 成佛ᄒ야 衆生돌히 내 나라해 ᄌ 나다가며 다 ᄆᅀᆞ미 조코
便安코 즐거부미 羅漢 ᄀ호믈 得디 몯ᄒ면 正覺 일우디 아니호
리이다 (월석 8:65)
⇐ [衆生돌히 [ᄆᅀ미 즐겁다]-ㅁ「-이」

II.1.2. '-기'이름마디

1. 문법정보

15세기의 '-기'이름마디는 아무런 문법정보를 나타내지 않아, 파생가지처럼 기능하였으나, 16세기에 있어서는 때매김법과 주체높임법이 극히 드물게 나타난다. 즉, '-기'는 16세기에 들어오면서부터 굴곡가지로 기능하기 시작했다고 볼 수 있다.

<때매김법>
완결법이 나타난다.

덥고 비 올 제라두 뫼셔 [셧기를] 날이 뭇도록 ᄒᆞ야 (소학 6:2)

<주체높임법>
어듸쓴 [샹급ᄒ시기를] ᄇ라리잇가 (박통 상:60)

2. 임자말로 기능

'-기'이름마디는 대부분 부림말로 기능하고, 임자말로 기능하는 예는 매우 적다.

-15세기-
磨滅호매 [글ᄒᆞ기옷] 나맷ᄂᆞ니=磨滅餘篇翰 (두언 15:24)

-16세기-
[메우기옷] 됴ᄒᆞ면 (박통 상:19)
[ᄌᆞ시기조차] 그런컨댜 ᄒᆞ노라마ᄂᆞ (무덤편지 79)
슬 마리 무진호ᄃᆡ 몯 스노라 [내 ᄇᆞ라기ᄂᆞ] 됴히 잇과댜 (무덤편
지 65)

3. 부림말로 기능

중세국어 '-기'이름마디는 대부분 부림말로 기능한다.

-15세기-
[남진 어르기ᄅᆞᆯ] ᄒᆞ며 (월석 1:44)
有德ᄒᆞᆫ 사ᄅᆞᄆᆞᆯ 셰어 [받 ᄂᆞ호기ᄅᆞᆯ] 決케 ᄒᆞ니 (석보 9:19)
말라 [겨집 出家ᄒᆞ기ᄅᆞᆯ] 즐기디 말라 (월석 10:18)
[布施ᄒᆞ기ᄅᆞᆯ] 즐겨 (석보 6:13)
[ᄇᆡ 타길] 아디 몯ᄒᆞ며셔=未解乘舟 (영가, 하:126)
오직 [절ᄒᆞ기ᄅᆞᆯ] ᄒᆞ야 (석보 19:30)
[믈보기ᄅᆞᆯ] 아니ᄒᆞ며 (월석 1:26)
[믈 求ᄒᆞ기] 몰롬 ᄀᆞᆮᄒᆞ니라=如…不知須水也 (법화 4:91)
가야미 사리 오라고 [몸 닷기] 모ᄅᆞᄂᆞᆫ돌 舍利弗이 슬피 너기니
(천강곡 상, 기170)
[활 소기] 빈홈 (원각, 상1-1:112)

-16세기-
[어딘 사ᄅᆞᆷ 믜기ᄅᆞᆯ] 원슈 ᄀᆞᆮ티 ᄒᆞ며 (소학 5:28)

[고기 먹으며 술 마시기를] 샹해와 달음 업고 (소학 5:49)

우리…[황호 사기를] 의론ㅎ리라 (노걸 하:56)

[안씨를] 돗픠 가온대 아니ㅎ며 [ㄷ니기를] 길헤 가온대 아니ㅎ
며 [셔기를] 문에 가온대 아니ㅎ며 (소학 2:10)

[보기를] 수이 보내소…후에 가부ㅎ소 (무덤편지 190)

벼슬ㅎ여셔 ㅎ욜 법이 오직 세 이리 잇ㄴ니 청렴홈과 조심홈과
브즈런홈괘니 이 세 이를 알면 [내 몸 가지기를] 알리라 (번소 7:27)

덥고 비 올 제라두 뫼셔 [셧기를] 날이 뭇도록 ㅎ야 (소학 6:2)

[어버이 셤기며 졔ᄉ흐기를] 엇디 可히 ᄂ으로 ᄒᆞ여곰 ㅎ리오
(소학 5:39)

[어버시 셤기며 졔ᄉ흐기를] 엇디 ᄂ모로 ㅎ라 ㅎ리오 (번소 7:6)

구워렌 [태티기] ㅎ며 [모ᄎ라기 노룻ㅎ기] ㅎ며 귓도라미 사홈
브티며 시워렌 [대믈 트기] ㅎ며 겨슬내 ᄃ여기 ᄎ며 봄 내ᄃ거든
[댱티기] ㅎ며 혹식 돈더니 ㅎ며 [ᄡᆞᆼ블쥐기] ㅎ며 녀름내 숨박질
ㅎᄂ니 (박통 상:18)

쳥컨딘 [글ᄒᆡ기란] 말오… (번소 9:16)

그러면 므던ㅎ니 쉬이 져를 고틸 거시니 구틔여 [골 브티기] 말
라 (박통 상:13)

[術法이며 藥材ㅎ기] 니르리 다 몯ㅎ논 일 업스니 (월석 2:71)

다음은 주체높임의 '-으시-'나 때매김의 '-앗-'이 붙는 예인데, 이
는 15세기에서는 볼 수 없었던 현상으로 16세기는 '-기'가 파생에
서 굴곡으로 옮겨 가는 과도기인 것을 증명하는 예이다. 15세기의
'-기'는 '파생'으로 기능하였으나, 16세기에서는 '굴곡'으로 기능하
기 시작하는 것이다.

「-으시-」: 어듸쏜 [샹급ㅎ시기를] ᄇ라리잇가 (박통 상:60)

[탕 자시기] 뭇고 (박통 상:64)

「-앗-」: 덥고 비 올제라두 뫼셔 [셧기를] 날이 뭇도록 ㅎ야 (소학 6:2)

4. 위치말로 기능

[그림 그리기예] 늘구미 將次 오몰 아디 몯ᄒᆞᄂᆞ니=丹靑不知老
將至 (두언 16:25)
[일ᄒᆞ기예] ᄀᆞ린 거시 젹도다=於事小滯礙 (두언 25:7)
 平公은 이젯 [글ᄒᆞ기예] 爲頭ㅣ니=平公今詩伯 (두언 16:53)
範은 [쇠디기옛] 소히오 (능엄 2:20)

[우리 이 ᄒᆞ룻밤 자기예] 사롬과 물돌해 쓴 거시 모도와 언맨고
(노걸 상:22)
[孔戴이 올ᄒᆞᆫ 일 ᄒᆞ기예ᄂᆞᆫ] 즐기ᄃᆞᆺ ᄒᆞ며…利와 祿과애ᄂᆞᆫ 저허
피ᄒᆞ야 (번소 10:12)

5. 방편말로 기능

글지ᄉᆡ와 [글스기로] (두언 25:49)

II.1.3. '-디'이름마디

'-디'이름마디는 임자말로 기능하는 예만 보인다. 이 경우에 있
어서도 뒤에 이어나는 풀이말이 '됴ᄒᆞ-, 어렵-'이 대부분을 차지하
고 있다.

-15세기-

내 겨지비라 [가져가디] 어려볼씨 (월석 1:13)

[化티] 어려본 剛强흔 罪苦衆生 (월석 21:34)

一切 世間앳 [信티] 어려본 法을 다 듣ㅈ바 (석보 13:27)

쉽디 몯흔 [아디] 어려본 法 (석보 13:40)

ㅁ술히 멀면 [乞食ㅎ디] 어렵고 (석보 6:23)

하ᄂᆞᆸ ᄠᅳ든 노파 [묻디] 어렵거니와=天意高難問 (두언 23:9)

-16세기-

ᄀᆞ장 [보디] 됴ᄒᆞ니라 (박통 상:5)

므스거시 [가져가디] 됴흘고 (노걸 하:66)

[닙디] 됴ᄒᆞ면 [먹디] 됴ᄒᆞ며 [쓰디] 됴흔 거시 다 虛空애셔 난
거시라 (칠대 14)

[분그테 다 스디] 어려우니 (박통 상:69)

이 무리 엇디 이리 [잡디] 어려우뇨 (노걸 상:45)

[혀디] 어렵다 (노걸 하:31)

天下애 [얻디] 어려온 거슨 형뎨요 (번소 9:69)

[불법 맛나디] 어려온샹을 니르와ᄃᆞ면 (계초 20)

[힝티] 어려온 힝을 능히 힝ᄒᆞ면 (발심 25-6)

天下애 [얻디] 어려온 거슨 兄弟오 求키 쉬운 거슨 由地니 (소학
6:63)

II.2. 매김마디

매김마디는 매김꼴 씨끝 '-은', '-을'에 의해 만들어진다.

1. 매김마디의 특질

1.1. 문법정보의 제약

매김마디의 풀이말이 나타낼 수 있는 문법정보에는 매김법 이외에 때매김법, 주·객체높임법, 주체·대상법이 있다.

1.1.1. '-은'매김마디

(1) 때매김법

'-은'은 확정의 때매김을 나타내는 '-으니-'의 변형인데, 다른 때매김법과 겹쳐지면 그 때매김의 뜻이 없어진다.

15세기 '-은'매김마디의 풀이말에 나타날 수 있는 때매김법은 확정법, 현실법, 회상법이다.[26)]

16세기에는 여기에 완결법이 추가된다.

<확정법>
[주근] 後에 (능엄 2:2)
[出家훈] 사루몬 (석보 6:22)
[므레 비췬] 둘 (월석 2:55)
[물 튼] 도즈기 (노걸 상:29)
[주근] 사룸 (여향 27)
[오늘 주긴]···고기라 (노걸 상:20)

---

26) 이 책의 때매김법 체계는 허웅(1987)에 따른다.

<현실법>

움직씨는 '-ᄂᆞᆫ'으로, 그림씨나 잡음씨는 '-ᄋᆞᆫ'으로 표시된다.

[이 지븨 사ᄂᆞᆫ] 얼우니며 아ᄒᆡ며 (월석 21:99)
[기픈] 根源 (월석 서:21)
[석자힌] 쎨화리 (두언 25:45)
[말 모로ᄂᆞᆫ] 즘ᄉᆡᆼ (박통 상:21)
[딥 버므리ᄂᆞᆫ] 막대 (박통 상:22)
산힝홀 ᄃᆡ 톨 [잘 돋ᄂᆞᆫ] 믈 (박통 상:62)

<회상법>

[녜 사던] 딜 일허 (능엄 9:71)
[싸해 무톗던] 보ᄇᆡ (월석 2:45)
[行ᄒᆞ던] 業 (법화 3:102)
이 ᄃᆞ리ᄂᆞᆫ 곧 [내 어제 니ᄅᆞ던] ᄃᆞ리니 (노걸 상:38)
[처엄 ᄒᆞ던] 례도 ᄀᆞᆮ티 ᄒᆞ고 (여씨 39)
그 [尊ᄒᆞ시던] 바를 공경ᄒᆞ며 (소학 4:13)

<완결법(16세기)>

수울 이시며 [고지 픠여신] 저기어든 (박통 상:7)
[사라신] 저긔 므슴 젼ᄎᆞ로 ᄡᅳ디 아니ᄒᆞ료 (노걸 하:42)
[길 마갓ᄂᆞᆫ] ᄒᆞᆫ 퍼깃 사미 (박통 상:40)

(2) **주·객체높임법**

<주체높임>

[뎌 싸해 겨신] 諸佛 (석보 13:13)
[다ᄅᆞᆫ 國土애셔 오신] 菩薩들 (월석 18:23)
[如來 니ᄅᆞ샨] 經 (석보 9:26)
大學은 [孔子의 기티신] 글워리라 (번소 8:31)

공ᄌᆞᆫ [큰 셩인이신] 어딘 아비라 (정속 1)

<객체높임>

  [이 이룰 보ᅀᆞᄫᆞᆯ] 사ᄅᆞᆷ (월석 8:28)

  [이 法 듣ᄌᆞᄫᆞᆯ] 사ᄅᆞ미 (석보 13:54)

  [(부텨ᄭᅴ) 받ᄌᆞᆸ논] 宮殿 (월석 14:21)

  [孟子ᄭᅴ 묻ᄌᆞ온] 後에 (맹자 5:3)

  두리ᅀᆞ와 [그르 엳ᄌᆞ온] 주리 아니이다 (번소 9:46)

  [大凡十聲을 슌ᄒᆞᅀᆞ온] 사ᄅᆞᆷ (선가 44)

(3) 주체 · 대상법

<주체법>

매김을 받는 임자씨(머리말)가 속구조의 임자말이다. 이 경우에는 안맺음씨끝 '-오/우-'가 들어가지 않는다.

  [出家ᄒᆞᆫ] 사ᄅᆞᆷ (석보 6:22)

  [디ᄂᆞᆫ] 히 (월석 8:6)

  [므레 비췬] 둘 (월석 2:55)

  ⇐ [(ᄃᆞ리) 므레 비취-]-ㄴ 둘

  [일훔 난] 화원 (박통 상:1)

  [수울 ᄀᆞᅀᆞᆷ] 관원 (박통 상:2)

<대상법>

매김을 받는 임자씨(머리말)가 속구조의 부림말이다. 이 경우에는 매김말에 '-오/우-'가 들어간다.

  [天女 니분] 오새 (법화 6:48)

[제 지순] 罪 (석보 9:30)
그 [敎化혼] 사ᄅᆞ미 (능엄 1:4)
[쟝신이 딩ᄀᆞ론] 갈 (박통 상:4)
[믈 우희 시론] 아니한 모시뵈 (노걸 상:8)

1.1.2. '-을'매김마디

(1) 때매김법

15세기 '-을'매김마디의 풀이말에 나타날 수 있는 때매김법은 미정법뿐이며, 16세기에는 여기에 완결미정법이 추가된다.

현대국어와 마찬가지로, '-을'은 때매김과 관계없는 '때매김의 중화'를 나타내기도 한다.

<미정법>
　[이 經 流行홀] ᄡᅡ해 (월석 9:40)
　[이제 홀] 이른 (법화 2:149)
　[걿] 길홀 알외시리 (월석 7:61 기211)
　[제왕네 쓰실] 비단 (박통 상:14)
　[반ᄃᆞ시 得홀] 고디 이시리니 (선가 12)

<완결 미정법(16세기)>
　거리예 가 [셔실] 스이예 (노걸 하:21)
　[사라실] 쩨 (논어 1:11)
　[내 가난ᄒᆞ야실] 제 (소학 5:79)

<때매김의 중화27)>

[처엄 듫]적 브터 (월석 21:46)

[높] 죻싱 (월석 21:113)

[졋머글] 아힛 시졀 (내훈 3:59)

머리 갓그리 (박통 상:44)

⇐ [머리 쟈-]-을 이

[딥 다믈] 광조리 (노걸 상:32)

[콩 버므릴] 막대 (노걸 상:33)

(2) 주·객체높임법

<주체높임>

[ᄂ려 오싫] 부텨 (월석 21:188)

[ᄒ샬] 이룰 ᄒ마 일우샤 (법화 2:43)

[모ᄅ샬] 法 (법화 1:37)

[도라오싫] 제 (노걸 상:38)

[ᄎ디 아니실] 배 업더시다 (소학 3:21)

<객체높임>

[보ᅀᆞ볾] 사ᄅ미 (월석 2:53)

[부텻긔 받ᄌᆞ볾] 고지라 (월석 1:10)

[法 듣ᄌᆞ올] 싸ᄅᄆ로 (법화 3:131)

[ᄉᆞ로 뵈ᅀᆞ올] 제 (소학 2:63)

[소늬게 받ᄌᆞ올] 거슬 힘ᄭᆞ장 뫼화 쟝만ᄒᆞ야 (번소 7:3)

---

27) '때매김법의 중화'란 '때의 관념'과 상관없는(중화된) 사실을 나타내는 것인데, 이에 대해서는
허웅(1975: 898) 참조.

(3) 주체 · 대상법

<주체법>

봃 사ᄅ미 (월석 13:72)

孝順홇 子息 (월석 21:28)

가다가 도라옳 軍士 (용 26장)

⇐ [軍士ㅣ 가다가 돌아오-]-ㄹ

둘흔 [믈 살] 나그내오 (노걸 하:7)

[갈 잘 ᄢ글] 쟝신 (박통 상:15)

뎌 [삭 바둘] 사ᄅ마 (박통 상:11)

<대상법>

[ᄒ욜] 이ᄅ롤 (법화 3:197)

[衆生이 니블] 오시 (월석 8:65)

[高山이라 홀] 뫼 (월석 1:27)

⇐ [뫼홀 高山이라 ᄒ-]-ㄹ

[아니 홀] 일 업시 ᄒᄂ니(정속 17)

삼가 [이베 글히욜] 마리 업스며 (번소 6:13)

[일훔 난 張黑子ㅣ라 홀] 쟝신 (박통 상:15)

⇐ [쟝신을 일훔 난 張黑子ㅣ라 ᄒ-]-ㄹ

1.2. 임자자리토씨의 변형

속구조의 월이 겉구조의 매김마디로 바뀌면서 임자자리토씨 '-이'가 그대로 유지되는 경우도 있지만, 때로는 매김토씨인 '-의/의'로 바뀌는 일이 있다(이 점은 이름마디와 마찬가지이다).

沙門은 [ᄂ미 지순] 녀르믈 먹ᄂ니이다 (석보 24:22)

[須達이 지순] 후숨 (석보 6:38)
⇐ [須達이 후숨롤 짓]-ㄴ
大學은 [孔子의 기티신] 글워리라 (번소 8:31)
[어버싀 니르신] 이를 듣ᄌ와 (번소 7:1)
분묘ᄂ [하나버싀 가ᄂ] 되라 (정속 18)
이 [내의 기(키) 아쳗논] 배니 (번소 6:13)

1.3. 생성과정

1.3.1. 홑월에서 변형

[홑월]-ㄴ/ㄹ (머리말)~(풀이말)[28]

神通 잇ᄂ 사르미사 가ᄂ니라 (석보 6:43)

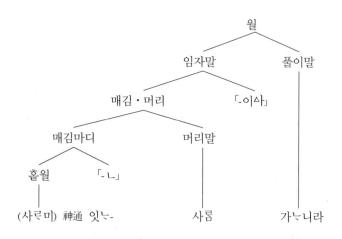

속구조의 홑월의 풀이말이 씨끝 '-ㄴ/ㄹ'로 활용하여 매김마디로

---

28) 매김마디의 매김을 받는 임자씨를 '머리말'이라고 하겠다.

변형되는 경우이다. 이때 속구조의 한 월성분이 빠져나간 매김마디
의 매김을 받는 경우와 아무런 성분도 빠져나가지 않는 경우가 있다.

1.3.2. 겹월에서 변형

속구조의 겹월이 매김마디로 변형되는 경우이다

[겹월]-ㄴ/ㄹ (머리말)~(풀이말)

외니 올ᄒ니 決홇 사ᄅ미 업서(월석 1:45)

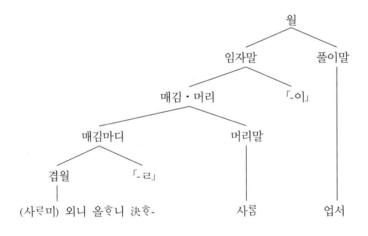

1.4. 하위분류와 '-오/우-'의 연결

이 논문에서는 매김마디의 통어론적 구조를 설명하는 방법으로
'속구조'를 사용한다. 속구조란 어떠한 통어적인 구조가 내포하고
있는 속뜻을 표면적으로 표시한 것이다.

밥을 먹는 나…①
내가 먹는 밥…②

①에서의 '나'는 남움직씨 '먹는'에 대한 의미상의 임자말이다.

②에서의 '밥'은 '먹는'에 대한 의미상의 부림말이다. 이러한 속 뜻을 표면적인 구조로 '내가 밥을 먹는다…③'과 같이 나타낼 수 있겠는데, 이를 '속구조'라 한다.

①은 속구조 ③에서 임자말이 뒤로 빠져나가고, 풀이말 '먹는다' 의 줄기에 매김법씨끝 '-는'이 붙어 매김말 '먹는'이 되었다.

②는 ③에서 부림말이 뒤로 빠져나가고, 역시 풀이말에 매김법씨 끝이 붙었다.

어떠한 매김마디와 그것이 꾸미는 임자씨와의 통어적 구조를 이렇게 속구조로 돌이킬 수 있을 때는, 속구조의 어떠한 월성분이 위와 같이 뒤로 빠져나가는 경우이다. 이러한 매김마디를 '빠져나간 매김마디'라 하는데, 각 월성분이 빠져나가는 방식을 보이면 다음과 같다.

<각 월성분이 빠져나가는 방식>[29]

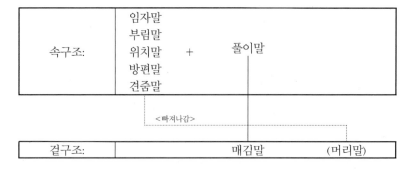

---

29) 허웅(1975: 840-841) 참조.

반면, 「그가 그곳에 간 것은 나 때문이다」

위와 같은 월에 있어서는 매김마디의 매김을 받는 머리말 '것'이 매김마디를 만들 때에 뒤로 빠져나간 것이 아니다. 이러한 매김마디를 '완전한 매김마디'라 한다.

임자말이 빠져나간 매김마디는 매김말에 '-오/우-'가 연결되지 않고, 부림말이 빠진 경우에는 '-오/우-'가 연결된다. 그리고 나머지 경우는 '-오/우-'의 연결이 불규칙적이다.

이에 따라 매김마디를 다음과 같이 하위분류한다.

매 김 마 디	빠져나간 매김마디	임자말 빠짐.	'-오/우-' 연결 안 됨.
		부림말 빠짐.	'-오/우-' 연결
		위치말 빠짐.	'-오/우-' 불규칙
		방편말 빠짐.	
		견줌말 빠짐.	
	완전한 매김마디		

1.5. 빠져나간 월성분과 매김마디 풀이씨의 씨범주

㉠ 임자말 빠짐

[기픈] 根源 (월석, 서:21)

[므레 비췬] 둘 (월석 2:55)

[아기 빈] 사르미 (법화 6:47)

㉡ 부림말 빠짐

[제 지순] 罪 (석보 9:30)

[쟝신이 밍ᄀ론] 갈 (박통 상:4)

[그른 혼] 이를 능히 뉘웃처ᄒ고 (번소 6:9)

ⓒ 위치말 빠짐

[아비 住혼] 城 (법화 2:237)

[놉 시론] 술위 (두언 25:25)

[體…이슌] 딕 (능엄 1:65)

ⓔ 방편말 빠짐

[옷 쎈론] 므를 먹고 (석보 11:25)

[딥 버므리ᄂ] 막대 (박통 상:22)

[경하ᄒᄂ] 례 (여향 26)

ⓜ 견줌말 빠짐

ᄒᆞᆫ딕 잇노니 오직 天人이오 (법화 7:177)

⇐ [(이)와 ᄒᆞᆫ딕 잇ᄂ-]-ㄴ

사괴여 놀 사ᄅᆞᆷ (여향 4)

ㄱ에서의 매김말 '기픈', '비췬', '빈'의 속뜻(속구조)의 임자말은 각각 그 뒤의 '根源', '둘', '사ᄅᆞᆷ'이다.

임자말이 빠져나가는 경우의 풀이말에는 모든 종류의 풀이씨(제움직씨, 남움직씨, 그림씨, 잡음씨)가 올 수 있다. 모든 풀이말은 임자말을 가지기 때문이다.

ㄴ은 부림말이 빠진 예인데, 남움직씨만이 매김말로 올 수 있다. 남움직씨는 부림말을 이끌기 때문이다.[30]

ㄷ은 위치말이 빠진 예로서, 속뜻에서 위치말을 이끌 수 있는 제움직씨, 남움직씨, 그림씨가 올 수 있다.

---

30) 「내가 간 학교」의 속구조를 '[내가 학교를 가-]'처럼 부림자리토씨로 돌이킬 수도 있겠으나 의미상으로 보면 위치적이므로([내가 학교에 가-]), 제움직씨의 경우는 부림말이 빠질 수 없다고 본다. 이렇게 두 가지 이상의 속구조로 돌이킬 수 있는 것이 우리말 자리토씨의 성격이기는 하지만, 속구조로 돌이킬 때에는 되도록 하나의 월성분으로 귀착하는 것이 좋다.

ⓔ은 방편말의 빠짐으로, 속뜻에서 방편말을 이끌 수 있는 남움 직씨만이 올 수 있다.[31]

ⓜ은 견줌말의 빠짐으로, 속뜻에서 견줌말을 이끌 수 있는 제움 직씨와 남움직씨가 올 수 있다.[32]

빠져나간 월성분에 따른 매김마디의 풀이말의 씨범주는 다음 표 와 같다.

<빠져나간 매김마디 풀이말의 씨범주>

빠져나간 월성분	매김마디 풀이말의 씨범주	
임자말 빠짐.	제움직씨	중에 속구조에서 빠진 월성분을 이끌 수 있는 것
	남움직씨	
	그림씨	
	잡음씨	
부림말 빠짐.	남움직씨	
위치말 빠짐.	제움직씨	
	남움직씨	
	그림씨	
방편말 빠짐.	남움직씨	
견줌말 빠짐.	제움직씨	
	남움직씨	

---

31) 제움직씨가 올 수 있을 듯하나 오지 않는다. 다음의 매김마디는 우리말답지 않다.
『황혼은 밤으로 변하였다』 → 「*황혼이 변한 밤」
『그이는 나쁜 사람으로 변하였다』 → 「*그이가 변한 나쁜 사람」
그러나 『틈으로 물이 샌다』 → 「물이 새는 틈」은 가능한데, 이것은 의미적으로 위치말이 빠져 나간 것으로 볼 수 있다. 즉,
「물이 새는 틈」 ← 『틈에서 물이 샌다』

32) 그림씨는 올 수 없다.
『그 꽃은 민들레와 비슷하다』 → 「*그 꽃이 비슷한 민들레」
『물이 옥처럼 맑다』 → 「*물이 맑은 옥」

매김말의 씨범주에 따라 빠져나간 월성분을 가려내는 방법을 풀이하면 다음과 같다.

① 제움직씨의 경우: 임자말, 위치말, 견줌말이 빠지는 세 경우가 있는데, 우선 견줌말의 경우는 'ᄀ티, 다ᄅ다'와 같은 견줌의 대상을 나타내는 말을 필요로 한다. 임자말과 위치말 중 어느 것이 빠졌느냐 하는 것은 풀이말 앞의 월성분에 좌우된다. 풀이말 앞에 임자말이 있으면 위치말이 빠진 것이고, 임자말이 없으면 임자말이 빠진 것이다(이해를 돕기 위해 현대국어를 예로 든다).

　　위치말 빠짐: 내가 <u>살던</u> 고향
　　임자말 빠짐: 학교에 <u>가는</u> 학생
　　　　　　　　가시밭길을 <u>가는</u> 사람

② 남움직씨의 경우: 모든 월성분이 빠져나갈 수 있다.
견줌말의 경우는 견줌의 대상을 나타내는 말을 필요로 한다.
방편말이 빠질 때는 매김을 받는 임자씨(머리말)가 매김말 풀이씨의 도구가 될 수 있을 때이다. 물론 매김말 바로 앞의 월성분은 부림말이 되어야 한다.
위치말이 빠지는 경우의 남움직씨는 그 수가 많지 않다.―'보내다', '먹이다', '주다' 따위―이러한 남움직씨 앞에 부림말이 있어야 하고, 다시 그 앞에 임자말이 있어야 한다('밥을 보낸 사람'만으로는 '사람'이 의미상의 임자말인지 위치말인지 알 수 없다. '그가 밥을 보낸 사람'처럼 임자말이 있어야 위치말의 빠짐이라는 것을 알

수 있다).[33]

　임자말의 빠짐인가, 부림말의 빠짐인가를 결정하는 데는 우선 매김을 받는 임자씨의 성격으로 판가름된다. 즉, '먹는 밥'의 경우는 이것만으로도 '밥'이 의미상의 부림말이라는 것을 쉽게 알 수 있다. '밥이 먹다'가 성립되지 않기 때문이다. 그러나 이 경우, 매김말 앞의 월성분에 기대야 하는 경우가 있다. 즉, '먹은 사람'의 경우는 그것만으로는 '사람'이 의미상의 임자말인지 부림말인지 알 수 없게 된다. '식인종이 먹은 사람'과 같이 되면 '사람'은 의미상의 부림말이 되고, '밥을 먹은 사람'과 같이 되면 '사람'은 의미상의 임자말이 되기 때문이다. 즉, 매김을 받는 임자씨(머리말)가 매김말 풀이씨의 주체가 될 수 있고, 매김말 앞에 부림말이 있으면 임자말의 빠짐이 되고, 매김을 받는 임자씨(머리말)가 매김말 풀이씨의 대상이 될 수 있고, 매김말 앞이 임자말이면 부림말 빠짐이 된다.

　③ 그림씨의 경우: 임자말이 빠져나가는 경우와 위치말이 빠져나가는 경우가 있다. 임자말이 빠질 때는 매김말 앞에 임자말이 없고, 위치말이 빠질 때는 매김말 앞에 임자말이 있다(위치말이 빠질 때의 그림씨의 종류는 극히 제한되어 있다-'있다', '없다').

　④ 잡음씨의 경우: 임자말이 빠지는 경우 하나뿐이다.
　이상에서 설명한 것을 표로 보이면 다음과 같다.

---

33) 「창고는 물건을 넣는 곳이다」와 같은 예는 임자말이 없는 것이 일반적인 월의 형식이지만, 의미적으로는 「(사람이) 물건을 넣는 곳」이 되므로 임자말이 있는 것으로 간주한다.

<매김말의 씨범주에 따른 빠져나간 월성분>

매김말 풀이씨의 종류	판단의 기준	빠지는 월성분
제움직씨	매김말 앞에 임자말 없음.	임자말
	매김말 앞에 임자말 있음.	위치말
	견줌의 대상을 나타내주는 말 있음.	견줌말
남움직씨	매김을 받는 임자씨가 매김말의 주체가 될 수 있음. 매김말 앞이 부림말	임자말
	매김을 받는 임자씨가 매김말의 대상이 될 수 있음. 매김말 앞이 임자말	부림말
	매김말 앞에 임자말, 부림말이 다 있음.	위치말
	매김을 받는 임자씨가 매김말의 도구가 됨.	방편말
	견줌의 대상을 나타내 주는 말이 있음.	견줌말
그림씨	매김말 앞에 임자말 없음.	임자말
	매김말 앞에 임자말 있음.	위치말
잡음씨		임자말

2. 홑월에서 변형된 매김마디

2.1. 빠져나간 매김마디

2.1.1. 임자말 빠짐

┌────<빠져나감>───┐
[(임자말) ~] - ㄴ/ㄹ (머리말)

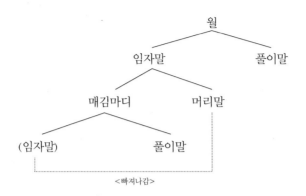

<빠져나감>

15세기 국어의 매김마디에서 임자말이 빠져나가는 경우에는
'-오/우-'가 들어가지 않고, 풀이말의 줄기 끝에 매김꼴 씨끝 '-은'
이나 '-을'이 붙는다. 이러한 경우, 매김마디의 풀이말에는 모든 풀
이씨(제움직씨, 남움직씨, 그림씨, 잡음씨)가 올 수 있다.

(1) 완전이름씨 빠짐

(가) 매김마디의 풀이말=제움직씨

　[~제움직씨]-ㄴ/ㄹ

「-은」

　　　므레 비췬 둘 (월석 2:55) ⇐『ᄃᆞ리 므레 비취다』
　　　業道로셔 난 사름둘과 (월석 21:30) ⇐『사름둘히 業道로셔 나다』
　　　出家ᄒᆞᆫ 사르ᄆᆞᆫ (석보 6:22) ⇐『사르미 出家ᄒᆞ다』
　　　부텻 이베셔 난 아ᄃᆞ리=佛口所生子 (법화 1:164)
　　　남경의셔 온…燒酒 (박통 상:2)
　　　일훔 난 화원 (박통 상:1)
　　　여듧 모 난 연 (박통 상:17)

「-ᄂᆞᆫ」

　　긔ᄂᆞᆫ 즁ᄉᆡᆼ (월석 21:113) ⇐『즁ᄉᆡᆼ이 긔ᄂᆞ다』

　　디ᄂᆞᆫ 히 (월석 8:6) ⇐『히 디ᄂᆞ다』

　　오ᄂᆞᆫ 뉘 (석보 23:10)

　　우ᄂᆞᆫ 聖女 (월석 21:21)

　　不孝ᄒᆞᄂᆞᆫ 衆生 (월석 10:10)

　　므르디 아니ᄒᆞᄂᆞᆫ 菩薩 (석보 13:42)

　　이 지븨 사ᄂᆞᆫ 얼우니며 아히며 (월석 21:99)

　　후에 나ᄂᆞᆫ 사ᄅᆞᆷ 경계ᄒᆞ라 (번소 8:16)

　　너는 니기 ᄃᆞ니ᄂᆞᆫ 나그내니 (노걸 상:18)

　　잘 ᄃᆞ니ᄂᆞᆫ ᄆᆞᆯ (박통 상:62)

「-앳ᄂᆞᆫ~앗ᄂᆞᆫ」

　　하ᄂᆞᆯ해 머리 ᄠᅥᆺᄂᆞᆫ 매 (금강삼가 2:55)

　　즘가랏ᄂᆞᆫ 고기ᄂᆞᆫ 므릐 健壯호ᄆᆞᆯ 슬코 (두언 25:4)

　　主守ᄒᆞ얫ᄂᆞᆫ 家臣 (두언 7:37)

　　내 지븨 왯ᄂᆞᆫ 沙門 (천강곡 상, 기156)

　　地예 몬 올앳ᄂᆞᆫ 菩薩 (석보 9:28)

　　내 ᄇᆡᆨ셩 ᄃᆞ외옛ᄂᆞᆫ 사ᄅᆞᆷ (번소 6:36)

　　위두ᄒᆞ얏ᄂᆞᆫ 손이 (여향 25)

　　兄弟ᄂᆞᆫ…긔운이 니엇ᄂᆞᆫ 사ᄅᆞᆷ이니 (소학 5:70)

「-앳던」

　　石壁에 수멧던 녜볏 글 아니라도 (용 86장)

「-ᄋᆞᆯ」

　　避仇ᄒᆞᆯ 소ᄂᆡ 마리 (용28장) ⇐『소니 避仇ᄒᆞ다』

　　孝順ᄒᆞᆯ 子息 (월석 21:28) ⇐『子息ㅣ 孝順ᄒᆞ다』

　　노ᄒᆞᆯ 즁ᄉᆡᆼ (월석 21:113)

　　가다가 도라옳 軍士 (용 26장)

ᄒᆞ마 命終홀 사ᄅᆞᆷ (월석 21:125)

므르디 아니홀 法輪 (석보 13:4)

(나) 매김마디의 풀이말=남움직씨

[～남움직씨]-ㄴ/ㄹ

「-은」

아기 빈 사ᄅᆞ미 (법화 6:47) ⇐『사ᄅᆞ미 아기를 빈다』

主藏臣寶ᄂᆞᆫ 藏 ᄀᆞ숨안 臣下ㅣ니 (월석 1:27)

⇐『臣下ㅣ 藏ᄋᆞᆯ ᄀᆞ숨알다』

아기 나흔 겨집들홀 보고 (월석 21:143)

⇐『겨집들히 아기를 낳다』

졋 일흔 아히=失乳兒 (능엄 2:1)

이 觀 지슨 사ᄅᆞᆷ (월석 8:32)

지슨 사ᄅᆞ미 注解=作者注解 (법화 1:10)

수울 ᄀᆞᅀᆞᆷ 관원 (박통 상:2)

빈 낸 사ᄅᆞ미 지븨 (박통 상:61)

「-ᄂᆞᆫ」

모딘 일 니기ᄂᆞᆫ 衆生 (월석 21:103)

聲聞 求ᄒᆞᄂᆞᆫ 衆 (월석 18:41)

고기며 모미라도 비ᄂᆞᆫ 사ᄅᆞᆷ 주리어니 (월석 9:30)

머리 갓ᄂᆞᆫ 사ᄅᆞᆷ (월석 7:8)

梵王 돕ᄂᆞᆫ 臣下 (월석 1:32)

와 비ᄂᆞᆫ 사ᄅᆞᆷ 주리며 (월석 9:29)

身心 뒷ᄂᆞᆫ 善男子 善女人 (석보 9:11)

제 ᄆᆞᅀᆞᆷ 다비 몯ᄒᆞᄂᆞᆫ 사름들 (월석 21:96)

말 모로ᄂᆞᆫ 즘싱 (박통 상:21)

갓가온 ᄃᆡ 잇ᄂᆞᆫ 사름 (여향 35)

믈 고티ᄂᆞᆫ 사름 (박통 상:42)

「-던」

　　菩薩行ᄒᆞ던 衆生 (석보 13:51)
　　모딘 일 짓던 즁싱 (월석 21:25)
　　이 閻浮提ㅅ 善行ᄒᆞ던 사ᄅᆞ미 (월석 21:125)

「-을」

　　봃 사ᄅᆞ미 歡喜ᄒᆞ며 (월석 13:72)
　　셜버 즐기디 몯홇 사ᄅᆞᆷ (월석 21:19)
　　찻믈 기릃 쳐녀 (월석 8:90)
　　相 봃 사ᄅᆞ미 (월석 2:23)
　　길 녏 사름 (석보 6:4-5)
　　졋 머긇 아힛 시졀 (내훈 3:59)
　　위와다 셤깷 사ᄅᆞᆷ (월석 21:61)
　　둘흔 물 샇 나그내오 (노걸 하:7)
　　갈 잘 밍긇 쟝신 (박통 상:15)
　　뎌 삭 바둘 사ᄅᆞ마 (박통 상:11)

「-앳ᄂᆞᆫ~-앗ᄂᆞᆫ」

　　벼슬 ᄒᆞ옛ᄂᆞᆫ 사ᄅᆞ미 (번소 7:27)
　　길 마갓ᄂᆞᆫ ᄒᆞ 펴깃 사미 (박통 상:40)
　　ᄠᅳᆮ 둇ᄂᆞᆫ 사ᄅᆞᆷ (소학 8:11)

　　임자말이 빠져나간 매김마디에서 그 풀이말이 남움직씨인 경우,
남움직씨 앞 월성분의 자리토씨가 생략될 때는('아기 빈 사ᄅᆞ미'와
같은 경우), '166쪽 <표>'만으로는 빠져나간 월성분을 판단하기가
어렵다. 예를 들면 '아기 빈 사름'의 경우, '사름'은 남움직씨 '빈
다'의 주체가 될 수도 있고 대상이 될 수도 있는 성질의 이름씨이
다. 매김말 앞의 이름씨 '아기'에 자리토씨가 생략되었기 때문에

그 통어적 구조만을 보아서는 무엇이 빠진 매김마디인지 알기 어렵다. 이럴 경우는 그 문맥을 통해 알 수밖에 없다. 곧, 아기가 사람을 밸 수 없기 때문에 임자말이 빠진 경우라는 것을 알 수 있다. '觀 지은 사룸'에 있어서도 觀이 사람을 지을 수 없기 때문에 속구조는 '사룬미 觀을 짓다'가 된다.

그러나 옛사람들은 이것만으로는 충분하지 않다고 믿었던 모양이다.

梵王 돕는 臣下 (월석 1:32)

이러한 예는 매김마디의 풀이씨와 그 앞뒤의 이름씨와의 상대적 성격만으로는 그 속구조를 알 수가 없다. 즉, 매김말 앞(梵王) 뒤(臣下)의 이름씨가 둘 다 매김말 풀이씨 '돕다'의 행동을 할 수 있는 성격의 이름씨이기 때문에 梵王이 臣下를 돕는 것인지 臣下가 梵王을 돕는 것인지 알 수가 없다. 매김마디에 '-오/우-'가 들어간 이유가 여기에 있는 것이다. 즉, 앞의 예에서 '臣下'가 의미상의 임자말이면 '-오/우-'가 들어가지 않고, 의미상의 부림말이면 '-오/우-'가 들어가게 되었던 것이다.

(다) 매김마디의 풀이말=그림씨

[~그림씨]-ㄴ/ㄹ

「-은」
　기픈 根源 (월석, 서:21) ⇐『根源ㅣ 깊다』
　혀근 地獄 (월석 1:29) ⇐『地獄ㅣ 혀다』

誠實흔 마를 (월석 21:15) ⇐『마리 誠實ᄒ다』

邪曲흔 道理 (석보 6:21) ⇐『道理ㅣ 邪曲ᄒ다』

이런 어린 사ᄅᆞᄆᆞ (월석 9:31)

⇐『사ᄅᆞ미 이러ᄒ다』『사ᄅᆞ미 어리다』

惡死橫死 惡病橫病이며 ᄠᅳᆮ 곧디 아니혼 이리 이 집 等處에 갓갑
디 아니케 호리니 (월석 21:122) ⇐『이리 ᄠᅳᆮ 곧디 아니ᄒ다』

한 모딘 이를 (월석 21:51) ⇐『이리 하다』『이리 모딜다』

化티 어려운 剛强흔 罪苦衆生 (월석 21:34)

⇐『罪苦衆生이 化티 어렵다』『罪苦衆生이 剛强ᄒ다』

촌 어르미며 (월석 21:80)

그지업슨 苦 (월석 21:27)

깃븐 ᄆᆞ슨믈 (석보 6:42)

블근 힁뎌기 (석보 9:3)

놀카튼 놀히 (월석 21:23)

아니한 ᄉᆞᅀᅵ (석보 6:3)

險코 어려운 구즌 길헤 (월석 14:74)

즌 ᄒᆞᆰ 불ᄫᅳ며 므거운 돌 지ᄃᆞᆺᄒ야 (월석 21:102)

부톄…보ᄃᆞ라운 이든 말도 ᄒ시며 (월석 9:11)

ᄀᆞᆾ디 몯흔 사ᄅᆞ미게 큰 慈悲心을 發ᄒᆞᆯ씨 (월석 21:140)

이런 됴흔 緣 (월석 21:126)

됴티 몯흔 業을 ᄀᆞ초 지서 이 ᄀᆞᆮ흔 어린 사ᄅᆞ미 구즌 길헤 ᄠᅥ디
여 한 劫에 그지업슨 受苦를 ᄒ리어늘 (월석 8:74)

스므낫 됴흔 술진 양 (박통 상:2)

됴흔 시져를 맛나니 (박통 상:61)

힌 록각 (박통 상:30)

「-ᄂᆞᆫ」

罪苦 잇ᄂᆞᆫ 衆生 (월석 21:29)

神通 잇ᄂᆞᆫ 사ᄅᆞ미ᅀᅡ 가ᄂᆞ니라 (석보 6:43)

발 잇ᄂᆞᆫ 燈 (월석 1:8)

道理 잇ᄂᆞᆫ 사름 (석보 9:2)

'-ᄂᆫ'이 붙는 그림씨는 '잇다'뿐이다. 원래 그림씨나 잡음씨에는 때매김을 나타내는 안맺음씨끝 '-ᄂᆫ-'는 잘 붙지 않는다.[34]

중세국어 매김마디에서 풀이말이 그림씨일 때 '-을'이 붙는 예는 보이지 않는다(뒤의 '위치말의 빠짐'에서도 그림씨일 경우에는 '-을'이 붙는 예가 없음을 볼 것).

(라) 매김마디의 풀이말=잡음씨

[〜잡음씨]-ㄴ/ㄹ

석자힌 쌀화리=三尺角弓 (두언 25:45)
⇐『쌀화리 석자히다』
小王은 혀근 王이니 轉輪王 아닌 王이라 (월석 1:20)
⇐『小王은 轉輪王 아니다』
㟹尺인 녯 위안해=㟹尺故園 (남명, 하:46)
녜 고온 사르민 公孫氏 잇더니=昔有佳人 公孫氏 (두언 16:47)
一切法 ᄒᆞ가진 佛性 (월석 2:53)
時節 아닌 곳 프며 여름도 여러 (월석 21:6)
올히 ᄀᆞᆺ 열 여스신 숟 갇나히 (박통 상:45)

잡음씨의 경우에는 '-ᄂᆫ'이나 '-을'이 붙지 않는다. 매김마디의 풀이말이 그림씨나 잡음씨로 된 경우, '-ᄂᆫ'은 그림씨 '잇ᄂᆫ'의 경우에만 나타날 뿐이고 '-을'은 그림씨, 잡음씨에 전혀 나타나지 않는다. 곧 중세국어 매김마디에서 그림씨와 잡음씨의 매김꼴에서는 때매김의 표현이 자유롭지 못했던 것이다(이 점은 현대국어에 있어

---

34) 매김꼴이 아닌 경우, 그림씨에 '-ᄂᆞ-' 가 붙는 경우가 몇 개 있다(굳ᄂᆞ니, 어듭ᄂᆞ니, 졷ᄂᆞ니). 잡음씨 '-이다'에 붙는 예는 '隨之욷ᄂᆞ니' 하나뿐인데, 이 예도 한문의 토이며 그 속뜻은 움직씨이다. 허웅(1975: 881).

서도 마찬가지이다).

(2) 매인이름씨 빠짐

「-은」

흔 짜해 난 거시며 (법화 3:13)

누른 것 힌 거시 (소학 6:126)

늘그니(늘근+이) 져므니며 貴ᄒ니 늘아ᄫᆞ니며 (월석 21:46)

三界 버스닐=脫三界者 (법화 2:99)

오직 信力 구드니ᅀᅡ 能히 알리라 (법화 2:160)

病ᄒ니 (석보 9:30)

노프니 ᄂᆞᆺ가ᄫᆞ니 (월석 1:42)

諸法이 空 아니니 업스니라 (금강 5:36)

艱難ᄒᆞ니 즐기논 法 (법화 2:205)

無上正道 일우시니 아니시면 (월석 14:54)

各各 뫼ᅀᆞᄫᆞ니 보내샤 (월석 21:9)

ᄒ다가 法 듣ᄌᆞ오니 이시면 (법화 4:46)

아리 敎化 닙ᄉᆞ오닐 니르시고 (법화 3:167)

어드ᄫᆞᆫ 딕 (월석 21:55)

뷘 딕 (석보 13:20)

묏골 뷘 딕ᄂᆞᆫ (두언 7:14)

짜해 즉자히 다 ᄭᆞᆯ오 아니한 딕 (석보 6:25)

맛당ᄒᆞᆫ 딕 업고 (석보 6:23)

비록 스스로은 딕나 반ᄃᆞ시 뼈 녜모 ᄒ시며 (소학 3:15)

大水참이 반만 닉고 반만 서니 잇다 (박통 상:5)

⇐ [大水참이 설다] ※ 서니=설+은+이(大水참)

죽으니…산이…업스니…잇ᄂᆞᆫ이 (소학 4:11)

누른 것 힌 거시 (소학 6:126)

「-ᄂᆞ」

보야흐로 기ᄂᆞ 거슬 것디 아니 ᄒᆞ며 (소학 4:41-2)

싸홀 從ᄒᆞ야 잇ᄂᆞ 거시 (월석 21:152)

ᄒᆞ다가 누니 能히 보ᄂᆞ 거신댄 (능엄 1:66)

ᄃᆞ니ᄂᆞ 거슨 (박통사언해 초간, 상70)

주거가ᄂᆞ 거싀 일을 (천강곡 43)

存ᄋᆞᆫ 잇ᄂᆞ니오 亡ᄋᆞᆫ 업스니라 (월석 21:54)

善 아니 行ᄒᆞᄂᆞ니와 모딘 일 行ᄒᆞᄂᆞ니와 (월석 21:59-60)

내 이 一切 아ᄂᆞ니며 一切 보ᄂᆞ니며=我是一切智者ㅣ며 一切見者ㅣ며 (법화 3:16)

보야흐로 기ᄂᆞ 거슬 것디 아니 ᄒᆞ며 (소학 4:41-2)

빈ᄒᆞᄂᆞ 이 반ᄃᆞ시 이룰 말미아마 (소학 5:109)

처음 빈ᄒᆞᄂᆞ의 德에 드는 門 (소학 5:109)

⇐ [이(사ᄅᆞᆷ)이 빈ᄒᆞᄂᆞ다]   ※ 빈ᄒᆞᄂᆞ의=빈ᄒᆞᄂᆞ 이의

「-앗ᄂᆞ」

얼굴 뒷ᄂᆞ 거시 光明 맛나아 (석보 23:9)

ᄒᆞᆫ 갓 방의 다ᄉᆞᆺ 사ᄅᆞ미 계우 안잣ᄂᆞ 거셔 (박통 상:41)

사ᄅᆞᆺᄂᆞ니 목수미 더으고 (월석 21:150)

온화ᄒᆞᆫ 긔운을 둣ᄂᆞ 이ᄂᆞ (소학 2:9)

내 빅셩 ᄃᆞ외연ᄂᆞ 이ᄂᆞ (소학 5:34)

ᄒᆞᆫ 갓 방의 다ᄉᆞᆺ 사ᄅᆞ미 계우 안잣ᄂᆞ 거셔 (박통 상:41)

「-을」

아니 주굶 거시 잇ᄂᆞᆫ들 미더 (월석 18:32)

資生홀 ᄭᅥ세 (법화 6:175)

道理 行ᄒᆞ리 잇거든 (석보 9:5)

有情 보ᄎᆞ리 업스면 (석보 9:34)

信티 아니ᄒᆞ리 이시면 (법화 5:122)

일훔 알리 이시면 (법화 7:151)

아니 울리 업더라 (번소 9:69)

길 녈이…밭 갈리 (소학 5:33-4)

拳춈 폴리 (박통 상:5)

담 스리와 손도으리 (박통 상:9)

(3) 높임 형태소의 연결

(가) '-습-'의 연결

어떠한 월이 임자말이 빠지는 매김마디로 바뀔 때, 객체높임의 '-습-'은 속구조에서의 자리에 그대로 남게 된다. 즉, 속구조 '사ᄅ 미 부텨를 보습다'를 매김마디로 바꾸면 '부텨를 보ᅀᆞᆼ 사ᄅᆷ'이 된다. '-습-'은 부림말을 필요로 하므로, 이 경우의 매김마디의 풀 이말은 원칙적으로 남움직씨이다.

「-습+은」

이 이룰 보ᅀᆞᆼ 사ᄅᆷ 十方一切諸佛을 보ᅀᆞᆸ더니 (월석 8:8)

諸佛 ㅅ 일훔 듣ᄌᆞᆸ 사ᄅᆷ (월석 7:75)

이 法 듣ᄌᆞᆸ 사ᄅ미 (석보 13:54)

男子女人이 이 부텻 일훔 듣ᄌᆞᆸ 사ᄅᆷ (월석 21:135)

各各 뫼ᅀᆞᆸ니 보내샤 (월석 21:9)

舍利 供養ᄒᆞ습던 사ᄅ미 (석보 13:51)

佛像을 그리습더니 (석보 13:52)

/ㅸ/이 사라진 뒤 '-ᅀᆞᆼ', '-ᅀᆞᆫ'은 다같이 '-ᅀᆞ온'으로 바뀌게 되는데, 임자말이 빠져나간 다음의 예는 '-ᅀᆞᆼ'의 변화형이다.

王子 기르ᅀᆞ온 어미=王子所養之母 (법화 3:97)

受記 <u>得ᄒᆞᅀᆞ온</u> 사ᄅᆞ미 (법화 4:85)
<u>듣ᄌᆞ온</u> 사ᄅᆞ미=聞者 (법화 4:163)
會예 이셔 (부텻 마ᄅᆞᆯ) <u>듣ᄌᆞ온</u> 衆 (능엄 10:93)
大凡十聲을 <u>念ᄒᆞᅀᆞ온</u> 사ᄅᆞᄆᆫ (선가 44)

「-ᅀᆞᆸ+ᄂᆞᆫ」

부텨 <u>빈호ᅀᆞᆸᄂᆞᆫ</u> 사ᄅᆞ미=學佛者 (법화 5:43)
無量壽佛을 <u>보ᅀᆞᆸᄂᆞᆫ</u> 사ᄅᆞᄆᆫ (월석 8:32)
度盡稱念衆生은 일ᄏᆞᆮ바 <u>念ᄒᆞᅀᆞᆸᄂᆞᆫ</u> 衆生ᄋᆞᆯ 다 濟渡ᄒᆞ실씨라 (월석 8:99)
부텻 샹녜 <u>조ᄍᆞᆸᄂᆞᆫ</u> 衆 (법화 1:24)
(부텨ᄭᅴ) <u>묻ᄌᆞᆸᄂᆞᆫ</u> 사ᄅᆞ미 (원각 2-3:43)

「ᅀᆞᆸ+ᄋᆞᆯ」

부텨 <u>보ᅀᆞᄫᅩᆯ</u> 사ᄅᆞ미 슬믫 뉘 모ᄅᆞ며 (월석 2:59)
부텻 功德 <u>듣ᄌᆞᄫᅩᆯ</u> 사ᄅᆞ미 (석보 9:2)

다음은 '-ᅀᆞᄫᅩᆯ'의 변화형이다.

法 <u>듣ᄌᆞ올</u> 싸ᄅᆞᄆᆞ로 (법화 3:131)

(나) '-으시-'의 연결

높임의 주체인 임자말은 뒤로 빠져나가더라도 '-으시-'는 속구조 풀이말의 자리에 그대로 남게 된다.

<제움직씨>

娑婆世界에 오래 <u>主ᄒᆞ신</u> 菩薩 (월석 18:3)
⟸『菩薩이 主ᄒᆞ시다』

다른 國土애셔 <u>오신</u> 菩薩들콰 (월석 18:23)

⇐『菩薩들히 오시다』

싸해서 <u>소사나신</u> 千世界…摩訶薩 (석보 19:37)

世界예 잇는 地獄애 <u>分身ᄒ신</u> 地藏菩薩 (월석 21:30)

十方一切예셔 <u>오신</u>…一切諸佛 (월석 21:187)

뎌 싸해 <u>겨신</u> 諸佛 (석보 13:13)

虛空애 <u>겨신</u> 百千化佛 (월석 21:204)

無上正道 <u>일우시니</u> 아니시면 (월석 14:54)

ᄂ려 <u>오싫</u> 부텨 (월석 21:188, 기 419)

슬ᄫ샤ᄃᆡ 王이 조히 <u>戒行ᄒ시ᄂᆞ</u> 사ᄅᆞ미샤 ᄆᆞᅀᆞ맷 ᄯᅴ ᄒᆞ마 업스시니 (월석 10:9)

<남움직씨>

佛은 理를 다ᄒᆞ며 性을 <u>다ᄒᆞ신</u> 大覺ᄋᆞᆯ 술ᄫᅠ니 (월석 9:13)

<u>接引衆生ᄒ시ᄂᆞ</u> 諸大菩薩들히 (월석 8:88, 기248)

⇐『諸大菩薩들히 接引衆生ᄒᆞ시ᄂᆞ다』

如來 ㅅ藏心이…法界를 다 <u>두프시ᄂᆞ</u> 體니라 (능엄 1:9)

부텻 道理로 衆生 <u>濟渡ᄒ시ᄂᆞ</u> 사ᄅᆞᆯ 菩薩이시다 ᄒᆞᄂᆞ니 (월석 1:5)

瑞相 <u>뵈시ᄂᆞ</u> 如來 (월석 2:48, 기28)

大導師ᄂᆞ 크신 길 <u>앗외시ᄂᆞ</u> 스스이라 혼 마리라 (월석 9:12)

<그림씨>

無上士ᄂᆞ <u>尊ᄒᆞ샤</u> 더은 우히 <u>업스신</u> 士ㅣ라 (석보 9:3)

王中엣 <u>尊ᄒ신</u> 王 (월석 10:9)

<u>어엿브신</u> 命終 (월석 1:3, 기5)

ᄀᆞ장 <u>됴ᄒ신</u> 功德 (석보 9:2)

本來 <u>ᄒᆞ신</u> 吉慶 (월석 2:30, 기18)

부텻 <u>神奇ᄒ신</u> 變化 (월석 7:40)

<u>너브신</u> 복 (박통 상:1)

ᄆᆞ슴 <u>됴ᄒ신</u> 원판 형님하 (박통 상:7)

업스신 父母 (소학 4:18)
늘그시니 편안티 몯ᄒ야시니 (노걸 상:52)

그림씨에는 '-ᄂᆞᆫ', '-을'의 때매김 씨끝이 연결되지 않는다.

<잡음씨>

聖王ᄋᆞᆫ 聖人이신 王이시니 (월석 1:19)
노폰 大人이신 됴ㅣ 흔 모미샷다 (금강삼가 4:11)
夫子ᄂᆞᆫ 聖이신 者가 (논어 2:40)

잡음씨에도 '-ᄂᆞᆫ', '-을'은 연결되지 않는다.

(다) '-ᄉᆞᆸ-'+'-ᄋᆞ시-'의 연결

임자말이 빠진 매김마디에 '-ᄉᆞᆸ-'과 '-ᄋᆞ시-'가 함께 연결되는 예는 없다.[35]

임자말이 빠질 때 '-ᄉᆞᆸ-'과 '-ᄋᆞ시-'가 함께 연결되지 않는 이유는 뒤에서 자세히 논하기로 하겠다.

2.1.2. 부림말 빠짐

부림말이 빠져나간 매김마디의 풀이말에는 '-오/우-'가 연결된다. 부림말을 이끌 수 있는 것은 남움직씨뿐이므로, 부림말이 빠져나간 매김마디의 풀이말은 남움직씨이다.

---

[35] 다음의 예는 임자말이 빠진 것이 아니다.
法門을 받ᄌᆞᆸ신 히므로 (법화 7:67)
처섬 經 듣ᄌᆞ오신 後에 (법화 6:149)
이제 이 疑心ᄒ야 묻ᄌᆞ오시ᄂᆞ 글둘흔 (법화 1:123)
이제 처섬 나ᅀᅡ 묻ᄌᆞ오시ᄂᆞ 威儀라 (원각 상 1-2:82)

(1) 완전이름씨 빠짐

「-온(오+ㄴ)」

제 <u>지순</u> 罪 (석보 9:30) ⇐『罪룰 짓다』

<u>지슨</u> 흔 城 (법화 3:195) ⇐『흔 城을 짓다』

그 <u>敎化혼</u> 사르미 (능엄 1:4) ⇐『사르믈 敎化ᄒ다』

하늜 고ᄌ로 부텻 우희 비흐니 <u>비혼</u> 고지 (월석 14:20)
⇐『고ᄌᆯ 빟다』

<u>블론</u> 惡報=所招惡報 (능엄 8:95) ⇐『惡報룰 브르다』

能히 <u>스론</u> 金石이 ᄃ외오=能爲然金石 (능엄 8:104)
⇐『金石을 ᄉᆞ다』

沙門ᄋᆞᆫ ᄂᆞ미 <u>지순</u> 녀르믈 먹ᄂᆞ니이다 (석보 24:22)

官吏 뵈노라 <u>지손</u> 두마리=示官吏作二首 (두언 25:32)

<u>나혼</u> 아들 (법화 2:213)

父母 <u>나혼</u> 누느로 (월석 17:57)

이 父母 <u>나혼</u> 모매 (능엄 7:60)

<u>빈욘</u> 아기 비디 (월석 8:81, 기230)

須達이 밍ᄀᆞ론 座 (석보 6:30)

이 國王等의 <u>어둔</u> 福利 (월석 21:140)

내 <u>得혼</u> 智慧 (석보 13:57)

<u>傳ᄒ욘</u> 幻呪=所傳幻呪 (능엄 1:36)

내 <u>犯혼</u> 일 업거늘 (월석 13:16)

十六菩薩이 <u>닐온</u> 經法 (월석 14:47)

내 <u>닐온</u> 여러 經 (법화 4:84)

우리 무릐 <u>닷곤</u> 功業 (능업1 7:65)

이ᄂᆞᆫ 오직 小乘의 <u>證혼</u> 空이라=此唯小乘所證之空 (능엄 5:51)

各各 모매 <u>니분</u> 옷오ᄉᆞᆯ 바사 (법화 2:45)

天女 <u>니분</u> 오새 (법화 6:45)

<u>흐툰</u> 天衣=所散天衣 (법화 2:46)

<u>두푼</u> ᄂᆞᆯ애 어즈러이 ᄠᅳ드르며 (법화 2:104)

그ᄢ <u>化혼</u> 衆은 너희 比丘聲聞弟子ㅣ라 ᄒᆞ샤미 이오 (법화

2:225) ⇐『衆을 化ᄒᆞ다』

머군 무ᅀᅳ물 (법화 2:253)

그 구룸 내욘 ᄒᆞ마샛 므레 (법화 3:37)

七寶로 ᄭᅮ뮨 五百億 金臺 (월석 7:39)

보비로 ᄭᅮ뮨 덩 (석보 13:19)

치녀는 ᄭᅮ뮨 각시라 (월석 2:28)

우희 닐온 요ᄉᆞᅀᅴ예 ᄒᆞ욘 功德으로 (월석, 서:26)

ᄀᆞ존 相ᄋᆞ로 莊嚴혼 모미며＝具相莊嚴身 (법화 4:27)
⇐『모믈 莊嚴ᄒᆞ다』

七寶로 莊嚴ᄒᆞ욘 보비옛 짜콰 (월석 8:22)

優樓頻螺둘흔 곧 序分에 버륜 羅漢웃머리니＝優樓頻螺等은 卽序
分所列혼 羅漢相首ㅣ니 (법화 4:31)

민욘 구스를 뵌대 (법화 4:44)

다돈 이피 열어늘 (월석 7:6)

三聚戒ᄂᆞᆫ 세헤 뫼호온 戒니 (월석 9:16)

비론 바블 엇뎨 좌시ᄂᆞᆫ가 (천강곡, 상, 기122)
⇐『바블 빌다』

너의 불곤 귀와 소리＝汝所明혼 耳와 聲 (능엄 3:39)
⇐『귀와 소리를 불기다』

알핏 塵의 니르와돈 知見＝前塵의 所起혼 知見 (능엄 4:115)
⇐『知見을 니르완다』

幻혼 무리오＝所幻馬 (원각, 상2-1:8)

大藏敎ㅣ 瘡腫 스저 바론 죠히라 (몽산 61)
⇐『조히를 바리다』

뭇군 서비 ᄒᆞ마 뼈러디니 (두언 16:73)

이 사ᄅᆞ미 千萬劫中에 受혼 果報 (월석 21:93)

鮮은 곳 주군 즁싱이라 (월석 21:124)
⇐『즁싱을 주기다』

善男子 善女人이 佛法中에 싱군 善根 (월석 21:147)

엇뎨 將軍이 촌 갈홀 빌리오 (두언 25:8)

쌘론 오슬 니브시고 (내훈, 2하:52)

뛰 니윤 지브로=茅棟 (두언 6:47)

여러가짓 香草로 춤쌔 흔디 ᄃᆞ마 젓거든 ᄣᅩᆫ 기르미 일후미 薰油ㅣ라 (법화 5:210)

그 後로 夫妻라 혼 일후미 나니 (월석 1:44)
⇐『일후믈 夫妻라 ᄒᆞ다』

처엄 道場애 안ᄌᆞ시니 부톄라 혼 일후미 겨시고 (석보 13:59)

이 ᄯᅡ히 竹林國이라 혼 나라히이다 (월석 8:94)
⇐『이 나라ᄒᆞᆯ 竹林國이라 ᄒᆞ다』

처엄 佛家애 나다 혼 生이디비 生死애 나며 ᄃᆞᄂᆞ다 혼 生이 아니라 (월석 17:27-8)
⇐『生ᄋᆞᆯ "佛家애 나다" ᄒᆞ다』

ᄀᆞ룜 업다 혼 업수미 滅ᄒᆞ야 (능엄 9:26)
⇐『업수믈 "ᄀᆞ룜업다" ᄒᆞ다』

多陀阿伽度ᄂᆞᆫ 如來라 혼 마리라 (석보 13:34)
⇐『말(多陀阿伽度)ᄋᆞᆯ 如來라 ᄒᆞ다』

佛은 知者ㅣ라 혼 마리니 知者ᄂᆞᆫ 아ᄂᆞᆫ 사ᄅᆞ미라 혼 ᄠᅳ디라 (월석 9:12)

이 잇다 업다 혼 無도 아니며 眞實로 업다 혼 無도 아니라 ᄒᆞ니 =不是有無之無ㅣ며 不是眞無之無ㅣ라 ᄒᆞ니 (몽산 55-6)

이를 닐온 그ᅀᅳ기 심기샤미라 (능엄 5:31)
⇐『이ᄂᆞᆫ 그ᅀᅳ기 심기샤믈 니ᄅᆞ다』

닐온 고든 ᄆᆞᅀᆞ미 菩提니라=所謂直心菩提者也 (상원사권선문)
⇐『菩提ᄂᆞᆫ 고든 ᄆᆞᅀᆞ믈 니ᄅᆞ다』

耳識이 굴히야 알씨 닐온 知오 (능엄 3:40)

轉輪聖王이 一千아ᄃᆞᆳ中에 嫡夫人ㅅ 나혼 나히 뭇 하니 (원각, 서:75) ⇐『아ᄃᆞᆯ 낳다』

보빅 ᄭᅮ뮨 술위예, 五通 메윤 술위ᄂᆞᆫ (천강곡 상, 기119)
⇐『술위를 ᄭᅮ미다』『술위를 메ᄂᆞ다』

菩薩이 네믈 메윤 寶車와…으로 布施ᄒᆞ리도 이시며 (석보 13:19)
⇐『菩薩이 寶車를 네ᄆᆞ래 메ᄂᆞ다』

쟝신이 믿ᄀᆞ론 갈 (박통 상:4)

그른 혼 이룰 능히 뉘웃처호고 (번소 6:9)

물 우희 <u>시론</u> 아니한 모시뵈 (노걸 상:8)

그론 누느로 <u>虛空</u>을 보면 (선가 6)

닐온 말솜과 行實 (선가 22)

:산 술과 :산 포육 (소학 3:25)

「-논 (ㄴ+오+ㄴ)」

<u>願호논</u> 이룰 (석보 9:40)

<u>願호논</u> 일와 <u>求호논</u> 이리 (월석 21:166)

<u>그르치논</u> 마룰 (석보 19:7)

<u>얻논</u> 藥 (월석 21:215)

모민 <u>디내논</u> 짜히 (월석 21:7) ⇐『짜홀 모민 디내ᄂ다』

衆生이 <u>受호논</u> 報應 (월석 21:37)

제 <u>먹논</u> 匹드로 (월석 1:32)

므슴매 <u>먹논</u> 일 (월석 1:34)

<u>分別호논</u> 그리멧 이룰 (능엄 2:1)

<u>호논</u> 일 (월석 1:35)

제 <u>아논</u> 法 (월석 2:25)

<u>기르논</u> 太子 (석보 11:35)

<u>닷논</u> 行果 (월석 13:47)

<u>니르논</u> 法 (월석 13:43)

네 <u>아논</u> 여슷 受用호논 根 (능엄 4:107)

<u>行호논</u> 道 (법화 3:102)

<u>化호논</u> 衆生 (법화 2:149) ⇐『衆生을 化호ᄂ다』

<u>念호논</u> 小法과 <u>行호논</u> 小道와 <u>欲호논</u> 小果와 <u>민욘</u> 흐린 業을 아
ᄅ실씨 (법화 1:199)

샹녜 뮈워 <u>쓰논</u> 보며 <u>듣논</u> 法 (법화 2:225)

믈읫 <u>보논</u> 얼구리 꾸멧 얼굴 ᄀ트며 <u>듣논</u> 소리 뫼사리 ᄀ트야
(월석 2:53)

나다 <u>호논</u> 마른 사라나다 호논 마리 아니라…올마가다 호논 匹
디라 (석보 6:36)

和尙은 갓가빙 이셔 외오다 <u>ᄒᆞᄂᆞᆫ</u> 마리니 (석보 6:10)

慈悲ㅅ 힁뎌글 ᄒᆞ다 <u>ᄒᆞᄂᆞᆫ</u> ᄠᅳ디니 (석보 6:2)

利帝利ᄂᆞᆫ 田地 님자히라 <u>ᄒᆞᄂᆞᆫ</u> 마리니 (석보 9:19)

ᄆᆞ쇼ᄃᆞᆯ히 밤마다 <u>먹ᄂᆞᆫ</u> 딥과 콩 (노걸 상:11)

너⋯<u>아ᄂᆞᆫ</u> 일 져근 사ᄅᆞ미 (박통 상:23)

石屋이라 <u>ᄒᆞᄂᆞᆫ</u> 일홈엣 즁 (박통 상:74)

<u>기ᄅᆞᄂᆞᆫ</u> 효근 즘싱과 굴근 즘싱도 이시며 (노걸 하:48)

진실로 太子ᄋᆡ <u>니ᄅᆞᄂᆞᆫ</u> 말와 ᄀᆞᆮᄒᆞ야 (번소 9:46)

제 모미 ᄒᆞ마 <u>아ᄂᆞᆫ</u> 이리 져고ᄃᆡ (번소 6:18)

「-앳ᄂᆞᆫ/앗ᄂᆞᆫ」

일 ᄆᆞᄎᆞᆫ 누비즁이 <u>對ᄒᆞ앳ᄂᆞᆫ</u> 知픔 (남명, 상:58)

衆生마다 <u>뒷ᄂᆞᆫ</u> 제 性 (월석 2:53)

「-올(오+ㄹ)」

<u>ᄒᆞ욜</u> 이ᄅᆞᆯ 다 ᄒᆞ마 일우니라 (법화 3:197)

하ᄂᆞᆳ 童子ᄃᆞᆯᄒᆞ로 <u>브롤</u> 싸ᄅᆞᆷ 사ᄆᆞ며 (법화 5:70)

긴 녀르메 <u>ᄒᆞ욜</u> 이리 업스니 (두언 25:2)

聖은 通達ᄒᆞ야 <u>몰롤</u> 이리 업슬씨라 (월석 1:19)

白淨이라 <u>홀</u> 仙人 (월석 21:193)

衆生이 <u>니블</u> 오시 (월석 8:65)

鴛鴦이라 <u>홀</u> 조이 (월석 8:101)

이러ᄒᆞᆫ ᄠᅳ든 聲聞緣覺이 <u>몰롤</u> 이리라 (월석 1:37)

닷가 <u>證홀</u> 了義 (능엄 1:8)

소내 몯 <u>뿔</u> 슛가라기 도ᄃᆞ며 바래 몯 <u>뿔</u> 고기 니슬씨라 (능엄 1:19)

<u>ᄉᆞᆯᄫᅮᆶ</u> 밥 (월석 13:28)

高山이라 홀 <u>뫼</u> (월석 1:27)

蜀이라 <u>홀</u> ᄀᆞ올 (월석 2:50)

頻婆羅ㅣ라 <u>홀</u> 여름 (월석 2:58)

藍毘尼라 <u>홀</u> 天女 (월석 2:27)

삼가 이베 <u>골히욜</u> 마리 업스며 (번소 6:13)

ᄒ욜 이리 잇거든 (번소 10:21)
일훔 난 張黑子ㅣ라 홀 장신 (박통 상:15)
황촌이라 홀 ᄯᅡ해 (박통 상:64)

(2) 매인이름씨 빠짐

「-온」

네 <u>得혼</u> 거슨 滅이 아니니 (법화 3:198)
<u>비혼</u> 것들히=所散諸物 (법화 6:106)
樹는 이 祇陀太子ㅅ <u>施혼</u> 거실씨 (금강 2)
色身은…父母ㅅ <u>나혼</u> 거시라 (금강 29)
香泥ᄂᆞᆫ 香ᄋᆞ로 즌ᄒᆞᆰ ᄀᆞ티 밍ᄀᆞ론 거시라 (석보 23:50)
그저긔 大衆들히…<u>가줄</u> 거스로 供養ᄒᆞᅀᆞᆸ더니 (석보 23:51)
숨 거슬 보아=看題 (두언 7:6)
이 東山ᄋᆞᆫ 須達이 <u>:산</u> 거시오 (석보 6:40)
大師ᄒᆞ샨 일 아니면 뉘 혼 거시잇고 (석보 11:27)
<u>지윤</u> 거시 百斤두고 더으거든 (월석 22:106)
諸法이라 혼 거슨 (석보 13:40)
菩薩 <u>니르샨</u> 거시라, <u>닷ᄀᆞ샨</u> 거슬 (월석 13:16)
神力으로 밍ᄀᆞ르샨 거시 (월석 18:31)
이 月印釋譜ᄂᆞᆫ 先考 <u>지ᅀᅳ샨</u> 거시니 (월석, 서:16)
阿難羅云이…ᄒᆞ마 혼 사ᄅᆞ미 보며 <u>아로니로ᄃᆡ</u> (법화 4:49)
⇐『이(阿難羅云)를 알다』
如來 <u>보내샤니</u> 아니면 能히 몯ᄒᆞ리라 (법화 5:102)
⇐『如來ㅣ 이(사람)를 보내시다』
彌勒이 釋迦牟尼佛ㅅ 授記ᄒᆞ샤니라 (법화 5:102)
내 이 世尊ㅅ <u>브리샤니</u>라 (법화 4:200)
내 아ᄃᆞ리라 내 <u>나호니</u>니 (법화 2:222)
다 이 내 化ᄒᆞ야 大道心을 發케 호니라 (법화 5:110)
아노닌 내 兄의 子息이오 <u>브료닌</u> 내 子息이니 (내훈 3:52)
ᄒᆞ논 이ᄅᆞᆫ 오직 흐린 수리오 <u>지수닌</u> 오직 새 지비로다 (두언 6:52)

大地와 山河왜 다 내 지소니라 (남명, 상:68)

딩ㄱ론 바를 브터 (석보, 6:17)

得혼 밧 功德 (금강삼가 3:61)

證혼 밧 法 (남명, 하:66)

이 八王子ㅣ 妙光의 여러 敎化혼 배라=是諸八王子ㅣ 妙光所開
ㅣ라 (법화 1:1215)

말 닐오미…부텻 經中에 니르샨 배라 (월석 17:74)

부텨 니르샨 밧 法 (금강삼가 3:61)

「-논」

供養ᄒ논 거시 (월석 21:198)

아ᄎᆞᆷ 먹논 거시 이 나못 불휘오 나죄 먹논 거시 나못 거프리로
다 (두언 25:37)

내 뒷논 쳔랴이 다 이 아ᄃᆞ릭 뒷논 거시라 (월석 13:31)

ᄉᆞ랑ᄒ논 배 (두언 20:54)

네 世間 누니 ᄃᆞ외야 一切 가 信ᄒ논 배라 (법화 1:120)

菩薩 ᄀᆞᄅ치논 法이며 부텨 護念ᄒ논 배라 (법화 2:31)

軍國에 須求ᄒ논 배 하니 (두언 25:36)

저희 願ᄒ논 바는 (두언 25:37)

이 乘은…부텻 깃논 배니 (법화 2:146)

부톄 아ᄅᆞ시논 바ᄅᆞᆯ 다 通達ᄒᆞᅀᆞ와 (법화 5:118)

「-ㄹ」

머굴 거슬 (남명, 하:13)

이 보비로 뿔 것 밧고면 (원각, 서:77)

阿難이 아롤 거시 아니니 (능엄 4:104)

僻支佛의 몰롤 거시라 (석보 13:37)

너희의 어루 玩好ᄒᆞᆯ 꺼시 希有ᄒᆞ야 (법화 2:66)

肉眼ᄋᆞᆯ 能히 :볼 껏 아니라 (금강 29)

救脫이라 ᄒᆞ샤리 (석보 9:29)

悉達이라 ᄒᆞ샤리 (석보 6:17)

아ᅀᆞ미며 버디며 <u>아로리</u>며 (석보 9:29)

世間앳 네발 툰 쥬ᇰ生中에 獅子ㅣ 위두ᄒᆞ야 <u>저호리</u> 업슬씨 (월석 2:38)

사나올 <u>머구릴</u> 뷔여 오니 (월석 1:45)

내…無量衆의 尊홀 <u>빼</u>라 (법화 1:205)

算數譬喩로 몯 <u>아롤</u> 배라 (석보 19:5)

이 녓갑고 열본 사ᄅᆞ미 能히 <u>홀</u> 배 아닐씨 (월석 18:43)

<u>ᄒᆞ욜</u> 바를 아디 몯ᄒᆞ다니 (월석, 서:10)

이 出海…佛이…諸佛如來ㅅ 모다 讚歎ᄒᆞ샤 그 功德 <u>일ᄏᆞᆯ샬</u> 빼
리라 (법화 4:53)

(3) 높임 형태소의 연결

(가) '-ᄉᆞᆸ-'의 연결; '-오/우-'의 탈락

부림말이 빠져나간 매김마디에서 그 풀이말에 놓이는 '-ᄉᆞᆸ-'이
매김을 받는 임자씨(머리말)를 높여 주는 경우에 '<u>-오/우-</u>'는 **잉여
적**이 되어 **탈락된다.**[36]

閻浮提ㅅ內예 <u>ᄆᆡᇰᄀᆞᅀᆞᄫᆞᆯ</u> 부텻 像 (월석 21:193)

優塡王이 <u>ᄆᆡᇰᄀᆞᅀᆞᄫᆞᆯ</u> 金像 (월석 21:203)

長史 <u>듣ᄌᆞᄫᆞᆯ</u> 마리, 魔下 <u>듣ᄌᆞᄫᆞᆯ</u> 마리 (용 65장)

佛影은 그 窟애 사뭇 <u>보ᅀᆞᆸᄂᆞᆫ</u> 부텻 그르메라 (월석 7:55)

다시 <u>듣ᄌᆞᆸᄂᆞᆫ</u> 法 (법화 6:127)

過去에 부톄 겨샤ᄃᆡ…天人神龍의 모다 <u>供養ᄒᆞᅀᆞᆸᄂᆞ니러시니</u> (법
화 6:92)

⇐『天人神龍이 이(부텨)를 공양ᄒᆞᅀᆞᆸᄂᆞ다』

다시 <u>듣ᄌᆞᄫᆞᆯ</u> 法 (월석 18:20)

世間애 慧日이 업스샤 <u>울워ᅀᆞᄫᆞ리</u> 업거시다 (석보 33:19)

⇐『이(사ᄅᆞᆷ)를 울워ᅀᆞᆸᄂᆞ다』

---

36) '임자씨를 높인다'와 같은 표현은 정확하지 못하다. '임자씨로 지시되는 사람이나 물건'이란
뜻이다. 그러나 설명의 편의상 '임자씨를 높인다'고 표현하겠다.

이렇게 되는 이유는 다음과 같이 설명할 수 있다.

우리말은 옛말에서나 지금말에서나 높임에 대해서는 철저하다. 높임을 잘못 사용하면 커다란 실수를 저지르게 되기 때문이다. 그러므로 중세국어에서는 '-습-'의 경우도 '-으시-'와 마찬가지로 그 높임의 대상이 무엇인가를 확실히 알고 사용하였을 것이다(지금의 우리가 중세국어를 보면 '-습-'이 어느 것을 높인 것인지 혼란스러울 때도 있지만 그 당시는 그렇지 않았을 것이다. 지금말에서 '-으시-'가 어느 것을 높이고 있는지 지금의 우리는 확실히 알 수 있는 것과 같은 이치이다).

앞의 예문에서 매김마디의 풀이말의 '-습-'이 빠져나가서 매김을 받는 임자씨(머리말)가 의미상의 부림말임을 확실히 나타내 주고 있으므로 '-오/우-'는 잉여적이 되어 탈락된다. '-오/우-'는 매김을 받는 임자씨가 의미상의 부림말임을 표시해 주기 위하여 들어가는 것인데 '-습-'이 이미 그것을 표시해 주었기 때문이다.

곧 '-습-'과 '-오/우-'는 '통어적인 겹침('-습-'과 '-오/우-'는 둘 다 빠져나간 머리말이 부림말임을 나타냄)'이 일어나므로, 잉여가 일어나서 통어적으로 더 중요한 '-습-'이 남게 되고, 힘이 약한 '-오/우-'는 탈락되는 것이다.

따라서 다음의 16세기 예문은 '-ᄉᆞᆲ'의 변화형으로 보아야 한다.

　一代所說ᄅᆞᆫ…阿難이 流通ᄒᆞᄉᆞᆫ 法ㅣ라 (선가 4)

위의 예문에서 '-습-'은 '法(一代所說)'을 높여 주고 있다. '法'이 의미상의 부림말임을 표시하기 위해 '-오/우-'가 연결되어야 하겠지만,

'-ᅌᆸ-'이 이미 그것을 표시해 주었기 때문에 '-오/우-'는 잉여적이 되어 탈락된다. 그러므로 '流通ᄒᆞᅀᆞ온'은 '流通ᄒᆞᅀᆞᄫᆞᆯ'의 변화형이다.

그러나 다음의 예문에는 '-오/우-'가 연결된다.

　　(부텨씌) <u>받즙논</u> 宮殿 (월석 14:21, 24, 27)
　　부텨씌 <u>받즈올</u> 고지라 몯ᄒᆞ리라 (월석 1:10)

여기에서의 '-ᅌᆸ-'은 그 앞의 위치말인 '부텨'를 높여 주므로, '-오/우-'는 매김을 받는 임자씨(宮殿, 곳)가 의미상의 부림말임을 표시해 주기 위해 들어간 것이다.

따라서 다음의 16세기 예문은 '-오/우-'가 연결된 어형이다.

　　몸이며…슬흔 父母씌 <u>받즈온</u> 거시라 (소학 2:28)

'-ᅌᆸ-'은 위치말로 표시된 '父母'를 높여 주었고, '-오/우-'는 '것(=몸이며…슬)'이 속구조의 부림말임을 표시해 주기 위해 들어간 것이다. 그러므로 위의 '받즈온'은 '받즈볼'의 변화형이다.

/ᄫ/이 소멸되고 난 뒤의 다음 15세기 예문에서도 '-ᅌᆸ-'은 위치말을 높여 주고 있으므로 '-오/우-'가 연결된 '-ᅀᆞᆸᆯ-'의 변화형이다.

　　<u>받즈온</u> 宮殿 (법화 3:108)
　　<u>施ᄒᆞᅀᆞ온</u> 珠瓔 (법화 7:142)

'-ᅌᆸ-'과 '-으시-'가 함께 연결된 부림말이 빠진 다음의 예에서도 '-ᅌᆸ-'은 그 앞의 위치말(묻는 대상)을 높여 주고 있으므로 '-오/우-'

가 들어갔다.

正히 <u>묻조오샨</u> 條目을 ᄀ릇치니라 (원각, 상2-3:5)
剛藏ㅅ <u>묻조오샨</u> 條目 (원각, 상2-3:29)
請ᄒ야 <u>묻조오시논</u> 마리 (법화 7:16)

즉, 부림말이 **빠져나간** 매김마디에 '-습-'이 연결되는 경우에 다음과 같은 규칙이 성립된다.

<「-오/우-」 탈락규칙>

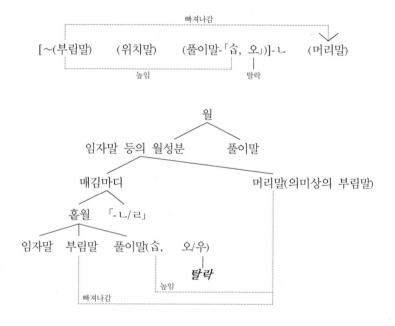

다음의 예문은 완전한 매김마디이기 때문에 '-오/우-'가 들어갔다(완전한 매김마디는 '-오/우-'의 삽입이 불규칙하다).

阿難이 出家훈 後로 스므나문 히룰 부텨 졷ᄌᄫᅡ 이셔 들ᄌᆞᄫᆞᆯ 이
리 못 하듸 (석보 24:2)[37]

(나) '-으시-'의 연결

'-으시-'는 임자말을 높여 주고, '-오/우-'는 빠져나간 월성분이
부림말임을 표시해 주므로, '-으시-'와 '-오/우-'는 통어적인 겹침이
일어나지 않아서 잉여가 일어나지 않는다.

「-으샨(으시+오+ㄴ)」

伽耶ㅅ化ᄂ 特別히 機룰 爲ᄒᆞ샤 受ᄒᆞ샨 命이어신뎡 (법화 5:126)
空王佛은 釋迦ㅅ三僧祇劫中間에 맛나샨 부톄시니라 (법화 4:58)
그ᄢᅴ 四衆이 큰 寶塔이 空中에 머므러 잇거늘 보며 ᄯᅩ 塔中엣
내샨 音聲 듣ᄌᆞ고 (법화 4:112)
그ᄢᅴ 東方釋迦牟尼 分ᄒᆞ샨 몸 (법화 4:127)
스승 사ᄆᆞ샨 부톄 (능엄 6:2)
得ᄒᆞ샨 法 (월석 13:8)
부톄 道場애 안ᄌᆞ샤 得ᄒᆞ샨 妙法을 닐오려 ᄒᆞ시ᄂᆞᆫ가 (석보 13:25)
如來 니ᄅᆞ샨 經 (석보 9:26)
藥王 轉ᄒᆞ샨 法輪 (능엄 1:4)
大師 ᄒᆞ샨 일 (석보 11:27)
聖人 펴샨 圓通法門 기픈 ᄠᅳᆮ (능엄 6:49)
이 壇場앳 쓰샨 法이 法을 表티 아니ᄒᆞ샤미 업스샷다 (능엄 7:10)
뎌 藥師琉璃光 如來菩薩ㅅ 道理 行ᄒᆞ싫 時節에 發ᄒᆞ샨 큰 願
(석보 9:10)
그 브리샨 사ᄅᆞ미 (석보 11:32)
(王이) 大寶殿에 뫼ᄒᆞ샨 相師ㅣ 보ᅀᆞᆸ고 出家成佛을 아ᅀᆞᄫᆞ니 (천

---

37) 이 예문은, 「허웅(1975: 819)」에 부림말이 빠진 것으로 보고 그 속구조를 '이룰 듣ᄌᆞᆸ다'로 풀이
하였으나, 필자는 '부텨룰 듣ᄌᆞᆸ다' 혹은 '부텨(말ᄊᆞᆷ)듣ᄌᆞᆸ다'로 보고, 완전한 매김마디로 풀이
하였다.

강곡, 상, 기30)

⇐『王이 相師를 뫼호시다』

合과 合 아니왓 理 다 니르샨 뜬 드틃 幻想이니=合과 非合괏
理ㅣ 皆所謂浮塵幻想이니 (능엄 2:107)

니르샨 흐르며 그추미 덛덛홈 업수미라=所謂流息이 無常也ㅣ라
(능엄 3:78)

教化ᄒᆞ샨 衆 (월석 14:48)

이 善男子 善女人이 父母 나ᄒᆞ샨 淸淨ᄒᆞᆫ 肉眼ᄋᆞ로 (석보 19:13)

轉輪聖王ㅅ 도리샨 衆 (법화 3:145)

化ᄒᆞ샨 衆=所化之衆 (법화 3:153)

三部文은 釋迦如來ㅣ 처섬 正覺 일우샤 닷ᄀᆞ샨 因과 證ᄒᆞ샨 果
를 ᄇᆞᆯ교려 ᄒᆞ샤 (법화 3:189)

기티샨 孝=遺教 (법화 5:157)

두샨 말ᄊᆞ미=所遺言說 (금강 43)

放ᄒᆞ샨 光과 니르와ᄃᆞ샨 通 (원각, 상1-2:48)

부톄 付囑ᄒᆞ샨 法 (법화 4:200)

結ᄒᆞ샨 그렛 本ㄷ字=結文本字 (능엄 10:9)

如來 소ᄂᆞ로 ᄆᆡ샨 巾을 자ᄇᆞ샤 (능엄 5:24)

이 光이 爲ᄒᆞ샨 因緣 (법화 1:104)

行ᄒᆞ샨 道 (법화 1:162)

釋迦ㅅ 本來 셰샨 誓願 (법화 1:225)

一切種智 證ᄒᆞ샨 法 (법화 3:30)

忍辱太子의 일우샨 藥 (월석 21:218)

이 諸佛 證ᄒᆞ샨 뭇노폰 微妙道理오 (월석 9:20)

世尊이 지ᄉᆞ샨 功德 (월석 10:7)

標ᄒᆞ야 ᄀᆞᄅᆞ치샨 無明 난 말ᄊᆞ미 (원각, 상2-1:52)

둘흔 드위혀 나토샨 請이오=二反顯請 (원각, 상2-2:6)

菩薩 니르샨 거시라, 닷ᄀᆞ샨 거슬 (월석 13:16)

神力으로 밍ᄀᆞᄅᆞ샨 거시 (월석 18:31)

이 月印釋譜ᄂᆞᆫ 先考 지ᄉᆞ샨 거시니 (월석, 서:16)

如來 보내샤니 아니면 能히 몯ᄒᆞ리라 (법화 5:102)

彌勒이 釋迦牟尼佛ㅅ 授記ᄒᆞ샤니라 (법화 5:102)

내 이 世尊ㅅ 브리샤니라 (법화 4:200)

두겨신 法은 곧 道場애 得ᄒᆞ샤니오 (법화 6:109)

말 닐오미…부텻 經中에 니ᄅᆞ샨 배라 (월석 17:74)

부텨 니ᄅᆞ샨 밧 法 (금강삼가 3:61)

「-ᄋᆞ시논(ᄋᆞ시+ᄂᆞ+오+ㄴ)」

諸佛ㅅ 내시논 소리 (월석 8:42)

뵈시논 形體 (월석 8:45)

諸佛 니ᄅᆞ시논 마른 (석보 9:27)

如來 니ᄅᆞ시논 아홉 橫死 (석보 9:35)

ᄌᆞ걔 다스리시논 짜ᄒᆞᆯ (월석 1:25)

諸佛 讚嘆ᄒᆞ시논 乘 (석보 13:19)

믈윗 ᄒᆞ시논 이리 샹녜 ᄒᆞᆫ 이리라 (석보 13:49)

디나시논 나라 (월석 18:77)

디나시논 諸國 (법화 7:34)

나ᄂᆞᆫ 부텻 스랑ᄒᆞ시논 앗이라 (능엄 1:86)

샹녜 니ᄅᆞ시논 마른 (능엄 1:88)

ᄒᆞ시논 이리 (법화 4:6)

行ᄒᆞ시논 行=所行之行 (법화 7:5)

化ᄒᆞ시논 衆生 (원각, 상1-2:16)

本來 셤기시논 부텨는 證ᄒᆞ샨 果를 表ᄒᆞ시니 (월석 18:66)

佛佛이 손 심기시논 조ᅀᆞ로ᄫᆡᆫ 거시 (월석 18:13)

부톄 아ᄅᆞ시논 바를 다 通達ᄒᆞᅀᆞ와 (법화 5:118)

「-ᄋᆞ샬(ᄋᆞ시+오+ㄹ)」

ᄒᆞ샬 이를 ᄒᆞ마 일우샤 (법화 2:43)

모ᄅᆞ샬 法 (법화 1:37)

救脫이라 ᄒᆞ샬리 (석보 9:29)

悉達이라 ᄒᆞ샬리 (석보 6:17)

이 出海…佛이…諸佛如來ㅅ 모다 讚歎ᄒᆞ샤 그 功德 일ᄏᆞᄅᆞ샬 빼

리라 (법화 4:53)

(다) '-숩-'+'-으시-'의 연결; '-숩-'의 탈락

正히 묻ᄌᆞ오샨 條目을 ᄀᆞᄅᆞ치니라 (원각, 상2-3:5)
剛藏ㅅ 묻ᄌᆞ오샨 條目이 正히 이 ᄀᆞᆮᄒᆞ시니라＝剛藏門目 正似此
也 (원각, 상2-3:29)
우흔 다 宿王ㅅ 옮겨 묻ᄌᆞ오시논 마리시니라 (법화 7:22)
請ᄒᆞ야 묻ᄌᆞ오시논 마리 다 機를 爲ᄒᆞ야 發ᄒᆞ시니라 (법화 7:16)[38]

위의 예들은 부림말이 빠진 경우로, '-숩-'은 그 앞의 위치말을
높이기 위해 들어간 것이다.

다음의 예는 매김마디의 풀이말 앞의 임자말과 매김을 받는 의
미상의 부림말(머리말)이 모두 높여야 할 대상인 경우인데, 이때 매
김말에 '-숩-'과 '-으시-'는 동시에 연결되지 않고, 앞의 임자말을
높이는 '-으시-'만이 연결된다. 그리고 빠져나간 부림말은 뒤에서
(안은마디의 풀이말에서) '-숩-'이나 '-으시-'로 높여 주고 있다.

空王佛은 釋迦ㅅ 三僧祇劫中間애 맛나샨 부텨시니라 (법화 4:58)
⇐『釋迦ㅣ 부텨를 맛나ᅀᆞᄫᅵ시다』
本來 셤기시논 부텨는 證ᄒᆞ샨 果를 表ᄒᆞ시니 (월석 18:66) (법화 7:5)
⇐『부텨를 셤기ᅀᆞᄫᅵ시다』
스숭 사ᄆᆞ샨 부텨 또 일후미 觀音이라 ᄒᆞ샤ᄆᆞᆫ 因果이 서르 마ᄌᆞ
시며 古今이 ᄒᆞᆫ 道ㅣ 실씨라 (능엄 6:2)
⇐『부텨를 스스으로 사ᄆᆞᅀᆞᄫᅵ시다』

---

38) 이 예는 의미상으로 보아 그 속구조를 '말로 묻다'처럼 방편말의 빠짐으로 생각할 수도 있으
나, 이런 말은 실지로 잘 쓰이지 않으므로, 필자는 '마를 묻다'처럼 부림말의 빠짐으로 본다.

즉, 부림말이 빠진 매김마디에서 그 매김을 받는 의미상의 부림말을 '-ᅀᆸ-'으로 높여야 하고, 동시에 임자말은 '-으시-'로 높여야 할 경우에는 매김말에 '-ᅀᆸ-'과 '-으시-'는 함께 연결되지 않는다. 이때 '-오/우-'는 탈락되지 않는데, 그 이유는 '-ᅀᆸ-'이 이미 탈락되어 '오/우-'는 잉여적이 될 수 없기 때문이다.

이를 보아 중세국어에서 월의 속구조가 매김마디인 겉구조로 바뀔 때, 높임의 형태소와 연관된 통어적인 변화가 일어난다는 것을 알 수 있다.

설명의 편의상 다음의 예를 들기로 한다.

　　우리 世尊이…七萬五千佛을 맛나ᅀᆞᄫ시니 (월석 2:9)

위의 월을 매김마디로 만들려면 이론상 「*七萬五千佛을 맛나ᅀᆞᄫ신 世尊」, 「*世尊이 맛나ᅀᆞᄫ샨 七萬五千佛」과 같이 되어야 하겠지만 이렇게 되지 않는다. 매김을 받는 임자씨와 매김말 앞에 오는 임자말 혹은 부림말을 동시에 높이고자 할 때는 매김말에 '-ᅀᆸ-'과 '-으시-'가 동시에 연결되지 않고, 매김말 앞의 월성분을 높이는 형태소만 연결된다. 즉, 다음과 같이 된다.

　　七萬五千佛을 맛나ᅀᆞᄫ 世尊
　　世尊이 맛나샨 七萬五千佛

일단 이렇게 된 후에 매김을 받는 임자씨가 월 안에서 임자말로 기능하면 안은마디의 풀이말에 '-으시-'가 붙고, 부림말로 기능하면

'-숩-'이 붙어 그 임자씨를 높여 준다.

┌七萬五千佛을 맛나ᅀᆞᄫᆞᆯ 世尊이 … 「-으시-」…
└七萬五千佛을 맛나ᅀᆞᄫᆞᆯ 世尊을 … 「-숩-」…
┌世尊이 맛나샨 七萬五千佛이 … 「-으시-」…
└世尊이 맛나샨 七萬五千佛을 … 「-숩-」…

즉, 다음과 같은 탈락규칙이 성립된다.

<「-으시-」, 「-숩-」 탈락규칙>

※ 점선은 높임, 실선은 빠져나감, { }은 탈락, <임>은 머리말이 임
자말로 기능함을 표시

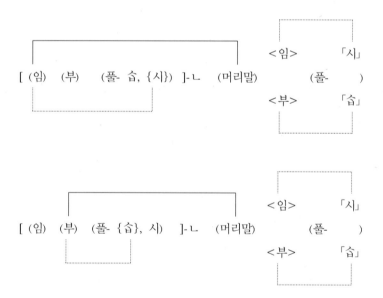

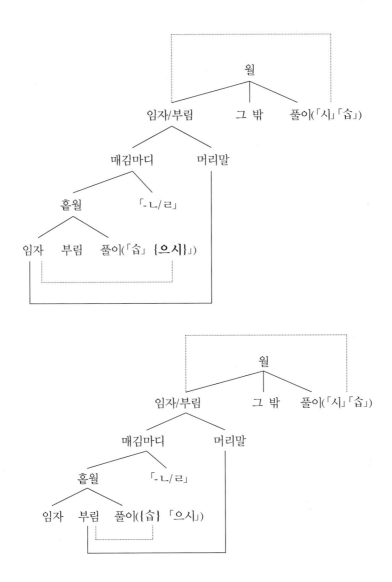

앞의 '임자말이 빠져나간 매김마디'에서, 풀이말에 '-습-'과 '-으시-' 가 함께 연결된 예가 하나도 없는 이유는 위의 <'-으시-'탈락규 칙>에서와 같이 '-습-'만 남게 되기 때문이다.

다음의 예는 <'-ᅌᆸ-'탈락규칙>에 해당되는 것이 아니라, 그 속
구조 때문에 '-ᅌᆸ-'과 '-으시-'가 함께 연결되지 않은 것이다.

(世尊ㅅ) 塔中엣 <u>내샨</u> 音聲 듣ᄌᆸ고 (법화 4:112)
내 如來 <u>니ᄅ샨</u> 經에 의심을 아니ᄒᆞᅌᆸ노니 (석보 9:26)
藥王 <u>轉ᄒᆞ샨</u> 法輪에 조ᄍᆞ와 (능엄 1:4)

'音聲', '經', '法輪'은 모두 높임의 대상이다. 매김마디의 구조만
을 보아서는 '-ᅌᆸ-'이 들어가야 할 것 같고, 따라서 <'-ᅌᆸ-'탈락규
칙>에 해당되는 예 같지만 그렇지 않다. 이들의 속구조에 원래
'-ᅌᆸ-'이 들어 있지 않기 때문에 그렇게 된 것이다. 즉, 위의 예를
속구조로 보이면 다음과 같다.

『世尊이 音聲을 내시다』
『如來ㅣ 經을 니ᄅ시다』
『藥王ㅣ 法輪을 轉ᄒᆞ시다』

이 속구조에서는 부림말이 임자말 자신의 것이기 때문에 '-으
시-' 하나로만 높이고 있다.

임자말이 빠진 예에서 매김을 받는 의미상의 임자말(머리말)과
매김마디의 풀이말 앞의 부림말 둘 다 높여야 하는 경우를 찾지 못
했다. 문헌이 확보되면 다음과 같은 예가 발견되리라 믿는다.

「*부텨ㅅ 일훔 듣ᄌᆞᄫᆞᆯ 如來ㅣ 시니라」
「*부텨ㅅ 일훔 듣ᄌᆞᄫᆞᆯ 如來를 맛나ᅀᆞᄫᄋᆞ니」

이렇게 '-습-'과 '-으시-'의 겹침을 매김마디에서 피하는 이유는 다음과 같이 설명할 수 있다.

첫째, 매김을 받는 임자씨(빠져나간 월성분)는 뒤에서 다시 높여 주므로 굳이 매김마디에서 미리 높여 줄 필요성을 느끼지 않았을 것이다. 즉, 높임의 겹침을 피하기 위한 것이다.

둘째, 빠져나간 매김마디는 속구조에서의 월성분이 빠져나가서 만들어지는 것이므로 그 구조 자체가 복잡하다. 이러한 복잡한 구조에 두 개의 높임 형태소를 연결하여, 그중 하나는 매김마디의 풀이말 뒤의 머리말을 미리 예측하여 높여 주어야 한다면, 말할이는 상당한 부담을 안게 된다(매김마디가 아닌 월이나 완전한 매김마디에서는 '-습-'과 '-으시-'가 얼마든지 함께 연결된다. 빠져나간 매김마디에서 '-습-'과 '-으시-'가 함께 연결되는 경우는, 그 둘이 모두 매김마디의 풀이말 앞의 것을 높여 줄 경우에만 가능하다). 이러한 부담을 피하기 위해 잉여적인 높임 형태소 하나는 탈락된 것이다.

다음의 예는 '-습-'과 '-으시-'가 함께 연결된 매김마디인데, 여기서의 '-습-'과 '-으시-'는 각각 매김마디의 풀이말 앞의 객체와 주체를 높여 주고 있다. 즉, 높임의 형태소가 매김을 받는 임자씨(머리말)와는 상관이 없는 경우이다.

처섬 經 <u>듣ᄌᆞ오신</u> 後에 (법화 6:149)
法門을 <u>받ᄌᆞᄫᆞ신</u> 히므로 (법화 7:67)
十方佛 <u>보ᄉᆞ오시논</u> 이를 다시 諷ᄒᆞ야 (법화 5:75)
(부텨씌)…請ᄒᆞ야 <u>묻ᄌᆞ오시논</u> 마리 (법화 7:16)
이제 이 疑心ᄒᆞ샤 <u>묻ᄌᆞ오시논</u> 글둘흔=今此疑問等文은 (법화 1:123)
이제 처섬 나ᅀᅡ <u>묻ᄌᆞ오시논</u> 威儀라=今初進問威儀 (원각, 상1-2:82)

子는 내 ㅎ숩시논 뜨디시니라 (훈, 언해)
正히 묻ᄌ오샨 條目올 ᄀᆞᄅ치니라 (원각, 상2-3:5)
우흔 다 宿王ㅅ 옮겨 묻ᄌ오시논 마리시니라 (법화 7:22)
剛藏ㅅ (부텨끠) 묻ᄌ오샨 條目이 正히 이 ᄀᆞᄐᆞ시니라 (원각, 상
2-3:29)

(라) 대상법의 허물어짐 — 16세기

15세기에서도 대상법이 쓰일 자리에서 '-오/우-'가 들어가지 않
는 예외가 가끔 나타나지만, 16세기에 이르러서는 그 예외가 한층
많아진다. 즉, 16세기는 대상법이 허물어지는 과도기라 할 수 있다.

다음은 부림말이 빠져나간 매김마디인데도 불구하고 대상법의
'-오/우-'가 들어가지 않은 예문들이다.

이 오늘 주긴 됴ᄒᆞᆫ 도틱 고기라 (노걸 상:20)
므레 ᄉᆞᆯ믄 둙 (박통 상:5)
약 드려 밍근 교투 (박통 상:6)
보빅로 ᄭᅮ민 수늙 노픈 곳 곳고 (박통 상:5)
읜 일로 어든 거시면 (번소 9:51)
녀며 보며 드른 거슬 븓텨 (소학 5:1)
네 ᄆᆞ리 지븨셔 내니가 본딩 사니가 (노걸 하:15)
네 밧고와 왓는 ᄲᅥ래셔 (노걸 상:53)
안해 사핫는 거시 德行이 되오 (번소 8:4)
일헛는 ᄆᆞᄉᆞ믈 거두어 (번소 8:24)
비록 자받는 배 다 올홀디라도 (소학 5:36)
浩는…보아 ᄒᆞ는 일이 만혼디라 (번소 9:45-6)
티장ᄒᆞ야 주어 보내는 거시 ᄀᆞ장 만ᄒᆞ더니 (번소 9:58-9)
날마다 ᄒᆞ는 일와 믈읫 니르는 말와롤 (번소 10:25)
行ᄒᆞ는 바와 다믓 믈읫 니르는 바를 (소학 6:123)

ᄒᆞᄂᆞ 일와 믈읫 니ᄅᆞᄂᆞ 말와롤 (번소 10:25)

ᄀᆞ장 사괴ᄂᆞ 버디어나 (여향 28)

주ᄂᆞ 거슨 (여향 26)

十手의 ᄀᆞᄅ치ᄂᆞ 배니 (대학 12)

그 賤惡ᄒᆞᄂᆞ 바애 (대학 14)

그 숦ᄒᆞᄂᆞ 배 그 됴히 너기ᄂᆞ 바애셔 反ᄒᆞ면 (대학 17)

어버싀 시기ᄂᆞ 일로 (번소 7:2)

ᄆᆞ음의 欲ᄒᆞᄂᆞ 바를 조차 (논어 1:10)

새로 주ᄂᆞ 것슬 받ᄂᆞᆫᄃᆞ시 ᄒᆞ고 (소학 2:13)

빋ᄒᆞᄂᆞ 거시 므스 이린고 ᄒᆞ여 (번소 8:33)

百工의 ᄒᆞᄂᆞ 배 備ᄒᆞ야시니 (맹자 5:21)

가ᄉᆞ며로믄 모든 사름의 원망ᄒᆞᄂᆞ 거시니 (번소 9:90)

子弟의…됴히 너기ᄂᆞ 거시 (소학 5:6)

즁의 니ᄅᆞᄂᆞ 부텨 인ᄂᆞ 짜히라 (소학 5:55)

너희네 보ᄂᆞ 이리니 (번소 7:23)

쥬부의 ᄒᆞ고져 ᄒᆞᄂᆞ 바룰 (소학 5:57)

臣의 願ᄒᆞᄂᆞ 배 아니닝이다 (소학 6:44)

내 ᄒᆞ고져 아니ᄒᆞᄂᆞ 바룰 (소학 3:4)

사랑ᄒᆞᄂᆞ 첩 (소학 4:48)

빋ᄒᆞᄂᆞ 바룰 (소학 1:13)

션비와 衆과 ᄒᆞᄂᆞ 이리 다ᄅᆞ디 아니ᄒᆞᆯ시 (칠대 11)

요ᄉᆞᄉᆡ예 사괴ᄂᆞ 사ᄅᆞ미 와 닐오ᄃᆡ (노걸 상:8)

어버싀 니ᄅᆞ신 이를 듣ᄌᆞ와 (번소 7:1)

시기신 이리 (번소 7:2)

산힝ᄒᆞᆯᄃᆡ 톨 잘 돋ᄂᆞ 몰 (박통 상:62)

약 살 것과 머글 거슬 도올디니라 (여향 35)

머글 거슬 ᄀᆞ초올디니 (여향 37)

그 어미 ᄌᆞ조 몯ᄒᆞᆯ 일로 왕샹일 브리거든 (이륜 10)

ᄂᆞ믈 니블 것 머글 거슬 즐겨 줄시오 (칠대 20)

人의 能히 ᄒᆞᆯ 빼 아니라 (맹자 9:21)

다음은 대상법이 쓰일 자리에 주체법과 대상법이 뒤섞여 쓰인 예인데, 이는 과도기에 흔히 나타나는 혼용이다.

하늘히 <u>내샨</u> 바와 짜히 <u>치시논</u> 바애 오직 사름이 크니 (소학 4:18)
부텨논…萬德 <u>ᄀᆞᄌᆞ신</u> 일후미시고 祖師논…行과 解ㅣ 서르 <u>마ᄌ</u>
샨 일후미시니라 (선가 2)
비록 <u>주논</u> 배 ᄀᆞᆮ디 아니ᄒᆞ나 <u>주논</u> 배 업다 몯홀 거시라 ᄒᆞᆫ대 (번
소 9:91)
無量壽ㅣ라 <u>ᄒᆞ논</u> 마른 목수미…혜아림 업다 <u>ᄒᆞ논</u> 마리라 (칠대 18)
三進ㅣ라 <u>ᄒᆞ논</u> 마른 세 길히라 <u>ᄒᆞ논</u> 마리라 (칠대 20)

다음은 「번역소학(1518)」과 「소학언해(1587)」를 대조한 것이다. 「번역소학」에는 대상법 활용이 쓰이고 있으나, 소학언해에서는 '-오/우-'가 들어가지 않았다. 이로 보아 16세기 초기에는 비교적 대상법을 지켜 썼으나, 말기에 가서는 대상법이 허물어지고 있음을 알 수 있다.

ᄇᆡ셩이 <u>자뱃논</u> 常性이라 (번소 6:1); <u>자밧논</u> (소학 5:1)
<u>주논</u> 배 ᄀᆞᆮ디 아니ᄒᆞ나 (번소 9:91); <u>기티논</u> 배 (소학 6:85)
<u>ᄒᆞ논</u> 이리 (번소 8:13); <u>일삼논</u> 배 (소학 5:92)
<u>아쳔논</u> 배니 (번소 6:13); <u>아쳐ᄒᆞ논</u> 배니 (소학 5:12)
잘 <u>ᄒᆞ논</u> 일을 (번소 6:4); 능히 <u>ᄒᆞ논</u> 것을 (소학 5:4)
<u>ᄒᆞ시논</u> 이리며…<u>ᄒᆞ논</u> 이린고 (번소 6:8); <u>ᄒᆞ시논</u> 바 일이며…ᄒᆞ
논 바 일인고 (소학 5:8)
太子의 <u>니르논</u> 말와 ᄀᆞᆮᄒᆞ냐 (번소 9:46); 東宮의 <u>닐으논</u> 바 ᄀᆞᆮᄐᆞ
냐 (소학 6:42)
몬져 <u>ᄒᆞ욜</u> 배라 (번소 6:8); <u>홀</u> 배니라 (소학 5:8)
삼가 이베 <u>굴히욜</u> 마리 업스며 (번소 6:13); <u>굴힐</u> 말이 (소학 5:13)

문맥만을 보아서는 빠져나간 월성분이 의미상의 주체인지 객체인지 잘 알 수 없을 때('梵王 돕는 臣下'와 같은 경우), '-오/우-'는 그 진가를 발휘하는 것인데, 16세기에서도 이러한 경우에는, '-오/우-'가 생략되지 않는다.

다음의 예문들은 '-오/우-'가 없으면, 머리말이 의미상의 주체인지 객체인지 혼동되는 경우이다.

　　사탕오로 줄싱의 얼굴 밍ᄀ로니 (박통 상:4)
　　니쇼싀라 ᄒᄂᆞᆫ 뎌 노믈 (박통 상:33)
　　셰간애 쓰ᄂᆞ니 漢人의 마리니 (노걸 상:5)

또한 다음과 같이 하나의 머리말이 둘 이상의 매김말의 꾸밈을 받을 때도(하나는 의미상의 주체이고 다른 하나는 의미상의 객체일 때) '-오/우-'는 생략되지 않는다. 이것도 혼동을 피하기 위한 것이다.

　　뎌 브라ᄂᆞᆫ 어득ᄒᆞᆫ 수프리 (노걸 상:60)
　　⇐ [수프를 브라-, 수프리 어득ᄒᆞ-]
　　기ᄅᆞᆫ 효근 즘싱 (노걸 하:48)
　　⇐ [즘싱을 기ᄅᆞ-, 즘싱이 흑-]

이상으로 미루어 보면, <u>16세기는 대상법이 허물어지는 과도기이긴 하지만, 아직 그 질서가 완전히 무너진 것은 아니라는 것을 알 수 있다.</u>

2.1.3. 위치말 빠짐

위치말이 빠져나간 매김마디의 풀이말에는 '-오/우-'가 불규칙하게 연결된다.

(1) **완전이름씨 빠짐**

매김마디의 풀이말에는 제움직씨, 남움직씨, 그림씨가 올 수 있다.

(가) 제움직씨

'-오/우-' 있음

淨飯王이 깃그샤 부텻 소늘 손소 자브샤 즈갓 가ㅅ매 다히시고
누<u>븐</u> 자리예 겨샤 (월석 10:9) ⇐『자리예 눕다』
아비 <u>住혼</u> 城 (법화 2:237) ⇐『아비 城에 住ㅎ다』
<u>안존</u> 고대셔 (월석 8:1)
<u>生혼</u> 곧 (원각, 상1-2:152)
<u>뮈여나논</u> 고디라 (석보 13:28)
<u>住혼</u> 곧 (금강 22)
:<u>간</u> 곧 (남명, 하:62)
<u>브톤</u> 고디 (능엄 7:73)
<u>니르롤</u> 고디 (능엄 5:76)
<u>住혼</u> 딕 (법화 3:139)
뜬 <u>가샨</u> 딜 (법화 1:160)
菩薩 <u>사르시논</u> 딕 (법화 7:177)
<u>안존</u> 딜 (금강 6)
눈 :<u>간</u> 딕 (월석 17:35)
브터 :<u>온</u> 딕 (금강 85)
四大 <u>브툻</u> 딕 업서 (능엄 5:79)
世世예 :<u>난</u> 짜 (석보 6:8)

:간 짜 (월석 21:21)

東山은 남기 됴홀씨 노니논 짜히라 (석보 6:24)
⇐『짜히 (東山애) 노니ᄂ다』

ᄃ니논 짜해 (월석 10:70)
⇐『짜히 ᄃ니ᄂ다』

부텨 가시논 짜히 (월석 1:16)

큰 軍이 갯논 짜 (두언 16:25)

셧논 고디 (남명 상:78)

사논 지븨 (능엄 7:56)

一切菩薩ㅅ 智의 住혼 境에 住ᄒ야 (능엄 1:25)

노니논 世界예 다 衆生ᄋ로 모맷 珍寶를 ᄇ려내 (능엄 6:43)

受生혼 짜 (월석 21:93)

住홀 ᄭᅩᆫ (금강 83)

世動ᄒ논 時節 (능엄 5:76)

비 셰욘 집 (박통 상:69)

사롤 쳐소 (번소 8:3)

'-오/우-' 없음

臣下 사ᄂ는 하ᄂᆯ (월석 1:32) ⇐『臣下ㅣ 하ᄂ래 사ᄂ다』

ᄌ개 住ᄒ신 三摩地 (능엄 2:57) ⇐『ᄌ개 三摩地에 住ᄒ시다』

부텨 나신 나라 (월석 1:30)

사ᄅᆷ 가도ᄂ는 짜 (석보 9:8)

비 아니 오ᄂ는 짜 (월석 10:84)

사ᄂ는 ᄃᆡ (월석 1:34)

如來 겨신 ᄃᆡ (월석 21:192)

고지 나ᄂ는 고ᄃᆞᆯ (원각, 상1-2:152)

沐浴ᄒᆞᆯ 모ᄉᆞ로 (석보 13:23)

부톄 머므르싫 지비라 (석보 6:23)

부텻긔로 가ᄂ는 저긔 (석보 6:19)

命終ᄒᆞᆯ 나래 (월석 2:104)

주글 쩨 (법화 2:217)

나실 나래 (석보 6:17)

庫ᄂᆞᆫ 쳔량 ᄀᆞ초아 뒷ᄂᆞᆫ 지비라 (석보 9:20)

成府ᄂᆞᆫ 之晋의 왓ᄂᆞᆫ ᄀᆞ올히라 (두언 24:53)

안즌 앒픳 첫 주레 (박통 상:5)

음식ᄒᆞᄂᆞᆫ 집 (박통 상:69)

사ᄂᆞᆫ 싸히 (여향 37)

(나) 남움직씨

'-오/우-' 있음

곳 바곤 螺鈿 (두언 20:9) ⇐ 『고슬 螺鈿에 박다』

붑 시론 술위 (두언 25:25) ⇐ 『붑(을) 술위에 싣다』

소곰 시론 술위 (두언 7:34)

쇠 거론 玄關 (남명, 하:74)

無 字ᄂᆞᆫ 이 나귀 믜욘 말히라 ᄒᆞᄂᆞ니 (몽산 57-8)

欄은 나모 느륜 高欄이오 (월석 10:51)

그림 그륜 ᄇᆞᄅᆞᆷ들 (두언 6:34)

氷漿 다몬 椀 (두언 15:46)

:둟 딜 일허 (능엄 1:86)

中 자봉 딕 (능엄 1:71)

精舍 지술 터 (석보 6:23)

시론 비 (이륜 42)

쇠붑 ᄃᆞ론 루 (박통 상:69)

야투로 노애 스직 치질히욘 깃 ᄃᆞ론…시욱청 (박통 상:29)

들마기 ᄃᆞ론 갇 (노걸 하:52)

곧 當人의 身命 노홀 고디며 ᄯᅩ 이 成佛作祖홀 터히라 (선가 15)

'-오/우-' 없음

菓實 시므ᄂᆞᆫ 싸 (월석 21:39) ⇐ 『菓實(을) 싸해 심다』

ᄀᆞᆺ 그리 ᄉᆞᆼᄒᆞᄂᆞᆫ 저긔 (석보 6:40)

머구려 ᄒᆞ시ᄂᆞᆫ 무딕예 (석보 11:4)

붑 티는 무듸 (석보 13:9)
내 來世예…得혼 時節에 (석보 9:4)
이 法 니르싫 時節에 (석보 11:39)
쇠붑 돈 지비사 (석보 6:38)
모딘 罪룰 지슬 무듸 (석보 9:9)

(다) 그림씨

'-오/우-' 있음

體…이슌 디 (능엄 1:65)
이 사룸 잇논 方面에 (월석 17:69)
제 아비 잇논 城 (법화 2:188)
잇논 고대 (금강 65)
잇논 딜 (법화 6:50)
잇논 딕 (능엄 1:69)
그 上方五百萬億 國土앳 諸大梵王이 다 잇논 宮殿에 (월석
14:28) (법화 3:122)
말다빅 修行호야 잇논 國土애 (월석 18:11)
萬物리 나 이숄 짜 업스며 (칠대 1)

'-오/우-' 없음

내 어미 업슨 나래 (월석 6:53)
이 묘 잇는 짜흔 (능엄 7:58)
져믄 저그란 안죽 무슴시장 노다가 (석보 6:11)
부텨 이싫 져긔 (석보 23:3)
아비 잇는 城 (월석 13:9)
毒龍池는 모딘 龍 잇는 모시라 (월석 7:27)
아비와 아들이 親혼 후에 (소학 2:49)
사룸 업슨 딕 가 (노걸 상:29)
진영 잇는 집 (박통 상:69)
그딕는 님금 겨신 뎡 안해 든니며 (번소 9:43)

(2) 매인이름씨 빠짐

'-오/우-' 있음

안졸 것 (원각, 상2-2:25)
어믜 :간 싸훌 무러 아롫 딕 업서이다 (월석 21:21)
法會홇 딕 (월석 17:31)
브터 이숄 띡 (법화 2:151)
노녀 즐귫 띡 (법화 5:164)
사롫 딕 (두언 7:2)

'-오/우-' 없음

臥具는 높는 거시라 (월석 10:20)
尼師壇온 앉는 거시라 (석보 6:30)
믈러갈 저기어든 (여향 21)
스밍삭애 모들 저긔 (여향 37)
이비디 홀 제 (박통 상:57)
팔워레 츄퐁이 될 저긔 (박통 상:18)
사룸 업슨 딕 가 (노걸 상:29)

(3) 높임 형태소의 연결

(가) '-습-'의 연결

위치말이 빠져나간 매김마디의 풀이말에 '-습-'이 연결된 예는 하나도 나타나지 않는다. 그 이유에 대해서는 다음과 같이 설명할 수 있다.

앞의 예문들에서 보면, 빠져나간 위치말은 모두 장소나 시간을 나타내는 위치말이다.

중세국어에서 다음과 같은 월(위치말이 '사람'인 월)은 매김마디로 만들어지지 않은 듯하다.

> 내…如來끽 묻ᄌᆞᄫᅵ며 (월석 21:100) → *내…묻ᄌᆞᄫᆞᆫ 如來
> 사ᄅᆞᆷ들히 부텨끽 고졸 받ᄌᆞᆸ다 → *사ᄅᆞᆷ들히 고졸 받ᄌᆞᄫᆞᆫ 부텨

이러한 매김마디는 지금말의 직관으로도 어색한데, 15세기에도 마찬가지였던 모양이다.

장소나 시간을 나타내는 위치말은 간접높임의 대상이 될 수는 있는데, 이러한 위치말이 빠져나간 매김마디의 풀이말에는 '-ᅀᆸ-'이 연결되지 않는 이유는 그 속구조에 '-ᅀᆸ-'이 연결되어 있지 않기 때문이다.

> 菩薩 사ᄅᆞ시ᄂᆞᆫ 디 (법화 7:177)
> ⇐『菩薩이…에 사ᄅᆞ시다』

(나) '-으시-'의 연결

> (밥) 머구려 ᄒᆞ시ᄂᆞᆫ 무디예 (석보 11:41)
> 菩薩 從ᄒᆞ야 오신 나라 (월석 18:66)
> 부텨 나신 나라 (월석 1:30)
> ᄌᆞ개 住ᄒᆞ신 三摩地 (능엄 2:57)
> 이브터 法華經 니ᄅᆞ시ᄂᆞᆫ 靈山會라 (석보 13:1)
> 부텻 오래 教化ᄒᆞ시ᄂᆞᆫ 짜 (월석 17:18)
> 如來 겨신 디 (월석 21:192)
> 菩薩 사ᄅᆞ시ᄂᆞᆫ 디 (법화 7:177)
> 第三處ᄂᆞᆫ 婆羅雙樹間에 槨示雙趺ᄒᆞ샨 고디라 (선가 4)

(4) '-오/우-'에 관한 문제

필자는 15세기 중기 이전에는 위치말이 빠진 매김마디에도 부림말이 빠진 매김마디에서처럼 '-오/우-'가 규칙적으로 들어갔으리라는 가정을 해 본다. 이러한 가정을 하게 된 첫째 이유는 위치말도 부림말과 마찬가지로 대상말(객체)이라는 점에 있다. 사실 부림말과 위치말은 그 성격상 비슷한 점이 많으며, 그러기에 이 두 성분이 가리키는 대상은 '객체'라는 공동특성을 지니게 된 것이다. 옛 사람들이 매김마디에 '-오/우-'를 연결한 근본 이유는 매김을 받는 임자씨(머리말)가 매김마디의 풀이말에 대한 대상임을 나타내 주기 위한 것이기 때문이다.

그러면 15세기 예문 중에 '-오/우-'가 들어가지 않은 것을 '-오/우-'가 탈락된 예외로 간주하고, 그에 대한 풀이를 해 보기로 한다.

> 내 어미 <u>업슨</u> 나래 (월석 6:53)
> 부텻긔로 <u>가눈</u> 저긔 (석보 6:19)
> <u>겨믄</u> 저그란 안죽 무슴신장 노다가 (석보 6:11)
> 부텨 <u>이싫</u> 저긔 (석보 23:3)
> ᄀᆞᆺ 그리 <u>슨ᄒᆞᆫ</u> 저긔 (석보 6:40)
> 머구려 <u>ᄒᆞ시ᄂᆞᆫ</u> ᄆᆞᄃᆡ예 (석보 11:41)
> 붑 <u>티ᄂᆞᆫ</u> ᄆᆞᄃᆡ (석보 13:9)
> 내 來世예…<u>得홇</u> 時節에 (석보 9:4)
> 이 法 <u>니르싫</u> 時節에 (석보 11:39)
> <u>命終홇</u> 나래 (월석 21:104)
> 모딘 罪를 <u>지슬</u> ᆷᄃᆡ (석보 9:9)
> <u>주글</u> 쩨 (법화 2:217)
> <u>나실</u> 나래 (석보 6:17)

위의 예문은 모두 빠져나간 위치말이 <u>시간</u>을 나타내는 임자씨이다. 이러한 때 '-오/우-'가 잘 생략되는 이유는 시간을 나타내는 이름씨는 월 안에서 위치말이 되는 경우가 대부분이기 때문이다. 더욱이 위의 예는 그 이름씨가 의미상의 위치말임을 누구나 쉽게 알 수 있는 예들이다. '-오/우-'는 빠져나간 월성분이 대상말(여기서는 위치말)임을 확실히 나타내 주기 위해 들어간 것인데, 이렇게 빠져나간 월성분이 의미상의 위치말임을 '-오/우-' 없이도 확실히 알 수 있는 경우에는 '-오/우-'는 이미 필요 없는 것이 되고 만다. 그리하여 '-오/우-'는 탈락된 것이다.

나머지 '-오/우-'가 생략된 예문들은 빠져나간 속구조의 위치말이 모두 장소를 나타내는 임자씨이다.

임자말이나 부림말이 빠져나간 예에서는 예외가 적은데, 위치말의 경우에는 예외가 많은 이유는 위치말이 빠질 때가 임자말이나 부림말이 빠질 때보다 그 속구조의 월성분을 훨씬 더 쉽게 알 수 있기 때문이다.

즉, '죽인 사람', '먹은 닭'과 같은 경우, 매김마디의 풀이말 앞의 월성분을 보지 않고서는 임자말, 부림말 중 어느 것이 빠진 경우인지 분간할 수가 없다(실지로 이렇게 앞의 월성분이 생략된 예가 얼마든지 있을 수 있다).

월성분이 생략되지 않더라도 매김마디의 풀이말 앞의 자리토씨가 생략되면 그 뜻이 모호해진다. 즉, '범 잡아먹은 사람'은 '사람이 범을 잡아먹다'도 되고 '범이 사람을 잡아먹다'도 된다. 물론 지금말에 있어서는 임자자리토씨는 잘 생략되지 않지마는 15세기 말에 있어서는 생략되는 경우가 상당히 많았다.

그리하여 부림말이 빠진 경우에는 '-오/우-'를 넣어 이를 분간하고자 했던 것이다. 이러한 이유 때문에 임자말이나 부림말이 빠진 경우는 '-오/우-'의 예외가 매우 적다.

그러나 위치말의 경우는 그렇지 않다. '간 곳', '먹는 때'와 같이 매김말 앞의 월성분이 생략되더라도 매김마디의 풀이말과 그것의 꾸밈을 받는 임자씨(머리말)만 있으면 위치말이 빠져나간 매김마디라는 것을 쉽게 알 수 있다. 그리하여 15세기의 위치말이 빠져나간 매김마디에서는 '-오/우-'가 생략되는 예가 많았던 것이다.

이로써 15세기에는 이미 매김마디의 풀이말에 연결된 안맺음씨끝 '-오/우-'가 흔들리기 시작한 시기였다는 가정이 성립된다. 물론 16세기에 이르러서는 '-오/우-'가 들어가지 않는 예가 더 많이 나타난다. 곧, 위치말이 빠져나간 매김마디에서의 '-오/우-'는 15세기 중기부터 흔들리기 시작하여 16세기에서는 그 규칙을 세울 수 없을 만큼 더욱 무너졌다는 것을 알 수 있다.

2.1.4. 견줌말 빠짐

견줌말이 빠져나간 매김마디는 15, 16세기 각각 하나의 예밖에 찾지 못했다.

利ᄂᆞᆫ 第二天이니 흔듸 <u>잇노니</u> 오직 天人이오 率은 곧 第四天이
니 흔듸 <u>잇노니</u> 菩薩이시니 (법화 7:177)
⇐ 『利ᄂᆞᆫ 天人(=이)과 흔듸 잇ᄂᆞ다』
　『率은 菩薩(=이)과 흔듸 잇ᄂᆞ다』
사괴여 :놀 사ᄅᆞᆷ (여향 4)

15세기 예문에서는 '-오/우-'가 연결되어 있는 것이 드러나 보이지만, 16세기 예문에서의 ':놀-'은 원래 상성이므로 '-오/우-'의 존재를 확인할 수는 없다. 다만, 견줌말도 객체(대상말)이므로 '위치말이 빠져나간 매김마디'에서와 마찬가지로 15세기 이전에는 '-오/우-'가 연결되는 것이 원칙이었으리라고 추정해 본다.

2.1.5. 방편말 빠짐

매김말은 남움직씨이다.

(1) 완전이름씨 빠짐

필자는 방편말이 빠지는 경우도 부림말, 위치말, 견줌말이 빠지는 경우와 마찬가지로 15세기 이전에는 '-오/우-'가 들어감을 원칙으로 하여 설명하고자 한다.

'-오/우-' 있음[39]

辯說ᄒᆞ시논 神力을 나토시고=現辯說之神力 (법화 6:100)
⇐『神力으로 辯說ᄒᆞ시ᄂᆞ다』
成佛ᄒᆞ시논 道와 分身ᄒᆞ시논 理와 敎化ᄒᆞ시논 法괘 다 이에 여희디 아니ᄒᆞ시니라 (법화 6:113)
聖賢ㅅ 그처 다스리시논 藥을 求ᄒᆞ며 (월석 17:19)
父母ㅣ 길어내욘 慈愛ㅅ 恩惠 (월석 23:98)
옷 싼론 므를 먹고 (석보 11:25)
菩薩 ᄀᆞᄅ치시논 法 (법화 4:111)

---

39) 허웅(1975: 873): "방편말의 경우는 대상법 매김꼴이 쓰이는 경향이 보이나 그 예가 적어서 확정적으로 단정할 수는 없다."

體 셰시논 法 (법화 6:118) ⇐『法으로 體를 셰시ᄂᆞ다』

짜 보논 法 (월석 8:9)

說法ᄒᆞ시논 法 (법화 1:229)

衆生ᄋᆞᆯ 度脫ᄒᆞ논 方便ㅅ 이를 보오리라 (월석 21:63)

聖人ㅅ 調御ᄒᆞ시논 德 (법화 5:155)

둘 ᄀᆞᄅ치논 숁가락 (원각, 상2-1:43)

修多羅敎ㅣ 둘 ᄀᆞᄅ쵼 숁가락 ᄀᆞᆮᄒᆞ니 (남명, 하:50)

對答ᄒᆞ샨 그리 (원각, 상2-1:43)

命은 시기논 마리라 (월석, 서:11)

우흔 다 諸佛이 머리셔 讚歎ᄒᆞ시논 마리라 (월석 18:57)

닷가 니곤 方便=修習之便 (원각, 상2-2:8)

닷곤 方便 (원각, 상2-1:10)

사ᄅᆞᆷ 웃바비사 닐굽 뉘라도 긋디 아니ᄒᆞ리로소이다 (월석 10:28)

受苦 더룰 法 (월석 10:28)

나ᅀᅡ 닷골 術 (월석 13:14)

서르 害홀 쬐 (석보 9:17)

上官行次 밍ᄀᆞᆯ 도니 업서 (불정심경 <정양사 영인> 74쪽)

草堂 고튤 資財 (두언 7:20)

사롤 資産 (두언 25:37)

上大人이라 닐오ᄆᆞᆫ 世예셔 孔聖ᄋᆞᆯ 일ᄏᆞ잡논 마리니 (금강삼가
4:11) ⇐『孔聖ᄋᆞᆯ 말로 일ᄏᆞ잡ᄂᆞ다』[40]

우리나랏 마를 正히 반드기 쓰논 그릴씨 일후믈 正音이라 ᄒᆞᄂ
니라 (석보, 서:5) ⇐『우리나랏 마를 글로 쓰ᄂᆞ다』[41]

아들 경계ᄒᆞ욘 그레 ᄀᆞ로듸 (번소 6:16)

말ᄒᆞ논 이비 아당도의고 (박통 상:25)

士를 ᄀᆞᆯ히욜 법 (번소 9:15)

술과 밥을 구홀 마를 니ᄅᆞ디 마롤디니라 (번소 8:21)

병 고튤 슈를 (번소 7:5)

---

40) 『마를 일ᄏᆞ잡ᄂᆞ다』로 생각하기 쉬우나, 매김말 앞에 부림말 '孔聖ᄋᆞᆯ'이 있기 때문에 방편말의
빠짐으로 보아야 한다.

41) 부림말의 빠짐으로 생각하기 쉬우나, 의미적으로 보아 방편말의 빠짐이다. 더욱이 매김말 앞에
부림말(마를)이 있다.

다음의 예는 완전한 매김마디인지 방편말의 빠짐인지 구별하기 어려운 것들인데, 필자는 이러한 예들을 방편말의 빠짐으로 보고 여기에 분류시켜 놓았다.[42]

本來 求ᄒᆞ논 마ᅀᆞᆷ 업다이다 (월석 13:37)
이 불기 아논 ᄆᆞᅀᆞ미 (능럼 1:56)
네 아논 ᄆᆞᅀᆞ미 (능엄 1:64)
緣ᄒᆞ논 ᄆᆞᅀᆞ미 自在ᄒᆞ야 (능엄 6:45)
法 爲혼 ᄆᆞᅀᆞ미 (월석 17:51) ⇐『ᄆᆞᅀᆞᄆᆞ로 爲ᄒᆞ다』
내이 覺了能知ᄒᆞ논 ᄆᆞᅀᆞ미 (능엄 1:57)
三寶 念ᄒᆞ논 히ᄆᆞ로 (월석 10:95)
法 護持ᄒᆞ논 히ᄆᆞ로 神通ᄋᆞᆯ 일워 (석보 13:10)
香 듣논 힚 젼ᄎᆞ로 (법화 6:47)
이는 다 正憶 念ᄒᆞ논 히미라 (법화 7:182)
三塗ㅅ 受苦 여희논 그 히미 (능엄 5:87)
문득 화 ᄒᆞ논 ᄒᆞᆫ 소리예 (몽산 18)
저벽으로 대수 툐 소리예 알며 (몽산 10)

'-오/우-' 없음

다음의 예는 방편말이 빠진 것이 분명하여 '-오/우-'가 생략된 것으로 생각된다.

須達이…부텨 뵈ᅀᆞᆸ논 禮數를 몰라 바ᄅᆞ 드러 묻ᄌᆞᄫᆞ되 (석보 6:20)
鈿螺ᄂᆞᆫ 그르세 ᄭᅮ미논 빗난 조개라 (월석 2:51)
(부톄) 衆生 濟渡ᄒᆞ시논 큰 慈悲=度生之大悲 (상원사권선문)
辯說ᄒᆞ시논 神力을 나토시니 (월석 18:4)
十方 다 비취샤ᄆᆞᆫ 智照ᄒᆞ시논 神力을 나토시니라=遍照十方者ᄂᆞᆫ

---

42) 이 예들은 '허웅(1975)'에서는 모두 완전한 매김마디에 분류시켜 놓은 것들이다.

現智照之神力也ㅣ시니라 (법화 6:100)

둘 <u>ㄱ르치는</u> 숏가라ㄱ로 (원각, 하1-2:34)

사르미 시르믈 <u>시름ㅎ시는</u> 調御ㅅ德 (월석 17:19)

딥 <u>버므리는</u> 막대 (박통 상:22)

<u>경하ㅎ는</u> 례 (여향 26)

<u>사는</u> 갑슨 (노걸 상:13)

<u>혼인ㅎ는</u> 禮 (소학 2:47)

콩 <u>버므릴</u> 막대 (노걸 상:33)

다음의 예는 완전한 매김마디로 생각할 수도 있으나, 방편말의
빠짐으로 보는 것이 좋을 듯하다.

須達이 설우ㅅ바 <u>恭敬ㅎ습는</u> 法이 이러흔 거시로다 ㅎ야 (석보 6:21)

사름 <u>罪주는</u> 法 (석보 9:30)

도ㅈ 罪주는 法 (월석 10:25)

行을 <u>니ㄹ왇는</u> 方便 (원각, 상2-2:9)

敎法은 衆生 <u>敎化ㅎ시는</u> 法이라 (월석 2:52)

⇐『(부뎨) 敎法으로 衆生을 敎化ㅎ시ㄴ다』

相法은 <u>相보는</u> 法이라 (월석 7:29)

⇐『法(相法)으로 相보다』

<u>다스릴</u> 법을 의론ㅎ여 (번소 9:102)

疑心ㅎ야 <u>묻ㅈ오시는</u> 글둘 (법화 1:123)

우흔 다 諸佛ㅅ 머리셔 <u>讚歎ㅎ시는</u> 마리시니라 (법화 6:179)

誠實흔 마른 阿彌陀佛 <u>기리습는</u> 마리라 (월석 7:74)

큰 法 <u>즐기는</u> ᄆᅀᅮ미 잇던댄 (월석 13:36)

覺了能知ㅎ는 ᄆᅀᅮ미 (능엄 1:55)

法 <u>爲흔</u> ᄆᅀᅮ미 (법화 6:12)

<u>뇌웃브</u> ᄆᅀᅮ믈 (석보 6:8)

如來를 받ㅈ와 順ㅎ샤 法門을 <u>받ㅈ오신</u> 히므로 더으시면 (법화 7:67)

둘은 <u>우리티시는</u> 소리라 (월석 10:93)

시름ᄒ야 한숨 디ᄂᆞ 소리 (석보 19:14)

위의 예들은 완전한 매김마디와 분간하기 힘들어서 '-오/우-'가
생략된 것이다(완전한 매김마디는 '-오/우-'의 삽입이 불규칙하다).

방편말이 빠지는 매김마디와 완전한 매김마디가 서로 혼동되는
이유는 다음과 같다.

첫째, 방편말이 빠지는 경우는 그 구조가 완전한 매김마디와 거
의 같다. 그것은 완전한 매김마디처럼 매김말 앞에 임자말, 부림말,
위치말의 모든 월성분이 다 올 수 있기 때문이다.

둘째, 방편말은 월성분 중 수의적인 요소이다. 속뜻(속구조)이란
원래 모호한 것인데, 다른 월성분이 빠지는 경우보다 방편말이 빠
지는 매김마디의 경우, 그 속구조를 알아내기 더욱 어려운 이유는
이 때문이다. 예를 들어 '내가 그녀를 사랑한다'라는 월에 수의적
요소인 '마음으로'를 넣어보자. '내가 그녀를 마음으로 사랑한다'가
된다. 이를 매김마디로 만들면, '내가 그녀를 사랑하는 마음'이 되
는데, 우리는 이 매김마디 자체만을 보고서 그것을 방편말의 빠짐
으로 쉽게 단정해 버릴 수 있을까? 다음을 보자.

「내가 그녀를 진심으로 사랑하는 마음」

앞의 매김마디에 다시 수의적 요소인 방편말 '진심으로'를 넣었다.
앞의 것과 구조는 똑같다. 이의 속구조를 『*내가 그녀를 진심으로
마음으로 사랑한다』라고 할 수 있을까? 그렇다면 또 다음을 보자.

「내가 그녀를 진심된 가슴으로 사랑하는 마음」

　이것을 속구조로 돌이킬 수 있을까? 이렇게 되는 이유는 방편말이 수의적인 요소이기 때문이다. 임자말, 부림말, 위치말이 빠진 매김마디의 경우에는 그것이 빠진 자리에 그것과 같은 월성분이 올 수 없다.

　　「그녀를 사랑하는 나」 → 「*그가 그녀를 사랑하는 나」
　　「내가 사랑하는 그녀」 → 「*내가 그 남자를 사랑하는 그녀」
　　「내가 간 학교」　　→ 「*내가 교회에 간 학교」

　이와 반대로 방편말의 경우는 수의적이기에 앞에서 보았듯이 다른 방편말이 그 자리에 들어갈 수 있었다. 그러므로 속구조로 돌이키기 어렵게 되는 것이다.
　그러나 방편말이 구체적인 물질일 때는 그렇지 않다.

　　「내가 풀을 벤 낫」 → 「*내가 칼로 풀을 벤 낫」

　또 다음과 같은 추상적인 방편말이 들어간다 하더라도 「낫」은 풀을 베는 도구일 뿐이다.

　　「내가 열심으로 풀을 벤 낫」

　즉, 매김을 받는 방편말이 추상적인 이름씨일 경우, 완전한 매김마디와 분간이 어렵게 되는 것이다.

(2) **매인이름씨 빠짐**

매인 이름씨를 꾸미는 예는 다음의 한 경우밖에 찾지 못했다.

衣服臥具飮食 <u>資生홀</u> 꺼슬 貪着아니코 (법화 7:183)

앞의 예문들 중에 '-오/우-'가 들어간 예가 훨씬 많은데, 이는 방편말이 빠져나간 매김마디의 풀이말에도 부림말, 위치말, 견줌말이 빠져나간 경우처럼, '-오/우-'가 들어감이 원칙이었기 때문일 것이다.

이상으로써 다음과 같은 가설이 성립한다.

15세기 이전에는 월성분의 개념이 주체와 객체 둘뿐이었다. 주체는 그 개념의 확실성 때문에 지금에 이르기까지도 그대로 남게 되고, 객체는 그 개념의 불확실성 때문에 위치말, 견줌말 등으로 분화하게 되었다(이러한 현상은 높임법의 변천에서도 일어나는데, 주체높임은 15세기부터 지금까지 한결같은데, 객체높임은 거의 허물어지고 만 것이 그것이다).

매김마디에서, 객체가 빠져나갈 때는 '-오/우-'를 집어넣어, 주체가 빠져나간 매김마디와 분간되었던 것이 객체가 분화를 일으키자 '-오/우-'도 흔들리게 된 것이다.

2.2. 완전한 매김마디

매김마디는 대부분의 경우, 속구조의 월성분이 빠져나가 만들어지는데, 앞으로 열거하는 경우는 빠져나가지 않은 '완전한 매김마디'이다. 여기서는 '-오/우-'가 불규칙하게 쓰이고 있다. '-오/우-'는

빠져나간 월성분이 무엇인가 하는 것을 나타내 주기 위해 들어간
것인데, 완전한 매김마디는 빠져나간 월성분이 없으므로 여기서는
'-오/우-'가 그 가치를 상실하여 불규칙하게 쓰인 것이다.

2.2.1. 완전이름씨 꾸밈

'-오/우-' 없음

　　내 오늞날…地藏菩薩이 人天中에 利益ᄒᄂ 일들콰…일와 十地
　　證혼 일와…菩薩에 므르디 아니ᄒᄂ 이를… (월석 21:155)
　　몸 술며 볼 스르신 일 아로므로 (월석 18:61)
　　앗가본 ᄠᅳ디 잇ᄂ니여 (석보 6:25)
　　모도아 니르와든 ᄠᅳᆮ (원각, 상2-1:26)
　　이제 서르 아ᄂ 젼ᄎ며 (능엄 1:69)
　　淸淨의 나신 젼ᄎ며 (능엄 1:98)
　　佛如來와 慈力이 ᄒ가진 젼ᄎ로 (능엄 6:7)
　　修習인 젼ᄎ로 (능엄 8:50)
　　十方如來 다 ᄒᆫ 道ㄴ 젼ᄎ로 (능엄 1:44)
　　千聖이 다 녀시ᄂ 젼ᄎ로 (능엄 1:50)

'-오/우-' 있음

　　十方佛 보ᄉ오시ᄂ 이를 (법화 5:75)
　　다 餘國에 化보내샤 護持하야 도오시ᄂ 이리시니라 (법화 4:105)
　　넘 利ᄒ시ᄂ 이를 가즐비시니라 (월석 13:8)
　　몸 술며 볼 스르시ᄂ 이를 아르시며 (법화 6:183)
　　阿難이 出家ᄒᆫ 後로 스므나믄 ᄒᆡ를 부텨 졷ᄌᄫᅡ 이셔 듣ᄌᆞᄫᆫ 이
　　리 믓하디 (석보 24:2)
　　堪忍에 사르시ᄂ 이를 묻ᄌᆞᄫᆞ시니라 (월석 18:80)
　　바ᄅᆞ래 ᄂᆞᄫᆫ 이른…須彌山 베윤 이른…드를 자본 이른… (월석
　　1:17-8)

精舍 지술 이를 (월석 6:26)

사롤 이룰 (몽산 19)

生死 버숧 이룰 (월석 10:14)

이 親近 供養ᄒᆞᅀᆞ오시논 ᄠᅳ디라 (원각, 하3-1:18)

부텻 出現ᄒᆞ샤 說法ᄒᆞ시논 ᄠᅳ들 아ᅀᆞ와 (법화 2:156)

부톄 一乘 니ᄅᆞ시논 ᄠᅳ들 (법화 1:226)

說法ᄒᆞ시논 ᄠᅳᆮ 아로미 어려ᄫᅳ니 (석보 13:48)

그리ᄒᆞ논 ᄠᅳᆮ든…주길까 ᄒᆞ논 ᄠᅳ디라 (석보 11:1)

ᄂᆞᆷ 죪 ᄠᅳ디 이실ᄊᆡ (월석 2:13)

앗곯 ᄠᅳᆮ 내디 말라 (월석 18:17)

이를 보론 젼ᄎᆞ로 (능엄 1:82)

物 이슈미 ᄃᆞ외논 젼ᄎᆞ로 (능엄 1:75)

불고믈 나토려 ᄒᆞ시논 젼ᄎᆞ로 (능엄 1:79)

일로 브터 가논 젼ᄎᆞ로 (능엄 1:50)

므ᅀᆞ매 부텨를 ᄉᆞ랑ᄒᆞᅀᆞᆸ논 젼ᄎᆞ로 (능엄 1:86)

性에 잇디 아니호믈 불기시논 젼ᄎᆞ로 (능엄 1:111)

解脫을 得ᄒᆞ샨 젼ᄎᆞ로 (능엄 8:26)

첫 地位론 젼ᄎᆞ로 (월석 2:60)

므ᅀᆞ맨 眞實 아니론 견치라 (금강삼가 2:27)

내 견지비론 젼ᄎᆞ로 (월석 10:18)

ᄩᅥ러듍 젼ᄎᆞ롤 펴니라 (능엄 1:33)

질삼ᄒᆞ며 뵈ᄧᅡ 사롤 이를 ᄒᆞ고 (번소 9:55)

몸 닷골 일 ᄒᆞ며 (여향 9)

부뫼 업스신 후에 훗ᄌᆞ식들히 사롤 일 일우기 힘쓰디 아니ᄒᆞ고
(노걸 하:48)

2.2.2. 매인이름씨 꾸밈

'-오/우-' 없음

緣影이 다 업스신 다ᄉᆞ로 (법화 6:83)

如ᄒᆞ신 다시라 (월석 18:72)

여러가짓 相見을 <u>여희신</u> 다ᄉᆞ로 (월석 18:35)

부텻 일훔 <u>稱念ᄒᆞᅀᆞᇦ</u> 다ᄉᆞ로 (월석 21:137)

<u>나ᄋᆞᆫ</u> 다ᄉᆞ로 (법화 4:21)

ᄂᆞ외야 惡趣를 <u>저픈</u> 주리 업스니 (석보 9:39)

世間이 無常ᄒᆞ야 <u>구든</u> 주리 업스니 (월석 10:14)

므릐 <u>몱ᄋᆞᆫ</u> 주를 보아 (월석 8:6)

쁠거시 다 <u>낤ᄫᆞᆫ</u> 줄 업긔 호리라 (월석 9:15)

<u>供養ᄒᆞᅀᆞᆸᄂᆞᆫ</u> 양이 다 뵈ᄂᆞ다 (석보 13:24)

四衆들히…<u>圍繞ᄒᆞᅀᆞᄫᆡᄂᆞᆫ</u> 양도 보고 (석보 19:40)

웃사ᄅᆞᆷ두고 <u>더은</u> 양 ᄒᆞ야 (월석 9:31)

ᄌᆞ걋 나라해셔 <u>거슬ᄣᅳᆫ</u> 양 ᄒᆞᄂᆞᆫ 難 (석보 9:33)

맛당ᄒᆞᆯ <u>양ᄋᆞᆯ</u> 조차 (석보 13:47)

<u>니근</u>들 아ᄅᆞ시고 (월석 2:50)

<u>업슨</u>들 (석보 19:10)

念覺支ᄂᆞᆫ 一切法의 性이 다 뷘들 <u>볼씨오</u> (월석 2:37)

一切智 <u>아닌</u>들 알라 (월석 21:198)

<u>나ᄒᆞ신</u>들 아ᄅᆞ시고 (석보 11:32)

滅 아니 <u>ᄒᆞ시ᄂᆞ</u>들 알어신마른 (월석 18:39)

說法 <u>듣ᄌᆞᆸᄂᆞ</u>들 보고 (남명, 하:17)

釋迦佛 <u>ᄃᆞ외싫</u>들 普光佛이 니ᄅᆞ시니이다 (월석 1:3)

아니 <u>ᄃᆞ욇</u>들 아노니 (삼강행실도, 충17)

<u>오신디</u>…오라디 몯거시든 (법화 5:119)

뎌 부텨 <u>滅度ᄒᆞ거신디</u>…오라고 (월석 14:7)

道 <u>得거신디</u>…갓가오샤ᄃᆡ (법화 5:120)

妻眷 <u>ᄃᆞ외얀디</u> 三年이 몯 차이셔 (석보 6:4)

邪曲ᄒᆞᆫ 道理 <u>빙환디</u> 오라아 (석보 6:28)

無量壽佛 보ᅀᆞᆸ 사ᄅᆞᄆᆞᆫ 十方無量諸佛을 <u>보ᅀᆞᆸ</u>ᄃᆞ니 (월석 8:33)

막대 디퍼 時로 能히 <u>나갈</u>ᄃᆞ나 (두언 8:13)

부톄 本來 <u>至極寂靜ᄒᆞᆫ</u> 그에 住ᄒᆞ샤 (석보 23:44)

지조 젹고 나히 <u>늘근</u>거긔 오히려 빈 일후미 잇ᄂᆞ니 (두언 22:16)

굳디 아니호게 수든 쁘든 머그샤 (월석 10:9)

나사 빈호믈 가빈야이 너기며 슬희여호ᄂ게 드위혀니라 (원각, 상2-2:90)

다ᄅ디 몯홀게 變호야 다ᄅᆯᄉᆡ (원각, 상2-1:28)

서르 섯근ᄃᆞᆺ 疑心ᄃᆞ외도다 (능엄 2:98)

하ᄂᆞᆶ 樹王이 고지 픈ᄃᆞᆺ 호니 (석보 13:25)

이 마리 人情에 브터 니ᄅ신ᄃᆞᆺ 홀ᄉᆡ (남명, 하39)

惚ᄋᆞᆫ 恍惚호야 누네 잇ᄂᆞᆫ ᄃᆞᆺ 업슨ᄃᆞᆺ 홀씨니 (월석 14:18)

주근ᄃᆞ시 자다가 (두언 22:1)

갸ᄉᆞᆯ 몯다 서러잇ᄂᆞᆫ ᄃᆞ시 호얫더니 (월석 23:74)

ᄒᆡᆫ 기베 漠漠히 ᄇᆞᄅ맷 몰애 여렛ᄂᆞᆫ ᄃᆞ시 그렛도다 (두언 16:39)

보시고ᅀᅡ 안다시 호시니 (천강곡, 상, 기43)

濟度호믈 몯ᄒᆞᆶ ᄃᆞᆺ 疑心ᄃᆞ왼 젼ᄎᆞ로 (능엄 1:26)

이긔디 몯홀ᄃᆞ시 호며 (소학 2:9)

주긇ᄃᆞ시 ᄃᆞ외어늘 (삼강행실도 孝7)

ᄆᆞᅀᆞᆷ 모ᄅᆞ매 내 몸 얼굴 안해 의실 거시니라 (번소 8:5)

우흐로 노픈 리예 통달홀 거시니라 (번소 8:5)

다 고호고 믈러갈 거시니라 (여향 21)

우리 사ᄅᆞ미 오ᄂᆞᆯ 주글 동 ᄅᆡᆼ실 주글 동 모ᄅᆞᄂᆞᆫ 거시니 (노걸 하41)

ᄒᆞᆫ갓 君子小人이 이에 와 갈아날 ᄲᆞ니 아니라 (번소 8:14)

너일 드딀 양이면 어를매 감새 (무덤 편지 129)

'-오/우-' 있음

發ᄒᆞ논 다시니 (능엄 8:80)

미조미 잇논 다ᄉᆞ로 (월석 14:36)

法身을 證得ᄒᆞ샨 다ᄉᆞ로 (월석 18:35)

辟支佛 供養ᄒᆞ샨 다ᄉᆞ로 (석보 11:42)

正道애 셔게 혼 다ᄉᆞ로 (법화 4:17)

셴 머리예 고지 디논 주를 슬코 (두언 21:14)

受苦 여희논 주를 讚嘆ᄒᆞ시리니 (월석 8:55)

이 病 업스샨 주리라 (석보 23:44)

須達이 버릇 <u>업슨</u> 주를 보고 (석보 6:21)

이 法 信티 <u>아니홀</u> 줄 업스니 (석보 13:62)

菩薩ㅅ 道理 <u>行ᄒ시논</u> 양도 (석보 13:14)

<u>아논</u> 양 ᄀ티 불어 니르리니 (법화 6:67)

안자 <u>겨샨</u> 양도 (석보 19:40)

부텨 道理 <u>求ᄒ논</u> 야ᄋᆞᆯ 본딘 (석보 13:18)

貪ᄒ야 <u>求ᄒ논</u> 그 양이 (법화 2:113)

<u>ᄀ존</u>ᄃᆞᆯ (능엄 6:40)

다닫디 <u>몯혼</u>ᄃᆞᆯ (월석 14:22)

<u>無相혼</u>ᄃᆞᆯ 아롤디로다 (금강삼가 3:29)

쇽절업시 <u>든논</u>ᄃᆞᆯ 아로니 (남명, 하:45)

世間이 <u>나ᄀᆞ내론</u>ᄃᆞᆯ 아라 (능엄 6:103)

긋디 <u>아니ᄒ논</u>ᄃᆞᆯ 보리니 (몽산 41)

이 <u>곧ᄒ샨</u>ᄃᆞᆯ 볼기시니라 (월석 17:15)

이제사 <u>일우샨</u>ᄃᆞᆯ 優陀耶ㅣ 슬ᄫᅵ니이다 (천강곡, 상, 기115)

幸혀 <u>브라ᄉ온</u>ᄃᆞᆫ 머믈워 두쇼셔 (육조, 서17)

서르 <u>보논</u>ᄃᆞᆫ…有別호믈 볼기개니라 (내훈 1:77)

<u>이숀</u>디 아니며 (능엄 3:17)

아니 <u>和혼</u>디 아니로다 (능엄 2:102)

和合ᄋ로 니디 <u>아니혼</u>디 붉도다 (능엄 2:100)

見이 物 <u>아니론</u>디 볼기리로다 (능엄 5:38)

ᄒ마 <u>涅槃ᄒ샨</u>디 닐웨 디나샤 (석보 23:40)

고졸 노ᄒ라 <u>ᄒ논</u>디 아니라 (월석 7:54)

衆生이 本來 <u>부톄론</u>디라 (금강삼가 4:53)

ᄉ로물브터 <u>나논</u>디라 空애셔 나디 아니ᄒ니라 (능엄 3:25)

오직 흔 이ᄅᆞᆯ <u>爲ᄒ시논</u>디라 녀나ᄆᆞᆫ 乘이 업스니 (법화 1:14)

<u>다ᄒ샨</u>디라 더으디 몯ᄒ시리라 (능엄 1:18)

藥國 ᄲᅡ홀 어둘 <u>보논</u>디니 (월석 8:8)

相 아니라 <u>닐옳</u>디라 (능엄 6:59)

ᄠᆞᆫ 人生을 므던히 <u>너굟</u>디로다 (두언 7:12)

비취요ᄆᆞᆯ 잇비 <u>마롤</u>디로소니 (두언 7:38)

또 느륨과 사오나봄과롤 <u>一定홀</u>딘댄 (석보 19:10)
기르논 太子를 <u>나혼</u>게셔 달이 아니터라 (석보 11:35)
眞珠 혜튠돗 ᄒᆞ니라 (금강삼가 2:12)
님금ᄉ 綱紀ᄂᆞᆫ 오히려 旗ᄉ발 <u>드론</u>돗 ᄒᆞ도다 (두언 22:33)
피릿소리 <u>듣논</u>돗 ᄒᆞ더니라 (두언 6:41)
ᄒᆞᆫ번 밥 머근ᄃᆡᄂᆞᆫ 자최 곧 <u>쓰론</u>ᄃᆞ시 업소다 (두언 22:3)
文章이 ᄧᅡᄒᆞᆯ <u>쓰론</u>ᄃᆞ시 업도다 (두언 24:58)
제 모맷 고기를 바혀 <u>내논</u>ᄃᆞ시 너겨ᄒᆞ며 (석보 9:12)
비록 내 자바 ᄒᆞ논 이리 다 <u>올홀</u>디라도 (번소 7:2)

3. 겹월에서 변형된 매김마디

겹월에서 변형된 매김마디는 그 예가 매우 적다. 문헌이 확보되
면 더욱 자세한 분석이 이루어지리라고 믿는다.

3.1. 이은 겹월에서 변형

[이은 겹월]-ㄴ/ㄹ

[艱難ᄒᆞ며 어엿본] 사ᄅᆞᄆᆞᆯ 쥐주어 거리칠ᄊᆡ (석보 6:13)
利樂ᄋᆞᆫ [됴코 즐거볼]씨라 (석보 9:8)
ᄂᆞ미것 서르 일버수믈 홀ᄊᆡ [외니 올ᄒᆞ니 決홀] 사ᄅᆞ미 업서 (월
석 1:45)
그 後에ᅀᅡ [외니 올ᄒᆞ니 이긔니 계우니] 홀 이리 나ᄂᆞ니라 (월석 1:42)
阿難羅云이…ᄒᆞ마 한 사ᄅᆞ미 보며 아ᄂᆞ니로ᄃᆡ (법화 4:49)
⇐ [보며 아논] 이로ᄃᆡ
다 餘國에 化ᄒᆞ보내샤 [護持ᄒᆞ야 도ᄋᆞ시논] 이리시니라 (법화 4:105)

부텻 [出現ᄒᆞ샤 說法ᄒᆞ시논] ᄠᅳ들 아ᅀᆞ와 (법화 2:156)

[疑心ᄒᆞ샤 묻ᄌᆞ오시논] 글들혼 곧 알푠 仔細ᄒᆞ고 (법화 1:123)

3.2. 안은 겹월에서 변형

3.2.1. 이름마디를 안음

₂[₁[   ]₁-ㅁ]₂ -ㄴ/ㄹ

[모로매 [일 ᄆᆞᆽ 일우ᅀᆞ보ᄆᆞᆯ] 몬뎌 홇]디니 (월석, 서:17)
⇐ [(임)] [(임)] 일 ᄆᆞᆽ 일우ᅀᆞᆸ-]-ㅁ「-ᄋᆞᆯ」 몬뎌 ᄒᆞ다]-ㄹ

[[부텻 ᄀᆞᄅᆞ치샤ᄆᆞᆯ] 만히 듣ᄌᆞ볼] 씨 聞이오 (석보 11:43)
⇐ [(임)] [부톄 ᄀᆞᄅᆞ치시-]-ㅁ「-ᄋᆞᆯ」 만히 듣ᄌᆞ다]-ㄹ

[몬져 [丈六像이 못 우희 겨샤ᄆᆞᆯ] 보ᅀᆞᇦ]디니 (월석 8:44)
⇐ [(임)] [丈六像이 못 우희 겨시-]-ㅁ「-ᄋᆞᆯ」 보ᅀᆞ다]-ㄹ

[[이 相ᄋᆞᆯ 여희여 發心호ᄆᆞᆯ] 勸ᄒᆞ샨] 아치니라 (금강삼가 3:36)

[[性에 잇디 아니호ᄆᆞᆯ] 불기시논] 젼ᄎᆞ로 (능엄 1:111)

智란 [[境界ᄅᆞᆯ 브터 ᄆᆞᅀᆞ매 됫오며 아니됫옴 굴히요ᄆᆞᆯ] 니ᄅᆞ와
ᄃᆞᆯ] 씨라 (능엄 4:16)

[[衣服飮食브터며 일 잡ᄌᆞ욤브터 호ᄆᆞᆯ] 父母ㅣ ᄉᆞ랑ᄒᆞ시논] 바
ᄅᆞᆯ 잠ᄭᅡᆫ도 골와 마라=由衣服飮食과 由執事ᄅᆞᆯ 毋敢視父母所受ᄒᆞ
야 (내훈 1:55)

[[즐거본 일:주미] 그지업슬] 씨오 (석보 13:39)

[[드트리 얽ᄆᆡ유미] 아니ᄃᆞ욀] 씨라 (석보 6:29)
⇐ [[드트리 얽ᄆᆡ이-]-ㅁ「-이」 아니ᄃᆞ외다]-ㄹ

[[외다 ᄒᆞ샤ᄆᆞᆯ] 듣ᄌᆞ온] 젼ᄎᆞ로 (능엄 1:86)
⇐ [[외다 ᄒᆞ샤-]-ㅁ「ᄋᆞᆯ」 듣ᄌᆞ다]-ㄴ
　　　　인용마디

3.2.2. 매김마디를 안음

₂[₁[   ]₁-ㄴ/ㄹ]₂-ㄴ/ㄹ

巖은 바회라 十一面은 열ᄒᆞᆫ ᄂᆞ치니 [[열ᄒᆞᆫ ᄂᆞ칫 觀自在菩薩ㅅ 相
을 ᄆᆡᆼᄀᆞ라 供養ᄒᆞᄫᅩᆯ] 일 니ᄅᆞ샨] 經이라 (석보 6:44)
杵는 방핫괴니 [[굴근] 막다히 ᄀᆞᄐᆫ] 거시라 (석보 6:31) [ᄒᆞᆫ번
[다ᄅᆞᆫ] 地位예 난] 後ㅣ면 妙覺地位예 오ᄅᆞᆯ씨니 (석보 6:29)
無比身은 [[가ᄌᆞᆯ봄] ᄠᅵ 업슨] 모미니 부텻 모미 여러가짓 相이
ᄀᆞᄌᆞ샤 [[가ᄌᆞᆯ비ᅀᆞᄫᅩᆯ]ᄠᅵ 업스실]씨라 (석보 6:41)
修行本起經은 [[修行ㅅ 根源 니르와ᄃᆞ샨] 못 첫 根源을 닐온]
經이라 (석보 6:42)

3.2.3. 인용마디를 안음

₂[₁[인용]₁]₂-ㄴ

[[나다] ᄒᆞ논] 마ᄅᆞᆫ [[사라나다] ᄒᆞ논] 마리 아니라 [[다ᄅᆞᆫ
地位예 올마가다] ᄒᆞ논] ᄠᅳ디라 (석보 6:36)
[[외다] ᄒᆞ샤ᄆᆞᆯ 들ᄌᆞᄫᆞᆫ] 견ᄎᆞ로 (능엄 1:86)
그 後로 [[夫妻라] 혼] 일후미 나니 (월석 1:44)
처섬 道場애 안ᄌᆞ시니 [[부톄라] 혼] 일후미 겨시고 (석보 13:59)
이 ᄯᅡ히 [[竹林國이라] 혼] 나라히이다 (월석 8:94)
[[처섬 佛家애 나다] 혼] 生이디빅 [[生死애 나며 드ᄂᆞ다] 혼
] 生이 아니라 (월석 17:27-8)
[[ᄀᆞ룜 업다] 혼] 업수미 滅ᄒᆞ야 (능엄 9:26)
多陀阿伽度ᄂᆞᆫ [[如來라] 혼] 마리라 (석보 13:34)
佛은 [[知者ㅣ라] 혼] 마리니 知者ᄂᆞᆫ [[아ᄂᆞᆫ 사ᄅᆞ미라] 혼] ᄠᅳ
디라 (월석 9:12)
이 [[잇다 업다] 혼] 無도 아니며 [[眞實로 업다] 혼] 無도 아
니라 ᄒᆞ니=不是有無之無ㅣ며 不是眞無之無ㅣ라 ᄒᆞ니 (몽산 55-6)

補陀ᄂ [[혀근 힌 고지라] ᄒᆞ논] 마리니 (석보 6:43)

위의 예문은 인용마디가 다시 매김마디를 안고 있는데, 인용마디에 안긴 매김마디는 '대등한 매김마디'이다. 이는 '혁고 힌 곳'과 같은 '이은 매김마디'와 같은 표현이다.

포함관계는 다음과 같다: 매김마디⊃인용마디⊃매김마디

3.2.4. 어찌마디를 안음

2[1[어찌]1]2-ㄴ/ㄹ

내 이제 [[未來劫 뭇ᄃᆞ록] 몯 니ᄅᆞᇙ] 劫에 (월석 21:18)

變은 長常 固執디 아니ᄒᆞ야 [[맛긔] 고틸] 씨라 (석보 13:38)

慈悲ᄂ [[衆生ᄋᆞᆯ 便安케] ᄒᆞ시ᄂ] 거시어늘 (석보 6:5)

兩舌ᄋ 두가짓 혜니 [[ᄂᆞᄆᆡ ᄉᆞᅀᅵ예 싸호게] 홀] 씨라 (월석 21:60)

[[智와 悲왜 둘히 아니에] 홀]씨 이 일후미 廻向이니 (능엄 8:34)

化人ᄋ [[世尊ㅅ 神力으로 ᄃᆞ외의]ᄒᆞ샨]사ᄅᆞ미라 (석보 6:7)

[[서리와 이슬로 ᄒᆡ여 사ᄅᆞ미 오ᄉᆞᆯ 저지게] 마롤] 디니라=無使霜露霑人衣 (두언 15:44)

涅槃ᄋ…사디 아니ᄒᆞ시며 죽디 아니ᄒᆞ샤 [[便安케] ᄃᆞ외실] 씨라 (월석 1:18)

敎化ᄂ [ᄀᆞᄅᆞ쳐 [어딜에] ᄃᆞ외올] 씨라 (월석 1:19)

[이 藥곳 [아바님ㅅ 病을 됴ᄒᆞ시게] 홇] 딘댄 (월석 21:216)

실혀믄 모로매 [[길에] ᄒᆞ고 모로매 [하야켄] 아니홀] 디로다=繰絲須長不須白 (두언 25:50)

法이…너비 펴아가미 [술위ᄢᅵ 그우ᄃᆞᆺ] 홀] 씨 (석보 13:4)

精氣ᄂ [[넉시라 ᄒᆞᄃᆞᆺ] 혼] ᄠᅳ디라 (석보 9:22)

辭ᄂ [[하딕이라 ᄒᆞᄃᆞᆺ] 혼] 마리라 (석보 6:22)

3.2.5. 풀이마디를 안음

$_2[\ _1[풀이]_1\ ]_2$-ㄴ/ㄹ

우리 祖師ㅣ 허믈 겨샨디 아니시니라 (육조, 상88)
⇐ 祖師ㅣ [[祖師ㅣ 허므리 겨시-]]-ㄴ 디

Ⅱ.3. 인용마디

인용마디는 인용말이 한 월 안에 안기는 안긴마디를 뜻한다. 그러므로 인용마디는 그 자체가 하나의 월의 형식이며 마침법 씨끝으로 끝나는 것이 원칙이다.

그리고 중세국어 인용마디는 인용토씨가 없다는 것이 그 특징이다.

1. 인용마디의 특질

1.1. 문법정보의 제약

인용마디의 풀이말에는 모든 문법정보가 제약 없이 나타날 수가 있다. 인용말은 완전한 하나의 월의 형식이며, 그것이 그대로 인용마디가 되기 때문이다.

1.2. 안은마디와 안긴마디의 통어적 제약

안은마디의 풀이말과 안긴 인용마디의 풀이말 사이에는 높임법
에 대한 제약만이 나타나는데, 안은마디의 주·객체높임법과 인용
마디의 들을이 높임법 사이에 상호 제약이 일어난다.

① 안은마디의 풀이말에 '-으시-'만이 연결되면, 안긴 인용마디에
는 '-으이-'가 연결되지 않는 것이 원칙이다.
말할이가 들을이보다 높은 위치에 있기 때문이다.

世尊이…니르샤딕 [父王이 病ᄒᆞ야 겨시니 우리 미처 가 보ᅀᆞ
바 ᄆᆞᅀᆞ물 훤히 너기시게 ᄒᆞ져라] ᄒᆞ시고 (월석 10:6)
부톄 大王ᄋᆞᆯ 니르샤딕…[八萬四千塔ᄋᆞᆯ 셰리라] ᄒᆞ야신마른
(석보 24:17)
世宗이 날ᄃᆞ려 니르샤딕 [追薦이 轉經ᄀᆞᆮᄒᆞ니 업스니 네 釋譜ᄅᆞᆯ
딩ᄀᆞ라 飜譯호미 맛당ᄒᆞ니라] ᄒᆞ야시늘 (월석, 서:11)
王이 怒ᄒᆞ야 니르샤딕…[즉자히 그 蓮花ᄅᆞᆯ ᄇᆞ리라] ᄒᆞ시다
(석보 11:31)
菩薩이 諸天ᄃᆞ려 무르샤딕 [엇던 양ᄌᆞ로 ᄂᆞ려가료] ᄒᆞ샤늘 션비
양ᄌᆞ도 니르며 (월석 2:19)
아바님겨셔 [이감녁딥 빗니ᄒᆞ고 유무 가ᄂᆞ니 평양군 듸긔 즉시
뎐ᄒᆞ라] ᄒᆞ시다 (무덤편지 133)
先師ㅣ 니르샤딕 [一念에 八萬行을 ᄀᆞᄌᆞ기 닷다] ᄒᆞ시다 (선가 32)

② 인용마디를 이끄는 말인 '듣-'에 '-습-'이 연결될 때는 인용마
디에 '-으이-'가 연결되지 않는 것이 원칙이다. 이때의 객체는 인용
마디가 된다.

[釋迦牟尼佛ㅅ 法中에 便安호 이리 만ᄒ시고 셜ᄫᆞᆫ 일들히 업스
시다] 듣ᄌᆞᆸ노라 (월석 10:26)
⇐ [내 法中에 便安호 이리 만코 셜ᄫᆞᆫ 일들히 없다] 듣ᄌᆞᆸ-

이렇게 되는 이유는 '듣-'이 입음(피동)의 뜻을 가지기 때문이다.

'A가(들을이) B(말할이)에게서 [C]라는 말씀을 듣다(듣ᄌᆞᆸ-)'

'말씀을 듣다(듣ᄌᆞᆸ-)'는 인용마디[C]를 높여 줌과 동시에 그것을
말한 사람인 B를 높여 주고 있다(인용마디를 말한 사람 B는 높임
의 대상이고, 듣는 사람 A는 높임의 대상이 아니다). 그러므로 위
의 예문에서 들을이 높임의 '-으이-'는 들어가지 않았다.

위 예문에서 간접높임으로 바뀔 때 '-으시-'가 들어간 이유는 말
할이 B가 인용마디 안에서 주체로 등장했기 때문이다.

곧, 입힘의 뜻을 가진 말('ᄒᆞ-' 따위)이 인용마디를 이끄는 경우, 여
기에 객체높임의 '-ᅀᆞᆸ-'이 연결되면, 인용마디에는 '-으이-'가 연결되
고, 입음의 뜻을 가진 말('듣-')이 올 때는 '-으이-'가 연결되지 않는다.

그리하여 16세기에는 '듣ᄌᆞ오니 ᄀᆞᄅᆞ샤ᄃᆡ'의 꼴이 나타난다.

녜 優이 夫子ᄭᅴ 듣ᄌᆞ오니 ᄀᆞᄅᆞ샤ᄃᆡ [···小人이 道를 ᄉᆞ랑ᄒᆞ면 브
림이 쉽다] ᄒᆞ이다 (논어 4:31)
前日에 虞ㅣ 夫子ᄭᅴ 듣ᄌᆞ오니 ᄀᆞᄅᆞ샤ᄃᆡ [···人을 尤티 아니ᄒᆞᆫ다]
ᄒᆞ이다 (맹자 4:33-4)

곧 '듣ᄌᆞᆸ-'은 '니ᄅᆞ시-' 혹은 'ᄀᆞᄅᆞ시-'와 같은 통어적 기능을 가
지고 있으므로, 앞에서 설명한 ①과 같은 결론에 도달하는 것이다.

다음은 '듣ᄌᆞᆸ-'에 '-으시-'가 연결된 꼴이다.

> 나ᄂᆞᆫ 曾子의 듣ᄌᆞᆸ고 曾子ᄂᆞᆫ 夫子의 듣ᄌᆞ오시니 글ᄋᆞ샤ᄃᆡ [⋯그
> 몸을 辱ᄒᆞ디 아니ᄒᆞ면 可히 올ᄒᆞ다 닐올디라] ᄒᆞ시니 (소학 4:18)

'-으시-'는 '나'가 '曾子'를 높여 주기 위해 들어간 것이므로 인용
마디의 들을이 높임 제약에는 아무런 영향을 끼치지 못한다.

다음의 예문에서는 인용마디의 풀이말에 '-으이-'가 연결되지 않
았다. 그것은 이것을 말할 당시에는 말할이(魔王)가 들을이(世尊)보
다 높은 위치였다는 것을 뜻한다. 그럼에도 불구하고, 인용마디를
이끄는 말에 들을이(통어상의 위치말: 世尊)를 높이는 'ᄉᆞᆸ-'만 오고,
말할이(통어상의 주체: 魔王)를 높이는 '-으시-'는 오지 않았다. 그
이유는 이 글을 쓴 사람은 世尊이 魔王보다 더 높다고 판단했기 때
문이다.

> 魔王이 世尊의 ᄉᆞᆲ보ᄃᆡ [瞿曇아 나ᄂᆞᆫ 一切衆生이 다 부톄 ᄃᆞ외
> 야 衆生이 업거사 菩提心을 得호리라] ᄒᆞ더라 (석보 6:46)

③ 안은마디가 객체높임으로 표시되어 위치말 객체(들을이)를 높
이게 되면(안은마디의 풀이말이 'ᄉᆞᆸ-'이 되거나 'ᄒᆞ-'에 안맺음씨끝
'-ᄉᆞᆸ-'이 연결), 인용마디에는 '-으이-'가 연결되는 것이 원칙이다.
들을이(통어상의 위치말 객체)가 말할이보다 높은 위치에 놓이기
때문이다.

> 須菩提ㅣ⋯ᄉᆞᆯ오ᄃᆡ [아니이다 世尊하⋯보ᄉᆞᆸ디 몯ᄒᆞᅀᆞ오리이다]

ᄒᆞ니라 (금강 30)[43]

내 부텨씌 말ᄊᆞ믈 <u>ᄉᆞᆲ보ᄃᆡ</u> [내야 받ᄌᆞᄫᅩ리이다] ᄒᆞᅀᆞᄫᅩ이다 (석보
24:31)

大師ㅣ 王씌 <u>ᄉᆞᆲ보ᄃᆡ</u> [瞿曇이 弟子ㅣ 두리여 몯 오ᄂᆞ이다] (석보 6:29)

目連이 <u>ᄉᆞᆲ보ᄃᆡ</u> [羅睺羅ㅣ …涅槃 得호ᄆᆞᆯ 부텨 ᄀᆞᄐᆞ시긔 ᄒᆞ리이
다] (석보 6:3-4)

阿難이 <u>ᄉᆞᆲ오ᄃᆡ</u> [如來ㅣ 百寶輪掌을 衆中에 펴락 쥐락 ᄒᆞ샤ᄆᆞᆯ 내
보ᅀᆞ노이다] (능엄 1:108)

阿難이…부텻긔 <u>ᄉᆞᆲ오ᄃᆡ</u> [내 ᄆᆞᅀᆞ미 實로 몸 밧긔 이쇼ᄆᆞᆯ 알와이
다] (능엄 1:52-3)

阿難이 부텨씌 <u>ᄉᆞᆲ오ᄃᆡ</u>…[내…부텨 조쪼와 머릴 갓고이다] (능엄 1:42)

須達이 부텨씌 <u>ᄉᆞᆲ보ᄃᆡ</u> [如來하 우리나라해 오샤 衆生의 邪曲을
덜에 ᄒᆞ쇼셔] (석보 6:21)

師이 <u>ᄉᆞᆲ오ᄃᆡ</u> [嵩山ᄂᆞ로셔 웷다] (선가 1)

太子ㅣ 님금씌 뵈ᅀᆞ와 <u>ᄉᆞᆲ오ᄃᆡ</u> [高允은 조심ᄒᆞ야 삼가며 ᄯᅩ 벼슬
이 ᄂᆞᆺ가오니…高允의 주글 죄란 노ᄒᆞ쇼셔] (번소 9:45)

有僧ㅣ 趙州和尙씌 問ᄒᆞᅀᆞ오ᄃᆡ [어ᄂᆞ 이 祖師 西來ᄒᆞ샨 ᄠᅳ디닛
고] (선가 12)

이러한 구조를 설명하면 다음과 같다.

'A이(말할이) B(들을이)에게 [C]라고 말씀을 드리다(ᄒᆞᆸ-)'

'말씀을 드리다(ᄒᆞᆸ-)'는 위치말 객체(들을이)를 높여 주고 있다.
이는 들을이가 말할이보다 높다는 것을 뜻한다. 그러므로 인용마디
에는 들을이 높임의 '-으이-'가 연결되는 것이다.

---

43) 이 예문에는 'ᄒᆞ-'에 '-ᄉᆞᆸ-'이 연결되어 있지 않다. 그러나 다음의 예문에는 'ᄒᆞ-'에도 '-ᄉᆞᆸ-'이
연결되어 있는데, 이렇게 'ᄒᆞ-'에도 '-ᄉᆞᆸ-'이 연결되는 것이 원칙이다.

④ 안은마디의 풀이말에 '-숩-'과 '-으시-'가 함께 연결되는 경우는, 안긴 인용마디의 풀이말에 '-으이-'가 연결되는 것이 원칙이다. 글쓴이의 입장에서는 말할이와 들을이를 함께 높여 준 것인데, 말할이보다 들을이가(통어상으로는 주체보다 객체가) 더 높다고 판단하여 '-숩-'을 연결한 것이기 때문이다.

> 摩耶ㅣ 부텻긔 슬ᄫᅡ샤ᄃᆡ [죽사릿 어리예 解脫ᄋᆞᆯ 하마 證과ᅵ다] (월석 21:8)
> 摩耶夫人이 地藏菩薩ᄭᅴ 다시 슬ᄫᅡ샤ᄃᆡ [엇뎨 일후미 無間地獄이 잇고] (월석 21:41)
> 釋迦牟尼佛이 多寶佛ᄭᅴ 슬ᄫᅡ샤ᄃᆡ [이 妙音菩薩이 보ᅀᆞᆸ고져 ᄒᆞᄂᆞ이다] (월석 18:81)
> 文殊師利 부텻긔 슬ᄫᅡ샤ᄃᆡ [내 盟誓ᄅᆞᆯ ᄒᆞ노니 像法 轉ᇙ 時節에 種種方便으로 淨信ᄒᆞᆫ 善男子 善女子들히 ᄌᆞᆲ저기라도 이 부텻 일후므로 들여 신ᄃᆞᆯ긔 호리이다] (석보 9:20-1)
> 耶輸ㅣ …大愛道ᄭᅴ 슬ᄫᅩ샤ᄃᆡ…[太子ㅣ ᄒᆞ마 나가시고 ᄯᅩ 羅睺羅ᄅᆞᆯ 出家히샤 나라 니스리를 긋게 ᄒᆞ시ᄂᆞ니 엇더ᄒᆞ니잇고] (석보 6:7)
> 文殊ㅣ 維摩詰ᄭᅴ 묻ᄌᆞ오샤ᄃᆡ [어느 不二法門이잇고] (남명 상:25)

16세기 문헌에 객체와 주체를 동시에 높여 주는 '슬오샤ᄃᆡ' 꼴이 보이지 않는다. 이는 문헌의 제약 때문이라 생각된다. 그러나 다음의 '묻ᄌᆞ와 ᄀᆞᆯᄋᆞ샤ᄃᆡ'는 '슬오샤ᄃᆡ'와 같은 통어적 기능을 가지고 있다.

> 齊宣王이 묻ᄌᆞ와 ᄀᆞᆯᄋᆞ샤ᄃᆡ [사ᄅᆞᆷ이 다 날ᄃᆞ려 닐오ᄃᆡ 明堂ᄋᆞᆯ 毁홀 꺼시라 ᄒᆞᄂᆞ니 毁ᄒᆞ리잇가 말리잇가] (맹자 2:17)

1.3. 하위분류

인용은 직접인용과 간접인용으로 크게 나눌 수 있는데, 국어에 있어서는 그 구분이 쉽지가 않다. 이는 우리말 특성 중의 하나인데 남의 말을 옮길 때, 말할이가 자신의 주관적 입장을 개입시키려는 의도가 강한 데에서 비롯된 것이다.

통어론의 기술에 있어서 이 둘의 구분은 일관성 있게 체계화되어야 한다.

직접인용은, 누군가가 한 말(자기 자신이 한 말도 포함)을 말할이가 그대로 옮긴 것이다. 이러한 직접인용을 제외한 인용은 모두 간접인용에 속하게 된다. 그러므로 간접인용은 그 종류가 매우 다양하다.

간접인용은 다시 '추상적 간접인용', '변형적 간접인용', '형식적 간접인용'으로 나눈다.

추상적 간접인용이란 그 형식은 직접인용과 같지만, 누군가의(자기 자신도 포함) 생각을 인용화하거나 누군가가 할 말을 가정적으로 인용화한 것 따위를 뜻한다.

> 예) 나는…라고 생각한다.
> 그가 설령…라고 하더라도…

변형적 간접인용이란 누군가가 한 말 중의 어느 한 부분을 말할이가 자기 자신의 입장에서 주관화하여 변형한 것을 뜻한다.

예) 그는 "내가 그 일을 했어"라고 했다.

⇒ 그는 자기가 그 일을 했다고 했다.

형식적 간접인용이란 말풀이의 의미를 가진 인용인데, 그 형식만을 인용에서 가지고 온 것이기 때문에 '형식적 간접인용'이라 칭한다. 이는 다시 '이름붙이기 형식인용'과 '이름붙이기대상 형식인용'으로 나뉜다.

중세국어 인용마디의 하위분류는 다음과 같이 한다.

인용		직접인용		
	간접인용	추상적 간접인용		
		변형적 간접인용		
		형식적 간접인용	이름붙이기 형식인용	
			이름붙이기대상 형식인용	

2. 직접인용

직접인용은 누군가가 한 말을 그대로 옮긴 것이다. 인용마디는 인용마디의 앞에 나오는 말(인용마디를 이끄는 말; 닐오디, 술보디… 따위)과 인용마디의 뒤에 나오는 말(주로 'ᄒ-')을 갖춘 여부에 따라 다음의 네 유형으로 나눌 수 있다.

① 닐오디 [인용] ᄒ-   ② 닐오디 [인용] ×

③ × [인용] 호-   ④ × [인용] ×

2.1. '닐오딕 [　] 호-' 유형

이러한 유형에서는 인용마디 뒤의 말이 '호-'로만 나타난다. 그러므로 '호-'는 앞의 '니르다'의 반복형으로 본다. 다시 말하면, '호-'는 '니르다'의 대치형이다.[44]

인용마디의 앞뒤 말의 종류에 따라 예문을 들어 보이기로 한다.

<닐오딕 [　] 호->

耶ㅣ라 호리…닐오딕 [내 네 우희 올아 부텨쯰 布施호슨바지라]
호야늘 (석보 24:8)

獄卒이…닐오딕 [됴홀쎠 오눐날 果報ㅣ여 釋迦牟尼佛ㅅ 弟
子ㅅ 노출 보슨봔뎌] 호고 (월석 23:82)

閻羅大王이 讚歎하야 닐오딕 [됴호실쎠 내 新히 져즙고 香 퓌우
슙가니 부텻긔 信티 아니호슨볼려] 호고 (월석 23:88-9)

天子를 뎌러브리디 아니호면 우리 乃終내 便安티 몯호리라 혼
大臣이 닐오딕 [내 方便으로 더로리라] 호고 (월석 13:15)

그저긔…諸天돌히 닐오딕 [우리도 眷屬 도외슨바 法 비호슨보리
라] 호고 (월석 2:23-4)

저희 닐오딕 [梵天의 이브로셔:나라] 호고 (월석 2:46)

혼 梵天이 諸天도려 닐오딕 [象이 양지 第一이니 엇데어뇨] 호
란딕 (월석 2:19)

---

44) 다음과 같은 속구조에서 변형된 것으로 분석한다.
　　속구조: (임) 닐오딕, (임) [인용] 니르다
　　　　　　　　↓　　　　　　↓
　　　　　동일 임자말 삭제　「호」로 대치
　현대말의 인용구조는, 이러한 속구조에서 '동일 풀이말 삭제 (닐오딕)'와 '동일 임자말 삭제'가
　적용된 다음, 인용토씨가 들어간 것이다.
　→ (임)　[인용]라고 말하다.

도ᄌ기…날ᄃ려 닐오ᄃᆡ 네 도로 머그라 아니옷 머그면 네 머리
를 버효리라] 홀씨 두리어 머구니 怒를 잔치니라 (월석 10:25)

다 절ᄒ야 讃歎ᄒ야 닐오ᄃᆡ [내 너희들ᄒᆞᆯ…업시우디 아니ᄒᆞ노니
엇뎨어뇨] ᄒ란ᄃᆡ (월석 17:83)

아ᄒᆡ 울어든 父母ㅣ…닐오ᄃᆡ [우디마라 내 너를 金:주료] ᄒ야든
(남명, 상:44-5)

부텻 神通力을 보ᅀᆞᆸ디어늘 닐오ᄃᆡ [相ᄋᆞ로ᄡᅥ 보디 몯ᄒ리라]
ᄒ니 (금강삼가 4:59)

高聲으로 닐오ᄃᆡ…[너희들히 당다이 부톄 ᄃ외리라] ᄒ더라 (석
보 19:31)

사ᄅᆞ미 눕ᄃ려 닐오ᄃᆡ [經이 이쇼ᄃᆡ 일후미 法華ㅣ니 ᄒᆞᆫᄃᆡ 가
듣져] ᄒ야든 (석보 19:6)

帝釋이 닐오ᄃᆡ [부톄 아래 ᄒᆞ니ᄅᆞᆯ 몬져 주시니라] ᄒ고 (석
보 23:47)

一切大海…닐오ᄃᆡ [셜ᄫᅥ 衆生이 正ᄒᆞᆫ 길흘 일허다] ᄒᆞ며 (석보
23:19)

王이 닐오ᄃᆡ [王子ㅅ 命 닐웻ᄇᆞ니로소니…주근 後에ᅀᅡ 뉘으츤ᄃᆞᆯ
미츠리여] ᄒ야 니르고 (석보 24:28)

阿育王이 (龍王에게) 닐오ᄃᆡ [내 그런 ᄠᅳ들 몰라 하댕다] ᄒ야ᄂᆞᆯ
(석보 24:31-2)

正ᄒ며 갓ᄀᆞ로미 업슨 젼ᄎ로 닐오ᄃᆡ [뉘 正ᄒᆞᆫ디 뉘 갓ᄀᆞᆫ디라]
ᄒ니라=曰誰正誰倒ㅣ라 ᄒ니라 (능엄 2:12)

네 아롬 ᄀᆞ톳딘댄 엇뎨 무러 닐오ᄃᆡ…[山河大地를 냻다] ᄒ던다
(능엄 4:37)

ᄯᅩ 닐오ᄃᆡ [내 無上涅槃을 得호라] ᄒ고=亦言自得無上涅槃호라
ᄒ고 (능엄 9:91)

알ᄑᆡ 닐오ᄃᆡ [조차 곧 分別ᄒᆞᄂᆞ니라] ᄒ얀마ᄅᆞᆫ 이제 누니 봃 고
디 ᄃ외면 (능엄 1:58)

오직 닐오ᄃᆡ [困苦홀ᄊᆡ 죵 ᄃ외어지라] ᄒᆞᄂ다 (두언 8:1)

王獻之ㅣ 盜賊 더브러 닐오ᄃᆡ [青氊은 我家舊物이니 두구가라]
ᄒ니라 (두언 15:28. 주)

다못 닐오딕…[妨害티 아니ᄒᆞ니라] ᄒᆞᄂᆞ다 (두언 21:6)

迦葉이…닐오딕 [諸佛도 出家ᄒᆞ샤ᅀᅡ 道理를 닷ᄀᆞ시ᄂᆞ니 나도 그리 호리라] ᄒᆞ고 (석보 6:12)

虛空애셔 닐오딕 [이제 부톄 나아 겨시니라] ᄒᆞ야ᄂᆞᆯ (석보 6:12)

須達이 닐오딕 [太子ㅅ 법은 거즛마를 아니ᄒᆞ시ᄂᆞᆫ거시니 구쳐 프ᄅᆞ시리이다] ᄒᆞ고 (석보 6:24)

淨飯王이…니ᄅᆞ샤딕 [金輪王 아ᄃᆞ리 出家ᄒᆞ라 가ᄂᆞ니 그듸내 各各 ᄒᆞᆫ 아ᄃᆞᆯ옴 내야 내 孫子 조차 가게 ᄒᆞ라] ᄒᆞ시니 (석보 6:9)

ᄒᆞ다가 正心ᄋᆞ로 닐거 ᄃᆞ니면 功이 ᄯᅩ 우희셔 더을씨 니ᄅᆞ샤딕 [如來를 頂戴 ᄒᆞ간디라] ᄒᆞ시니라 (월석 17:36)

世尊이…니ᄅᆞ샤딕 [父王이 病ᄒᆞ야 겨시니 우리 미처 가 보ᅀᆞᄫᅡ ᄆᆞᅀᆞᄆᆞᆯ 훤히 너기시게 ᄒᆞ져라] ᄒᆞ시고 (월석 10:6)

이런ᄃᆞ로 니ᄅᆞ샤딕 [나ᄂᆞᆫ ᄒᆞ마 宿齋호라] ᄒᆞ시니 (능엄 1:54)

持地 ᄒᆞ마 니ᄅᆞ샤딕 [여러 如來ㅣ 妙蓮花를 펴시겨늘 듣ᄌᆞ오라] ᄒᆞ시니 (능엄 1:17)

그럴씨 니ᄅᆞ샤딕 [다ᄃᆞᆯ어 갓고로완다] ᄒᆞ시니라 (남명, 상:44)

그럴씨 니ᄅᆞ샤딕…[뎌 大雲이 一切예 비 오ᄃᆞᆺ데] ᄒᆞ시니라 (법화 3:22)

부톄 大王ᄋᆞᆯ 니ᄅᆞ샤딕…[八萬四千塔ᄋᆞᆯ 셰리라] ᄒᆞ야신마ᄅᆞᆫ 大王이 이제 사ᄅᆞᄆᆞᆯ 하 주기시ᄂᆞ니 (석보 24:17)

世宗이 날ᄃᆞ려 니ᄅᆞ샤딕 [追薦이 轉經ᄀᆞᆮᄒᆞ니 업스니 네 釋譜를 ᄆᆡᇰᄀᆞ라 飜譯호미 맛당ᄒᆞ니라] ᄒᆞ야시ᄂᆞᆯ (월석, 서:11)

王이 怒ᄒᆞ야 니ᄅᆞ샤딕…[즉자히 그 蓮花를 ᄇᆞ리라] ᄒᆞ시다 (석보 11:31)

부톄 니ᄅᆞ샤딕 [자ᄇᆞᆫ 이리 無常ᄒᆞ야 모ᄆᆞᆯ 몯 미ᄃᆞᆯ거시니 네 목수믈 미더 ᄌᆞ랋 時節을 기드리ᄂᆞᆫ다] ᄒᆞ시고 (석보 6:11)

죵ᄋᆞᆯ 돌아보내야 아ᄃᆞᆯᄋᆞᆯ 소겨 닐아 [僧齋를 ᄒᆞ다라] ᄒᆞ니 (월석 23:65, 기505)

經에 니ᄅᆞ샤딕 [사ᄅᆞ미 大海예 드러 沐浴ᄃᆞᆺ ᄒᆞ야 ᄒᆞ마 여러 河水를 쓰ᄃᆞᆺ데] ᄒᆞ시니 (월석 14:71)[45]

…닐오딕 [다ᄆᆞᆫ 뎐하애 올티 아니ᄒᆞᆫ 부뫼 업슬시라] ᄒᆞ여ᄂᆞᆯ (번

---

45) 글에서 (여기에서는 經)인용한 것은 직접인용이다.

소 7:4)

…흠을 의론ᄒᆞ야 닐오ᄃᆡ [담은 天下애 올티 아니ᄒᆞᆫ 父母 업슴을 爲ᄒᆞ옛ᄉᆞ라] ᄒᆞ여늘 (소학 5:38)

닐오ᄃᆡ [신싱애 닐흔 사ᄅᆞ미 녜브터 드므다] ᄒᆞᄂᆞ니 (방통 상:76)

<ᄉᆞᆲ보ᄃᆡ [   ] ᄒᆞ->

魔王이 世尊ᄭᅴ ᄉᆞᆲ보ᄃᆡ [瞿曇아 나ᄂᆞᆫ 一切衆生이 다 부톄 ᄃᆞ외야 衆生이 업거ᅀᅡ 菩提心을 得호리라] ᄒᆞ더라 (석보 6:46)

須菩提ㅣ…ᄉᆞᆲ오ᄃᆡ [아니이다 世尊하 身相ᄋᆞ로 如來ᄅᆞᆯ 시러보ᅀᆞᆸ디 몯ᄒᆞᅀᆞ오리이다] ᄒᆞ니라 (금강 30)

<對答호ᄃᆡ [   ] ᄒᆞ->

舍利弗이 젼ᄎᆞ 업시 우ᅀᅥ늘 須達이 무른대 對答호ᄃᆡ [그듸 精舍 지ᅀᅮ려 터흘 ᄀᆞᆺ 始作ᄒᆞ야 되어늘 여슷 하ᄂᆞ래 그듸 가ᄅᆞᆯ찌비 불쎠 이도다] ᄒᆞ고 (석보 6:35)

<무로ᄃᆡ [   ] ᄒᆞ->

(世尊ᄭᅴ) 須達이…묻ᄌᆞᄫᅩᄃᆡ [瞿曇安否ㅣ 便安ᄒᆞ시니잇가] ᄒᆞ더니 (석보 6:20)

내 言信을 무로ᄃᆡ [이제 엇더ᄒᆞ고] ᄒᆞ더라=道甫問訊今何如 (두언 22:52-3)

菩薩이 諸天ᄃᆞ려 무르샤ᄃᆡ [엇던 양ᄌᆞ로 ᄂᆞ려가료] ᄒᆞ샤늘 션ᄫᅵ 양ᄌᆞ도 니ᄅᆞ며 (월석 2:19)

녜 님굼미 忠國師ᄭᅴ 무로ᄃᆡ [엇뎨ᄒᆞ야ᄃᆞᆫ 부텨 ᄃᆞ외ᄂᆞ니잇고] ᄒᆞ야늘 (칠대 21)

<盟誓호ᄃᆡ [   ] ᄒᆞ->

(太子ㅣ) 車匿이 돌아보내샤 盟誓ᄒᆞ샤ᄃᆡ [道理 알워ᅀᅡ 도라: 오리라] ᄒᆞ시고 (석보 6:4)

盟誓를 호ᄃᆡ…[내 처ᅀᅥᆷ 모돈ᄃᆡ 드러 니거든 한 사ᄅᆞ미 날 위ᄒᆞ

야 禮數ᄒᆞ리라] ᄒᆞ더라 (석보 6:29)

모다 부텻 敎授 듣ᄌᆞ바 各各 큰 盟誓ᄒᆞ야 [正法을 護持호리이다]
ᄒᆞ거늘 (석보 6:46)

王이 盟誓ᄒᆞ야 [드로리라] ᄒᆞ신대 (월석 2:5)

<出令호ᄃᆡ [   ] ᄒᆞ->

世尊이…出令ᄒᆞ샤ᄃᆡ [人間이며 天上이며 一切 모딘 귓거시 다
모다 부텻 付囑을 드러 正法을 護持ᄒᆞ라 ᄒᆞ다가 아니오리 잇거
든 四天王이 더론 鐵輪을 눌여보내야 다 조차 자바오라] ᄒᆞ시니
(석보 6:46)

王이 大闕안해 出令호ᄃᆡ [이 새울의 ᄒᆞ니ᄉᆞ 夫人을 사모리라]
ᄒᆞ야늘 (석보 24:20)

王이 出令ᄒᆞ야 [모딘 사ᄅᆞᆷ 어더 드리라] ᄒᆞ니 (석보 24:13)

부톄 命ᄒᆞ샤 [舍利弗을 和尙이 ᄃᆞ외오 目連이…열가짓 戒를 ᄀᆞ
ᄅᆞ치라] ᄒᆞ시니 (석보 6:10)

<브로ᄃᆡ [   ] ᄒᆞ->

善慧 精誠이 至極ᄒᆞ실ᄊᆡ 고지 소사나거늘 조차 블러 [사아지라]
ᄒᆞ신대 (월석 1:10)[46]

<호ᄃᆡ [   ] ᄒᆞ->

王이 ᄒᆞ샤ᄃᆡ [내 아ᄃᆞ리 어딜ᄊᆞ] ᄒᆞ시니 (월석 2:7)[47]

<願호ᄃᆡ [   ] ᄒᆞ->

ᄒᆞᆫ 받 님자히 ᄢᅵ 비흟저긔 願호ᄃᆡ [즁ᄉᆡᆼ과 어우러 머구리라] ᄒᆞ
야늘 (월석 2:12)[48]

---

46) '블러'에 대한 임자말은 善慧다.

47) 인용마디를 이끄는 말이 단순히 'ᄒᆞ-'로 되는 경우이다. '王이 ᄒᆞ샤ᄃᆡ'는 '王이 말ᄊᆞᆷᄒᆞ샤ᄃᆡ'에서
'말ᄊᆞᆷ'이 생략된 것으로 보아야 한다.

48) 누군가가(3인칭) 원하는 내용을 듣고 인용한 것이다.

<굴오듸 [　] ᄒᆞ->[49]

반ᄃᆞ시 굴오듸 [잇ᄂᆞ이다] ᄒᆞ더시다 (소학 4:15)
公明儀 굴오듸 [녯 사ᄅᆞᆷ이 三月을 君이 업스면 弔ᄒᆞ다] ᄒᆞ니라
(맹자 6:7)
或이 굴오듸 [放ᄒᆞ다] ᄒᆞ니라 (맹자 9:10)

<드로니 [　] ᄒᆞ다>

(내) 녜 드로니 [黃金이 하면 아자셔 뉘웃ᄇᆞ미 나믈 보ᄂᆞ니라]
ᄒᆞ니=昔聞黃金多 坐見悔吝生 (두언 22:20)
(내) 아래 드로니…[子孫이 封侵ᄒᆞ리 잇다] ᄒᆞ니 (내훈, 2하:41)
妾(=나)ᄋᆞᆫ 드로니…[君臣이 서르 保全ᄒᆞ몬 어렵다] ᄒᆞ니 (내훈,
2하:41)
妾(=나)ᄋᆞᆫ 드로니 [賞罰이 公反ᄒᆞ야ᅀᅡ 足히 사ᄅᆞ믈 降伏히ᄂᆞ다]
ᄒᆞ니 (내훈, 2하:53)

위 예문의 속구조를 다음과 같이 설정할 수도 있다.

『내 드로니, (2, 3인칭 임자말) 니로듸 [인용] ᄒᆞ다』

그러나 이렇게 되면, 'ᄒᆞ-'에 대한 임자말이 '나'가 되지 않으므
로, 'ᄒᆞ-'에 1인칭 안맺음씨끝 '-오/우-'가 들어간 것이 설명되지 않
는다. 또한 '드로니'도 인용마디를 이끄는 말로 볼 수 없게 된다. 그
러나 이러한 문제는 '드로니'를 인용마디를 이끄는 것으로 분석하
면 쉽게 해결이 된다. 인용마디에 인용된 말은 바로 내가 들은 말이
기 때문에 당연히 그렇게 볼 수 있다. 그렇게 되면 'ᄒᆞ-'에 '-오/우-'
가 들어간 것도 설명이 된다.

―――――――――
49) '굴오듸'는 16세기에 새로 등장한 어형이다.

곧 '항-'는 '드로니'의 반복형이기 때문에 '항-'에 대한 임자말은 '드로니'의 임자말인 '나'가 되어서 1인칭법의 '-오/우-'가 들어간 것이다.[50]

다음의 예문은 '항-'가 '드로니'의 반복형이라는 증거이다.

이웃 무술힛 사룸들히 [羅ㅏ이 오ᄂ다] 듣고 (월석 23:74)

다음의 예문은 '-ㄹ씨'에는 1인칭법의 '-오/우-'가 연결되지 않기 때문에 '-오/우-'가 들어가지 않은 것이다.

나ᄂ 드로니 [겨집도···沙門ㅅ 四道ᄅ 得ᄒᄂ다] 홀씨 (월석 10:16)

다음은 16세기 예문이다.

네 偃이 夫子씌 듣ᄌ오니 글ᄋ샤ᄃᆡ [···小人이 道ᄅ 스랑ᄒ면 브림이 쉽다] ᄒ이다 (논어 4:31)
前日에 虞ㅣ 夫子씌 듣ᄌ오니 글ᄋ샤ᄃᆡ [···人을 尤티 아니ᄒ다] ᄒ이다 (맹자 4:33-4)

위 예문에서는 인용마디 앞이 '듣ᄌ오니 글ᄋ샤ᄃᆡ'로 되어 있다. 형식적으로는 인용마디를 이끄는 말이 '글ᄋ샤ᄃᆡ'로 되어 있지만, 그렇게 되면 '항-'에 '-오/우-'가 연결된 것을 설명할 수가 없다. 임자말이 1인칭이 아니기 때문이다. 그러므로 16세기 예문도 인용마디를 이끄는 말을 '듣-'으로 보고, '호-'는 '드로-'의 대치형으로 본

---

50) 허웅(1989: 318) 참조.

다. 따라서 '글오샤딗'는 불필요한 개입으로 본다.

2.2. '닐오딗 [　] ×' 유형

인용마디를 이끄는 말(닐오딗)은 나타나고, 그것의 반복형인 'ᄒ-'
는 생략되는 경우이다. 이러한 'ᄒ-'의 생략은 '잉여'로 설명될 수
있다.

<닐오딗 [　] ×>

給孤獨長者ㅣ…婆羅門을 ᄃ려 닐오딗 [어듸사 됴ᄒᆫ ᄯ리 양ᄌ
ᄀᄌ니 잇거뇨 내 아기 위ᄒ야 어더 보고려] (석보 6:13)
波斯匿王과 末利夫人괘 부텨 보ᅀᆞᆸ고 과ᄒᅀᄫ야 닐오딗 [내 ᄯᆯ 이
聰明ᄒ니 부텨옷 보ᅀᄫ면 당다이 得道ᄅᆞᆯ 셜리 ᄒ리니 사ᄅᆞᆷ 브
려 닐어ᅀᅡ ᄒ리로다] (석보 6:40)
太子ㅣ 닐오딗 [그딋냇 말 ᄀᆮ디 아니ᄒ니] (월석 21:216)
目連이 닐오딗 [몰라 보애라] (월석 23:86)
王이 닐오딗 [머리ᄅᆞᆯ 빌오져 ᄒ노니 得ᄒ야려] (남명, 상:53)
모다 닐오딗 [舍利弗이 이긔여다] (월석 6:31)
부톄 黙然ᄒ신대 外道ㅣ 讚歎ᄒ야 닐오딗 [世尊이 大慈大悲로
내 迷雲을 여르샤 나ᄅᆞᆯ 시러 들에 ᄒ야시이다] (남명, 하:4)
護彌 닐오딗 [소리샌 듣노라] 婆羅門이 닐오딗 [舍衛國中에 뭇
벼슬 놉고 가ᅀᆞᆷ며루미 이 나라해 그듸 ᄀ티니 ᄒᆫ 스랑ᄒᄂᆞᆫ 아기
아ᄃ리 양직며 지죄 ᄒᆫ 그티니 그딋 ᄯᆞᄅᆞᆯ 맛고져 ᄒ더이다] (석
보 6:19-20)
아래 제 버디 주거 하ᄂᆞᆯ해 갯다가 ᄂᆞ려와 須達일 ᄃ려 닐오딗
[須達이 뉘웃디 말라 내 아랫 네 버디라니 부텻 法 듣ᄌᆞ온 德으
로 하ᄂᆞᆯ해 나아 門神이 ᄃ외야 잇노니…] (석보 6:19-20)
護彌 닐오딗 [그리 아닝다] (석보 6:16)
護彌 닐오딗 [그리 아니라 부텨와 즁과ᄅᆞᆯ 請ᄒᅀᄫ보려 ᄒ녕다]

(석보 6:16)

王이 닐오듸 [(보다루를) 어더 보슨롱까] (석보 24:43)

舍利弗이 닐오듸 [므술히 멀면 乞食ᄒ디 어렵고 하 갓가ᄫ면 조
티 몯ᄒ리니 이 東山이 甚히 맛갑다] (석보 6:23)

太子ㅣ 우스며 닐오듸 [내 므스거시 不足ᄒ료 젼혀 이 東山은
남기 됴홀씨 노니논 짜히라] (석보 6:24)

須達이 닐오듸 [니르샨 양으로 호리이다] 太子ㅣ 닐오듸 내 롱
담ᄒ다라 (석보 6:24)

모다 닐오듸 [舍利弗이 이긔여다] (석보 6:31)

王이 須達이 ᄃ려 닐오듸 [네 스스의 弟子ㅣ 엇뎨 아니 오ᄂ뇨]
須達이 舍利弗씌 가 ᄭ러 닐오듸 [大德하 사ᄅ미 다 모다 잇ᄂ
니 오쇼셔] (석보 6:29)

師子尊子씌…國王이…묻ᄌ와 닐오듸 [師ᄂ 蘊이 부요믈 得ᄒ야
겨시니(잇가)] (남명, 샹:53)

王이 닐오듸 [ᄒ마 蘊이 뷔면 生死를 여희시니(잇가)] (남명, 샹:53)

俱夷 니르샤듸 [내 願을 아니 從ᄒ면 고졸 몯 어드리라] (월석 1:12)

目連이 ᄃ려 니르샤듸 [도라가 世尊씌 내 ᄠ들 펴아 술ᄫ쇼셔]
(석보 6:6)

善慧 니르샤듸 [그러면 네 願을 從호리니…내 布施ᄒ논 므스믈
허디 말라] (월석 1:12)

부톄 니르샤듸 [내 이제 分明히 닐오리라] (석보 19:4)

王이 ᄀ장 붓그려 니르샤듸 [내 그르호라] (내훈, 2하:70)

后ㅣ 묻ᄌ와 니르샤듸 [大學生이 언매나 ᄒ니잇고] 帝 니르샤듸
[數千 잉다] (내훈 2하:61)

부톄 阿難ᄃ려 니르샤듸 [如來ㅣ 오ᄂᆞᆶ 나래 眞實ᄒ 말로 너ᄃ려
닐오리니…] (능엄 1:99)

王이 大愛道를 블러 니르샤듸 [耶輸는 겨지비라 法을 모룰씨 즐
굽드리워 듯온 ᄠ들 몯 ᄡ러 ᄇ리ᄂ니 그듸 가아 아ᄅ들게 니르
라] (석보 6:6)

부톄 羅雲이 ᄃ려 니르샤듸 [부텨 맛:나미 어려ᄫ며 法 드로미
어려ᄫ니 네 이제 사라미 모믈 得ᄒ고 부텨를 맛나 잇ᄂ니 엇뎨

게을어 法을 아니 듣누다] (석보 6:10-11)

菩薩이 니르샤티…[그 나라해 가 :나리라] (월석 2:11-12)

耶輸ㅣ…世尊ㅅ 安否 묻줍고 니르샤티 [므스므라 오시니잇고]
(석보 6:3)

부톄 目連이 드려 니르샤티…[羅睺羅ㅣ 得道ㅎ야 도라가사 어미
를 濟度ㅎ야 涅槃 得호물 나 フ게 ㅎ리라] (석보 6:1)

世尊이 阿難이 드려 니르샤티 [뎌…如來ㅅ 功德을 내 일쿧줍돗
ㅎ야 이 諸佛ㅅ 甚히 기픈 힝뎌기라 아로미 어려보니 네 信ㅎ누
다 아니 信ㅎ누다] (석보 9:26)

부톄 니르샤티 [올타 올타 네 말 フ트니라] (석보 9:22)

世尊이 니르샤티 [出家ㅎ 사르믄 쇼히 ᄀ디 아니ㅎ니 그에 精舍
ㅣ 업거니 어드리 가료] (석보 6:22)

부톄 니르샤티 [이러ㅎ 妙法은 諸佛如來 時節이어사 니르시누니
優曇鉢華ㅣ 時節이어사 ᄒ번 뵈요미 フ트니라] (석보 13:47)

그저긔 모댓누 大衆들히…ᄒ쁴 닐오티 [一切衆生들히 다 버서나
과디여 願ㅎ노이다] (석보 11:3)[51]

그저긔 모댓누 大衆이 닐오티 [一切衆生이 다 解脫을 得과뎌 願
ㅎ노이다] (월석 21:8)[52]

샹녯 말소매 닐오티 […남글 듧디 아니ㅎ면 스ᄆ디 몯ㅎ누니라]
(박통 상:14)

<슬ᄫᅩ티 [   ] ×>

大師ㅣ 王씌 슬ᄫᅩ티 [瞿曇이 弟子ㅣ 두리여 몯 오누이다] (석보 6:29)

目連이 슬ᄫᅩ티 [羅睺羅ㅣ 道理를 得ㅎ야사 도라와 어마니믈 濟
度ㅎ야 네가짓 受苦를 여희여 涅槃 得호물 부텨 フ트시긔 ㅎ리
이다] (석보 6:3-4)

阿難이 슬오티 [如來ㅣ 百寶輪掌을 衆中에 펴락 쥐락 ㅎ샤믈 내
보ᅀᆞᆸ노이다] (능엄 1:108)

---

51) 중생이 해탈하기를 대중이 원한다는 뜻이다. '-과뎌'에 대한 설명은 허웅(1989: 234-5) 참조.
52) 중생들이 벗어나기를 대중들이 원한다는 뜻이다.

阿難이…부텻긔 솔오딕 [내 무수미 實로 몸 밧긔 이쇼믈 알와이다] (능엄 1:52-3)

阿難이 부텨의 솔오딕…[내…부텨 조쫏와 머릴 갓고이다] (능엄 1:42)

羅雲이 솔보딕 [부텻 法이 精微ᄒ야 져믄 아히 어느 듣ᄌᆞ보리잇고 아래 ᄌᆞ조 듣ᄌᆞᄫᅡ 마른 즉자히 도로 니저 ᄌᆞ볼 ᄡᆞᆨ니 이제 져믄 저그란 안즉 무슴 신장 노다가 ᄌᆞ라면 어루 法을 빈호ᅀᆞᄫᅩ리이다] (석보 6:11)

大臣이 솔보딕 [忍辱太子의 일우샨 藥이이다] (월석 21:218)

須達이 부텨의 솔보딕 [如來하 우리나라해 오샤 衆生의 邪曲을 덜에 ᄒᆞ쇼셔] (석보 6:21)

須達이 (세존의) 솔보딕 [내 어루 이르ᅀᆞᄫᅩ리이다] (석보 6:22)

須達이…솔보딕 [舍衛國에 도라가 精舍 이르ᅀᆞᄫᅩ리니 弟子 하나흘 주어시든 말 드러 이르ᅀᆞᄫᅡ지이다] (석보 6:22)

須達이 깃거 太子의 가 솔보딕 [이 東山을 사아 如來 위ᄒᆞᅀᆞᄫᅡ 精舍를 이르ᅀᆞᄫᅡ지이다] (석보 6:24)

夫人이 솔보딕 [나랏 이를 분별ᄒᆞ야 솖노니 네 아드리 어디러 百姓의 ᄆᆞᅀᆞᄆᆞᆯ 모도아 黨이 ᄒᆞ마 이러 잇ᄂᆞ니 서르 ᄃᆞ토아 싸호면 나라히 ᄂᆞ미그에 가리이다] (월석 2:6)

仙人이 솔보딕…[이 ᄯᆞ른 畜生의 나혼 거시이다] (석보 11:28)

摩耶ㅣ 부텻긔 솔ᄫᆞ샤딕 [죽사릿 어리예 解脫을 ᄒᆞ마 證과이다] (월석 21:8)

須達이 精舍 다 짓고 王의 가 솔보딕 [내 世尊 위ᄒᆞᅀᆞᄫᅡ 精舍를 ᄒᆞ마 짓ᄉᆞᄫᅩ니 王이 부텨를 請ᄒᆞᅀᆞᄫᆞ쇼셔] (석보 6:38)

須達이…부톄 오나시ᄂᆞᆯ 보ᅀᆞᄫᅡ 솔보딕 [나를 죠고맛 거슬 주어시든 샹녜 供養ᄒᆞᅀᆞᄫᅡ지이다] (석보 6:44)

그 나랏 六師ㅣ 듣고 王의 솔보딕 [長者 須達이 祇陀太子ㅅ 東山을 사아 瞿曇沙門 위ᄒᆞ야 精舍를 지ᅀᅳ려 ᄒᆞᄂᆞ니 우리 모다 지조를 겻고아 뎌옷 이긔면 짓게 ᄒᆞ고 몯 이긔면 몯짓게 ᄒᆞ야지이다] (석보 6:26)

大師ㅣ 王의 솔보딕 [瞿曇이 弟子ㅣ 두리여 몯 오ᄂᆞ이다] (석보 6:29)

摩耶夫人이 地藏菩薩의 다시 슬ᄫᅡ샤ᄃᆡ [엇뎨 일후미 無間地獄이 잇고] (월석 21:41)

釋迦牟尼佛이 多寶佛의 슬ᄫᅡ샤ᄃᆡ [이 妙音菩薩이 보ᅀᆞᆸ고져 ᄒᆞᄂ 이다] (월석 18:81)

阿難이 부텨의 슬오ᄃᆡ [世尊하 이 ᄀᆞ티 愛樂ᄒᆞᅀᆞ오ᄆᆞᆫ 내이 ᄆᆞᅀᆞᆷ 과 누늘 ᄲᅮ니이다] (능엄 1:45)

阿難大衆이 다 슬오ᄃᆡ [소리 잇ᄂᆞ이다] (능엄 4:126)

文殊師利 부텻긔 슬ᄫᅡ샤ᄃᆡ [내 盟誓를 ᄒᆞ노니 像法 轉홇 時節에 種種方便으로 淨信ᄒᆞᆫ 善男子 善女子ᄃᆞᆯ히 ᄌᆞᆲ저기라도 이 부텻 일후므로 들여 시ᄃᆞᆯ긔 호리이다] (석보 9:20-1)

耶輸ㅣ…大愛道의 슬ᄫᅡ샤ᄃᆡ…[太子ㅣ ᄒᆞ마 나가시고 ᄯᅩ 羅睺羅를 出家히샤 나라 니스리를 긋게 ᄒᆞ시ᄂᆞ니 엇더ᄒᆞ니잇고] (석보 6:7)

太子ㅣ 님금의 뵈ᅀᆞ와 슬오ᄃᆡ [高允은 조심ᄒᆞ야 삼가며 ᄯᅩ 벼슬 이 ᄂᆞᆺ가오니…高允의 주글 죄란 노ᄒᆞ쇼셔] (번소 9:45)

<무로ᄃᆡ [   ] ×>

받 님자히 무로ᄃᆡ [(네) 눌 위ᄒᆞ야 가져간다] (월석 2:13)

婆羅門이…무로ᄃᆡ [그딋 아바니미 잇ᄂᆞᆫ가] (석보 6:14)

무로ᄃᆡ [寂寂호미 일후미 긋거늘 엇뎨 法身이라 일훔 지ᄒᆞ뇨] (월석, 서:5)

爲頭 도ᄌᆞ기 무로ᄃᆡ [너희들히 므스글 보ᄂᆞᆫ다] (월석 10:28)

須達이…다시 무로ᄃᆡ [엇뎨 부톄라 ᄒᆞᄂᆞ닛가 그 ᄠᅳ들 닐어쎠] (석보 6:16)

須達이 ᄯᅩ 무로ᄃᆡ [婚姻 위ᄒᆞ야 아ᅀᆞ미 오나ᄃᆞᆫ 이바도려 ᄒᆞ노닛 가] (석보 6:16)

須達이 護彌ᄃᆞ려 무로ᄃᆡ [主人이 므슴 차바ᄂᆞᆯ 손소 ᄃᆞᆮ녀 밍ᄀᆞ노 닛가 太子를 請ᄒᆞᅀᆞᄫᅡ 이받ᄌᆞᄫᆞ려 ᄒᆞ노닛가 大臣을 請ᄒᆞ야 이바 도려 ᄒᆞ노닛가] (석보 6:16)

須達이 (舍利弗의) 무로ᄃᆡ [여슷 하ᄂᆞ리 어늬ᅀᅡ ᄆᆞᆺ 됴ᄒᆞ니잇가] (석보 6:35-6)

須達이 舍利弗 더브러 무로ᄃᆡ [世尊이 ᄒᆞᄅᆞ 몃里를 녀시ᄂᆞ니잇

고] (석보 6:23)

太子ㅣ 무로딕 [앗가볼 ᄠᅳ디 잇ᄂᆞ니여] (석보 6:25)

文殊ㅣ 維摩詰씌 묻ᄌᆞ오샤딕 [어느 不二法門이잇고] (남명, 상:25)

善慧 對答ᄒᆞ샤딕 [부텻긔 (고ᄌᆞᆯ) 받ᄌᆞ보리라] (월석 1:10)

俱夷 묻ᄌᆞᄫᅡ샤딕 [므스게 ᄡᅳ시리] (월석 1:10)

<對答호딕 [　] ×>

舍利佛이…須達이 무른대 對答호딕 [그딕 이 굼긧 개야미 보라…아마도 福이 조ᅀᆞᆯᄫᆡ니 아니 심거 몯ᄒᆞ꼬ᅀᅵ라] (석보 37)

婢子이 對答호딕 [산것 주기며 허러 구짓ᄂᆞᆫ 두 業으로 報를 受호라] (월석 21:56)

對答호딕 [잇ᄂᆞ니이다] (석보 6:14)

對答호딕 [(世尊이)ᄒᆞᄅᆞ 二十里를 녀시ᄂᆞ니 轉輪王이 녀샤미 ᄀᆞ
ᄐᆞ시니라] (석보 6:23)

(師子尊子ㅣ 國王씌) 對答호딕 [ᄒᆞ마 得ᄒᆞ얏노이다] (남명, 상:53)

文殊師利 法王子ㅣ 부텻긔 對答ᄒᆞ샤딕 [類 ᄒᆞᆫ가지 아니이다] (능
엄 6:54)

그제 化人이 偈로 對答ᄒᆞ샤딕 [(나ᄂᆞᆫ) 베텨도 모디로미 업고 쏘
아도 怒ㅣ 업소니 이 壯을 ᄢᆡ혀리 업스니] (월석 10:30)

地藏이 對答ᄒᆞ샤딕 [地獄罪報 一等ᄲᅮᆫ 아니이다] (월석 21:37-8)

<出令호딕 [　] ×>

그저긔 六師ㅣ 나라해 出令호딕 [이후 닐웨예 城밧 훤ᄒᆞᆫ 짜해
가 沙門과 ᄒᆞ야 지조 겻구오리라] (석보 6:27)

<問訊호딕 [　] ×>

淨華宿王 智佛이 世尊씌 問訊ᄒᆞ샤딕…[安樂行ᄒᆞ시ᄂᆞ니잇가…世
間人 이ᄅᆞᆯ 어루 ᄎᆞᄆᆞ시ᄂᆞ니잇가] (월석 18:79)

子息ᄃᆞᆯ히…아비ᄅᆞᆯ 브리고 問訊호딕 [이대 便安히 오시니잇가]
(월석 17:17)

<願ᄒᆞ디 [　] ×>

…願ᄒᆞ디 [부톄 나를 어엿비 너기샤 나를 보숩게 ᄒᆞ쇼셔] (석보
6:40)53)

<ᄀᆞᆯ오디 [　] ×>

…ᄀᆞᆯ오디 [그 聞이 하믈 爲ᄒᆞ며 그 賢홈을 爲ᄒᆞ얘니이다] (맹자
10:28-9)

2.3. 'Ⅹ [　] ᄒᆞ-' 유형

인용마디를 이끄는 말은 생략되고, 그것의 반복형인 'ᄒᆞ-'만 나
타나는 경우이다(또는 '니ᄅᆞ-', '일ᄏᆞᆮ-', '請ᄒᆞ-' 따위의 구체적인 말
로 나타나는 경우도 있다). 이렇게 인용마디를 이끄는 말이 인용마
디의 뒤로 이동한 구조는 현대말에 가까워진 인용구조로서, 다른
구조에 비해 늦게 발달된 것으로 생각된다.

<Ⅹ [　] ᄒᆞ->

王이 너를 禮로 待接ᄒᆞ샳딘댄 [모로매 願이 이디 말오라] ᄒᆞ더
니 (석보 11:30)
그 아비 그 ᄹᆞ니믈 구짓고 北녁 堀애 브리ᅀᆞᄫᅡ [블 가져오라] ᄒᆞ
야ᄂᆞᆯ (석보 11:25-6)
耶輸ㅣ 보시고 ᄒᆞ녀ᄀᆞ론 분별ᄒᆞ시고 ᄒᆞ녀ᄀᆞ론 깃거 구쳐 니러
절ᄒᆞ시고 [안ᄌᆞ쇼셔] ᄒᆞ시고 (석보 6:3)
耶輸ㅣ [靑衣를 브려 긔별 아라오라] ᄒᆞ시니 (석보 6:2)
나를 楊馬ㅅ 스ᅀᅵ예 보아 [머리 셰ᄃᆞ록 서르 ᄇᆞ리디 마져] ᄒᆞ더
라 (두언 16:18)

---

53) 3인칭이 원하는 내용을 말할이가 듣고 인용한 것이다.

[光明이 四天下를 비취ᄂ다] ᄒᄂ니 (몽산 53)

[부텨 滅度ᄒ샤미 엇뎨 ᄲᄅ신고] ᄒ더니 (법화 1:22)

[므ᅀ미 自在를 得다] ᄒ니 (법화 1:26)

[바ᄅ로 드러가리니 그저긔 佛法이 다 滅ᄒ리라] ᄒ더시이다 (석보 23:36)

피곤ᄒᆫ 눈이 ᄆ싀엽고도…값 길히 이볼ᄊᆡ [사ᄅ쇼셔] ᄒ니 (천강곡 상, 기164)

王이 돌해 刻ᄒ시샤 [南郊애 무더 두라] ᄒ시다 (월석 2:49)

衆生은…그지업시 受苦ᄒ거니와 부텨는 죽사리 업스실ᄊᆡ [寂滅이 즐겁다] ᄒ시니라 (월석 2:16)

(부톄) [難陀ᅵ 머리를 가ᄭᆞ라] ᄒ야시ᄂᆞᆯ (월석 7:8)

[七年을 믈리져] ᄒ야 出家를 거스니 (월석 7:1)

國王이 恭敬ᄒᅀᄫᅡ…眞珠網 펴ᅀᆞᆸ고 [부텨하 드르쇼셔] ᄒ니 (월석 7:24)

韋提希夫人이 [阿彌陀佛에 나가지이다] ᄒ야ᄂᆞᆯ (월석 8:5)

比丘와 王괘 夫人을 뫼샤 長者ᅵ 지븨 가샤 [겨집죵 사쇼셔] ᄒ야 브르신댄 (월석 8:94)

도ᄌ기 나를 자바다가 겨집 사마 사더니 제 法에 [샹녜 門 자펴 두고 ᄒ다가 ᄯᅩ처 오거든 ᄲᆞᆯ리 門을 열라] ᄒ옛더니 (월석 10:25)

婆羅門이 보고 깃거 [이 각시ᅀᅡ 내 얻니논 ᄆᅀᅡ매 맛도다] ᄒ야 (석보 6:14)

내 그제 [ᄫᅡᆷ 오ᄂ다] ᄒ야 브르다가 몯ᄒ오니 (월석 10:24)

十方虛空이 다 그 [내요니라] ᄒ야=十方虛空이 咸其生起라 ᄒ야 (능엄 10:52)

[佛法이ᅀᅡ 내 이어긔도 죠고마치 잇다] ᄒ야시ᄂᆞᆯ 어늬 和尙ㅅ 이어ᅌᅵᆺ 佛法이잇고 (남명, 상:14)

[므슷 일로 寒山은 머리 노뇨물 즐겨 이제 온 길흘 니제라] ᄒ야시뇨 (남명, 상:28)

房을 아니 받ᄌᄫᅡ 法으로 막ᄉᆞᆸ거늘 [龍堂을 빌이라] ᄒ시니 (천강곡 상, 기100)

衆生이 내 ᄠᅳ들 몰라 生死애 다 便安티 몯게 ᄒᄂ니 [엇뎨어뇨]

ᄒᆞᄅᆞᆫ듸 (월석 21:123)

衆生이 보고 [더러ᄫᅳᆯ쎠 엇뎨 이런 더러ᄫᅳᆫ 일 ᄒᆞ거뇨] ᄒᆞᆫ대 그남
지니 뉘으처 (월석 1:44)

五百 사ᄅᆞ미 [弟子ㅣ ᄃᆞ외아지이다] ᄒᆞ야 (월석 1:9)

道士ᄃᆞᆯ히 [오ᄂᆞᆯ 朝集을 因ᄒᆞ야 연줍져] ᄒᆞ고 (월석 2:69)

부톄 [등 알패라] ᄒᆞ샤 [믈 가져오라] ᄒᆞ야시ᄂᆞᆯ (석보 24:2)

舍利弗아 엇뎨 [諸佛世尊이 다ᄆᆞᆫ ᄒᆞᆫ 큰 잀 因緣으로 世間애 나
시ᄂᆞ다] ᄒᆞ거뇨 (석보 13:48)

[聖性에 외다] 터시니 (용 107장)

[수를 달라] ᄒᆞ야 먹ᄂᆞ다 (두언 25:18)

[參호ᄃᆡ 모로매 實히 參ᄒᆞ며 見호ᄃᆡ 모로매 實히 見ᄒᆞ라] ᄒᆞ야
(능엄 9:112)

[이ᄂᆞᆫ…差別智慧ᄅᆞᆯ 열 열쇠라] ᄒᆞᄂᆞ니 (몽산 53)

梵志ᄃᆞᆯ히 [仙人ㅅ 道理 닷노라] ᄒᆞ야 옷바사도 이시며 나못닙도
머그며 (석보 24:25-6)

孤獨長者ㅣ…[며느리ᄅᆞᆯ 어두리라] ᄒᆞ야 (석보 6:13)

須達이 이 말 듣고 [부텻긔 發心을 니ᄅᆞ와다 언제 새 어든 부텨
를 가 보ᅀᆞᄫᅩ려뇨] ᄒᆞ더니 (석보 6:19)

諸佛世尊이…[衆生이그에 부텻 知見을 뵈요리라] ᄒᆞ샤 世間애
나시며 (석보 13:48-9)

이제 부톄…衆生ᄋᆞ로 [一切 世間앳 信티 어려ᄫᅳᆫ 法을 다 듣ᄌᆞᄫᅡ
알에 호리라] ᄒᆞ샤 (석보 13:27)

[내 부텨와 ᄒᆞ야 母子 ᄃᆞ왼 後로 즐거ᄫᅮ미 오ᄂᆞᆯ ᄀᆞᆮᄒᆞ니 업다] ᄒᆞ
시고 (석보 11:2)

婆羅門이 그 말 듣고 [고ᄇᆞᆯ ᄯᅡᆯ 얻니노라] ᄒᆞ야 (석보 6:13)

淨飯王이 [耶輸의 ᄠᅳ들 누규리라] ᄒᆞ샤 (석보 6:9)

[내 뎌ᄢᅴ ᄒᆞ다가 我相이 잇더든 당다이 瞋恨을 내리러니라] ᄒᆞ
시니=我ㅣ 於彼時예 若有我相이러든 應生瞋恨이라 ᄒᆞ시니 (금
강삼가 3:29)

二乘이 能히 아디 몯홀ᄊᆡ [오직 내 이 相ᄋᆞᆯ 아노라] ᄒᆞ시고 (법
화 1:157)

어마님 어마님 사라겨싫저긔 [날마다 五百僧齊ᄒ야 香花飮食을 法다빙 ᄒ다라] ᄒ시더니 (월석 23:86)

다 ᄀ장 깃거 [녜 업던 이를 얻과라] ᄒ더니 (석보 19:40)

사ᄅ미 [福 求ᄒ노라] ᄒ야 (석보 19:3)

사ᄅ미 福을 貪ᄒ야 [如來를 앗ᄉ바 드리ᅀᆞᆸ고 ᄒ오ᅀᅡ 供養ᄒᅀᆞ 보리라] ᄒ야 힘센 사ᄅᄆᆯ 만히 보내야 (석보 23:23)

四天王과 大海神돌히 다 [외오호이다] ᄒ고 各各 도라 니거늘 (석보 23:47)

窮子ㅣ 깃거 [녜 업던 이를 得과라] ᄒ야 (월석 13:19)

王이 뉘으처 블리신대 [디 마니호이다] ᄒ고 다 아니 오니라 (월석 2:7)

釋迦如來 [ᄂ려가아 부텨 ᄃ외요리라] ᄒ시더라 (월석 2:10)

이 모든 大衆이 [아리 잇디 아니ᄒᆞ거슬 得과라] ᄒᅀᆸ더라 (능엄 5:4)

(사ᄅᆷ돌히) [이 ᄀ튼 法을 내 부텨를 조ᄍᆞ와 듣ᄌᆞ오라] ᄒ니 (능 엄 1:23)54)

그 삑 世尊이…한 사람 爲ᄒ야 너비 說法ᄒ샤 ᄀ장 利益게 ᄒ시 고 석둘이 다ᄋ거늘 [장차 도로 ᄂ려 :오리라] ᄒ샤 (월석 21:200)

[(내) 罪 업시 가티노라] ᄒ니라 (월석 13:17)

[우리…ᄒ마 涅槃을 得ᄒ야 맛들 이리 업소라] ᄒ고 (월석 13:4)

[(부텨의) 뎡바기를 보디 몯ᄒᅀᆞ오라] ᄒ니 (능엄 7:4)

[내 쿠라] ᄒ야 (육조, 상:88)

부텨 니르시논 解脫을 우리도 得ᄒ야 [涅槃애 다ᄃ론가] ᄒ다소 니 (석보 13:43)

世尊하 우리…[ᄒ마 究竟滅度를 得호라] ᄒ다소니 오늘ᅀᅡ 아로 니 智慧 업스니 ᄀ다소이다 (법화 4:36)

우리…[부텻 恩惠 갑ᄉ오ᄆᆯ ᄒ마 得호미 ᄃ외와라] ᄒ다이다 (법 화 2:251)

(내) [우리 브즈러니 精進ᄒ야…得혼거시 만호라] ᄒ다니 (월석 13:34)

내 모ᄆᆯ 도라ᄒ니 즉자히 스러디고 男子ㅣ ᄃ외야 灌頂智를 得

---

54) '내 부텨를 조ᄍᆞ와 이 ᄀ튼 法을 듣ᄌᆞ오라'의 도치문이다.

ᄒᆞ야 [(내) 부텨 끠 歸依ᄒᆞᅀᆞᆸ보라] ᄒᆞ더라 (월석 2:64)

窮子ㅣ 놀라 울어 닶겨 ᄯᅡ해 디여 [이 사ᄅᆞ미 나를 잡ᄂᆞ니 만ᄃᆞ기 주기리로소니 엇뎨 옷바ᄇᆞᆯ 뻐 날로 이에 니를어뇨] 커늘=何用衣食ᄒᆞ야 使我至此ㅣ어뇨 커늘 (법화 2:240)

[ᄆᆞᄎᆞ매 君臣이 相合호ᄆᆞᆯ 取ᄒᆞ리라] ᄒᆞ디웨 엇디 品命의 달오ᄆᆞᆯ 議論ᄒᆞ료 (두언 24:59)

世尊이…[너희ᄃᆞᆯ히 如來ㅅ 知見寶藏앳 分을 당다이 두리라] ᄒᆞ야 굴히야 니ᄅᆞ디 아니ᄒᆞ시고 (월석 13:34)

迦葉이 [도라] ᄒᆞ야 비러늘 (석보 23:40)[55]

[사ᄅᆞ쇼셔] 비니 (석보 6:33)

놀애 브트리란 블러 [앎픠 나ᅀᅡ오라] ᄒᆞ야 (박통 상:6)

삼년을 맛다셔 갑 받디 말오 [쏘리라] ᄒᆞ야 (박통 상:10)

<× [   ] 니ᄅᆞ->

어느 사ᄅᆞ미 [小微星이 잇다] 니ᄅᆞ던고 (두언 22:7)

처엄 [어두라] 니ᄅᆞ샤ᄆᆞᆫ (능엄 6:38)

[智德의 健히 化ᄒᆞ샨 이룰 ᄒᆞ마 보ᅀᆞ과라] 니ᄅᆞ시니 (법화 4:169)

내 아린…[方便說法이 다…菩提룰 爲ᄒᆞ니라] 니ᄅᆞ디 아니터녀 (법화 2:52)

ᄒᆞ다가 한 無明을 衆生이 本來 두솔딘댄 엇던 因緣ㅅ 젼ᄎᆞ로 如來ㅣ 또 [本來 成佛이라] 니ᄅᆞ시니잇고 (원각, 상2-3:3)

須達이 病ᄒᆞ얫거늘 부톄 가아보시고 [阿那含ᄋᆞᆯ 得ᄒᆞ리라] 니ᄅᆞ시니라 (석보 6:44)

須菩提 므슴 道理룰 보고 곧 [希有타] 니ᄅᆞ니오 (금강삼가 2:1)

[샹녜 예 잇노라] 니ᄅᆞ시며 또 [녀나ᄆᆞᆫ 고대 잇노라] ᄒᆞ시니 (법화 5:134)

[難히 보ᅀᆞᆸᄂᆞ다] 니ᄅᆞ샤ᄆᆞᆫ (법화 5:148)

---

55) '빌-'이 'ᄒᆞ-'의 의미를 보충해 주고 있다. 이러한 구조는 다음 예문처럼 'ᄒᆞ-'가 없어도 '빌-'이 바로 인용마디를 이끌 수 있다.

<× [   ] 일콘->

平人이 妄量♀로 [帝王이로라] 일콘다가 (법화 7:159)
瞿曇이 무리 尊卑 업서 五百弟子ㅣ 各各 [(내) 第一이로라] 일콘
ᄂ니 (월석 21:199)

<× [   ] 듣->

諸子ㅣ…[아바니미…菩提롤 일우시다] 듣ᄌᆞᆸ고 다 보ᄇᆡ ᄇᆞ리고
(법화 3:96)
이웃 ᄆᆞ슬힛 사름둘히 [羅ᄂᆞ이 오ᄂᆞ다] 듣고 (월석 23:74)

<× [   ] 브르->

相師ㅣ 모다 [(부톄) 萬歲ᄒᆞ쇼셔] 브르ᅀᆞᄫᅳ며 (월석 2:46)

<× [   ] 請ᄒᆞ->

[飯 좌쇼셔] 請커늘 (천강곡 상, 기100)
合掌ᄒᆞ야 [머거지이다] 請ᄒᆞ야 (월석 21:168)

<× [   ] 빌->

勞度差ㅣ…舍利弗ㅅ 알ᄑᆡ 옷브리 업슬ᄊᆡ 즉자히 降服ᄒᆞ야 업더
이여 [사ᄅᆞ쇼셔] 비니 (석보 6:33)

<× [   ] 일훔ᄒᆞ->

艱難ᄒᆞᆫ 사ᄅᆞ미 간대로 [(내) 帝王이로라] 일훔ᄒᆞ다가 (능엄 6:112)

<× [   ] 소리ᄒᆞ->

밠 中에 [즐거ᄫᅳᆯ쎠] 소리ᄒᆞ거늘 (월석 7:5)[56]

---

56) '소리'를 '즐거ᄫᅳᆯ쎠'와 동격으로 보고, 'ᄒᆞ-'가 인용마디를 이끌었다고 볼 수는 없다. 여기에서
'소리ᄒᆞ-'는 '소리 지르다'는 뜻으로 단순히 'ᄒᆞ-'가 연결될 때와는 그 뜻이 다르다.

2.4. ' × [   ] × ' 유형

인용마디를 이끄는 말이 전혀 없는 이러한 구조는 그 예가 매우 드물다. 이러한 구조는 인용구조의 특이한 유형이다.

> [三界 便安킈 호리라] 發源이 기프실씨 (월석 2:35, 기21)
> [龍이 그엔 이쇼리라 王ㅅ 그엔: 가리라] 이 두 고대 어듸 겨시
> 려뇨 (월석 7:26, 기197)
> ⇐ 부톄 니ᄅ샤ᄃᆡ [내 龍이…: 가리라] ᄒᆞ시-
> 형뎨 서르 [내 죽거 지라] 드토온대 (이륜 9)

2.5. 임자말 제약

인용 구조의 임자말 연결은 다음의 네 유형으로 나눌 수 있다.

① 1인칭[2, 3인칭]   ② 1인칭[1인칭]
③ 2, 3인칭[2, 3인칭]   ④ 2, 3인칭[1인칭]

① 안은마디의 임자말은 1인칭이고, 안긴 인용마디의 임자말은 2, 3인칭인 경우이다.

안은마디의 임자말이 1인칭이면 일반적으로 간접인용이 되는 것이지만, 여기에서는 이러한 구조가 직접인용이 되는 이유를 밝히고자 한다.

> (내) 녜 드로니 [黃金이 하면 아자셔 뉘읏부미 나믈 보ᄂ니라]호
> 니＝昔聞黃金多 坐見悔吝生 (두언 22:20)

(내) 아래 드로니…[子孫이 封侵ᄒ리 잇다] 호니 (내훈, 2하:41)
妾(=나)은 드로니…[君臣이 서르 保全호ᄆ 어렵다] 호니 (내훈, 2하:41)
妾(=나)ᄋᆫ 드로니 [賞罰이 公反ᄒ야ᅀᅡ 足히 사ᄅᆞᄆᆯ 降伏히ᄂᆞ다] 호니 (내훈, 2하:53)
나ᄂᆞᆫ 드로니 [겨집도…沙門ㅅ 四道ᄅᆞᆯ 得ᄒᄂᆞ다] 홀씨 (월석 10:16)
내 그제 [ᄇᆞ얌 오ᄂᆞ다] ᄒ야 브르다가 몯호니 (월석 10:24)
내 아릭…[方便說法이 다…菩提ᄅᆞᆯ 爲ᄒ니라] 니ᄅᆞ디 아니터녀 (법화 2:52)

위의 예문은 모두 과거에 말할이 자신이(1인칭) 들었거나 말했던 내용을, 현재에 와서 회상하여 인용한 것이다.
곧, 이러한 구조가 직접인용이 될 수 있는 것은 인용마디를 이끄는 풀이말의 때가 '과거'이기 때문이다.

② 안은마디의 임자말은 1인칭이고, 안긴 인용마디의 임자말도 1인칭인 경우이다.

부텨 니르시논 解脫ᄋᆞᆯ 우리도 得ᄒ야 [涅槃애 다ᄃᆞ론가] ᄒ다소니 (석보 13:43)
世尊하 우리…[ᄒ마 究竟滅度ᄅᆞᆯ 得호라] ᄒ다소니 오늘ᅀᅡ 아로니 智慧 업스니 ᄀᆞ다소ᅌᅵ다 (법화 4:36)
우리…[부텻 恩惠 갑ᅀᆞ오ᄆᆞᆯ ᄒ마 得호미 ᄃᆞ외와라] ᄒ다이다 (법화 2:251)
(내) [우리 브즈러니 精進ᄒ야…得혼거시 만호라] ᄒ다니 (월석 13:34)
내 모ᄆᆞᆯ 도라ᄒ니 즉자히 스러디고 男子ㅣ ᄃᆞ외야 灌頂智ᄅᆞᆯ 得ᄒ야 [(내) 부텨 쯰 歸依ᄒᅀᆞᆸ보라] ᄒ더라 (월석 2:64)[57]

위의 예문들 역시 말할이 자신이 과거에 했던 말을 회상하여 인용한 것이다. 이것이 직접인용이 되는 이유도 앞의 '① 1인칭[2, 3인칭]'의 경우와 마찬가지로 안은마디의 때가 과거이기 때문이다.

③ 안은마디의 임자말은 2, 3인칭이고, 안긴 인용마디의 임자말도 2, 3인칭인 경우이다. 안은마디의 임자말이 2, 3인칭인 유형은 직접인용의 일반적 구조이다.

> 帝釋이 닐오디 [부톄 아래 흐니룰 몬져 주시니라] 흐고 (석보 23:47)
> 一切大海…닐오디 [셜볼쎠 衆生이 正흔 길흘 일허다] 흐며 (석보 23:19)
> 虛空애셔 닐오디 [이제 부톄 나아 겨시니라] 흐야놀 (석보 6:12)

위의 예문은 '3인칭[3인칭]'구조이다. 다음의 '3인칭[2인칭]' 구조에서는 안긴마디의 임자말은 '들을이'가 된다.

> 高聲으로 닐오디…[너희둘히 당다이 부톄 드외리라]흐더라 (석보 19:31)
> 菩薩이 諸天드려 무르샤디 [엇던 양조로 느려가료] 흐샤놀 션비 양조도 니르며 (월석 2:19)
> 부텨 니르샤디 […네 목수믈 미더 즈릆 時節을 기드리는다] 흐시고 (석보 6:11)
> 그 아비 그 쏜니믈 구짓고 北녁 堀애 브리슥바 [블 가져오라] 흐야놀 (석보 11:25-6)
> 王이 돌해 刻히샤 [南郊애 무더 두라] 흐시다 (월석 2:49)
> 王獻之ㅣ 盜賊 더브러 닐오디 […두구가라] 흐니라 (두언 15:28. 주)

---

57) 1인칭 회상법의 '-다-'가 되지 않은 이유는 다른 세계에 있던 자신이 한 말을 객관화하여 인용했기 때문이다.

淨飯王이…니르샤딕 […그듸내 各各 혼 아들옴 내야 내 孫子 조
차 가게 ᄒ라] ᄒ시니 (석보 6:9)

王이 怒ᄒ야 니르샤딕…[즉자히 그 蓮花를 ᄇ리라] ᄒ시다 (석보
11:31)

比丘와 王괘 夫人을 뫼샤 長者ㅣ 지븨 가샤 [겨집종 사쇼셔] ᄒ
야 브르신댄 (월석 8:94)

④ 안은마디의 임자말은 2, 3인칭이고, 안긴 인용마디의 임자말
은 1인칭인 경우이다. 안긴마디의 임자말과 안은마디의 임자말은
동일인이 된다.

護彌 닐오딕 [그리 호리라] ᄒ야ᄂ (석보 6:15)

혼 大臣이 닐오딕 [내 方便으로 더로리라] ᄒ고 (월석 13:15)

그저긔…諸天들히 닐오딕 [우리도 眷屬 ᄃ외ᅀᄫ바 法 빈호ᅀᄫ오리
라] ᄒ고 (월석 2:23-4)

저희 닐오딕 [梵天의 이ᄇ로셔 :나라] ᄒ고 (월석 2:46)

도즈기…날ᄃ려 닐오딕 […네 머리를 버효리라] 홀씨 두리어 머
구니 怒를 잔치니라 (월석 10:25)

아히 울어든 父母ㅣ…닐오딕 [내 너를 金 :주료] ᄒ야둔 (남명,
상:44-5)

阿育王이 (龍王에게) 닐오딕 [내 그런 ᄠ들 몰라 하뎅다] ᄒ야ᄂ
(석보 24:31-2)

ᄯ 닐오딕 [내 無上涅槃을 得호라] ᄒ고=亦言自得無上涅槃호라
ᄒ고 (능엄 9:91)

魔王이 世尊ᄭ 술보딕 [瞿曇아 나ᄂ 一切衆生이 다 부톄 ᄃ외야
衆生이 업거ᅀᅡ 菩提心을 得호리라] ᄒ더라 (석보 6:46)

王이 大闕안해 出令호딕 [이 새울의 ᄒ니ᅀᅡ 夫人을 사모리라]
ᄒ야ᄂ (석보 24:20)

혼 밧 님자히 씨 비홇저긔 願호딕 [즁싱과 어우러 머구리라] ᄒ
야ᄂ (월석 2:12)

平人이 妄量ᄋ로 [帝王이로라] 일ᄏᆞᆫ다가 (법화 7:159)

瞿曇이 무리 尊卑 업서 五百弟子ㅣ 各各 [(내) 第一이로라] 일ᄏᆞᆮ
ᄂᆞ니 (월석 21:199)

[三界 便安킈 호리라] 發源이 기프실ᄊᆡ (월석 2:35, 기21)

[龍이 그엔 이쇼리라 王ㅅ 그엔 :가리라] 이 두 고대 어듸 겨시
려뇨 (월석 7:26, 기197)

⇐ 부톄 니ᄅᆞ샤ᄃᆡ [내 龍이…:가리라] ᄒᆞ시-

3. 간접인용

간접인용은 '추상적 간접인용', '변형적 간접인용', '형식적 간접
인용'으로 나눈다.

추상적 간접인용이란, 그 구조는 직접인용과 같지만, 말할이가 누
군가의 말을 듣고 그것을 그대로 인용한 것이 아닌 인용을 뜻한다.

변형적 간접인용이란 인용 가운데의 어느 한 부분을 말할이의
입장에서 주관화시킨 인용을 뜻한다. 이것은 일반적 의미로서의 간
접인용이다.

형식적 간접인용이란 형식만을 인용에서 끌어온 구조이며 말풀
이의 의미를 갖는다.

3.1. 추상적 간접인용

추상적 간접인용이 되기 위한 조건은 몇 가지가 있는데, 그에 따
라 나누어 설명하기로 한다.

3.1.1. 생각의 인용화

머릿속의 생각을 꺼내서 인용의 방식을 취하는 경우이다. 이때의 인용마디를 이끄는 풀이말은 '너기-, 싱각ᄒ-, ᅀᆞᆷᄒ-, 疑心ᄒ-, 시브-, 젛' 따위가 된다. 이러한 경우의 인용말은, 직접 들었던 말을 그대로 옮긴 것이 아니라 말할이가 추상화시켜 인용한 것이므로, 추상적 간접인용에 속하게 된다(자기 자신이 생각했던 것을 인용한 경우도 추상적 간접인용에 속하게 되는데, 다른 경우에 비해 추상화가 약하다고 할 수 있다).

인용마디를 이끄는 풀이말에 따라 나누기로 한다.

'너기-'

부텨 向ᄒᆞᆫ ᄆᆞᅀᆞᄆᆞᆯ 니즈니 누니 도로 어듭거늘 제 너교ᄃᆡ [바미 가다가 귓것과 모딘 즁싱이 므싀엽도소니 므스므라 바미 나오나뇨] ᄒᆞ야 뉘으처 도로 오려 ᄒᆞ더니 (석보 6:19)

사ᄅᆞ미 바ᄆᆡ 녀다가 机를 보고 [도ᄌᆞ긴가] 너겨며 [모딘 귀 써신가] 너겨 두리여 (석보 11:34)

天龍鬼神ᄃᆞᆯ토 다 너교ᄃᆡ [이 부텻 神通ᄒᆞ신 相ᄋᆞᆯ 이제 눌 더브러 무르려뇨] ᄒᆞ더니 (석보 13:15)

太子ㅣ 앗겨 ᄆᆞᅀᆞ매 너교ᄃᆡ [비들만히 니르면 몯 ᄉᆞᆰ가] ᄒᆞ야 (석보 6:24)

그 ᄢᅴ 首陀會天이 너교ᄃᆡ [나랏 臣下ㅣ 天子ㅅ 녀글 들면 須達익 願을 몯 일울까] ᄒᆞ야 (석보 6:25)

太子ㅣ 너교ᄃᆡ [부텻 德이 至極ᄒᆞ샤ᅀᅡ 이 사ᄅᆞ미 보ᄇᆡᄅᆞᆯ 더리도록 아니 앗기놋다] ᄒᆞ야 (석보 6:25)

世尊ㅅ 말 ᄉᆞᆯ보리니 天載上ㅅ 말이시나 [귀예 듣논가] 너기ᅀᆞᄫᆞ쇼셔 (월석 1:1, 기2)

世尊ㅅ 일 술보리니 萬里外ㅅ 일이시나 [눈에 보논가] 너기ᅀᆞᆸ
쇼셔 (월석 1:1, 기2)

너희 이 브를 보고 [더본가] 너기건마른 (월석 10:14)

太子ㅣ [아바닚 勅書ㅣ신가] 너겨 (석보 24:51)

[블근 칠흔 門으란 올ᄒᆞ니라] ᄒᆞ야 쟈랑ᄒᆞ곡 [이 새지브란 외다]
ᄒᆞ야 더러이 너기디 말라 (두언 15:5)

世尊하 우리 샹녜 이 念을 ᄒᆞ야 내 너교ᄃᆡ [ᄒᆞ마 究竟滅度를 得
호라] ᄒᆞ다소니 오늘ᅀᅡ 아로니 (법화 4:35-6)

쟝차 [나비 힌다] 너기다니 ᄯᅩ 나비 거므니 잇닷다 (금강삼가 4:22)

내 너교ᄃᆡ [내 이제 得흔 道理로 三乘을 닐어ᅀᅡ ᄒᆞ리로다] ᄒᆞ다
니 (석보 23:58)

내 너교ᄃᆡ…[훌히 說法마오 涅槃애 어셔 드사 ᄒᆞ리로다] ᄒᆞ다가
(석보 13:58)

내 너교ᄃᆡ [(내) 滅度애 시러 니를와라] 타니 (법화 2:23)

이 모ᄆᆞ로 아바님 爲ᄒᆞ야 病엣 藥을 지ᅀᅮ려 ᄒᆞ노니 [목수미 몯
이실까] 너겨 여희ᅀᆞᆸ랴 오니 願흔든 어마니미 그려 마ᄅᆞ쇼셔
(월석 21:217)

林宗이 너기되 [저를 위ᄒᆞ야 쟝만ᄒᆞᄂᆞ니라] ᄒᆞ더니 (소학 6:106)

'혜-, 念(을)ᄒᆞ-, ᄉᆞ랑ᄒᆞ-, 싱각ᄒᆞ-'

알ᄑᆡ [내 物을 두려이 내노라] 혜오 이에 [뎨 나를 두려이 내니
라] 혤씨 이런ᄃᆞ로 일후미 갓ᄀᆞ로 두려우미라 (능엄 10:54)

[내 이 識이라] 혜며 [내 色과 달오라] 혜며 (법화 1:189)

世尊하 내 이 念을 호ᄃᆡ [내 이 欲 여흰 阿羅漢이로라] 아니하노
이다 (금강 54)

須陀洹이 能히 이 念을 호ᄃᆡ [내 須陀洹果를 得호라] ᄒᆞᄂᆞ녀 아
닌ᄂᆞ녀 (금강 49)

아비 每常 아ᄃᆞᆯ를 念호ᄃᆡ [아ᄃᆞᆯ와 여희연디 쉬나믄 ᄒᆡ어다] 호
ᄃᆡ (월석 13:9)

내 ᄉᆞ랑호ᄃᆡ…[쟝차 아니 믈러 일흟가] ᄒᆞ다니 (능엄 5:72)

感激ᄒᆞ야 [거리치디 몯ᄒᆞ논가] ᄉᆞ랑ᄒᆞ더라 (두언 24:28)

내 글로 인ᄒᆞ야셔 싱각ᄒᆞ니 [ᄒᆞᆫ갓 머리톄를 곧게 홀 ᄲᅮ니 아니라 ᄆᆞᅀᆞᆷ도 곧게 홀 거시로다] ᄒᆞ야 (번소 10:27)

'疑心ᄒᆞ-'

[因緣과 自然이 ᄀᆞᆮᄒᆞ가] 疑心ᄒᆞᆯᄊᆡ (능엄 2:96)

[믄득 난가] 疑心ᄒᆞ다라 (법화 3:104)

[엇던 因緣으로 得ᄒᆞ고] 疑心ᄒᆞ시니라 (법화 4:56)

도ᄅᆞ혀 疑心ᄒᆞ오ᄃᆡ [(내) 타樓ㅅ미틔셔 나죗밥 먹고 越ㅅ 中에서 녀논가] ᄒᆞ노라 (두언 15:7)

衆生이 믄득 [난가] 疑心ᄒᆞ니라 (월석 14:17)

오직 疑心ᄒᆞ오ᄃᆡ [淳朴ᄒᆞᆫ ᄯᅡ히 스스로 ᄒᆞᆫ 山川이 잇ᄂᆞᆫ가] ᄒᆞ노라 (두언 15:9)

ᄒᆞ마 갓ᄀᆞᆫ 想ᄋᆞᆯ 스러 法身ᄋᆞᆯ 다 어드란ᄃᆡ [ᄒᆞ마 果를 得ᄒᆞᆫ가] 疑心ᄃᆞ외어늘 (능엄 3:115)

[도ᄅᆞ혀 이衡을 아쳘가] 疑心ᄒᆞ노라 (두언 23:4)

[보ᄆᆡ 體 펴며 옮ᄂᆞᆫ가] 疑心ᄒᆞ니 (능엄 2:40)

[샹녜 겨샤미 아니신가] 疑心ᄃᆞᆸ거신마ᄅᆞᆫ (법화 5:135)

[갓가온 자최 ᄀᆞᆮᄒᆞ신가] 疑心ᄃᆞ외시며 (법화 5:135)

緊那羅ᄂᆞᆫ…사ᄅᆞᆷ ᄀᆞ토ᄃᆡ ᄲᅳ리 이실ᄊᆡ [사ᄅᆞᆷ인가] ᄒᆞ야 疑心ᄃᆞᄫᅵ니 (월석 1:15)

'感傷ᄒᆞ-'

甚히 내 感傷ᄒᆞ오ᄃᆡ [如來ㅅ 無量知見을 일호라] ᄒᆞ다이다 (법화 2:4)

'ᄭᅥ리-, 시름ᄒᆞ-'

부텨 보ᅀᆞᄫᆞᆯ 즐기디 아니ᄒᆞ며 [어즈러ᄫᆞᆯ가] ᄭᅥ려 [道理 먼가] 시름ᄒᆞᆯᄊᆡ (월석 14:79)

末世學者ᄂᆞᆫ 法眼이 分明티 몯ᄒᆞ야 [渾亂正法 홀가] 先聖이 시름ᄒᆞ샤 (선가 13)

'分別ᄒᆞ-'

　[오래 勤苦ᄒᆞᆯ까] 분별호ᄆᆞᆯ 가ᄌᆞᆯ비니라 (법화 2:197)

　佛道ㅣ 길오 머러 [受苦ᄒᆞᆯ까] 分別호ᄆᆞᆯ 가ᄌᆞᆯ비니라 (월석 13:15)

　[성현 디위예 몯 갈가] 분별 아니 ᄒᆞᆯ 거시라 (번소 8:13)

'졇-'

　[末學이 그르 앓가] 저혼 젼ᄎᆞ로 (능엄 2:65)

　[主守ㅣ…ᄆᆞ슴 뿌믈 잘 몯 ᄒᆞᄂᆞᆫ가] 오히려 저허 (두언 7:35)

　[길히 머러 가다가 泥滯ᄒᆞᆯ가] 저허 사랑칸마ᄅᆞᆫ 興이 기퍼 ᄆᆞᄎᆞ
매 고티디 몯ᄒᆞ노라 (두언 16:64)

　一一히 모로매 觀名을 牒ᄒᆞᆯ디언마ᄅᆞᆫ 이제 [그리 할까] 저허 (원
각, 하2-2:15)

　(俱夷) 어엿브신 ᄆᆞ슴애 [(太子ㅣ) 나가싫가] 저ᄒᆞ샤 太子ㅅ 겨틔
안ᄍᆞᆸ시니 (천강곡 상, 기46)

　二乘은 [定果를 일흘까] 저흘ᄊᆡ (법화 2:202)

　[거즛 어즈룜 ᄃᆞ욇가] 저흐니라 (능엄 10:24)

　[바비 貧乏ᄒᆞᆫ가] 젼노라 (두언 22:28)

　幽深ᄒᆞᆫ 길헤 [해 길 낼가] 젼노라 (두언 25:16)

　[드롬이 이실가] 저허ᄒᆞ더라 (논어 1:45)

　[ᄯᅩ 노히 버믈가] 저혜라 (노걸 상:38)

'두리-'

　難陀ㅣ 두리여 [자바 녀흘까] ᄒᆞ야 (월석 7:13)

　다음은 인용마디를 이끄는 추상적 풀이말이 속뜻에 숨어 있는
경우이다. 문맥상으로 보아 숨어 있는 풀이말을 '두리-' 정도로 잡
아볼 수 있다.

　罪人이…[獄主ㅣ 더 셟본 ᄯᅡ해 옮기싫가] ᄒᆞ야 맛굷디 몯ᄒᆞ다이

다 (월석 23:85)

아가 아가 (내) [긴 劫에 몯 볼까] ᄒᆞ다니 오ᄂᆞᆳ날 地獄門 알ᄑᆡ셔
아기와 서르 보관뎌 (월석 23:87)

'시브-'58)

[셔올 가 다시 너희 볼가] 시브디 아니ᄒᆞ예라 (무덤편지 54)
나ᄂᆞᆫ 즉시 갈 거시로ᄃᆡ ᄃᆞᆼ니ᄅᆞᆯ 반도 몯 바다시니 [너월 열ᄒᆞ로
ᄢᅵ나 될가] 시브니 (무덤편지 51)
[보기 그ᄅᆞ 듣거나 그 노미 그리 굴히거나 ᄒᆞᆫ가] 시븨 (무덤편지 130)

3.1.2. 미정법 풀이말이 올 때

인용마디를 이끄는 풀이말의 때매김이 미정법이면, 그 인용의 내
용은 말할이가 추상적으로 가정한 것이 되므로 '추상적 간접인용'
에 속하게 된다.

[내 노포라] ᄒᆞ릴 맛나든 (월석 21:67)
[그 ᄉᆞ랑ᄒᆞ며 어엿비 너교미 어루 至極다] 니ᄅᆞ리언마ᄂᆞᆫ (내훈
3:32-3)
내 오ᄂᆞᆯ [큰 체를 얻과라] 홀디니라 (법화 4:84)
뎌ᄂᆞᆫ 어루 [도ᄌᆞ기 ᄆᆞᆯ ᄐᆞ 도ᄌᆞᆯ 쫏다] 닐올디오 이ᄂᆞᆫ 어루
[할미 젹삼 비러 할미 나ᄒᆞᆯ 젿ᄒᆞ다] 닐올디로다 (금강삼가 3:12)
[三이라 一이라] 닐올ᄹᅵ 아니니라 (영가, 하:56)
ᄒᆞ다가 내 [能히 衆生ᄋᆞᆯ 度ᄒᆞ노라] ᄒᆞ며 [내 이 發心ᄒᆞᆫ 사ᄅᆞ미로
라] ᄒᆞ야 니ᄅᆞ린댄 (금강삼가 4:3)
(내) [뉘 지스며 뉘 받ᄂᆞ고] 호리라 (능엄 4:91)
[ᄆᆞᆯ근 이바디ᄅᆞᆯ 마져] 니ᄅᆞ고져 컨마ᄅᆞᆫ (두언 7:25)

---

58) '시브-'는 15세기에는 많이 쓰이지 않다가, 16세기부터 인용마디를 이끄는데, 혹은 '-고져 십브-'
로 많이 쓰임.

[기피 아르샤 아리브터 마즈시다] 어루 술오리샷다 (법화 4:70)

현마 七寶로 쑤며도 (내) [됴타] 호리잇가 法엣 오시사 眞實ㅅ

오시니 (천강곡 상, 기121)

[옷 디호몰 ᄀᆞᆺ부다] 엇뎨 말리오 (두언 25:17)

도로 [보디 몯ᄒᆞᄂᆞ다] 일훔ᄒᆞ려=還名不見가 (능엄 2:72)

엇뎨 네게 븓관ᄃᆡ [맛 아ᄂᆞ다] 일훔ᄒᆞ리오 (능엄 3:27)

누를 ᄒᆞ야 [가 어드라] ᄒᆞ료 (박통 상:3)

나는 曾子ᄭᅴ 듣줍고 曾子ᄂᆞᆫ 夫子ᄭᅴ 듣ᄌᆞ오시니 ᄀᆞᆯᄋᆞ샤ᄃᆡ [하ᄂᆞ

히 내샨 바와 ᄯᅡ히 치시ᄂᆞᆫ 바애 오직 사ᄅᆞ미 크니 父母ㅣ 올와

나ᄒᆞ시니 ᄌᆞ식이 올와 도라개사 可히 [효되라] 니를거시니 니를

거시니 그 얼굴을 ᄒᆞ야 ᄇᆞ리디 아니ᄒᆞ며 그 몸을 辱ᄒᆞ디 아니ᄒᆞ면

可히 [올오다] 닐올디라] ᄒᆞ시니 (소학 4:18)[59]

나ᄂᆞᆫ 반ᄃᆞ시 [學ᄒᆞ얏다] 닐오리라=吾必謂之學矣라 호리라 (논어 4)

져므니ᄂᆞᆫ 소라롤 받들고…[셰슈ᄒᆞ쇼셔] 請ᄒᆞ고 셰슈 ᄆᆞᄎ셔든

슈건을 받ᄌᆞ올디니라 (소학 2:3)[60]

3.1.3. 가정·양보의 뜻을 가진 이음법 씨끝이 올 때

가정이나 양보의 뜻을 가진 이음법 씨끝('-어도', '-은ᄃᆞᆯ', '-거든',

'-으면' 따위)이 인용마디를 이끄는 풀이말에 연결되는 경우도 추

상적 간접인용에 속하게 된다.

비록 [쿠미 須彌 ᄀᆞ다] 닐어도 ᄇᆞᆯ셔 뎌롤 에워 限ᄒᆞᄂᆞᆫ디며 [量이

大虛 ᄀᆞ다] ᄒᆞ야도 ᄯᅩ 여롤 에워 限ᄒᆞᄂᆞᆫ디니라 (금강삼가 4:13)

그ᄃᆡ 이제 날 ᄒᆞ야…[주기라] ᄒᆞ야도 그ᄃᆡ롤 거스디 아니호리어

늘 이제 엇뎨 怨讐를 니ᄌᆞ시ᄂᆞ니 (석보 11:34)

城 밧긔 브리 비취여 十八子ㅣ 救ᄒᆞ시려니 [가라] ᄒᆞᆫᄃᆞᆯ 가시리

---

59) 직접인용에 간접인용이 안기어 있다. [효되라], [올오라]가 간접인용이다.

60) 문맥상 '받ᄌᆞ올-'의 때매김은 '請ᄒᆞ-'의 때매김을 통솔하고 있다.

잇가 (용 69장)

[術法이 높다] 흔들 (천강곡 상, 기99)

王이 흔 太子를 흔 夫人곰 맛디샤 [졋 머겨 기르라] ᄒ시면 아ᄃ
리 아니리잇가 (석보 11:33)

[부톄 겨지블 調御ᄒ시ᄂ다] ᄒ면 (부텨를) 尊重티 아니ᄒ시릴ᄊᆡ
[丈夫를 調御ᄒ시ᄂ다] ᄒ니라 (석보 9:3)[61]

네 비록 [遼東人이로라] 흔들 내 믿디 몯ᄒ얘라 (노걸 상:50)

仁者ᄂ 비록 告ᄒ야 골오ᄃᆡ [井에 사름이 잇다] ᄒ야도 그 從ᄒ
리로송이다 (논어 2:11-2)

[남은이 인ᄂ냐] 묻거시든 (소학 4:15)

ᄒ다가…[얼노라] ᄒ면 쏘 흔돈 은을 쁘ᄂ니 (노걸 하:62-3)

3.1.4. 안은마디가 시킴법일 때

안은마디가 시킴법일 때는, '네가…라고 하라'는 식이 되므로, 직
접 들은 말을 인용한 것이 아니다.

네가…窮子ᄃ려 닐오ᄃᆡ […갑슬 倍히 :주리라] ᄒ라 ᄒ다가 (窮
子ㅣ) 무로ᄃᆡ [무슷 일 시교려 ᄒᄂ다] 커든 닐오ᄃᆡ [똥 최유리
니 우리 둘토 흔틔 호리라] ᄒ라 (월석 13:20)

[믈 힘뻐 머기라] ᄒ소 (무덤편지 45)

너희 세희 듕에 이 늘그니 ᄒ야 [보라] ᄒ야라 (노걸 상:34)

3.1.5. 부정을 나타내는 말이 올 때

인용을 이끄는 말('니ᄅ-')을 부정하는 말이 나오면, 간접인용에

---

61) [丈夫…ᄒ시ᄂ다]는 직접인용이고, [부톄…ᄒ시ᄂ다]만 간접인용이다. 그리고 위의 두 예문은,
뒤의 미정법 씨끝 '-으리'가 간접인용임을 증명해 주고 있다.

속하게 된다.

[속졀업시 안잿다] 니르디 말라 (금강삼가 4:30)[62]
世尊이 곧 [須菩提ㅣ 이 阿蘭那行ᄋᆞᆯ 즐기ᄂᆞ니라] 니르디 아니ᄒᆞ
시려늘 (금강 55-6)[63]
[故人의 ᄒᆞᆫ 書信이 업세라] 니르디 아니ᄒᆞ노라 (두언 21:17)

3.1.6. 인용마디가 안은마디 풀이말의 의미상의 목적

인용마디 자체가 안은마디 풀이말의 의도나 목적을 나타내는 경
우도 추상적 간접인용에 속하게 된다. 이러한 경우에는 인용마디를
이끄는 말은 나타나지 않고(앞의 '1.4.×[인용]×유형'은 이것과 구
조는 같지만 의도의 뜻이 없으므로 직접인용이었다), <u>인용말에는
반드시 1인칭 의도를 나타내는 '-오/우-'가 연결된다.</u>

쇠 한 도ᄌᆞᄀᆞᆯ 모ᄅᆞ샤 [:보리라] 기드리시니 (용 19장)
아ᄃᆞᆯ님 成佛ᄒᆞ샤 [아바님 보ᅀᆞ보리라] 羅漢優陀耶ᄅᆞᆯ 돌아보내시
니 (천강곡 상, 기113)
아기 逃亡ᄒᆞ샤 [아바님 보ᅀᆞ보리라] 林爭寺ᄅᆞᆯ 向ᄒᆞ더시니 (월석
8:85, 기239)
[각시 쇠노라] 놋 고ᄫᅵ 빗여 드라 (천강곡 상, 기49)
(네) 아라녀리 그츤 이런 이ᄫᅩᆫ 길헤 [눌 :보리라] 우러곰 온다
(월석 8:86-7, 기244)
(夫妻ㅣ) [그ᅌᅦ 딩ᄀᆞ노라] 집지ᅀᅵᆯ 처엄 ᄒᆞ니 (월석 1:44)
多蹊ᄂᆞᆫ 甘子ᄅᆞᆯ 일버서 [ᄠᅩ노라] 길흘 해 ᄇᆞ올ᄉᆡ라 (두언 25:16)

---

62) '시킴법'도 간접인용에 관여하고 있다.
63) 미정법의 '-으리'도 간접인용에 관여하고 있다.

(내) [衆生 救호리라] 밥 비러 먹노이다 (천강곡 상, 기122)

[졋 머기노라] 삼년 쌋이예…온가짓 슈고 ᄒ야아 (박통 상:57)

흔 줌이 ᄂᆞ미 겨지블 ᄀᆞ마니 도족ᄒ야 [얼노라] 도죡ᄒ야 더브
러 갈 저긔 (박통 상:35)

中元에셔 幻術ᄒᆞᄂᆞ 道士들히 道術ᄒᆞᄂᆞ 藥 밍ᄀᆞ로셔 [새 믈 내요
리라] 方珠ᄅᆞᆯ 가져 畝中에 보름ᄃᆞᄅᆞᆯ 對ᄒᆞ야든 方珠에셔 이스리
미자든 (칠대 4)

이러한 인용구조에서는 인용마디 안의 임자말과 안은마디의 임
자말이 같고(마지막 예문에서, '내-'의 임자말과 '가지-'의 임자말은
다 같이 '道士:들'임), 인용마디의 내용이 안은마디의 내용의 의미상
의 목적이 될 때('새 믈'을 내기 위하여 '方珠'를 가진 것임), 이 인
용마디의 마침법은 이음법 '-고져'로 대치될 수 있다(→ 새 믈 내고
져 方珠ᄅᆞᆯ 가져…).

'-고져'를 사용하지 않고 인용구조로 만든 이유는 1인칭의 의지
를 덧보태어 나타내기 위한 것이다('-고져'로는 '의지'의 뜻은 나타
낼 수 없고, '목적'의 의미만 나타낼 수 있다). 따라서 인용말에 1인
칭 의도를 나타내는 '-오/우-'가 연결되었다.

3.1.7. 안은마디: 1인칭, 현실법

안은마디의 임자말이 1인칭이고, 풀이말의 때가 현재일 때는,
'나는 지금…라고 말한다'는 식이 되므로, 자기가 지금 하고 있는
말을 인용의 형식으로 표현한 것이다.

내 부텨끽 말쓰물 슬보틱…[내야 받즈보리이다] ᄒᆞᅀᆞᆸ보이다 (석
보 24:31)

내 오늘…[…잢간도 말라] ᄒᆞ노니 엇뎨어뇨 ᄒᆞ란틱 (월석 21:105)

이럴씨 내 닐오틱…[衆僧供養 아니ᄒᆞ야도 ᄒᆞ리라] ᄒᆞ노라 (월석
17:40)

내…이제 實로 滅度 아니호틱 곧 닐오틱 [滅度호리라] ᄒᆞ노니
(월석 17:3)

나도 머릴 울워러 [셜버이다 救ᄒᆞ쇼셔] 비ᅀᆞᆸ보니 (월석 2:52)

이럴씨 우리 닐오틱 [本來 求ᄒᆞ논 ᄆᆞᅀᆞᆷ 업다이다] ᄒᆞ노니 (월석
13:37)

이런ᄃᆞ로 부톄 닐오틱 [一切衆生이 다 食을 브터 主ᄒᆞᄂᆞ다] ᄒᆞ
노라 (능엄 8:3)[64]

이런ᄃᆞ로 如來 너와 發明호틱 [五陰 本來ㅅ 因이 ᄒᆞᆫ가짓 이 妄
想이라] ᄒᆞ노라 (능엄 10:78)[65]

[가ᄂᆞ지ᄂᆞᆫ 엇디 ᄒᆞᄂᆞᆫ고] ᄒᆞ노라(ᄒᆞ+ᄂᆞ+오+라) (무덤편지 124)

[ᄆᆞᄅᆞᆫ 푼가] ᄒᆞ뇌 (← ᄒᆞ노이다) (무덤편지 49)

[손쳠디 모롤샤] ᄒᆞ뇌 (무덤편지 6)

임자말의 인칭과 풀이말의 때매김은 서로 관련성을 가지고서 직
접인용이냐 추상적 간접인용이냐를 결정해 준다.

단, 인용마디를 이끄는 풀이말이 추상적인 의미를 지니고 있는
경우('너기-', '젛-' … 따위)는 이러한 판별이 필요가 없다. 이를 요
약하면 다음과 같다.

---

64) '닐오틱'의 임자말인 '부톄'는 말할이(나) 자신이다.
65) '如來'는 말할이 자신이다. 그러므로 'ᄒᆞ노라'에 1인칭법의 '-오/우-'가 들어갔다.

	2, 3인칭	1인칭
현 재	직접인용	간접인용
과 거	직접인용	직접인용
미 래	간접인용	간접인용

과거인 경우는 무조건 직접이 되고, 미래인 경우는 무조건 간접
이 된다(이에 대해서는 이미 앞에서 설명했다).

현재인 경우에만 인칭과 관련을 맺는다. 2, 3인칭일 때는 직접인
용이 되고, 1인칭일 때는 간접인용이 된다.

3.1.8. 의인법 표현일 때

그 새 거우루엣 제 그르멜 보고 [우루리라] 호거늘 (석보 24:20)
가마오디 西ㅅ녁 히 비취옛ㄴ듸 [날개 믈외노라] 고기 잡ㄴ 돌
해 ㄱ독ㅎ얏도다 (두언 7:5)
우리 이 믈들히 [길헤 오노라] 민실 길 ㄷ녀 슈구ㅎ고 머규믈 ㄱ
장 몯ㅎ야 이시니 (노걸 상:69-70)

앞의 '(6)인용마디가 안은마디 풀이말의 의미상의 목적'과 비슷
한 예문이나, 의인법 표현이라는 점이 다르다.
1인칭법의 '-오/우-'를 연결하여 직접인용의 형식을 취하였다.

3.2. 변형적 간접인용

변형적 간접인용이란 인용 가운데의 어느 한 부분을 말할이의
입장에서 주관화시켜 변형시킨 인용을 뜻한다.

3.2.1. 높임법 변형

(1) 들을이 높임법 변형

자기가 들었던 내용을 인용할 때, 원래는 들어 있었던 들을이 높임의 '-으이-'를 탈락시키는 경우가 있다.[66]

이러한 현상은 말할이가 들을이에게 인용의 내용만 전달하고자 하는 의도에서 비롯된 것이다.

> [므스거슬 자실고] 묻ᄌᆞ와 (소학 2:4)
> ⇐ […자시리잇고]
> [옷 더우신가 치우신가] 묻ᄌᆞ오며 (정속 2)
> ⇐ […더우시니잇가 치우시니잇가]
> 이 모든 大衆이 [(내) 아릭 잇디 아니ᄒᆞ거슬 得과라] ᄒᆞᅀᆞᆸ더라
> (능엄 5:4)

위의 예문에서의 인용말은, 大衆이 부처께 한 말이므로, 직접인용이라면 '得과이다'가 되었을 것이다.

'ᄒᆞᅀᆞᆸ더라'에 '-ᅀᆞᆸ-'이 들어간 이유는 大衆이 이 말을 부처께 했기 때문에, 위치말인 '부텨'를 높이기 위해 들어간 것이다. 그러므로 여기에서의 '-ᅀᆞᆸ-'은 인용말에 '-으이-'가 탈락되었다는 명백한 증거이다.

다음의 예문들은 모두 '-으이-'가 탈락된 것이다.

> 네 무러 닐오ᄃᆡ [地水火風이 本性이 圓融ᄒᆞ야 法界예 周偏홀ᄃᆡ
> 댄 水火性이 서르 侵勞ᄒᆞ야 滅티 아니ᄒᆞ류] 疑心ᄒᆞ며 ᄯᅩ 무로ᄃᆡ

---

66) 원래는 없었던 '-으이-'를 삽입시키는 경우는 없는데, 그 이유에 대해서는 '주체높임법 변형, 288쪽' 참조.

[虛空과 모든 大地왜 다 法界예 ᄀ득 ᄒ댿댄 서르 드류미 맛당
티 아니타] ᄒᄂ니 (능엄 4:39)[67]

겨지비 보고 어버싀게 請ᄒ오ᄃᆡ [ᄂᄆᆡ 겨집 ᄃᆞ외노니 출히 뎌 고
마 ᄃᆞ외아지라] ᄒ리 열히로ᄃᆡ (법화 2:28)
⇐ […ᄃᆞ외아지이다]

耶輸ㅣ…靑衣를 브려 긔별 아라오라 ᄒ시니 [羅睺羅 ᄃ려다가
沙彌 사모려 ᄒᄂ다] 홀ᄊᆡ (석보 6:2)[68]

目連이…淨飯王ᄭᅴ 安否ᄉᆞᆲ더니 耶輸ㅣ [부텻 使者 왯다] 드르시
고 (석보 6:2)[69]

須達이 (世尊ᄭᅴ) [恭敬ᄒᆞᆸᄂᆞᆫ 法이 이러ᄒᆞᆫ 거시로다] ᄒᆞ야 (석보 6:21)

그 比丘ㅣ 두리여 울며 닐오ᄃᆡ [나ᄅᆞᆯ 흔ᄃᆞᆲ ᄉᆡ나 살아 뒷다가
주기쇼셔] 모딘 노미 듣디 아니홀ᄊᆡ 이 양ᄋᆞ로 ᄂᆞᆳ 數를 漸漸조
려 [닐웻 ᄉᆡ를 살아지라] ᄒ야늘 모딘 노미 [그리ᄒ라] ᄒ야늘
(석보 24:15)[70]

阿難이…結集ᄒᆞᄂᆞᆫ 門밧긔 와 [들아지라] ᄒ야늘 迦葉이 닐오
ᄃᆡ…(석보 24:3)[71]

네(=阿難) 몬제 나(=부텨)를 對答ᄒ오ᄃᆡ [(내) 光明 주머귀를 보노
라] ᄒ더니 (능엄 1:98)[72]

阿難아 내 이제 너ᄃᆞ려 묻노니 [네 發心ᄒ오매 當ᄒ야 네 [如來ㅅ
三十二相ᄋᆞᆯ 브토라] 커시니 므스글 가져보며 뉘 愛樂ᄒ뇨] (능엄
1:45)[73]

그저긔 ᄒᆞᆫ 大臣 優婆吉이 諸王ᄭᅴ 닐오ᄃᆡ [부텻 舍利ᄅᆞᆯ ᄂᆞ호아
供養ᄒᆞᅀᄫᅡᅀᅡ ᄒ리니 엇뎨 兵馬 니르ᄫᅡ다 서르 싸홈ᄒ려 ᄒ시ᄂ

---

67) 인용말의 내용은, 富樓那가 부처께 한 말이므로, '아니ᄒᆞ니잇가', '아니ᄒ니이다'에서 '-으이-'가
탈락된 것이다.

68) 靑衣가 耶輸께 한 말이므로, '-으이-'가 탈락된 것이다.

69) 집안 종이 耶輸께 한 말이므로, '-으이-'가 탈락된 것이다.

70) 比丘가 애원한 내용이므로, […살아지이다]가 직접인용이다. 그 앞의 인용에서는 '-쇼셔'로써
들을이를 높이고 있다.

71) 阿難이 迦葉에게 한 말이므로, [들아지이다]가 직접인용이다.

72) 阿難이 부처께 한 말이므로, [보노이다]가 직접인용이다.

73) '추상적 간접인용'에 '변형적 간접인용'이 안긴 구조이다. 阿難이 如來께 한 말이므로, [브토이
다]가 직접인용이다.

고] ᄒᆞ야늘 (석보 23:54)[74]

다음 예문들은 자식이 부모에게 또는 제자가 스승에게 한 말이
므로 들을이 높임이 탈락된 것이다.

> 萬石君이…ᄌᆞ손이 왼 일 잇거든 구짓디 아니ᄒᆞ고 흔 ᄀᆞ새 안자
> 셔 반상을 바다도 먹디 아니더니 그린 후에ᅀᅡ 모든 ᄌᆞ식돌히 서
> 르 [외요라] ᄒᆞ야 얼운 권당을 인ᄒᆞ야 오슬 메왓고 ᄀᆞ장 샤죄ᄒᆞ
> 야 [고텨지라] ᄒᆞ여돈ᅀᅡ 허ᄒᆞ야 밥 먹더라 (번소 9:83)
> 父母와 싀부뫼 쟝ᄎᆞᆺ 안조려커시든 돗글 받드러 [어드러 향ᄒᆞ실
> 고] 請ᄒᆞ며 쟝ᄎᆞᆺ 고텨 누으려커시든 얼울ᄋᆞᆫ 돗ᄭᆞᆯ 받드러 [어드
> 러 발 두실고] 請ᄒᆞ고 (소학 2:5)
> 모든 뎨ᄌᆞ돌히 저허 [그르ᄒᆞ관댜] ᄒᆞ여ᅀᅡ 先生이…ᄂᆞ빗출 잠ᄭᆞᆫ
> ᄂᆞᄌᆞ기 ᄒᆞ더시다 (번소 9:4)

다음 예문은 사죄하는 내용이므로 '그르ᄒᆞ이다'에서 '-ᄋᆞ이-'가
탈락된 것이다.

> 아ᄉᆞ돌콰 모든 겨집돌히 들고 다 머리를 짜해 두드리고 [그르ᄒᆞ
> 라] 샤죄ᄒᆞ야 (번소 9:68)

다음 예문은 아내가 남편에게 한 말이므로 '그리호리이다'에서
들을이 높임이 탈락된 것이다.

> 孝婦ㅣ 딕답ᄒᆞ듸 [그리호리라] (번소 9:55)

---

74) 이 예문의 인용말은, 임자말이 2인칭(들을이)인 물음월로서, 들을이를 '-ᄋᆞ시-'로 높여 주고 있
다. 이러한 월에서 '-ᄋᆞ시-'는 '-ᄋᆞ이-'를 필연적으로 이끌게 되므로, '-ᄋᆞ이-'가 탈락되었다는
것이 명백하다(이러한 '-ᄋᆞ이-'의 탈락은 인용마디에서만 가능하다).

다음 예문은 '-으이-'가 탈락된 것으로 판단하기 쉬우나 그렇지 않다.

　　湯이…南面ᄒ야 征ᄒ심애 北狄이 怨ᄒ야 글오ᄃᆡ [엇디 우리를
　　後에 ᄒ시ᄂ고] ᄒ야 (맹자 2:31)

'北狄'이 '湯'에게 직접 말한 내용이라면 'ᄒ시ᄂ니잇고'가 되어야 한다. 그러나 '술오ᄃᆡ'가 아닌 '글오ᄃᆡ'로 되어 있으므로, 이 말은 '北狄'이 '湯'에게 직접 말한 내용이 아니라, 다른 사람에게 말한 내용이다.

다음은, 추상적 간접인용에서 들을이 높임의 변형이 일어난 예이다. 곧 '추상적 간접인용'과 '변형적 간접인용'의 겹침이 일어난 것이다.

　　네…釋迦牟尼佛ᄭᅴ 가 내 말 다이 술오ᄃᆡ [病 져그시며 시름 져
　　그샤 氣力이 安樂ᄒ시며 菩薩聲聞衆도 다 便安ᄒ가 몯ᄒ가] ᄒ
　　라 (법화 4:129)[75]

(2) 주체높임법 변형

'주체높임의 변형'에서는, 원래는 들어 있지 않았던 '-으시-'를 인용마디에 삽입시키는 경우가 일반적으로 나타난다('들을이 높임의 변형'에서는 이것과 반대였다).

---

75) 앞의 '안은마디가 시킴법일 때 -267쪽' 참조.

<× → '-으시-'>

이 경우는, 말할이가 주체를 높이고자 하는 의욕에서 비롯된 것
이다.

> 一切 ᄒᆞ논 일 잇논 法이 便安티 몯혼 주를 如來 [뵈시노라] ᄒᆞ시
> 며 人天들히 [色身에 즐겨 貪著혼 사ᄅᆞᆷ 위ᄒᆞ샤 無常을 뵈시노라]
> ᄒᆞ샤 涅槃을 ᄒᆞ시니 (석보 23:18)[76]
> (부톄) [쟝ᄎᆞ 精持를 나토샤ᅟᅵᆯ라] 몬져 이ᄅᆞᆯ 드러 니ᄅᆞ샤ᄆᆞᆫ (월석
> 17:78)
> [ᄯᆞ를 두겨시다] 듣고 婚姻을 求ᄒᆞ노이다 (석보 11:28)

<'-으시-' → ×>

> 네 므ᅀᆞ매 [내 네 일훔 닐어…菩提 심기디 아니ᄒᆞᄂᆞᆫ가] 너교미
> 쟝차 업스녀 (법화 4:187)
> ⇐ 네 [부톄 내 일훔…아니ᄒᆞ시ᄂᆞᆫ가] 너기-
> 子ㅣ ᄀᆞᄅᆞ샤ᄃᆡ [賜아 네 날로써 [해 學ᄒᆞ야 識ᄒᆞᄂᆞᆫ 者ㅣ라] ᄒᆞᄂᆞ
> 냐] 對ᄒᆞ야 ᄀᆞᆯ오ᄃᆡ [그러ᄒᆞ이다 아니니잇가] (논어 4:2)
> ⇐ [해 學ᄒᆞ시야 識ᄒᆞ시ᄂᆞᆫ 者ㅣ시다]
> 齊宣王이 묻ᄌᆞ와 ᄀᆞᄅᆞ샤ᄃᆡ [사ᄅᆞᆷ이 다 날ᄃᆞ려 닐오ᄃᆡ [明堂을
> 毁홀ᄭᅥ시라] ᄒᆞᄂᆞ니 毁ᄒᆞ리잇가 말리잇가] (맹자 2:17)
> ⇐ […毁ᄒᆞ실ᄭᅥ시라]

이러한 예는 인용마디 안의 주체가 말할이 자신일 경우에만 나
타난다(말할이=부처). '-으시-'를 사용하면 자기 자신을 높이는 결
과가 되기 때문에 탈락시킨 것이다. 다른 경우에는 이러한 경우가
나타나지 않는데, 그 이유는 15세기 국어에서는 '압존법'이 지켜졌

---

76) '뵈-', '위ᄒᆞ-'의 임자말은 如來 자신이므로 '-으시-'가 들어갈 수 없다. 그러나 인용을 한 이는
   如來를 높이고자 '-으시-'를 삽입한 것이다.

기 때문이다.

곧 현대말에 있어서 손자가 할아버지께 "아버님이 가십니다"라고 말했다면, 그것을 들은 할아버지가 다른 사람에게 이 말을 전할 때, "[아범이 간다]고 하더라"는 식으로 바꿀 수 있다. 그러나 15세기에는 '압존법' 때문에 손자가 할아버지 앞에서 아버지를 높일 수 없으므로 이러한 경우가 생겨나지 않는다.

그러므로 15세기에는 원래는 들어 있지 않았던 '-으시-'를 인용마디에 삽입시키는 경우를 원칙으로 삼고, '들을이 높임 변형'과 '주체높임 변형'이 그 변형의 방향이 반대인 것으로 기술한다.

'들을이 높임 변형'과 '주체높임 변형'이 그 변형의 방향이 반대인 까닭은 다음과 같다.

들을이 높임은 말할이가 들을이를 높여 주는 말하는 환경상의 높임이다. 들을이 높임이 사용되었던 말을 인용할 때, 인용하는 사람은 그 '들을이 높임'을 그다지 중요하게 생각하지 않는다. 들을이 높임이 사용되었던 그 말하는 환경은 더 이상 남아 있지 않기 때문이다. 또한, 말하는 환경이 더 이상 남아 있지 않기 때문에 원래는 없었던 '들을이 높임'을 인용마디에서 인위적으로 사용할 수 없는 것이다.

주체높임은 월 안에서의 주체를 높여 주는 말본상의 높임이다. 그 주체를 높여 주는 사람은 그 월을 말하는 사람이다. 그 월을 말하는 사람이 바뀌면, 말하는 사람의 의향에 따라 주체높임도 바뀌기 마련이다.

(3) 객체높임법 변형

객체높임도 주체높임과 마찬가지로 말본상의 높임이기 때문에 원래 없었던 객체높임을 인용마디에서 사용하는 경우만 나타난다. 반대의 예가 나타나지 않는 것은 역시 '압존법' 때문이다. 15세기에는 손자가 할아버지 앞에서 "아버님을 모시고 오겠습니다"라는 식의 객체높임을 사용할 수 없었다.

> 比丘ㅣ 對答ᄒᆞ디…[光有聖人이…大王ㅅ 善心을 드르시고 [찻믈 기릃 치녀를 비ᅀᆞ바 오라] ᄒᆞ실ᄊᆡ 오ᅀᆞ보이다] (월석 8:91)

위의 예문은 인용마디에 인용마디가 안긴 구조이다.

'비ᅀᆞ바'에서의 '-ᅀᆞ-'은, 比丘가 光有聖人의 말을 인용하는 과정에서, 大王을 높여 주기 위해서 사용한 것이다(大王께 빌리러 왔으므로 객체는 '大王'이다). 원래 光有聖人이 比丘에게 말했을 때에는 '-ᅀᆞ-'이 들어 있지 않았다. 다음의 예문이 그것이다.

> 光有聖人이 沙羅樹大王의 善心을 드르시고 弟子…比丘를 보내샤 [찻믈 기릃 치녀를 비러오라] ᄒᆞ야시ᄂᆞᆯ (월석 8:90)

다음의 예문도 光有聖人의 제자가 光有聖人의 말을 沙羅樹大王에게 전하는 내용이다.

> [維那를 <u>삼ᅀᆞ보리라</u>] 王을 請ᄒᆞᅀᆞᆸ노이다 (월석 8:79, 기225)
> 光有聖人이 ᄯᅩ 나를 브리샤 [大王 모믈 <u>請ᄒᆞᅀᆞ바</u> 오나ᄃᆞᆫ 찻믈 기릃 維那를 <u>삼ᅀᆞ보리라</u>] ᄒᆞ실ᄊᆡ 다시 오ᅀᆞ보이다 (월석 8:91)

그러나 光有聖人이 직접 말했을 때는 '-숩-'이 들어 있지 않았다.

光有聖人이 니르샤딕 [그러커든 다시 가 大王ㅅ 모딜 請ㅎ야 오
라 찻믈 기르 維那룰 사모리라] ㅎ야시늘 (월석 8:91)

3.2.2. 때매김법 변형

직접인용을 간접인용으로 바꿀 때 때매김은 바꾸지 않는 것이
원칙이다. 간접인용의 시점으로 바꾸지 않는 이유는 만약 이를 바
꾸면 들을이가 오히려 혼란에 빠지기 때문이다.

인용할 때, 때매김 씨끝을 탈락시켜 때매김의 표현을 나타내지
않는 경우가 있다. 이는 실지로 말했던 때와 그것을 인용한 때가
다르기 때문에 생겨나는 때매김의 중화현상이다.

다음의 예문들의 풀이말은 모두 움직씨이다. 움직씨에는 때매김
표시가 나타나는 것이 원칙인데, 모두 때매김 씨끝이 탈락되어 있다.

(부톄) 眞知로 그스기 化ㅎ시다] 닐어리로다 (월석 13:44)
能히 妄念에 性본딜 스뭇 비취면 [大道룰 아다] ㅎ리라 (월석 9:23)
諸子ㅣ …[아바니미…菩提룰 일우시다] 듣다 (월석 14:14)
이 삑 아둘둘히 [아비 죽다] 듣고 (월석 17:21)
뎌 모든 魔王도 쏘 무리 이셔 各各 제 닐오딕 [우업슨 道룰 일
우라] ㅎ느니라 (능엄 6:86)
諸釋둘히…닐오딕 [王ㅅ 中엣 尊ㅎ신 王이 업스시니 나라히 威
神을 일허다] ㅎ고 (석보 10:9)
動올 세가지로 닐옳딘댄 [뮈다] 호미 혼가지오 [다 뮈다] 호미
두가지오 [혼가지로 다 뮈다] 호미 세가지니 (월석 2:14)
[혼갓 뮈다] 홀 쓘 ㅎ면 (월석 2:14)

[ᄯᆞᄅᆞᆯ 두겨시다] 듣고 婚姻을 求ᄒᆞ노이다 (석보 11:28)
⇐ [ᄯᆞᄅᆞᆯ 뒷ᄂᆞ다]
[夫子도 正애 出티 몯ᄒᆞ다] ᄒᆞ면 (맹자 7:28-9)
[一一透出ᅀᅡ 始得다] ᄒᆞ시니라 (선가 59)
나도 도로니 [올히 여긔 뎐호를 거두디 몯ᄒᆞ다] ᄒᆞᄂᆞ다 (노걸 상:54)
先師ㅣ 니ᄅᆞ샤ᄃᆡ [一念에 八萬行을 ᄀᆞᄌᆞ기 닷다] ᄒᆞ시다 (선가 32)

3.2.3. 인칭법 '-오/우-' 변형

1인칭 의도를 나타내는 '-오/우-'가 간접인용으로 바뀔 때 탈락되
는 경우가 있다. 이는 인용을 하는 사람이 자신의 입장에서 주관화
시켜, 실지로 말한 사람의 의도를 중화시킨 결과이다.

[世尊ㅅ 고ᄃᆞᆯ 求ᄒᆞ야 내 반ᄃᆞ기 부톄 ᄃᆞ외리라] ᄒᆞ야 精進定行
ᄒᆞᄂᆞ닌 이ᄂᆞᆫ 上藥草ㅣ라 (법화 3:43)
日月燈明佛이 여쉰 小劫을 이 經 니르시고 즉자히 모ᄃᆞᆫ 中에 니
ᄅᆞ샤ᄃᆡ [如來 오ᄂᆞᆳ 밤 中에 無餘涅槃애 들리라] (석보 13:34)[77]
독벼리 [내라] ᄒᆞ야 외방의 나ᄃᆞ리 아니홀가 외방의 나가면 ᄯᅩ
너와 ᄒᆞᆫ가지어니ᄯᆞ나 (노걸 상:41) ⇐ [내로라]

이렇게 안긴 인용마디의 임자말이 1인칭(=나)으로 표시되는 경
우에만 '-오/우-'의 탈락이 가능하다.
같은 내용을 실은 다음의 예문에는 '-오/우-'가 들어가 있다. 그
러므로 다음의 예문은 직접인용이다.

---

77) '如來'는 안은마디의 임자말인 '日月燈明佛'과 동일인이다. 그러므로 인용마디의 임자말인 '如來'
는 말할이 자신(=나)이다(부처는 자기 자신을 如來라고 지칭하여 불렀다).

日月燈明佛이 이 經 니루시고…衆中에 이 마룰 니루샤딕 [如來
ㅣ 오늜 밦 中에 반두기 나문 것 업슨 涅槃애 드로리라] (법화
1:107)

3.2.4. 마침법 변형

원래는 마침법으로 끝난 것을 인용말로 바꿀 때 이음법으로 바
꾸는 경우가 있다.

[외니 올ᄒᆞ니] ᄒᆞ야 是非예 ᄢᅥ러디면 (남명, 상:39)
[외니 올ᄒᆞ니] ᄒᆞ며 할아며 기리논 ᄉᆞᅀᅵ예 (번소 6:24)
망량ᄋᆞ로 [正法을 외니 올ᄒᆞ니] ᄒᆞ미 이 내익 기(키) 아쳘논 배
니 (번소 6:13)

3.2.5. 자리토씨 변형

임자자리토씨를 부림자리토씨로 바꾸는 경우이다.

[相과 非相과룰 외다] ᄒᆞ샤딘 뎌의 斷常애 딜가 저헤시니 ᄒᆞ
다가 [부톄 無相ᄒᆞ시다] 너기면 (금강삼가 5:1)[78]
그듸룰 앗겨 오직 심히 주글 ᄲᅮ니언뎡 머믈오져칸마른 [富貴호
ᄆᆞᆯ 픐 그텟 이슬와 엇더ᄒᆞ니오] 너기놋다=惜君只欲苦死留 富貴
何如草頭露 (두언 22:52)
[제 올ᄒᆞ라] ᄒᆞ고 [나룰 외다] ᄒᆞ야 (석보 9:14)[79]
[行ᄋᆞᆯ 외다] ᄒᆞ야 닷디 아니ᄒᆞ면 빈 빗 업수미 곧거니 내죵내 엇
뎨 건나리오 (법화 5:206)

---

78) 두 번째 인용은 임자자리토씨로 되어 있다.
79) 첫 번째 인용은 임자자리토씨로 되어 있다.

[볼 나롤 구틔여 더듸다] ᄒ야 말리아=見日敢辭遲 (두언 8:47)
샹해 닐오ᄃᆡ [구틔여 결속을 됴히 쟝만호믈 기들오모론 혼인호
믈 시졀 일티 아니홈과 엇더뇨] ᄒ더라 (번소 9:104)
⇐ [⋯혼인호미 시졀 일티 아니홈과 엇더뇨]
망량ᄋ로 [正法을 외니 올ᄒ니] 호미 이 내이 기(키) 아쳘논 배
니 (번소 6:13)
雍州ㅣ 원 錢 明逸이 그 일을 나라히 알외ᄉᆞ온대 [壽昌을 제 벼
슬을 도로 ᄒ라] ᄒ시니 (번소 9:35)

인용마디의 풀이말이 움직씨이거나 그림씨인 이러한 예문에서의
부림말을, 'ᄒ-'에 대한 부림말로 볼 수는 없다. 위의 예문들에서
'-롤~ᄒ-'는 통어적으로 연결될 수 없는 구조이기 때문이다(그러나
뒤의 '말풀이의 의미를 가진 인용구조'의 경우는 다르게 설명할 수
밖에 없다).

3.2.6. 인칭 이름씨 변형

인칭 이름씨를 인용을 하는 사람의 입장에서 변형시키는 경우이다.

⟨1인칭 → 2인칭⟩
네 ᄠᅳ디 어린 사ᄅᆞ미 엇뎨 [네 釋子ㅣ로라] ᄒᄂᆞᆫ다 (월석 9:35)

위의 예문을 직접인용으로 바꾸면 [내 釋子ㅣ로라]가 된다. 이렇
게 인칭 이름씨를 바꾸는 경우는, '-오/우-'가 절대로 생략되지 않
는다. 만일 '-오/우-'마저 탈락되면, 내용이 완전히 바뀌게 되기 때
문이다.

〈2인칭 → 1인칭〉

아뫼어나 와 [내 머릿 바기며…子息이며 도라] ᄒ야도 (월석 1:13)

비록 부텻 音聲이 [우리 부텨 ᄃ외리라] 니ᄅ샤믈 듣ᄌ오나=雖
聞佛音이 言我等作佛ᄒᄉ오나 (법화 3:65)

⇐ [너희 부텨 ᄃ외리라]

사ᄅ미 긔롱호ᄃ [ᄂ미 날 아로믈 구티 아니ᄒ다] ᄒ거ᄂᆯ=人이
或 譏其不求知者ㅣ어늘 (번소 9:54)[80]

⇐ [ᄂ미 널 아로믈…]

인칭 이름씨를 2인칭에서 1인칭으로 바꾸는 경우는 인용마디의
풀이말에 '-오/우-'가 없다는 것으로, 그 내용을 알 수 있다. 만약
인용마디의 속구조의 임자말이 1인칭이라면 '-오/우-'가 들어 있어
야 하기 때문이다.

〈2인칭 → 3인칭〉

2인칭 이름씨(=너)를 3인칭 이름씨로 바꾸는 경우가 있다.

(世尊이) [舍利弗을 須達이 조차 가라] ᄒ시다 (석보 6:22)

⇐ [네 舍利弗을 조차가라]

雍州ㅣ 원 錢 明逸이 그 일을 나라히 알외ᄉ온대 [壽昌을 제 벼
슬을 도로 ᄒ라] ᄒ시니 (번소 9:35)

⇐ [네 벼슬을 도로 ᄒ라]

〈1인칭 → 3인칭〉

1인칭 이름씨(=나)를 3인칭 이름씨인 '저, ᄌ갸'로 바꾸는 경우
이다. 이때도 1인칭법의 '-오/우-'는 생략되지 않는다.

---

80) 사ᄅ미 或 그 알옴을 求티 아니ᄒᄂ 줄을 긔롱ᄒ거ᄂᆯ (소학 6:50).

그 夫人이 怨望ᄒᆞ고 [제 이리 現露ᄒᆞᇙ가] ᄒᆞ야 [아ᄆᆞ례나 뎌 太子ᄅᆞᆯ 모ᄣᅵ ᄆᆡᇰᄀᆞ로리라] ᄒᆞ야 (석보 24:49)
⇐ [내 이리 現露ᄒᆞᇙ가]
舍利弗이…너교ᄃᆡ [오ᄂᆞᆯ 모댓ᄂᆞᆫ 한 사ᄅᆞ미 邪曲ᄒᆞᆫ 道理 ᄇᆡ환디 오라아 [제 노포라] ᄒᆞ야 衆生ᄋᆞᆯ 프셩귀만 너기ᄂᆞ니 엇던 德으로 降服히려뇨 세 德으로 호리라] ᄒᆞ고 (석보 6:28)
믈읫 有情ㅣ 비록…그럴ᄊᆡ [제 올호라] ᄒᆞ고 [ᄂᆞᄆᆞᆯ 외다] ᄒᆞ야 (석보 9:14)
[제 올호라] ᄒᆞ고 [나ᄆᆞᆯ 외다] ᄒᆞ야 (석보 9:14)
그 ᄢᅴ 長者ㅣ [장차 제 아ᄃᆞᄅᆞᆯ 달애야 ᅘᅧ:오리라] ᄒᆞ야 (월석 13:20)
小乘法으로 니르와도ᄆᆞᆯ 마락 뎨 [제 瘡 업스니 허리디 말라] ᄒᆞ시니 (원각, 하2-2:46)
太子ㅣ 道理 일우샤 [ᄌᆞ개 慈悲호라] ᄒᆞ시ᄂᆞ니 (석보 6:5)
世尊이 너기샤ᄃᆡ [ᄌᆞ개 손소 (父王ㅅ 棺ᄋᆞᆯ) 메ᅀᆞ보리라] ᄒᆞ더시니 (월석 10:10)
[제 경(=輕)호라] ᄒᆞ야 믈러나디 마롤디니라 (야경 46)
⇐ [내 경호라]
가ᄇᆡ야이 [제 몸을 쿠라] ᄒᆞ야 (번소 9:19)

다음에 쓰인 '저'는 인칭변형이 아니라, 그 앞의 임자말을 다시 받는 이른바 '재귀대명사'이다.

내 弟子ㅣ 제 너교ᄃᆡ [(내)阿羅漢僻支佛이로라]ᄒᆞ야 (석보 13:61)
아비…제 念호ᄃᆡ…[子息이 업수니 ᄒᆞᄅᆞᆺ 아ᄎᆞ미 주그면 쳔랴ᇰᄋᆞᆯ 일허 맛듏 ᄯᅡ히 업스리로다]ᄒᆞ야 (월석 13:10)
ᄉᆞᆫ지 제 너교ᄃᆡ [(내)…賤人이로라]ᄒᆞ더니 (월석 13:25)
제 닐오ᄃᆡ [一切種智를 得호라]ᄒᆞ건마ᄅᆞᆫ (월석 21:198)
제 너교ᄃᆡ [모딘 즁ᄉᆡᇰ이 므싀엽도소니…] ᄒᆞ야 (석보 6:9)
제 닐오ᄃᆡ [臣은…仙人이로라]ᄒᆞ니라 (두언 15:41)
제 닐오ᄃᆡ [ᄒᆞ마 ᄀᆞ룜업슨 解脫ᄋᆞᆯ 得호라] ᄒᆞ리니 (능엄 9:75)

제 닐오딕 [내…得호라] ᄒ리니 (능엄 9:73)
제 닐오딕 [이 부톄로라] ᄒ고 (능엄 9:109)
[소노로 짓ᄂᆫ 賤人이로라] 제 너길ᄊᆡ (법화 2:214)
제 ᄆᆞᅀᆞ미 ᄒ마 [이 盧舍那ㅣ로라] 疑心ᄒᆞ야 (능엄 9:73)

3.2.7. 장소 지칭어 변형

인용을 하는 사람이 자기가 있는 장소를 기준으로 하여 표현하는 방법이다.

獄主ㅣ 무로딕 [스승닚 어마니미 이에 잇다] ᄒᆞ야 뉘 니르더니
잇가 (월석 23:84)
⇐ [네 스승닚 어마니미 그에 (=地獄) 잇다]
네가 ᄌᆞᆨᄌᆞᆨ기 窮子ᄃᆞ려 닐오딕 [이어긔 일 홇 짜히 잇ᄂᆞ니
네 갑술 倍히 :주리라] ᄒ라 (월석 13:20)
⇐ [그어긔(=부처가 있는 곳)…주리라]

3.2.8. 물음말로 변형

인용의 내용 중에 모르는 부분이 있을 때, 그것을 물음말로 대치하여 변형시키는 경우이다.

아디 몯게이다 和尙은 [므슷 이ᄅᆞᆯ ᄒ라] ᄒ시ᄂᆞ니잇가 (육조, 상:8)
네 아래브터 부텨를 뫼ᅀᆞᄫᅡ ᄒ니며 듣자ᄫᅡ 잇ᄂᆞ니 [如來ㅅ 正法
ㅣ 언제 滅ᄒ리라] ᄒᆞ더시뇨 (석보 23:31)[81]

---

81) '如來'를 '인칭 이름씨 변형'으로 볼 수도 있다(내 正法…). 그러나 부처는 자신을 如來라 지칭했
기 때문에 '변형'으로 보지 않을 수도 있다.

아라녀리 그츤 이븐 길헤 [눌 :보리라] ᄒᆞ야 우러곰 온다 (월석
8:101)

3.2.9. 사동을 능동으로 변형

須達이…王ᄭᅴ 가 ᄉᆞᆲ보ᄃᆡ [[六師] 겻구오려 ᄒᆞ거든 제 홀양ᄋᆞ
로 <u>ᄒᆞ라</u>] ᄒᆞ더이다] (석보 6:27)[82]

須達이 부처의 말을 王께 전하는 내용이다. 부처가 須達에게 말했
을 때는 'ᄒᆞ라'가 아닌 'ᄒᆞ게 ᄒᆞ라'였다.

舍利弗이 닐오ᄃᆡ [분별말라 六師이 무리 閻浮提에 가득ᄒᆞ야도
내 바랫 ᄒᆞᆫ 터리ᄅᆞᆯ 몯 무으리니 므슷 이ᄅᆞᆯ 겻고오려 ᄒᆞᄂᆞᆫ고 제
홀 양ᄋᆞ로 <u>ᄒᆞ게ᄒᆞ라</u>] (석보 6:27)

3.2.10. 'ᄒᆞᄂᆞ다 → ᄒᆞᆫ다' 변형

16세기부터 인용마디에서의 'ᄒᆞᄂᆞ다'가 'ᄒᆞᆫ다'로 바뀌는 예가 많
이 보인다.[83] 이는 '인용마디에서는 때를 적극적으로 나타내지 않
는다'는 특성에서 비롯된 것이므로, 간접인용의 한 유형으로 기술
한다.

故로 ᄀᆞᆯ오ᄃᆡ [告子ㅣ 일즉 義를 아디 <u>몯ᄒᆞᆫ다</u>] ᄒᆞ노니 그 外라 홈
으로뻴ᄉᆡ니라 (맹자 3:15)

---

82) 인용마디가 인용마디를 안은 구조이다.

83) 허웅(1983: 447-448) 참조.

[미듀기 오면 나가랴 호다] 호니 (무덤편지 133)

[뵈로 니블 호다] 호야 괴롱홈 ᄀ티 호리 잇ᄂ니 (번소 10:30)

前日에 虞ㅣ 夫子씌 듣ᄌ오니 굴ᄋ샤딕[…人을 尤티 아니호다]
호이다 (맹자 4:33-4)

나ᄂ 드로니[…그 主호ᄂ 바로뼈 호다] 호니 (맹자 9:35)

3.2.11. 변형의 겹침

<자리토씨+때매김법>

그러면 ᄆᅀᆞᄆ이 用을 卽호녀 이 用을 여희녀 호다가 닐오딕
[이 用을 卽다] 홀딘댄컨마른 相 긋고 일훔 여희며 호다가 닐오
딕 [이 用을 여희다] 홀딘댄컨마른 諸相을 막디 아니호니 (금강
삼가 3:32)

<주체높임+때매김법>

[ᄯᆞᆯ 두겨시다] 듣고 婚姻을 求ᄒ노이다 (석보 11:28)
⇐ [ᄯᆞᆯ 뒷ᄂ다]

<인칭 이름씨+주체높임>

네 ᄆᅀᆞ매 [내 네 일훔 닐어…菩提 심기디 아니ᄒᆞᄂ가] 너교미
쟝차 업스녀 (법화 4:187)[84]
⇐ [부톄 내 일훔…아니ᄒᆞ시ᄂ가]

[釋迦牟尼佛ㅅ 法中에 便安ᄒᆞᆫ 이리 만ᄒᆞ시고 셜ᄫᆞᆫ 일둘히 업스
시다] 듣ᄌᆞ노라 (월석 10:26)
⇐ [내 法中에 便安ᄒᆞᆫ 이리 만코 셜ᄫᆞᆫ 일둘히 없다] 듣ᄌᆞ-

---

84) 이 월은 부처가 橋曇彌에게 한 말이고, 인용마디는 橋曇彌가 생각할 것을 부처가 '추상적 간접
인용'으로 인용한 것이다.

<인칭 이름씨+자리토씨>

世尊하 엇던 견추로 [나롤 어리다] ᄒ샤 (월석 9:35하)
⇐ [네 어리다]

<인칭 이름씨+자리토씨+주체높임+때매김>

世尊이…니ᄅ샤ᄃᆡ [내 涅槃호려 ᄒ노니…[나롤 滅度타] ᄒ면 내
弟子ㅣ 아니며 [나롤 滅度아니타] ᄒ야도 내 弟子ㅣ 아니라] ᄒ
야시ᄂᆞᆯ (석보 23:11)
⇐ [부톄 滅度ᄒ시ᄂᆞ다]

3.3. 형식적 간접인용

말풀이의 의미를 지닌 '말풀이 인용구조'는 따온이가 말할이의
말을 직접 듣고 따온 직접인용이나 따온이의 주관적 판단이 개입
하는 다른 간접인용(추상적·변형적 간접인용)과는 달리 그 형식만
을 인용에서 빌린 것이므로 '형식적 간접인용'이라 칭한다.
　형식적 인용은 다시 '이름붙이기 형식인용'과 '이름붙이기대상
형식인용'으로 나눈다.

3.3.1. 이름붙이기 형식인용

인용마디의 구조가 '이름붙이기'의 의미를 가진 경우이다. 이에
는 두 가지 유형이 있다. 이해를 돕기 위해 문헌에 없는 예를 만들
어 보인다.

(유형1) 빅화 니교물 '學文'이라 ᄒ니라
(배워 익힘을 학문이라 한다)

'빅화 니굠(배워 익힘)'은 '이름붙이기 대상'에, '학문'은 '이름붙이기'에 해당한다.
다음은 위의 예문을 도치한 형식이다.

(유형2) '學文'이라 호ᄆᆫ 빅화 니기단 ᄠᅳ디라
(학문이라 함은 배워 익힌다는 뜻이다)

위의 유형(1, 2)는 모두 '이름붙이기(='學文')'에 인용의 형식을 씌워 말풀이(뜻풀이)를 한 것이므로 '이름붙이기 형식인용'이라 한다. 유형(1)을 'A를 B이라 ᄒ-' 구조로, 유형(2)를 'B이라 호ᄆᆫ A이라' 구조로 설정한다.

(1) 'A를 B이라 ᄒ-' 구조

중세국어에서 이러한 구조의 속구조는 다음과 같이 설정한다.

(임) A를 닐오ᄃᆡ [A이 -이라] ᄒ-

중세국어에서 이러한 속구조는 실제로는 나타나지 않고, '생략, 도치, 부활, 대치, 축약, 탈락' 등의 여러 변형 과정을 거친다.

(가) 생략

'생략'은 여러 유형에서 실현된다.

① 임자말(A이) 생략

'A를 닐오딕 [-이라] ᄒ-' 유형

이러한 유형은, 속구조(A를 닐오딕 [A이 -이라] ᄒ-)에서 인용마디의 임자말('-이라'에 대한 임자말: 'A이')이 생략된 구조이다. 중세국어 '이름붙이기 형식인용'의 거의 모든 예문에서 'A이'는 생략되므로, 앞으로 'A이' 생략에 대해서는 속구조에서 논외로 하겠다.

寂寂體를 술보딕 구틔여 法身이라 일쿧ᄌᆞᇦ니라 (월석, 서:5)
⇐ 寂寂體를 술보딕 [寂寂體ㅣ 法身이라] 일쿧ᄌᆞᇦ-
(迦毘羅國을) 그르 닐어 [迦毘羅衛라]도 ᄒ며 또 [迦維衛라]도 ᄒ며 [迦夷라]도 ᄒᄂ니라 (월석 2:1)[85]
그럴씨 六根을 닐오딕 賊媒라 ᄒ니 제 제집 보빈룰 도죽홀씨니라 (월석 2:21)
⇐ 六根을 닐오딕 [六根ᄋᆞᆫ 賊媒라] ᄒ-

② '닐오딕' 생략

'A를 (닐오딕) [-이라] ᄒ-' 유형

龍王ᄋᆞᆫ 龍이 中엣 王이니 대도ᄒᆞᆫ디 사ᄉᆞ믈 [鹿王이라] ᄒ며 즘게남ᄀᆞᆯ 樹王이라 ᄒᆞᇨᄒ야 (월석 1:23)
⇐ 사ᄉᆞ믈 닐오딕 [사ᄉᆞᄆᆞᆫ 鹿王이라] ᄒ-
부텨 法 ᄀᆞᄅ치샤 煩惱 바ᄅᆞ래 걷내야 내실ᄊᆞᆯ [濟渡ㅣ라] ᄒᄂ

---

85) 인용마디에 도움토씨 '-도'가 붙은 예이다.

니라 (월석 1:11)

사른미 드외락 벌에 즁싱이 드외락 ᄒᆞ야 長常 주그락 살락ᄒᆞ야 受苦호ᄆᆞᆯ [輪廻라] ᄒᆞᄂᆞ니라 (월석 1:12)

ᄆᆞᅀᆞ미 뷔디 몯ᄒᆞ야 내 몸 닫혜오 ᄂᆞ미 몸 닫혜요ᄆᆞᆯ [人相我相이라] ᄒᆞᄂᆞ니라 (월석 2:63)

無煩天브터 잇 ᄀᆞ장ᄋᆞᆯ [不還天이라] ᄒᆞᄂᆞ니 (월석 1:34)

오ᄅᆞ곰 흘씨 疑心ᄒᆞ야 決티 몯ᄒᆞᄂᆞᆫ 사ᄅᆞᄆᆞᆯ [猶豫ㅣ라] ᄒᆞᄂᆞ니 豫ᄂᆞᆫ 미리ᄒᆞᆯ씨라 (법화 1:163-4)

숨튼 거슬 다 [衆生이라] ᄒᆞᄂᆞ니라 (월석 1:11)

열히 드욇ᄀᆞ장 조료ᄆᆞᆯ [減이라] ᄒᆞ고 (월석 1:47)

내…方便力으로 다숫 比丘위ᄒᆞ야 說法호니 이를 [轉法輪이라] ᄒᆞᄂᆞ니 (석보 13:59)

六塵과 六根과 六識과ᄅᆞᆯ 모도아 [十八界라] ᄒᆞᄂᆞ니 (석보 13:39)

淫欲ᄋᆞᆫ 더럽고 佛道ᄂᆞᆫ 조커시니 엇뎨 더러ᄫᅳᆫ 이ᄅᆞᆯ [조ᄒᆞᆫ道ㅣ라] ᄒᆞ리잇고 (월석 9:24)

므스글 [道ㅣ라] ᄒᆞᄂᆞ니잇고 (월석 9:24)

如來 샹녜 우리ᄅᆞᆯ [아ᄃᆞ리라] 니ᄅᆞ시ᄂᆞ니이다 (월석 13:33)

⇐ 우리ᄅᆞᆯ 니ᄅᆞ샤ᄃᆡ [너희 아ᄃᆞ리라] 니ᄅᆞ시ᄂᆞ니이다

부텻 道理로 衆生 濟渡ᄒᆞ시ᄂᆞ 사ᄅᆞᄆᆞᆯ [菩薩이시다] ᄒᆞᄂᆞ니라 (월석 1:5)

菩薩이 부텻 法 므르ᅀᆞᆸ보미 아ᄃᆞ리 아비 쳔량 믈러가쥬미 ᄀᆞᆮᄒᆞᆯ씨 菩薩ᄋᆞᆯ [부텻 아ᄃᆞ리라] ᄒᆞᄂᆞ니라 (석보 13:18)[86]

⇐ 菩薩ᄋᆞᆯ 니ᄅᆞᄃᆡ [菩薩ᄋᆞᆫ 부텻 아ᄃᆞ리시다] ᄒᆞᄂᆞ니라

엇뎨 네 眞性이 네게 性드외ᄂᆞᆫ 거슬 [眞實아닌가] ᄒᆞ야 네 疑心ᄒᆞ고 나ᄅᆞᆯ 가져셔 眞實ᄋᆞᆯ 求ᄒᆞᄂᆞᆫ다 (능엄 2:38)

幾ᄂᆞᆫ 조가기니 (萬幾ᄅᆞᆯ) [님긊 이리 만ᄒᆞ실씨 ᄒᆞ룻 內예 一萬 조가기시다] ᄒᆞᄂᆞ니라 (월석, 서:16)

祇施ᄅᆞᆯ [祇洹이라]도 ᄒᆞᄂᆞ니 (석보 24:23)[87]

---

86) ‘-ᄋᆞ시-’가 들어가는 것이 원칙이다(바로 앞의 예문 참조). 그러므로 이 예문은 ‘굴곡법 변형’ 중 ‘주체높임의 변형’에도 속하게 된다.

87) 인용마디에 도움토씨 ‘-도’가 붙은 예이다.

죽거시늘 시호를 [節孝先生이라] ᄒᆞ니라 (번소 10:27)
⇐ 시호를 닐오ᄃᆡ [節孝先生이라] ᄒᆞ-
君을 셤교매 禮를 다홈을 [사ᄅᆞᆷ이 ᄡᅥ 諂ᄒᆞ다] ᄒᆞᄂᆞ다=事君盡禮
를 人이 以爲諂也ㅣ라 ᄒᆞᄂᆞ다 (논어 1:25)
⇐ 禮를 다홈을 닐오ᄃᆡ [사ᄅᆞᆷ이 ᄡᅥ 諂ᄒᆞ다] ᄒᆞ-
王涯ᄂᆞᆫ 보ᄇᆡ옛 긔특ᄒᆞᆫ 거슬 [요괴로ᄋᆞᆫ 거시라] ᄒᆞ니 진실로 마
리ᅀᅡ 아라ᄒᆞ도다커니와…님금ᄭᅴ 괴이여 유셰 딛고 빗나미 보ᄇᆡ
두곤 더 요괴로오ᄆᆞᆯ 아디 몯ᄒᆞᆫ두다 (번소 10:18)
⇐ 보ᄇᆡ옛 긔특ᄒᆞᆫ 거슬 닐오ᄃᆡ [요괴로ᄋᆞᆫ 거시라] ᄒᆞ-

다음의 예문들은 '일후믈 -이라 ᄒᆞ-'의 유형이다.

이 菩薩ㅅ일후믈 [無邊光이라] ᄒᆞ고 (월석 8:38)
⇐ 일후믈 닐오ᄃᆡ [일후미 無邊光이라] ᄒᆞ-
뎌 싸ᄒᆞᆯ 엇던 젼ᄎᆞ로 일후믈 [極樂이라] ᄒᆞ거뇨 (월석 7:63)
몰롤뗸 엇뎨 ᄯᅩ 일후믈 [一切知見이로라] ᄒᆞ려뇨 (월석 21:210)
두 사ᄅᆞ미 어우러 精舍 지스란ᄃᆡ 일후믈…[孤獨園이라] ᄒᆞ라 (석
보 6:40)
…王이…第一夫人ᄋᆞᆯ 사ᄆᆞ시고 일후믈 [鹿母夫人이라] ᄒᆞ시니
(석보 11:30)
우리나랏 마ᄅᆞᆯ 正히 반ᄃᆞ기 쓰논 그릴ᄊᆡ 일후믈 [正音이라] ᄒᆞ
ᄂᆞ니라 (석보, 서:5)
外六入ᄋᆞᆫ 여스시 疎ᄒᆞᆯᄊᆡ 밧기 屬ᄒᆞ니 識이 노녀 버므리논 ᄯᅡ힐
ᄊᆡ 일후믈 [入이라] ᄒᆞ니라 (월석 2:22)
일훔도 업건마ᄅᆞᆫ 구쳐 (일후믈) [法身이라] ᄒᆞ니라 (월석 2:53)

다음은 인용마디의 풀이말이 움직씨인 경우이다.

댱가들며 셔방 마조ᄆᆞᆯ 다 [婚姻ᄒᆞ다] ᄒᆞᄂᆞ니라 (석보 6:16)
일후믈 [누니 보ᄂᆞ다] 홇딘댄 (능엄 1:101)

③ 'A롤'+'닐오딕 혹은 ᄒᆞ-' 생략
'(A롤) (닐오딕) [(A이)-이라] (ᄒᆞ-)' 유형

'B-이 C-ㄹ씨 (A롤) [D 이라]ᄒᆞ-'의 구조에서 B와 D가 다른 이름
씨일 때는 생략된 'A'는 'B'가 되고, 같은 이름씨일 때는 'A'는 'C'
가 된다.

<A=B가 되는 경우 (B≠D일 때)>
'「B-은(-이)」 C-ㄹ씨, (A롤) [D 이라]ᄒᆞ-'
의미 구조: B롤 D라고 하는 이유는 C이다.

魔ㅣ ᄀ리ᄂᆞ 거실ᄊᆡ [그므리라] ᄒᆞ니라 (석보 9:8)
⇐ 魔롤 닐오딕 [그므리라] ᄒᆞ-
이 부톄 나싫 저긔 몺 ᄀᆞ새 光이 燈 ᄀᆞᄐᆞ실ᄊᆡ [燃燈佛이시다]도
ᄒᆞᄂᆞ니…ᄯᅩ [錠光佛이시다]도 ᄒᆞᄂᆞ니 (월석 1:8)
⇐ 부텨롤 닐오딕 [燃燈佛이시다]도 ᄒᆞ-
迦葉이…威嚴과 德괘 커 天人이 重히 너길ᄊᆡ [大迦葉이라] ᄒᆞ더
니 (석보 6:12)
⇐ 迦葉을 닐오딕 [大迦葉이라] ᄒᆞ-
이 사ᄅᆞᆷ들히 다 神足이 自在ᄒᆞ야 衆生이 福田이 ᄃᆞ욀ᄊᆡ [즁이라]
ᄒᆞᄂᆞ닝다 (석보 6:18)
⇐ 이 사ᄅᆞᆷ들ᄒᆞᆯ 닐오딕 [즁이라] ᄒᆞ-
더븐 煩惱ᄂᆞᆫ 煩惱ㅣ 블 ᄀᆞ티 ᄃᆞ라나ᄂᆞ 거실ᄊᆡ [덥다] ᄒᆞᄂᆞ니라
(월석 1:18)
⇐ 더븐 煩惱롤 닐오딕 [덥다] ᄒᆞ-

다음 예문은 'ᄒᆞ-'가 생략된 대신에, 인용마디 앞의 '닐오딕'는
생략되지 않았다. 'ᄒᆞ-'는 '닐오딕'의 대치형이므로, 둘 중에 하나가

남은 것이다.

首楞三昧는 千聖이 다 녀시논 젼ᄎᆞ로 니ᄅᆞ샤ᄃᆡ [ᄒᆞᆫ 門이라] (능
엄 1:50) ⇐ 首楞三昧를 니ᄅᆞ샤ᄃᆡ [ᄒᆞᆫ 門이라] ᄒᆞ-

<A=C가 되는 경우 (B=D일 때)>

'B-은(-이) C-ㄹᄊᆡ, (A를) [D 이라]ᄒᆞ-'
의미 구조: C를 D라고 하는 이유는 C이다.

沙彌는…慈悲ㅅ 힝뎌글 ᄒᆞ야ᅀᅡ ᄒᆞ릴ᄊᆡ [沙彌라] ᄒᆞ니라 (석보 6:2)
⇐ 慈悲ㅅ 힝뎌글 ᄒᆞ야ᅀᅡ ᄒᆞᄂᆞᆫ거슬 닐오ᄃᆡ [沙彌라] ᄒᆞ-
(地獄은) ᄯᅡ 아랫 獄일ᄊᆡ [地獄이라] ᄒᆞᄂᆞ니 (월석 1:28)
⇐ ᄯᅡ 아랫 獄을 닐오ᄃᆡ [地獄이라] ᄒᆞ-
(天子는) ᄒᆞ나히 어디러 즈믄 사ᄅᆞᄆᆞᆯ 당ᄒᆞ릴ᄊᆡ [天子ㅣ라] ᄒᆞᄂᆞ
니라 (월석 1:28)
⇐ ᄒᆞ나히 즈믄 사ᄅᆞᄆᆞᆯ 당ᄒᆞᆯ 사ᄅᆞᄆᆞᆯ 닐오ᄃᆡ [天子ㅣ라] ᄒᆞ-
(世尊은) 天上이며 人間이며 모다 尊히 너기ᅀᆞᄫᆞᆯᄊᆡ [世尊이시다]
ᄒᆞ니라 (월석 9:17)
⇐ 天上이며…尊히 너기ᅀᆞᆸᄂᆞᆫ 사ᄅᆞᄆᆞᆯ 닐오ᄃᆡ [世尊이시다] ᄒᆞ-
(부톄) 三世옛 이를 아ᄅᆞ실ᄊᆡ [부톄시다] ᄒᆞᄂᆞ닝다 (석보 6:18)
⇐ 三世옛 이를 아ᄅᆞ시ᄂᆞᆫ 사ᄅᆞᄆᆞᆯ 닐오ᄃᆡ [부톄시다] ᄒᆞ-
典은 尊ᄒᆞ야 여저 둘ᄊᆡ니 經은 尊ᄒᆞ야 여저 뒷ᄂᆞᆫ 거실ᄊᆡ [經典
이라] ᄒᆞᄂᆞ니라 (석보 13:17)
⇐ 尊ᄒᆞ야 여저 둘 것과 뒷ᄂᆞᆫ 거슬 닐오ᄃᆡ [經典이라] ᄒᆞ-

④ 'A를'과 '닐오ᄃᆡ' 생략

'(A를) (닐오ᄃᆡ) [A이 -이라] ᄒᆞ-' 유형

인용마디의 임자말(A이)은 생략되지 않고, 오히려 '닐오ᄃᆡ'의 부

림말(A를)이 생략된 특이한 구조이다.

[乾闥婆이 아들 일후미 闥婆摩羅ㅣ라] 호리 七寶琴을 노더니 (월석 21:206)
⇐ [乾闥婆이 아들 일후믈 닐오딕 [乾闥婆이 아들 일후미 闥婆摩羅ㅣ라] ㅎ-]-ㄹ

다음은 생략된 'A를'이 앞마디에 나타나 있는 경우이다.

末法에 比丘ㅣ 여러가짓 名字ㅣ 이시니…或 [地獄 즈싀ㅣ라] ㅎ며 或 [袈裟 니븐 盜賊ㅣ라] ㅎ시니 슬프다 긔 이러호 젼칄싀니라 (선가 52)
⇐ 比丘를 닐오딕 [地獄 즈싀ㅣ라] ㅎ-
급피 주거 [녕티 아니호 귓거시라] ㅎ건마는 귄들 엇디 싁니ㅎ는 어딘 사르미 아니료 (정속 20)
⇐ 급피 주구믈 닐오딕 [급피 주구미 녕티 아니호 귓거시라] ㅎ-
大抵ㅎ디 或 [孝ㅣ라] 或 [禪ㅣ라] 호미 오직 사르미 見解ㅣ 深淺에 잇디위 本性에는 干涉디 아니ㅎ니라 (선가 11)
⇐ …를 닐오딕 [孝이라 禪ㅣ라] ㅎ-

⑤ '닐오딕' 생략+'A를' 변형

'닐오딕'가 생략되고, 인용마디의 부림말 'A를'이 매김마디의 머리말로 빠져나가는 변형이다.

'[(A를)(닐오딕) [-이라]ㅎ-]-ㄹ A' 유형
빠져나감

인용마디의 풀이말은 모두 잡음씨이다.

　舍衛國에 혼 [大臣須達이라] 호리 잇ᄂᆞ니 (석보 6:14)
　⇐ 이(=사ᄅᆞᆷ)ᄅᆞᆯ 닐오ᄃᆡ [大臣須達이라] ᄒᆞ다
　[護彌라] 호리 가ᅀᆞ멸오 (석보 6:14)
　⇐ 이(=사ᄅᆞᆷ)ᄅᆞᆯ 닐오ᄃᆡ [護彌라] ᄒᆞ-
　입시울 비치 븕고 흐웍흐웍ᄒᆞ야 [頻婆羅ㅣ라] 홀 여르미 ᄀᆞᄐᆞ시
　며 (월석 2:58)
　⇐ 여르믈 닐오ᄃᆡ [頻婆羅ㅣ라] ᄒᆞ-
　中國西ㅅ녁 ᄀᆞ새 [蜀이라] 홇 ᄀᆞ올히 잇ᄂᆞ니 (월석 2:20)
　⇐ ᄀᆞ올ᄒᆞᆯ 닐오ᄃᆡ [蜀이라] ᄒᆞ-
　이 香이 [高山이라] 홀 뫼해셔 나ᄂᆞ니 (월석 1:27)
　⇐ 뫼ᄒᆞᆯ 닐오ᄃᆡ [高山이라] ᄒᆞ-
　[善慧라] 홇 仙人 (월석 1:8)
　[처ᅀᅥᆷ 佛家애 나다] 혼 生이디비 [生死애 나며 드ᄂᆞ다] 혼 生이
　아니라 (월석 17:27-8)
　그 後로 [夫妻ㅣ라] 혼 일후미 나니 (월석 1:44)
　⇐ 일후믈 닐오ᄃᆡ [夫妻ㅣ라] ᄒᆞ-

(나) 도치

① 'A를'과 '닐오ᄃᆡ' 도치

도치로 변형되는 구조는 이 유형뿐이다.

　모도와 닐오ᄃᆡ 일후믈 [阿彌陀佛리라] ᄒᆞᄂᆞ니라 (칠대 18)
　⇐ 일후믈 닐오ᄃᆡ [阿彌陀佛리라] ᄒᆞ-

(다) 부활

'부활'로 변형되는 구조도 다음의 한 유형뿐이다.

① '호-'가 '닐오딕'로 부활

다음 예문은 '호-'가 '닐오딕'로 부활하여 'A이'와 '-이라' 사이에 끼어든 특이한 구조이다.

　心음이 자최 그츨씨 니르샤딕 [妙道이라] (영가, 하:35)
　⟸ [心음이 자최 그츨씨 妙道이라] 호-: [6]유형
　⟸ 心음이 자최 그츨쑬 니르샤딕 [心음이 자최 그츨씨 妙道이라] 호-

(라) 대치

다음은 '대치'가 일어나는 유형들이다. 이 유형들에서는 '생략'과 '탈락' 등이 동반된다.

① 'A룰'과 '닐오딕' 생략, '호-'를 '니르-'로 대치

　三年을 父의 道애 고티미 업세샤 可히 [孝ㅣ라] 닐을이니라
　(논어 1:6)
　⟸ 三年을 父의 道애 고티미 업수믈 닐오딕 [孝ㅣ라] 호-
　엇디 뼈 [狂이라] 닐으느니잇고 (맹자 14:28)
　⟸…룰 닐오딕 [狂이라] 호-

② 'A룰'을 'A는'으로 대치, '닐오딕' 생략, '호-'를 '니르-'로 대치

　이러툿혼 사르문 진실로 [大丈夫ㅣ라] 닐얼 디로다 (번소 8:20)
　⟸ 이러툿혼 사르물 닐오딕 [大丈夫ㅣ라] 호-

③ '호-'가 '니르-'로 대치 → '닐오딕' 탈락 → 매김마디로 변형

　A룰 닐오딕 [-이라] 호- →
　A룰 (닐오딕) [-이라] 니르- →
　A룰 닐온 [-이라]

'ᄒ-'가 '니ᄅ-'로 대치된 다음('ᄒ-'는 '닐오ᄃᆡ'의 반복형임) '닐
오ᄃᆡ'는 잉여적이 되어 탈락되고(A롤[-이라] 니ᄅ-), 이것을 매김마
디로 변형시킨 것이다.

    제 허므리 잇거든 겿곶 즁이 드러내에 훌쏠 닐온 [自恣ㅣ라]
    (능엄 1:29)
    ⇐ 겿곶 즁이 드러내에 훌쏠 닐오ᄃᆡ [···이 自恣ㅣ라] ᄒ-

(마) 축약 → 탈락

축약 후 탈락이 일어나는 경우이다.

① 마침법 씨끝과 'ᄒ-'의 축약 → 탈락
　'A롤 닐오ᄃᆡ [-이(라)](ᄒ)-' 유형

인용마디의 마침법 씨끝 '-라'와 안은마디의 풀이말의 줄기 'ᄒ'
가 축약되어 탈락되는 경우가 있다.

    ᄯᅩ 그스기 가죠믈 닐오ᄃᆡ 盜ㅣ니 (능엄 4:30)
    ⇐ 그스기 가죠믈 닐오ᄃᆡ [盜이라] ᄒ니
    고기 ᄶᅢ에 쇼믈 닐오ᄃᆡ 肯이오 (능엄 4:62)
    ⇐ 고기 ᄶᅢ에 쇼믈 닐오ᄃᆡ [肯이라] ᄒ오

② '닐오ᄃᆡ' 생략+마침법 씨끝과 'ᄒ-'의 축약 → 탈락
　'A롤 (닐오ᄃᆡ) [-이(라)](ᄒ)-' 유형

앞 유형에서 '닐오ᄃᆡ'가 생략된 구조이다.

塵에 이쇼ᄃᆡ 塵을 여희쑬 禪이오 (몽산 63)

⇐ 塵을 여희쑬 닐오ᄃᆡ [塵을 여희씨 禪이라] ᄒᆞ오

(2) 'B이라 호ᄆᆞ A이라' 구조

'A를 B이라 ᄒᆞ-' 구조에서 A, B를 도치, 변형한 구조이다. 변형을 기술하면 다음과 같다.

A를 닐오ᄃᆡ [-이라] ᄒᆞ- →
A를 [-이라] ᄒᆞ- →
[-이라] ᄒᆞᄂᆞᆫ 것이 A이다

'A를 [-이라] ᄒᆞ-'의 구조가 '[-이라] ᄒᆞᄂᆞᆫ 것이 A이다'의 구조로 바뀐 것이다. 물론 의미는 전혀 변하지 않는다.

[不生이라] ᄒᆞᄂᆞ니 나디 아니탓 ᄠᅳ디니…(월석 2:19)

⇐ 나디 아니탓 ᄠᅳ들 닐오ᄃᆡ [不生이라] ᄒᆞ-

3.3.2. 이름붙이기대상 형식인용

'이름붙이기 형식인용'은 '이름'에 해당하는 부분에 인용의 형식을 씌운 것임에 반해, '이름붙이기대상 형식인용'은 '이름붙이기대상'에 해당하는 부분에 인용의 형식을 씌운 구조이다.

앞의 '이름붙이기 형식인용'은 다음 두 가지 유형을 취하였다.

유형1) 빅화 니교ᄆᆞᆯ '學文'이라 ᄒᆞ니라
(배워 익힘을 학문이라 한다)

유형2) '學文'이라 호믄 빈화 니기단 뜨디라
(학문이라 함은 배워 익힌다는 뜻이다)

'빈화 니곰(배워 익힘)'은 '이름붙이기 대상(뜻풀이)'에, '학문'은 '이름붙이기(뜻풀이대상)'에 해당한다.

이에 비해 '이름붙이기대상 형식인용'은 다음과 같은 구조를 취한다.

學文은 '빈화 니기다' 혼 뜨디라
(학문은 '배워 익힌다'(고 하)는 뜻이다)

'빈화 니기다'는 학문이란 이름을 붙이게 된 대상이 되므로, 이러한 형식적 인용을 '이름붙이기대상 형식인용'이라 한다.

다음은 '이름붙이기대상'이 잡음씨인 예문들이다.

佛은 [知者ㅣ라] 혼 마리니 知者는 [아는 사르미라] 혼 뜨디라
(월석 9:12)
大導師는 [크신 길 앗외시는 스스이라] 혼 마리라 (월석 9:12)
天人師는 [하늘히며 사르믹 스스이시다] ᄒ논 마리라 (석보 9:3)
阿蘭若는 [겨르롭고 寂靜혼 處所ㅣ라] 혼 뜨디니 (월석 7:5)
千百億은 百億곰 호니 [一千이라] 혼 마리니 (월석 2:54)
緊那羅는 [疑心ᄃᆞ빈 神靈이라] 혼 뜨디니 (월석 1:15)
摩訶薩은 [굴근 菩薩이시다] ᄒ논 마리라 (석보 9:1)
迦樓羅는 [金 눌개라] 혼 뜨디니 (월석 1:14)
刹帝利는 [田地 님자히라] ᄒ논 마리니 (석보 9:19)
婆羅羅는 [내 됴흔 고지라] ᄒ논 마리라 (석보 19:17)
者는 [사르미라] ᄒ돗혼 뜨디라 (석보, 서2)
疊은 골포 싸흘씨니 [층이라] ᄒ돗혼 마리라 (석보 19:11)

이 ᄯᅡ히 [竹林國이라] 혼 나라히이다 (월석 8:94)

  다음은 인용마디의 풀이말이 움직씨이거나 그림씨인 경우이다. '이름붙이기 형식인용'에서는 움직씨나 그림씨의 예가 드물었으나, '이름붙이기대상 형식인용'에는 움직씨나 그림씨가 많이 나타난다.

  斯陀含ᄋᆞᆫ [ᄒᆞᆫ번 녀러오다] 혼 ᄠᅳ디니 (월석 2:19)
  沙彌ᄂᆞᆫ 새 出家혼 사ᄅᆞ미니 [慈悲ㅅ 힝뎌글 ᄒᆞ다] ᄒᆞ논 ᄠᅳ디니 (석보 6:2)
  依然은 [이셧다] ᄒᆞᆺ혼 마리라 (월석, 서:15)
  庶幾ᄂᆞᆫ [그러ᄒᆞ귓고 ᄇᆞ라노라] ᄒᆞ논 ᄠᅳ디라 (석보, 서:6)
  羅睺羅ᄂᆞᆫ [ᄀᆞ리오다] 혼 ᄠᅳ디니 ᄉᆞᆫᆷ바다ᄋᆞᆯ 드러 히ᄃᆞᄅᆞᆯ ᄀᆞ리와ᄃᆞᆫ 日月食ᄒᆞᄂᆞ니라 (월석 2:2)
  遂는 브틀씨니 [아모 다ᄉᆞᆯ 브터 이러타] ᄒᆞ논 겨치라 (월석, 서:3)
  不能은 [몯ᄒᆞᄂᆞ다] ᄒᆞ논 ᄠᅳ디라 (석보, 서3)
  文은 [ᄂᆞᆷ 어여쎄 너기시ᄂᆞ다] 혼 ᄠᅳ디라 (월석 2:52)
  止ᄂᆞᆫ [마ᄂᆞ다] ᄒᆞ논 ᄠᅳ디라 (석보, 서:3)
  附囑은 [말ᄊᆞᆷ 브텨 아ᄆᆞ례ᄒᆞ고라] 請홀씨라 (석보 6:46)
  乾達婆ᄂᆞᆫ [香내 맏ᄂᆞ다] 혼 ᄠᅳ디니 (월석 1:14)
  如是我聞은 [如ᄒᆞ며 是혼 法을 내 부텨ᄭᅴ 듣ᄌᆞᄫᆞ라] ᄒᆞ논 마리라 (석보 24:4)
  和尙은 [갓가ᄫᅵ 이셔 외오다] ᄒᆞ논 마리니 (석보 6:10)
  婆稚ᄂᆞᆫ [얽ᄆᆡ예다] 혼 마리니 (석보 13:9)
  難陀ᄂᆞᆫ [깃브다] ᄒᆞ논 마리오 跋은 [어디다] ᄒᆞ논 마리니 [어딘 德이 잇다] ᄒᆞ논 ᄠᅳ디라 和修吉은 [머리하다] ᄒᆞ논 마리오 迦叉迦ᄂᆞᆫ [毒을 내ᄂᆞ다] ᄒᆞ논 마리오 (석보 13:7)
  希有는 [드므리 잇다] 혼 ᄠᅳ디라 (석보 13:15)
  安否ᄂᆞᆫ [便安ᄒᆞ신가 아니ᄒᆞ신가] ᄒᆞ논 마리라 (석보 11:4)
  悔ᄂᆞᆫ 뉘으츨씨니 [아랫 이ᄅᆞᆯ 외오호라] 홀씨라 (석보 6:9)
  世尊은 [三界예 ᄆᆞᆺ 尊하시닷] ᄠᅳ디라 (석보, 서:5)

卽은 [가져셔 ᄒᆞ닷] 마리라 (남명 서:1)

嗚呼ᄂᆞᆫ [한숨 디틋]혼 겨치라 (월석, 서:23)

廣熾ᄂᆞᆫ [너비 光明이 비취닷] ᄠᅳ디오 陶師ᄂᆞᆫ [딜엇굽ᄂᆞᆫ 사ᄅᆞ미라] (월석 2:9)

다음의 예문들은 인용마디가 마침법으로 끝나지 않고 이음법 씨끝으로 끝나는 특이한 예문이다. '이름붙이기대상 형식인용'에서만 이러한 인용구조가 나타난다.

使ᄂᆞᆫ [ᄒᆡ여] ᄒᆞ논 마리라 (훈, 언해)

人非人은 [사ᄅᆞᆷ과 사ᄅᆞᆷ 아닌 것과] ᄒᆞ논 마리니 (석보 9:1)

乃ᄂᆞᆫ [ᅀᅵ] ᄒᆞ논 겨치라 (월석, 서:13)

卽欲死ᄂᆞᆫ [너모 ᄉᆞ랑ᄒᆞ얏] 마리라 (두언 18:8)

4. 특이한 구조의 인용마디

4.1. '형식적 간접인용'이 낳은 특이한 인용구조

<제1유형>

몯 得혼 法을 [得호라] ᄒᆞ며 (석보 9:13)

이 무리 罪 깁고 增上慢ᄒᆞ야 몯 得혼 이를 [得호라] 너기며 몯 證혼 이를 [證호라] 너겨 (석보 13:46)

⇐ 이 무리⋯[내 그 이를 得호라] 너기-

위의 예문은, '이 무리가 (사실은 得하지도 못한 일을) "내가 得했다"고 생각하며'란 뜻이다(이러한 구조를 현대말로 예를 들면;

'그는 고문에 못 이겨서 자기가 죽이지도 않은 사람을 [죽였다]고 말했다').

이러한 구조에서, '몬 得혼 이롤'은 [得호라]에 대한 의미상의 부림말이면서도 인용구조의 안으로는 들어갈 수가 없다('이롤'만 들어갈 수 있고, '몬 得혼'은 들어갈 수가 없다). 이러한 특이한 인용구조가 생겨난 이유는 다음과 같다.

15세기에 '형식적 간접인용(말풀이의 의미를 가진 인용구조)'은, 다른 인용구조에 여러 방면으로 영향을 끼쳤다.

<제2유형>

    댱가들며 셔방 마조물 다 [婚姻ㅎ다] ㅎᄂ니라 (석보 6:16)
    ⇐ 댱가…마조물 닐오ᄃᆡ [婚姻ㅎ다] ㅎ-

이러한 '말풀이의 의미를 가진 인용구조'에서는 '댱가 들며 셔방 마조물'은 '婚姻ㅎ다'에 대한 의미상의 부림말이 아니다. 위의 예문은, '사람들은 장가들며 서방 맞는 것을 가리켜서 말하기를 "혼인한다"고 한다'라는 뜻을 가진 것이다. 그러므로 '댱가…마조물'은 'ㅎ-'에 대한 부림말이다.

이러한 구조는 먼저, 다음과 같은 인용구조에 영향을 끼친다.

<제3유형>

    [나물 외다] ㅎ야 (석보 9:14)
    ⇐ [나미 외다] ㅎ-

위의 예문은 앞에서 '자리토씨의 변형'으로 풀이했었다. 이렇게 풀이할 수 있는 근거는 '나물'에서, 부림자리토씨를 임자자리토씨로 바꾸기만 하면 인용구조 안으로 들어갈 수 있기 때문이다.

다시 말하면, '남'은 '외다'에 대한 의미상의 임자말이기 때문이다('말풀이의 의미를 가진 인용구조'에서의 '…셔방 마조물'은 '婚姻ᄒ다'에 대한 의미상의 부림말도, 임자말도 아니었다). 그러므로 '말풀이의 의미를 가진 인용구조'와는 통어상으로 완전히 다른 구조이다.

그러나 말하는 사람은 이러한 말을 할 때, '남을 가리켜 말하기를 "틀렸다"고 하다'는 의미구조를 가지고 말을 하게 된다. 이것은 바로, '말풀이의 의미를 가진 인용구조'의 영향을 입은 결과이다.

'말풀이의 의미를 가진 인용구조'는 다음과 같은 구조에도 영향을 끼친다.

<제4유형>

一切 ᄒᄂᆫ 일 잇ᄂᆫ 法이 便安티 몯혼 주를 如來 [뵈시노라] ᄒ시며 人天들히 色身에 즐겨 貪着ᄒᆫ 사름 위ᄒᆞ샤 無常을 [뵈시노라] ᄒᆞ샤 涅槃을 ᄒ시니 (석보 23:18)
⇐ 如來 [내 一切…몯혼 주를 뵈노라] ᄒ시-

위의 예문에서의 '一切…몯혼 주를'은 아무런 변형도 필요 없이, 그대로 인용마디의 안으로 들어갈 수 있다. 인용구조의 안에 들어 있던 부림말을 이렇게 인용구조의 밖으로 끌어낸 것도 '말풀이의 의미를 가진 인용구조'의 영향을 받은 결과이다.

즉, 말할이는 다음과 같은 의식구조를 가지고 말을 하게 된다.

「如來 一切…주를 니ᄅᆞ샤ᄃᆡ [뵈노라] ᄒ-」

이러한 구조가 생겨나게 되어 결국은 다음과 같은 제1유형의 구조가 생겨나게 된 것이다.

몬 得혼 法을 [得호라] ᄒ며
⇐ [내 法을 得호라] ᄒ-
이 무리 罪 깁고 增上慢ᄒ야 몬 得혼 이룰 [得호라] 너기며
⇐ 이 무리…[내 그 이룰 得호라] 너기-

이러한 구조가 생겨난 경과는 다음과 같다.

① '제2유형'의 영향을 받아, 원래는 인용구조의 안에 있었던 '그 이룰'을 '제4유형'에서처럼 인용구조의 밖으로 끌어낸다.

'이 무리…그 이룰 [내 得호라]너기-'

② 말할이는 '그 이룰'을 '너기-'에 대한 부림말로 인식하여(원래 인용구조의 밖에 있었던 것으로 인식하여), '일'을 꾸며 주는 '그'를, 말할이의 '일'에 대한 판단인 '몬 得혼'으로 대치한다.

'이 무리 몬 得혼 이룰 [내 得호라] 너기-'

③ '몬 得혼 이룰'은 '得호라'에 대한 의미상의 부림말이므로, 그 가운데 끼게 된 '내'는 탈락되었다(간접인용으로 바뀌었기 때문에 '내'가 그대로 남아 있으면, 그것이 무엇에 대한 임자말인지 판단하기 어렵게 된다).

즉, 다음과 같은 변형을 거친 것이다.

이 무리… 몯 得호 이룰 [得호라] 너기며

③ ⇐ 이 무리…몯 得호 이룰 [내 得호라] 너기-

② ⇐ 이 무리…그 이룰 [내 得호라] 너기-

① ⇐ 이 무리…[내 그 이룰 得호라] 너기-

4.2. 인용마디의 풀이말 생략 구조

大衆이 念를 호딕 [부텻 座ㅣ 놉고 머르시니 오직 願ᄒᆞᅀᆞ오딕
[如來ㅣ 神通力으로 우리 무를 다 虛空애 잇게 ᄒᆞ시과뎌]] ᄒᆞ더
니 (법화 4:133-4)

⇐ 大衆이 念을 호딕 [(우리)…願ᄒᆞᅀᆞ오딕 [如來ㅣ …ᄒᆞ시과뎌
ᄒᆞ노이다]] ᄒᆞ-88)

위의 예문에서, 'ᄒᆞ시과뎌'에서의 '과뎌'는 이음법 씨끝이다.

인용마디는 하나의 완전한 월의 형식이 되어야 하므로, 마침법
씨끝으로 끝나야 하는 것이 원칙이다. 그러므로 이렇게 이음법 씨
끝으로 끝나는 인용마디는 매우 특이한 구조이다.89)

이러한 비문법적인 구조가 생겨난 이유를 다음과 같이 설명할
수 있다.

먼저, 구조적인 이유(동일 풀이말 생략)때문이다.

안긴 인용마디의 풀이말('ᄒᆞ노이다')과 안은 인용마디의 풀이말
('ᄒᆞ더니')이 꼭 같이 'ᄒᆞ-'이기 때문에, 일종의 '동일 풀이말 생략'

---

88) 인용마디에 인용마디가 안긴 구조이다. 안은 인용마디는 '念호딕[ ]ᄒᆞ-'의 구조이고, 안긴 인용
마디는 '願ᄒᆞ딕[ ]×'의 구조이다.

89) 'ᄒᆞ더니'를 인용마디의 풀이말로 볼 수는 없다. 大衆이 願하는 내용인 '如來ㅣ …잇게 ᄒᆞ시과뎌'
에 회상법의 '-더-'가 연결될 수 없기 때문이다(위의 예문은 '如來가 神通力으로 우리들을 다 虛
空에 있게 해 주시기를 願합니다'라는 뜻이다). 또한 무리하게 'ᄒᆞ더니'까지를 인용마디로 보면,
인용마디가 이음법 씨끝 '-으니'로 끝난 것을 설명할 도리가 없게 된다.

이 일어난 것이다. 그러나 이것만으로는 이러한 비문법적인 구조를 설명할 수가 없다. '흐노이다'와 '흐더니'는 그것이 나타내는 굴곡 범주가 완전히 다르기 때문이다.[90]

이러한 비문법적인 인용구조를 설명하기 위해서는 말할이의 의식구조를 함께 고려해야 한다.

즉, 인용말 앞에서는 그것이 인용임을 분명히 인식했다가 뒤에 가서는 인용임이 흐릿해져 버리는 그러한 의식구조를 가지고 말을 하기 때문에, 이러한 비문법적인 인용구조가 생기게 된 것이다(물론 동일 풀이말이기 때문에 이러한 의식이 생겨난 것이다). 이러한 의식구조는 우리말 인용구조에 공통으로 나타나는 특징이라서 우리말에 간접인용이 매우 발달하게 된 근본적인 이유가 되었다.

지금까지의 '특이한 구조의 인용마디'는 모두 '변형적 간접인용'에 속한다.

5. 안긴마디에 안긴 인용마디

인용마디는 그것이 하나의 완전한 월의 형식이 되는 것이 원칙이므로, 인용마디가 다른 마디를 안고 있는 구조를 분석하는 것은 무의미하다. 그러므로 여기에서는 인용마디가 다른 마디에 안기어 있는 구조를 분석한다.

---

90) '흐노이다': '-느-'(현실)+'-오/우-'(인칭)+'-으이-'(들을이높임)+'-다'(마침).
　　'흐더니': '-더-'(회상법)+'-으니'(이음법).

5.1. 이은마디에 안김

[이은 [인용마디] 마디]

이은마디가 인용마디를 안고 있는 구조는 인용마디를 이끄는 말
인 '호-'에 이음법 씨끝이 붙는 경우이다.

耶ㅣ라 호리…닐오ᄃᆡ [내…布施ᄒᆞᅀᄫᅡ지라] ᄒᆞ야늘 (석보 24:8)
⇐ [耶ㅣ라 호리…닐오ᄃᆡ] [耶ㅣ라 호리 [내…布施ᄒᆞᅀᄫᅡ지라]
ᄒᆞ야늘]
獄卒이…닐오ᄃᆡ [[됴홀쎠…] ᄒᆞ고] (월석 23:82)
ᄒᆞᆫ 梵天이 諸天ᄃᆞ려 닐오ᄃᆡ [[象이 양직 第一이니 엇뎨어뇨] ᄒᆞ
란ᄃᆡ] (월석 2:19)
도ᄌᆞ기…날ᄃᆞ려 닐오ᄃᆡ [[…네 머리를 버효리라] 홀씨] (월석
10:25)
父母ㅣ…닐오ᄃᆡ [[우디마라…] ᄒᆞ야든] (남명, 상:44-5)
…닐오ᄃᆡ [[…보디 몯ᄒᆞ리라] ᄒᆞ니] (금강삼가 4:59)
一切大海…닐오ᄃᆡ [[…길홀 일허다] ᄒᆞ며] (석보 23:19)

5.2. 인용마디에 안김

[인용 [인용마디] 마디]

이에는 네 가지 유형이 있을 수 있다.

① 직접인용⊃직접인용　② 직접인용⊃간접인용
③ 간접인용⊃간접인용　④ 간접인용⊃직접인용

5.2.1. 직접인용⊃직접인용

耶輸ㅣ 니ᄅ샤ᄃᆡ [如來…盟誓ᄒ샤ᄃᆡ [道理 일워ᅀᅡ 도라:오리라]
ᄒ시고] (석보 6:4)

須達이 (舍利弗ᄭᅴ) 닐오ᄃᆡ [[내 正히 그 하ᄂᆞ래 :나리라] ᄀᆞ 그
말 다ᄒ니 녀느 하ᄂᆞ랫 지븐 업고 네찻 하ᄂᆞ랫 지비 잇더라]
(석보 6:36)

世尊이…龍王ᄃᆞ려 니ᄅ샤ᄃᆡ [됴타 됴타 네 이제 [衆生ᄃᆞᆯ흘 爲ᄒ
야 利益을 지ᅀᅮ리라] ᄒ야 如來ㅅ거긔 이러톳흔 이를 能히 묻ᄂ
니 子細히 드러 이대 思念ᄒ라] (월석 10:69)

世尊이…告ᄒ야 니ᄅ샤ᄃᆡ [如來 샹녜 닐오ᄃᆡ…[體ㅣ 이ᄂ니라]
ᄒ노니] (능엄 1:87)

부톄…善宿ᄃᆞ려 니ᄅ샤ᄃᆡ [네 ᄠᅳ디 어린 사ᄅᆞ미 엇뎨 네 [釋子
ㅣ로라] ᄒᄂᆞᆫ다] (월석 9:32)[91]

對答호ᄃᆡ [부톄 成道ᄒ야시ᄂᆞᆯ 梵天이 [轉法ᄒ쇼셔] 請ᄒᅀᆞ바
ᄂᆞᆯ…] (석보 6:18)

世尊이…耶輸ᄭᅴ 니ᄅ샤ᄃᆡ [네 디나건 네 벗 時節에 盟誓發願혼
이를 혜ᄂᆞᆫ다 모ᄅᆞᄂᆞᆫ다 釋迦如來 그ᄢᅴ [菩薩ㅅ 道理 ᄒ노라] ᄒ
야 네손ᄃᆡ 五百銀도ᄂᆞ로 다ᄉᆞᆺ줄깃 蓮花ᄅᆞᆯ 사아 錠光佛ᄭᅴ 받ᄌᆞᄫᆞᆯ
쩌긔 네 發願을 호ᄃᆡ [世世예 妻眷이 ᄃᆞ외져] ᄒ거늘 내 닐오ᄃᆡ
[菩薩이 ᄃᆞ외야 劫劫에 發願行ᄒ노라] ᄒ야 一切 布施ᄅᆞᆯ ᄂᆞ미
ᄠᅳᆮ 거스디 아니하거든 네 [내 마ᄅᆞᆯ 드를따] ᄒ야ᄂᆞᆯ 네 盟誓ᄅᆞᆯ 호
ᄃᆡ [世世예…뉘읏븐 ᄆᆞᅀᆞᄆᆞᆯ 아니호리라] ᄒ더니 이제 엇뎨 羅睺
羅ᄅᆞᆯ 앗기ᄂᆞᆫ다] (석보 6:7-8)[92]

---

91) '네'를 그 앞에 나오는 '네'의 되풀이로 본 것인데 그렇게 보지 않고, '네'를 '내'의 변형으로
보아 '직접⊃간접'의 유형으로 볼 수도 있다.

92) [내 마ᄅᆞᆯ 드를따]는 '인칭이름씨 변형'의 간접인용이다. 나머지는 모두 직접인용으로 안기어
있다.

5.2.2. 직접인용⊃간접인용

직접인용 안에 간접인용이 안긴 구조이다. 여기에서의 간접인용을 '추상적 간접인용'과 '변형적 간접인용'으로 나누어 기술한다.

(1) 직접인용⊃추상적 간접인용

추상적 간접인용이 되는 이유에 따라 나누어 기술한다.

① 추상적 의미의 풀이말이 올 때

對答호딕 [그리 아니라 내 亽랑호딕 [어누 藏ㅅ 金이亽 마치 칠이려뇨] 亽노이다] (석보 6:25)
阿難이 (부텨씌) 슬보딕 […世尊하…諸佛ㅅ 甚히 기픈 힝뎍 니르거시든 듣줍고 너교딕 [어듸 션…如來 흔 부텻 일훔 念홀 쌕네 이런 功德 됴흔 利롤 어드리오] 호야…모딘 길헤 쩌러디여 그지업시 그우니ㄴ니이다] (석보 9:26-7)
鬼王이 부텻긔 슬보딕 […내…오직 願호딕 [衆生돌히…큰 利益을 얻과뎌 호노이다]] (월석 21:128)

② 가정의 뜻을 가진 이음법 씨끝이 올 때

迦葉이 닐오딕 [ㅎ마 [無學을 得호라] 호거든 門썌ㅁ로 들라] 호야늘 (석보 24:3)

③ 시킴법일 때

王이 須達이 블러 닐오딕 [六師ㅣ 이리 니르ㄴ니 그듸 沙門弟子두려 [어루 겻굴따] 무러보라] (석보 6:26)
이 삑 諸佛이…니ㄹ샤딕 […부텨씌…이 말 슬오딕 […이 寶塔으로 흔가지로 여슙고져 ㅎ시ㄴ이다] 호라] (법화 4:129)

④ 부정을 나타내는 말이 올 때

和尙이 니르샤딕 [네 뎌드려 [어미 나하신젠 므스글 닙더시니]
ㅎ야 엇뎨 <u>아니</u> 므른다] (남명, 상:31)

⑤ 의인법의 표현일 때

舍利弗이…對答호딕 [그듸 이 굼긧 개야미 보라…제 흔가짓 모
딕 몯 여희여 [죽사리도 오랄쎠] ㅎ노라 아마도 福이 조슨롤 뷔
니 아니 심거 몯홀꺼시라] (석보 6:36-7)

(2) 직접인용⊃변형적 간접인용

변형적 간접인용을 '성분변형'과 '말풀이의 의미를 가진 인용구
조의 변형'으로 나누어 설명한다.

① 성분변형
<들을이 높임 변형>

世尊이 니르샤딕 [됴타 文殊師利여 네 [大悲로 니르고라] 請ㅎᄂ
니] (월석 9:9)
⟸ [大悲로 니르쇼셔]

<주체높임 변형>

婆羅門들히 어엿비 너겨 닐오딕 [[釋迦牟尼佛ㅅ 法中에 便安ᄒ
이리 만ᄒ시고 셜븐 일들히 업스시다] 듣줍노라] ᄒ야ᄂᆞᆯ (월석
10:26)
⟸ [만코…없다]

<객체높임 변형>

比丘ㅣ 對答호딕…[光有聖人이…大王ㅅ 善心을 드르시고 [찻믈

기ᄅᆞᆷ 치녀를 비ᅀᆞᄫᅡ 오라] ᄒᆞ실ᄊᆡ 오ᅀᆞᄫᆞ이다] (월석 8:91)
⇐ [비러오라]

<인칭 이름씨 변형>

世尊이…니ᄅᆞ샤ᄃᆡ [...네 [내 마ᄅᆞᆯ 다 드를따] ᄒᆞ야ᄂᆞᆯ…] (석보 6:7-8)
⇐ [世尊ᄋᆡ 마ᄅᆞᆯ 다 드를따]

<사동을 능동으로 변형>

須達이…王ᄭᅴ 가 ᄉᆞᆯᄫᅩᄃᆡ [[六師ㅣ 겻구오려 ᄒᆞ거든 제 홀양ᄋᆞ로 ᄒᆞ라] ᄒᆞ더이다] (석보 6:27)
⇐ [ᄒᆞ게ᄒᆞ라]

<인칭변형+들을이높임>

婆羅門이 닐오ᄃᆡ [[내 보아져 ᄒᆞᄂᆞ다] ᄉᆞᆯᄫᅡᄡᅧ] (석보 6:14)
⇐ [婆羅門이 보아져 ᄒᆞᄂᆞ이다]

<주체높임+때매김법>

王이 니ᄅᆞ샤ᄃᆡ [[ᄯᆞᄅᆞᆯ 두겨시다] 듣고 婚姻을 求ᄒᆞ노이다] (석보 11:28)
⇐ [ᄯᆞᄅᆞᆯ 뒷ᄂᆞ다]

② 말풀이 구조 변형

四禪天이…自中에 닐오ᄃᆡ [...이 劫 일후므란 [賢法이라] ᄒᆞ져] (월석 1:40)
對答호ᄃᆡ [...이 사ᄅᆞᆷᄃᆞᆯ히 다 神足이 自在ᄒᆞ야 衆生ᄋᆡ 福田이 ᄃᆞ욀ᄊᆡ [쥬이라] ᄒᆞᄂᆞᆼ다] (석보 6:18-9)
부톄 後에 阿難이ᄃᆞ려 니ᄅᆞ샤ᄃᆡ [...두 사ᄅᆞ미 어우러 精舍 지ᅀᅳ란ᄃᆡ 일후믈 [...孤獨園이라] ᄒᆞ라] (석보 6:39-40)

5.2.3. 간접인용⊃간접인용

[[엇데 修行이 이시리오] 홍가] 저호샤 (원각, 상2-1:10)[93]
舍利弗이…너교딕 [오늘 모댓는 한 사르미…[제 노포라] 호야 衆
生을 프성귀만 너기ᄂ니 엇던 德으로 降服히려뇨 세 德으로 호
리라] 호고 (석보 6:28)[94]
⇐ [내 노포라]
그 쁴 六師ㅣ 너교딕 [쏘 엇던 因緣으로 이 寶塔이 잇거뇨 호다
가 무르리 이시면 내 모르려시니 몰롬덴 엇데 쏘 일후믈 [一切
智見이로라] 호려뇨] (월석 21:210)[95]
阿難아 내 이제 너드려 묻노니 [네 發心호매 當호야 네 [如來ㅅ
三十二相을 브토라] 커시니 므스글 가져보며 뉘 愛樂호뇨] (능
엄 1:45)
⇐ [如來ㅅ 三十二相을 브토이다][96]
大衆이 念를 호딕 [부텻 座ㅣ 눕고 머르시니 오직 願호ᅀᆞ오딕
[如來ㅣ 神通力으로 우리 무를 다 虛空애 잇게 호시과뎌]] 호더
니 (법화 4:133-4)
⇐ 大衆이 念을 호딕 [(우리)…願호ᅀᆞ오딕 [如來ㅣ …호시과뎌
호노이다]] 호-[97]

5.2.4. 간접인용⊃직접인용

이러한 유형은 찾지 못했다. 현대말에도 이러한 유형은 잘 나타
나지 않는데, 15세기에도 마찬가지였던 모양이다.

---

93) '미정법 때매김'의 추상적 간접⊃'추상적 풀이말'의 추상적 간접.
94) 추상적 간접⊃인칭 이름씨 변형.
95) 추상적 간접⊃말풀이 의미를 가진 인용구조의 변형.
96) '임자말 인칭과 때매김'의 추상적 간접⊃들을이 높임법 변형.
97) 추상적 간접⊃동일 풀이말 생략 변형.

5.3. 이름마디에 안김

[이름 [인용마디] 마디]

[[ᄂᆞ화 주마] 호미] 일 期約이 잇ᄂᆞ니라 (두언 7:39)
[[難히 보슙ᄂᆞ다] 니ᄅᆞ샤ᄆᆞᆫ] (법화 5:148)
[비록 부텻 音聲이 [우리 부텨 ᄃᆞ외와라] 니ᄅᆞ샤믈] 듣ᄌᆞ오나
(법화 3:65)
[[보미 네 알픠 잇다] 호미] 이 ᄠᅳ디 實티 아니타 (능엄 2:47)
[[보미 펴며 움추미 잇다] 호미] 올티 아니ᄒᆞ니라 (능엄 2:41)
[[너븐 智로 너비 濟渡ᄒᆞ시ᄂᆞ다] 술오ᄆᆞᆫ] (법화 3:127)
[[어느 이를 念ᄒᆞᄂᆞᆫ고] ᄒᆞ샴]둘ᄒᆞᆫ (월석 13:55)
열 여슷자히ᄂᆞᆫ [[나 釋迦ㅣ로라] ᄒᆞ샤미]라 (월석 13:31)
사라쇼믈 니조ᄆᆞᆫ 圓覺애 니ᄅᆞ샨 [[믄득 내몸 닛다] ᄒᆞ샤미] ᄀᆞᆮ
ᄒᆞ니 (능엄 2:113)
三昧ᄂᆞᆫ 이엣 말론 正定이니 圓覺애 닐오ᄃᆡ [[三昧正受ㅣ라] 호
ᄆᆞᆫ] 正定中에 受用ᄒᆞ논 法을 닐어 邪受에 ᄀᆞᆯ히디ᄫᅵ 梵語三昧
이엣 마래 [[正定ㅣ라] 호미] 아니라 (월석 18:68)
[[오래 勤苦 受ᄒᆞᆯ까] 분별호믈] 가ᄌᆞᆯ비니라 (법화 2:197)
ᄆᆞᅀᆞ매 샹녜 사ᄅᆞᆷ을 가ᄇᆡ야이 너겨 [[내로라]호믈] 긋디 몯ᄒᆞ
면 (육조, 상:88)
[[보ᄂᆞ다] 닐오미] 몯ᄒᆞ리니 (능엄 1:65)
[[몸 아뇨미 잇다] 닐오미] 몯ᄒᆞ리니 (능엄 2:83)
[[몰래라] ᄒᆞ샤미] 올ᄒᆞ니 (월석 23:85)
[[목숨 주쇼셔] 願호ᄆᆞᆫ] 橫邪애 天闕티 말오져 ᄇᆞ랄씨라 (월석
17:18)
[[道樹에 앉다] ᄒᆞ샤ᄆᆞᆫ] ᄒᆞ마 道애 거싀여 成佛이 머디 아니호
ᄆᆞᆯ 니ᄅᆞ시니 (월석 17:43)
世尊하 엇던 젼ᄎᆞ로 나를 어리다 ᄒᆞ샤 [[釋子ㅣ로라] 호믈] 몯
ᄒᆞ리라 ᄒᆞ시ᄂᆞ니잇고 (월석 9:35)
仁은 우희 [[仁者ㅣ라] 호미] ᄒᆞ가지니 (석보 13:25)

[[上大人이라] 닐오ᄆᆞᆫ] 世예셔 孔聖ᄋᆞᆯ 일ᄏᆞᆮᄌᆞᆸ논 마리라 (금강삼가 4:11)

5.4. 매김마디에 안김

[매김 [인용마디] 마디]

[[처ᅀᅥᆷ 佛家애 나다] 혼] 生이디ᄫᅵ [[生死애 나며 드ᄂᆞ다] 혼] 生이 아니라 (월석 17:27-8)
[[ᄒᆞ마 비 오려다] 홇] 저긔 (월석 10:85)
[[나다] ᄒᆞ논] 마ᄅᆞᆫ [[사라나다] ᄒᆞ논] 마리 아니라 [[다ᄅᆞᆫ 地位예 올마가다] ᄒᆞ논] ᄠᅳ디라 (석보 6:36)
[[無色界옛 눉므리 ᄀᆞᄅᆞᄫᅵ ᄀᆞ티 ᄂᆞ리다] 혼] 말도 이시며 [[無色이 머리 좃다] 혼]말도 이시며 (월석 1:36-7)
[[ᄒᆞ마 그리호마] 혼] 이리 分明히 아니ᄒᆞ면 (내훈 3:21)
庶幾ᄂᆞᆫ [[그러ᄒᆞ긧고 ᄇᆞ라노라] ᄒᆞ논] ᄠᅳ디라 (석보, 서:6)
[[내 노포라] ᄒᆞ릴] 맛나ᄃᆞᆫ (월석 21:216)
不能은 [[몯ᄒᆞᄂᆞ다] ᄒᆞ논] ᄠᅳ디라 (석보, 서1-2)
[[ᄀᆞ룜 업다] 혼] 업수미 滅ᄒᆞ야 (능엄 9:26)
無色諸天이 世尊씌 [[저ᅀᆞᆸ다] 혼] 말도 이시며 (월석 1:36)
[[외다] ᄒᆞ샤ᄆᆞᆯ 듣ᄌᆞ온] 젼ᄎᆞ로 (능엄 1:86)
和尙ᄋᆞᆫ [[갓가ᄫᅵ 이셔 외오다] ᄒᆞ논] 마리니 (석보 6:10)
疊은 ᄀᆞᆯ포 싸홀씨니 [[층이라] ᄒᆞᄃᆞᆺ ᄒᆞᆫ] 마리라 (석보 19:11)
이 [[잇다 업다] 혼] 無도 아니며 [[眞實로 업다] 혼] 無도 아니라 ᄒᆞ니=不是有無之無ㅣ며 不是眞無之無ㅣ라 ᄒᆞ니 (몽산 55-6)
그러나 [[내라] 혼] 아래ᄂᆞᆫ…實로 두 相 업수믈 ᄇᆞᆯ기시도다 (능엄 2:59)
이 ᄯᅡ히 [[竹林國이라] 혼] 나라히이다 (월석 8:94)
[[善彗라] 홇] 仙人 (월석 1:8)
그 後로 [夫妻ㅣ라] 혼 일후미 나니 (월석 1:44)

我慢은 [[내로라] 자바 제 노푼양 홀]씨라 (법화 1:195)

遂는 브틀씨니 [[아모 다술 브터 이러타] ᄒᆞᄂᆞᆫ] 겨치라 (월석, 서:3)

乃는 [[ᅀᅡ] ᄒᆞᄂᆞᆫ] 겨치라 (월석, 서:13)

多陀阿伽度는 [[如來라] 혼] 마리라 (석보 13:34)

使는 [[ᄒᆡ여] ᄒᆞᄂᆞᆫ] 마리라 (훈, 언해)

佛은 [知者ㅣ라] 혼] 마리니 知者는 [[아는 사ᄅᆞ미라] 혼] 뜨디라 (월석 9:12)

止는 [[마ᄂᆞ다] ᄒᆞᄂᆞᆫ] 뜨디라 (석보, 서:3)

斯陀含은 [[ᄒᆞᆫ번 녀러오다] 혼] 뜨디니 (월석 2:19)

迦樓羅는 [[金 놀개라] 혼] 뜨디니 (월석 1:14)

緊那羅는 [疑心ᄃᆞ빈 神靈이라] 혼] 뜨디니 (월석 1:15)

羅睺羅는 [[ᄀᆞ리오다] 혼] 뜨디니 (월석 2:2)

乾達婆는 [[香내 맏ᄂᆞ다] 혼] 뜨디니 (월석 1:14)

그 後로 [[夫妻라] 혼] 일후미 나니 (월석 1:44)

처섬 道場애 안ᄌᆞ시니 [[부톄라] 혼] 일후미 겨시고 (석보 13:59)

世尊은 三界예 못 尊ᄒᆞ시닷 뜨디라 (석보, 서:5)

⇐ 世尊은 [[三界예 못 尊ᄒᆞ시다] ㅅ] 뜨디라

衆生 濟渡ᄒᆞ노랏 ᄆᆞᅀᆞ미 이시면 (금강삼가 2:13)

⇐ [[衆生 濟渡ᄒᆞ노라] ㅅ]ᄆᆞᅀᆞ미 이시면

디나간 無量劫에 修行이 니그실씨 [[몯 일우옳가]ㅅ]疑心이 업스시나 (천강곡 상, 기53)

다음은 속구조에 매김마디가 있는 예문이다.

ᄒᆞ나흔 [부톄 다시 니러 說法ᄒᆞ시는가] 疑心이오 둘흔 [地方佛이 오신가] 疑心이오 (원각, 상1-2:23)

⇐ [[부톄 다시 니러 說法ᄒᆞ시는가]ᄒᆞ는] 疑心이오
   [[地方佛이 오신가]ᄒᆞ는] 疑心이오

5.5. 어찌마디에 안김

[어찌 [인용마디] 마디]

가줄비건댄…[[亭主ㅣ라] ᄒᆞ닷] ᄒᆞ니 (능엄 2:24)
그럴씨 니ᄅᆞ샤ᄃᆡ […뎌 大雲이 [一切예 비 오ᄃᆞᆺ]다] ᄒᆞ시니라
(법화 3:22)[98]

5.6. 안음의 겹침

<이름마디⊃매김마디⊃인용마디>

[[[ᄀᆞ룸 업다] 혼] 업수미] 滅ᄒᆞ야 (능엄 9:26)

<매김마디⊃이름마디⊃인용마디>

[[[외다] ᄒᆞ샤ᄆᆞᆯ] 듣ᄌᆞ온] 젼ᄎᆞ로 (능엄 1:86)

<매김마디⊃매김마디⊃인용마디>

則은 [[[아ᄆᆞ리 ᄒᆞ면] ᄒᆞᄂᆞᆫ] 겨체 쓰ᄂᆞᆫ] 字ㅣ라 (훈, 언해12)
乎는 [[[아모 그에] ᄒᆞᄂᆞᆫ] 겨체 쓰는] 字ㅣ라 (훈, 언해1)

<매김마디⊃어찌마디⊃인용마디>

辭ᄂᆞᆫ [[[하딕이라] ᄒᆞ닷] 혼] 마리라 (석보 6:22)
精氣ᄂᆞᆫ [[[넉시라] ᄒᆞ닷] 혼] ᄠᅳ디라 (석보 9:22)
依然은 [[[이셧다] ᄒᆞ닷] 혼] 마리라 (월석, 서:15)

<인용마디⊃이름마디⊃인용마디>

世尊하 엇던 젼ᄎᆞ로…[[[釋子ㅣ로라] ᄒᆞ몰] 몯ᄒᆞ리라] ᄒᆞ시ᄂᆞ
니잇고 (월석 9:35하)

---

98) '오ᄃᆞᆺ다'는 '오ᄃᆞᆺᄒᆞ다'에서 'ᄒᆞ'가 생략된 것이다.

<인용마디⊃매김마디⊃인용마디>

[[[이 잇다 업다] 혼] 無도 아니며 [[眞實로 업다] 혼] 無도
아니라] ᄒ니 (몽산 55-6)

<이름마디⊃인용마디: 풀이마디의 큰 임자말>

'이름마디⊃인용마디'의 구조가 풀이마디의 큰 임자말로 기능하
는 경우이다.

[華嚴에 [十地菩薩이 能히 多百佛이며 多百千億那由地佛에 니르
리 보ᅀᆞᆸᄂᆞ다] ᄒ샤미] 그 ᄠᅳ디 이 ᄀᆞᆮᄒᆞ니라 (월석 18:55)
⇐ [華嚴에 […보ᅀᆞᆸᄂᆞ다] ᄒ샤미] 그 ᄠᅳ디 이 ᄀᆞᆮᄒᆞ니라

<매김마디⊃인용마디: 풀이마디의 큰 임자말>

'매김마디⊃인용마디'의 구조가 풀이마디의 큰 임자말로 기능하
는 경우이다.

[[나다]ᄒ논] 마른 사라나다 ᄒ논 마리 아니라 (석보 6:36)

<매김마디⊃인용마디: 풀이마디의 작은 임자말>

'매김마디⊃인용마디'의 구조가 풀이마디의 작은 임자말로 기능
하는 경우이다.

나다 ᄒ논 마른 [[사라나다] ᄒ논] 마리 아니라 (석보 6:36)

<[매김] [이[인용]름]>

매김마디가 이름마디에 안긴 인용마디만을 꾸며 주는 구조이다.

사라쇼믈 니조믄 [圓覺애 니르샨] [[믄득 내 몸 닛다] 호샤미]
글호니 (능엄 2:113)

<'풀이마디'와 '말풀이 의미의 인용구조'의 합성>

淨飯王 아ᄃ님 (일후미) 悉達이라 호샤리 나실 나래 (석보 6:17)
흔 菩薩 摩訶薩 일후미 救脫이라 호샤리 座애셔 니르샤 (석보 9:29)
스승 사모샨 부톄 ᄯᅩ 일후미 觀音이라 호샤문 因果ㅣ 서르 마ᄌ
시며 古今이 흔 道ㅣ 실씨라 (능엄 6:2)

이러한 구조는 한 평면 위에서는 설명되지 않고, 두 구조의 합성
으로 설명하여야 한다.
즉, 풀이마디의 구조: 부톄 일후미 觀音이라
말풀이의 의미를 가진 인용구조: 일후믈 [觀音이라] 호시다
이 두 구조가 합성된 것이다.

II.4. 어찌마디

어찌마디는 어찌법 씨끝에 의해 만들어지는 경우, 파생 어찌씨에
의해 만들어지는 경우, 매인이름씨에 의해 만들어지는 경우의 세
종류가 있다.
그리하여 어찌마디의 하위분류를 다음과 같이 한다.
중세국어 어찌마디의 공통적인 통어적 특징은 안은마디의 풀이
말에 잡음씨가 올 수 없다는 점이다. 어찌마디는 어찌말과 마찬가
지로 움직씨, 그림씨, 어찌씨만을 꾸며 줄 수 있기 때문이다.[99]

1. 어찌법 씨끝에 의한 어찌마디

어찌마디를 만드는 어찌법 씨끝을 '-듯', '-드록', '-게', '-이'로 설정한다.

1.1. '-듯'

다른 것과 흡사함, 혹은 비유를 나타낸다. '-듯'의 변이형태는 '듯/덧/드시/듯/드시' 등이다.

1.1.1. 문법정보의 제약

'-듯'이 이끄는 어찌마디의 풀이말에 나타날 수 있는 문법정보는 어찌법을 제외하고는 때매김법 중 완결법의 '-아시(앗)-'과 주·객 체높임법뿐이다.

<완결법>

(내) [기운 盖 폇듯] ᄒ몰 기들오노라 (두언 18:14)[100]
麒麟鸞閣앳 그륜 양ᄌᆞᆫ [그려기 버렷듯] ᄒ니 (두언 25:48)[101]
金鑛이 精金에 섯겟듯 ᄒ니 (능엄 4:37)[102]

---

99) 현대말에 있어서는 어찌말이 잡음씨를 꾸며주는 예가 보인다; 「그는 아주 바보이다」 그러나 여기에 있어서의 '바보이다'는 '그'의 '속성'을 나타내는 그림씨의 성격을 강하게 나타내고 있다. 즉, 「그는 아주 바보스럽다」의 뜻을 나타내고 있다. 잡음씨 본연의 성격인 '지정'의 뜻을 나타낼 때는 이러한 연결이 불가능하다; 「*그는 아주 사람이다」 현대국어에서 어찌마디가 잡음씨를 꾸며 줄 수 있는 경우는, 어찌마디의 풀이말도 잡음씨일 때만 가능하다; 「그가 사람 이듯이 나도 사람이다」.

100) 펴잇듯 → 폇듯 → 폇듯

101) 버려잇듯 → 버렛듯 → 버렷듯

孝子는 [玉을 자밧둣] ᄒ며 [ᄀ독흔 것 받드둣] ᄒ야 (소학 2:9)

<주체높임법>

普賢으로 [長子 사ᄆᆞ시둣] ᄒ니 (법화 4:61)[103]

<객체높임법>

내 太子를 셤기ᅀᆞᆸ보ᄃᆡ [하ᄂᆞᆯ 셤기ᅀᆞᆸ둣] ᄒ야 (석보 6:4)[104]
禮를 [님금 받ᄌᆞᆸ뎟] ᄒ놋다 (두언중간 17:3)
특별히 받ᄌᆞ오ᄆᆞᆯ [위두손씌 받ᄌᆞᆸᄃᆞ시] 호ᄃᆡ (여향 25)

1.1.2. 임자말 제약

안은마디의 임자말과 어찌마디의 임자말은 다른 것이 원칙이다. 흡사함 혹은 비유를 나타낼 때는 다른 것과 비유를 하는 것이 원칙이기 때문이다.

다음의 예문에서는 안은마디의 임자말과 생략된 어찌마디의 임자말이 같은 것으로 생각하기 쉬우나, 그렇지 않다.

百姓이 [져재 가둣] 모다 가 서너힛 ᄉᆞᅀᅵ예 큰 나라히 ᄃᆞ외어늘 (월석 2:7)

어찌마디의 임자말을 안은마디의 임자말과 같은 '百姓'으로 잡을 수 있을 것 같지만 그렇지 않다. 안은마디의 임자말('모다 가'에 대

---

102) 섯거잇둣 → 섯곗둣

103) 주체높임이 연결된 경우는 15세기 예문 하나뿐이다. 그러므로 중세국어에서는 주체높임법이 '-둣' 어찌마디에서 상당한 제약을 받았다는 것을 알 수 있다.

104) 'ᄒ-'에도 '-ᅀᆞᆸ-'이 연결되는 것이 원칙이다. 이렇게 'ᄒ-'에 '-ᅀᆞᆸ-'이 생략되는 현상은, 인용마디에서도 볼 수 있었다.

한 주체)인 그 한정된 인원의 '百姓'이 '져재'에 가는 것에 비유한 것이 아니기 때문이다.

님금 셤교믈 어버싀 셤기둧 ᄒᆞ며 (번소 7:24)
⇐ 百姓이 님금 셤교믈 [子息이 어버싀 셤기둧] 셤기며
눈므리 [비 오둧] 두 구미틔 흐르거든 (무덤편지 73)

① 어찌마디의 임자말이 일반인일 경우는 그 임자말은 생략된다.

病ᄒᆞ닉 넉시 도로 젊 저긔 [ᄡᅮ므로셔 씨둧] ᄒᆞ야 (석보 9:31)
내 太子ᄅᆞᆯ 셤기ᅀᆞᆸ오ᄃᆡ [하ᄂᆞᆯ 셤기ᅀᆞᆸ둧] ᄒᆞ야 (석보 6:4)
[구므니 잇ᄂᆞᆫ 그르세 담둧] ᄒᆞ니 (능엄 4:88-9)
[잢간 우ᄂᆞᆫ 활시울 들이야 소둧시] 가고져 너기노라 (두언 20:11)
요주움 [누넷 가시 아사 ᄇᆞ리둧시] 그 샤옹ᄋᆞᆯ 병으리와ᄃᆞ니 (두
언 25:9)
孝子ᄂᆞᆫ [玉ᄋᆞᆯ 자밧둧] ᄒᆞ며 (소학 2:9)
특별히 받ᄌᆞ오믈 [위두손ᄋᆡ 받ᄌᆞᆸ둧시] 호ᄃᆡ (여향 25)

② 어찌마디의 임자말이 일반인이 아닐 경우, 그 임자말은 생략되지 않는 것이 원칙이다.

새와 새왜 머므디 아니호미 [ᄇᆞ리 적 ᄃᆞ외둧] ᄒᆞ야 (능엄 2:4)
뎌 大雲이 [一切예 비 오둧]다 (법화 3:22)
(내) [기운 盖 폇둧] 호믈 기들오노라 (두언 18:14)
文殊普賢ᄃᆞᆯ히 [ᄃᆞᆯ넓긔 구룸 몯둧]더시니 (천강곡 상, 기83)
法이…너비 펴아가미 [술위ᄢᅵ 그우둧] 홀씨 (석보 13:4)
새집과 살ᄧᅡ기 門이 [별 흗둧시] 사ᄂᆞ니 (두언 25:23)
[말ᄊᆞᆷ 폇둧시] ᄃᆞᆯ뇨믄 버르렛ᄂᆞᆫ둧 ᄒᆞ도다 (두언 20:3)
幻] 여희요믄 구룸 허여디여 [ᄃᆞᆯ 나둧] ᄒᆞ니 (선가 31)
눈므리 [비 오둧] 두 구미틔 흐르거든 (무덤편지 73)

그러나 이 경우에도 문맥에 따라 임자말을 충분히 짐작할 수 있을 때는 임자말이 생략되는 경우도 있다.

님금 셤교믈 어버싀 셤기둧 ㅎ며 (번소 7:24)
⇐ 百姓이 님금 셤교믈 [子息이 어버싀 셤기둧] 셤기며
줌 드러 [새도록] 자ᄂ니 (박통 상:21)

1.1.3. 씨범주 제약

어찌마디 풀이말의 씨범주와 안은마디 풀이말의 씨범주는 같은 종류라야 한다.

안은마디 풀이말의 내용을 어찌마디 풀이말에서 다른 씨범주로 비유할 수 없기 때문이다(의미적으로 연결이 불가능하다).

단, 남움직씨와 제움직씨의 연결은 가능한데, 이는 [움직임]이라는 같은 의미자질을 가지고 있기 때문이다.

그러나 이러한 예도 매우 드물어서 다음의 한 예밖에 찾지 못했다.

[갑간 우ᄂ 활시울 둘이야 소ᄃ시] 가고져 너기노라 (두언 20:11)

이 예를 제외하고는 '-둧'이 이끄는 어찌마디 풀이말의 씨범주와 안은마디 풀이말의 씨범주가 모두 완전히 동일하다.

[움직씨] 움직씨

눈므리 [비 오둧] 두 구미틔 흐르거든 (무덤편지 73)
[피 나ᄃ시] 우룸을 三年을 ㅎ야 (소학 4:23)

⇐ [피 나ᄃᆞ시] 울-
술이 [대궐의셔 빗ᄃᆞ시] 아니 ᄒᆞ거나 (번소 10:33)
⇐ […빗ᄃᆞ시] 아니 빚어지-

[그림씨] 그림씨

그 嚴홈이 [이러툿] ᄒᆞ더라 (소학 6:6)
⇐ [이러툿] 嚴ᄒᆞ-

1.1.4. 안은마디 풀이말의 대치

어찌법 씨끝이 '-둧, -둧'일 때는 안은마디의 풀이말이 'ᄒᆞ-'로 대
치되는 경우가 대부분이다.

이렇게 대치된 'ᄒᆞ-'를 속구조로 되돌릴 때, 어찌마디의 풀이말
로 되돌려질 때가 있고, 다른 것으로 되돌려질 때가 있다.

<어찌마디의 풀이말로 되돌려질 때>

病ᄒᆞ닉 넉시 도로 ᄉᆞᆯ저긔 [ᄡᅮ므로셔 씨ᄃᆞᆺ] ᄒᆞ야 (석보 9:31)
⇐ [ᄡᅮ므로셔 씨ᄃᆞᆺ] 씨-
圓光이며 化佛이며 寶蓮花ᄂᆞᆫ [우희 니르듯] ᄒᆞ니라 (월석 8:45)
⇐ [우희 니르듯] 니르-
麒麟閣앳 그류 양ᄌᆞᄂᆞᆫ [그려기 버럿듯] ᄒᆞ니 (두언 25:48)
⇐ [그려기 버럿듯] 버럿-
[渴ᄒᆞ제 ᄠᅦ 믈 먹덧] ᄒᆞ야 (월석 7:18)
⇐ […먹덧] 먹-
가줄비건댄…[[亭主ㅣ라] ᄒᆞ둧] ᄒᆞ니 (능엄 2:24)[105]
⇐ [[亭主ㅣ라] 니ᄅᆞ둧] 니ᄅᆞ-

─────────────

105) 인용마디를 이끄는 'ᄒᆞ-'는 '니ᄅᆞ-'의 대치형이다.

뎌 大雲이 [一切예 비 오둧] 다 (법화 3:22)

⇐ [⋯비 오둧]오-

사르미 [大海예 드러 沐浴둧]ᄒ야 ᄒ마 [여러 河水를 쓰둧]다 ᄒ
시니 (월석 14:71)

⇐ [⋯沐浴ᄒ둧]沐浴ᄒ야⋯[⋯쓰둧] 쓰다

文殊普賢ᄃᆞᆯ히 [둘넚긔 구룸 몯둧] 더시니 (천강곡 상, 기83)

⇐ [⋯몯둧] 몯-

위의 예문들에서 '-둧다'는 '-둧 ᄒ다'에서 'ᄒ'가 생략된 것이다.

<이름마디의 풀이말로 되돌려질 때>

안은마디의 임자말이 이름마디일 경우, 'ᄒ-'는 이름마디의 풀이
말로 되돌려진다.106)

法이⋯너비 펴아가미 [술위띠 그우둧] 훌씨 (석보 13:4)

⇐ 法이⋯너비 펴아가미 [술위띠 그우둧] 펴아가-

15세기 '-ᄃᆞ시/드시' 어찌마디의 경우에는 안은마디의 풀이말이
'ᄒ-'로 대치되지 않는다. '-ᄃᆞ시'는 원래 '-둧 ᄒ다'에서 파생된 파
생어찌씨이기 때문이다.

[값간 우는 활시울 둘이야 소ᄃᆞ시] 가고져 너기노라 (두언 20:11)

요주움 [누넷 가시 아ᅀᅡ 브리ᄃᆞ시] 그 샤옹ᄋᆞᆯ 벙으리와ᄃᆞ니 (두
언 25:9)

---

106) 안은마디의 부림말이 이름마디인 경우는 찾지 못했는데, 이런 경우의 'ᄒ-'도 이름마디의 풀
이말로 되돌려진다.
현대말의 예를 들면;
그는 굶기를 [밥 먹듯] 한다. ⇐ 그는 굶기를 [밥 먹듯] 굶는다.

[말왐 **쩟**두시] 돋뇨문 버므렛는둣 ᄒ도다 (두언 20:3)
새집과 살빠기 뿜이 [별 흘드시] 사ᄂ니 (두언 25:23)

그러나 16세기에서는 '-두시/드시'의 경우도 안은마디의 풀이말
이 'ᄒ-'로 대치된다.

술이 [대궐의셔 빗두시] 아니 ᄒ거나 (번소 10:33)
특별히 받ᄌ오몰 [위두손씌 받줍두시] 호딕 (여향 25)
[피 나두시] 우룸을 三年을 ᄒ야 (소학 4:23)
사괴ᄂ 정셩이 [쇠롤 굿드시] ᄒ며 (소학 5:23)
⇐ [⋯굿드시] 그스며

이는, 16세기에 와서는 '-두시, -드시'가 '-둣'과 꼭 같은 기능을
하게 되었다는 것을 뜻한다.

1.2. '-두록'

'어떠한 상태에 이름'이란 뜻을 나타낸다. 변이형태는 '-두록(애)/
도록'이다.

1.2.1. 문법정보의 제약

'-두록'이 이끄는 어찌마디의 풀이말에 나타날 수 있는 문법정보
는 '어찌법'뿐이다.

1.2.2. 임자말 제약

안은마디의 임자말과 어찌마디의 임자말은 같을 수도 있고 다를 수도 있다.

<같은 경우>
어찌마디의 임자말은 반드시 생략된다.

> 百姓둘히 [죽드로개] 조차 돈녀 供養ᄒ며 (석보 19:21-2)
> ⇐ 百姓둘히 [百姓둘히 죽드로개] 조차 돈녀
> 내 반ᄃ기 [終身토록] 供給ᄒ야 (법화 4:154)
> 人民이 [목숨 못드록] 조차 뫼셔 供養ᄒ리며 (월석 17:69)
> ⇐ 人民이 [人民이 목숨 못드록]…供養ᄒ리며
> (내) [목숨 못드록] 受苦를 아니 디내리라 (월석 9:56)[107]
> ⇐ 내 [내 목수미 못드록]…디내리라
> [열설 남도록] 아히 머리 ᄒ니 져그니 (번소 7:9)
> ⇐ [아히 열설 남도록]

<다른 경우>
어찌마디의 임자말은 생략되지 않는 것이 원칙이다.

> 내 이제 [未來劫 못드록] 몬 니ᄅ혏 劫에… (월석 21:18)
> 이웃집 브른 [바미 깁드록] 볼갯도다 (두언 7:6)
> (내) [한 劫이 남드록] 닐어도 몬다 니르리어니와 (석보 9:10)

---

107) 이 예문에서 「목수미 못다」를 풀이마디로 보면 임자말은 '人民', '나'가 되고, 어찌마디의 속 구조를 '人民이 목숨', '내 목숨'처럼 소유격으로 보면 어찌마디의 임자말은 '목숨'이 된다. 후 자의 경우에 있어서도 '목숨'은 '人民', '나'의 것이기 때문에, '임자말이 같은 경우'에서 다룰 수 있다.

아뫼나 [淨信한 善男子 善女人ᄃᆞᆯ히 죽ᄃᆞ록] 녀나ᄆᆞᆫ 하ᄂᆞᄅᆞᆯ 셤기디 아니코 (석보 9:25)
그 아비…[그 ᄯᆞ니미 몯 보ᄃᆞ록] 가ᄃᆡ (석보 11:29)
[나리 져므ᄃᆞ록] (내) 밥 몯 머거슈믈 놀라노니 (두언 25:7)
ᄒᆡᄅᆞᆯ 브터 劫을 ᄆᆞ차 [數ㅣ 那由他ㅣᄃᆞ록] 苦楚ㅣ 서르 니ᅀᅥ (월석 21:45)
(나리) [아ᄎᆞ미 ᄆᆞᆾ도록] 서늘호미 버므럿ᄂᆞ니 (두언 16:66)
[年 ᄆᆞᄎᆞ며 歲ㅣ ᄆᆞᆾᄃᆞ록] ᄂᆞᄆᆡ 珍寶ᄅᆞᆯ 혜아리ᄂᆞ니라 (선가 47)
이제 [ᄒᆞᆫ히 반이 도의도록]…ᄒᆞᆫ푼 니쳔도 가포믈 즐겨 아니ᄒᆞᄂᆞ다 (박통 상:34)

어찌마디의 임자말이 없어도 문맥을 통해 충분히 알 수 있는 경우는 생략되는 경우도 있다.

ᄌᆞᆷ 드러 [새도록] 자ᄂᆞ니 (박통 상:21)

1.2.3. 씨범주 제약

안은마디가 잡음씨인 경우만 제외하고는 제약 없이 연결될 수 있다. 예가 나타나지 않는 경우는 문헌의 한계 때문이라고 생각된다.

[움직씨] 움직씨

百姓ᄃᆞᆯ히 [죽ᄃᆞ로개] 조차 ᄃᆞᆫ녀 供養ᄒᆞ며 (석보 19:21-2)
내 반ᄃᆞ기 [終身ᄐᆞ록] 供給ᄒᆞ야 (법화 4:154)
人民이 [목숨 ᄆᆞᆾᄃᆞ록] 조차 뫼셔 供養ᄒᆞ리며 (월석 17:69)
(내) [목숨 ᄆᆞᆾᄃᆞ록] 受苦ᄅᆞᆯ 아니 디내리라 (월석 9:56)
내 이제 [未來劫 ᄆᆞᆾᄃᆞ록] 몯 니ᄅᆞᇙ 劫에… (월석 21:18)

(내) [한 劫이 남두록] 닐어도 몯다 니르리어니와 (석보 9:10)

아뫼나 [淨信한 善男子 善女人들히 죽두록] 녀나믄 하ᄂᆞᆯ 셤기

디 아니코 (석보 9:25)

그 아비…[그 ᄯᄂᆞ미 몯 보두록] 가듸 (석보 11:29)

[나리 져므두록] (내) 밥 몯 머거슈믈 놀라노니 (두언 25:7)

[年 ᄆᆞᄎᆞ며 歲ㅣ 뭇두록] ᄂᆞ미 珍寶롤 혜아리ᄂᆞ니라 (선가 47)

[열설 남도록] 아히 머리 ᄒᆞ니 져그니 (번소 7:9)

子路ㅣ [몸이 뭇도록] 외오려 흔대 (논어 2:48)

줌 드러 [새도록] 자ᄂᆞ니 (박통 상:21)

이제 [흔히 반이 도의도록]…흔푼 니쳔도 가포믈 즐겨 아니ᄒᆞᄂᆞ

다 (박통 상:34)

[움직씨] 그림씨

(나리) [아ᄎᆞ미 뭇도록] 서늘호미 버므럿ᄂᆞ니 (두언 16:66)

[그림씨] 움직씨

내 새배 밥 머근 후에 [이 늣도록] 다ᄃᆞ라도 바블 먹디 몯ᄒᆞ야시

니 (노걸 상:53)

[그림씨] 그림씨

이웃집 브른 [바미 깁두록] 블갯도다 (두언 7:6)

[더욱 셰샹ᄒᆞ도록] 더욱 됴ᄒᆞ니라=越細詳越好 (박통 상:17)

[잡음씨] 움직씨

히롤 브터 劫을 ᄆᆞ차 [數ㅣ 那由他ㅣ 두록] 苦楚ㅣ 서르 니서 (월

석 21:45)

1.3. '-게'

'장차 어떤 지경에 이름'이란 뜻을 나타낸다. '-게'의 변이형태는
'게(-에)/긔(의)/긔(이)/거' 등이다.

1.3.1. 문법정보의 제약

어찌법을 제외하고는 완결법과 주·객체높임법만 나타난다.
<완결법>[108)

[사룸이 각각 훈 이룰 다ᄉ리고 또 훈 이룰 겸ᄒ엿게] ᄒ더니
(번소 9:11)
[우희 구룸 갓고로 드리옛게] ᄒ와 잇고 (노걸 하:52)
[겨지브로 가문을 디넷게] ᄒ야 (번소 7:37)
[문오래며 과실넘글 반ᄃ시 방졍히 버렷게] ᄒ야 (소학 6:89)

<주체높임>

大臣이 모다라 (太子의) 得을 새오ᄉ바 [(太子ㅣ) 업스시긔] 쐬롤
ᄒ더니 (월석 21:211; 기226)
[菩薩이 어느 나라해 ᄂ리시게] ᄒ려뇨 (월석 2:10)
이 藥곳 [아바닚 病을 됴ᄒ시게] 홇딘댄 (월석 21:216)
모로매…[어버ᅀ 아디 몯ᄒ시게] 홀디니 (번소 7:4)
겨을히어든 [ᄃᄉ시게] ᄒ고 녀름이어든 [서늘ᄒ시게] ᄒ며 (소
학 2:8)
져므니ᄂ 평상을 잡아 받ᄌ와 [안ᄌ시게] ᄒ며 (소학 2:5)

---

108) 16세기에만 나타난다.

<객체높임>[109]

부톄 나를 어엿비 너기샤 [나를 보숩게] 호쇼셔 (석보 6:40)

수픐 神靈이…[世尊을 아숩게] 호니이다 (천강곡 상, 기86)

願혼둔 世尊이…[未來世衆生이 부텻 바를 머리로 받줍게] 호쇼
셔 (월석 21:84)

善男子 善女人들히 [이…如來ㅅ 일후믈 듣줍긔] 호며 (석보 9:20)

1.3.2. 임자말 제약

안은마디의 임자말과 어찌마디의 임자말은 같을 수도 있고 다를
수도 있다.

<같은 경우>

向公이 [피나게] 우러=向公泣血 (두언 25:47)

⇐ 向公이 [向公이 피나게] 우러

旌旗예 히 [덥게] 뾔니=旌旗日暖 (두언 6:4)

⇐ 히 [히 덥게] 뾔-

어러운 ㅂ르미 [키 업듣게] 부놋다=狂風大放顚 (두언 25:21)

제 宮殿에 光明이 [ㅂ슥와 ㅁ의] 비취여 (월석 14:25)

梵天宮殿에 光明이 [ㅂ슥와 ㅁ에] 비취여 (월석 14:18)

그우리 부러 가지 것비쳐 (남기) [드트리 두외의] 붓아디거늘 (석
보 6:30-1)

王이 그제사 太子ㄴ 고들 아르시고…[오시 즈모기] 우르시 (월석
8:101)

⇐ 王이 [王이 오시 즈모기] 우르시고

[오시 젓게] 우러 (두언 8:16)

⇐ 사르미 [사르미 오시 젓게] 우러

---

[109] 15세기 예문에만 연결된다.

그 ᄯᆞ리 듣고 ᄯᅡ해 [모미 다 헐에] 디여 (월석 21:22)
⇐ ᄯᆞ리 [ᄯᆞ리 모미 다 헐에] ᄯᅡ해 디여
그 남진이 부방 가게 當ᄒᆞ야 (소학 6:50)
⇐ 남진이 [남진이 부방 가게] 當ᄒᆞ야
남지니 病ᄒᆞ야 죽게 되여셔 (속삼 열:3)
⇐ 남지니 [남지니 죽게] 되여셔

<다른 경우>

그듸 가아 [아라듣게] 니르라 (석보 6:6)
⇐ 그듸 [그 사ᄅᆞ미 아라듣게] 니르라
(내) [一切有情이 나와 다ᄅᆞ디 아니케] 호리라 (석보 9:4)
(내) 百千萬億 사ᄅᆞᄆᆞᆯ 濟渡ᄒᆞ야 [涅槃樂에 니를의] ᄒᆞ노니 (석보 11:8)
⇐ 내 […사ᄅᆞ미 涅槃樂에 니를의] ᄒᆞ노니
ᄃᆞᆰ가히ᄅᆞᆯ…됴히 쳐 [ᄉᆞᆯ찌거] ᄒᆞ야 두고 (월석 23:73)
⇐ (사ᄅᆞ미) [ᄃᆞᆰ가히 ᄉᆞᆯ찌거] ᄒᆞ야 두고
羅睺羅ᄅᆞᆯ 달애야 [샹재 ᄃᆞ외에] ᄒᆞ라 (석보 6:1)
⇐ 네 [羅睺羅ㅣ 샹재 ᄃᆞ외에] ᄒᆞ라
(네) [사ᄅᆞ미 ᄒᆞ오ᅀᅡ 滅度 得게] 마라 (법화 2:99)
이 약ᄃᆞᆯᄒᆞᆯ [ᄒᆞᆨ게] 사ᄒᆞ라
⇐ 네 약ᄃᆞᆯᄒᆞᆯ [약ᄃᆞᆯ히 ᄒᆞᆨ게] 사ᄒᆞ라
노가 믈 되어든 ᄒᆞᆰ 업게 ᄒᆞ고 머그라 (온역 24)
⇐ 네 [ᄒᆞᆯ기 업게] ᄒᆞ고 머그라
ᄒᆞᄂᆞ리 우리ᄅᆞᆯ 믜셔 ᄌᆞ시글 서ᄅᆞ 몯 보게 ᄒᆞ시거니 (무덤편지 117)
⇐ ᄒᆞᄂᆞ리 [우리 ᄌᆞ시글 서ᄅᆞ 몯 보게] ᄒᆞ시거니

1.3.3. 씨범주 제약

어찌마디에는 제약이 없고, 안은마디에는 움직씨인 경우만 나타난다.[110]

[움직씨] 움직씨

向公이 [피나게] 우러=向公泣血 (두언 25:47)

어러운 ᄇᆞᄅ미 [키 업듣게] 부놋다=狂風大放顚 (두언 25:21)

그우리 부러 가지 졋비쳐 (남기) [드트리 ᄃᆞ외이] 붓아디거늘 (석
보 6:30-1)

王이 그제ᅀᅡ 太子ㅣᆫ 고ᄃᆞᆯ 아ᄅᆞ시고…[오시 ᄌᆞ므기] 우르시고 (월
석 8:101)

[오시 졋게] 우러 (두언 8:16)

그 ᄯᆞ리 듣고 싸해 [모미 다 헐에] 디여 (월석 21:22)

그ᄃᆡ 가아 [아라듣게] 니르라 (석보 6:6)

[그림씨] 움직씨

旌旗예 ᄒᆡ [덥게] ᄢᅱ니=旌旗日暖 (두언 6:4)

제 宮殿에 光明이 [ᄇᆞᅀᆞ와 미의] 비취여 (월석 14:25)

(내) [一切有情이 나와 다ᄅᆞ디 아니케] 호리라 (석보 9:4)

이 약둘흘 [횩게] 사ᄒᆞ라 (벽온 7)

네 德을 잘 삼가ᄒᆞ면 [눈썹이 길에] 댱슈홈을 萬年을 ᄒᆞ야 (소학
6:50)

ᄒᆞ량 반을 [ᄀᆞ늘게] 사ᄒᆞ라 (벽온 7)

모매 [히에] ᄇᆞᄅ라 (온역 16)

솔닙플 [ᄀᆞ늘에] ᄀᆞ라 (온역 15)

이제 나라히…詩書之敎를 [크긔] 너기시ᄂᆞ니 (박통 상:50)

아ᄎᆞᆷ의 나가 늣게ᅀᅡ 오면 (소학 4:33)

병긔 서르 뎐셤ᄒᆞ야 [가문이 업게ᅀᅡ] 다른 사ᄅᆞᆷ의게 너출식 (온역 1)

---

110) 현대말에서는, 안은마디가 그림씨인 경우가 있다:
「[몸서리 쳐지게] 무서운 밤이었다」
이러한 표현이 나타나지 않는 이유를 다음의 두 가지 방법으로 설명할 수 있다. 첫째, '문헌
의 제약'으로 설명하는 방법이다. 둘째, 이러한 표현에는 '-게'를 쓰지 않고 '-ᄃᆞ록'을 썼다고
설명하는 방법이다. 둘째 방법을 따른다면, '-게'는 움직씨만을 꾸며 줄 수 있다는 결론에 도
달하게 된다. 이러한 설명이 가능한 이유는 '-게'는 주로 'ᄒᆞ-'와 더불어 '사역'의 뜻을 나타내
기 때문이다.더욱이 옛말 연구에는 문헌에 나타나는 현상을 더 중요시하므로 둘째 방법을 따
르기로 한다.

[잡음씨] 움직씨

能히 [모매 卽ᄒᆞ야 곧 ᄆᆞᅀᆞ미에] 몯홀씨 (능엄 10:18)
四面에 各各 靑幡 닐굽곰 ᄃᆞ로ᄃᆡ [기릐 ᄒᆞᆫ 낫이에] ᄒᆞ고 (월석
10:119)

이러한 구조는 15세기에만 나타나는 특이한 구조이다. 16세기부
터는 어찌마디에 잡음씨가 오지 못한다. 어찌마디의 풀이말에 잡음
씨가 제약되는 이유는 다음과 같다.

어찌마디는 어찌말과 마찬가지로 '어찌' 혹은 '어떻게'의 의미를
가져야 하는데, 「A는 B이다」라는 논리적 명제 구조는 이러한 의미
를 가지지 못한다. 그러므로 다음의 예문에서처럼 어찌마디의 풀이
말이 잡음씨인 경우는 안은마디의 풀이말(움직씨, 그림씨)을 꾸며
주지 못한다.

그는 [눈썹이 휘날리게] 뛰었다.
*그는 [발이 비행기이게] 뛰었다.

그는 [배가 터지게] 밥을 먹었다.
*그는 [배가 풍선이게] 밥을 먹었다.

산이 [보기에도 아찔하게] 높다.
*산이 [높이가 하늘이게] 높다.

안은마디의 풀이말에 그림씨가 오지 않는다. 이렇게 되는 이유를
'[움직씨] 그림씨', '[그림씨] 그림씨'의 경우로 나누어 의미적으로
풀이하기로 한다.

[움직씨] 그림씨

'[움직씨]그림씨'는 {동작성}이 {상태성}을 꾸미는 의미구조가 된다. {상태성}은 {정도성}의 꾸밈을 받는 것이 일반적이므로, 이와 같은 구조는 어색한 표현이 된다.

이러한 구조에서는 어찌법 씨끝 '-게'를 '-도록'으로 바꾸어야 좀 더 자연스러운 표현이 된다. '-도록'은 '어떤 동작이나 상태가 어디에 이르기까지'라는 의미를 가진, {정도성}을 가진 씨끝이기 때문이다. '-게'는 '어떤 목표나 행동의 미침'이라는 의미를 가지므로, {정도성}의 의미가 매우 희박하다.

[그림씨] 그림씨

앞에서 설명한 바와 같이 그림씨는 {정도성}의 꾸밈을 받는 것이 자연스럽다. 그림씨는 대부분 {상태성}을 지니기 때문에 '[그림씨] 그림씨'의 연결을 허용하지 않은 것이다.

1.3.4. '-게' 어찌마디의 변형

<제1유형>

三乘을 [크게] 여르시며 (월석, 서:7)
⇐ 三乘을 [三乘이 크게] 여르시며
龍王을 [흔 모미오 세 머리에] 그리고 (월석 10:118)
⇐ 龍王을 [龍王이 흔 모미오 세 머리에] 그리고

위의 '제1유형'은 안은마디의 풀이말은 남움직씨이고, 어찌마디의 풀이말은 그림씨이거나 잡음씨인 예이다.

이럴 때는 반드시 안은마디의 부림말('三乘', '龍王')이 어찌마디의 임자말이 된다(그러므로 어찌마디의 임자말은 '겹침'에 의해 생략이 된다). 안은마디 풀이말(남움직씨)의 움직임은 부림말 객체에 미치게 되고, 어찌마디는 그 남움직씨의 움직임을 꾸며 주기 때문이다. 곧, 어찌마디 풀이말의 그림씨나 잡음씨는 안은마디의 부림말(=어찌마디의 임자말)객체의 '상태'를 표시해 준다.

다음은 그러한 과정을 보인 것이다.

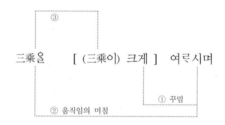

① '크-'는 '열-'을 꾸밈.
② '열-'의 동작은 '三乘'에 미침. '크-'도 '三乘'에 함께 미치게 되어, '三乘'은 '크-'라는 상태를 지니게 됨.
③ '三乘'은 '크-'라는 상태를 지니게 되었으므로, 어찌마디의 풀이말 '크-'에 대한 임자말은 '三乘'이 됨.

<제2유형>

그러면 안은마디의 풀이말이 남움직씨이고, 어찌마디의 풀이말도 남움직씨인 경우는 어떻게 될까.111)

---

111) 어찌마디의 풀이말이 움직씨인 경우는 안은마디의 풀이말도 움직씨가 되어야 한다. 그림씨가 될 수 없는 이유는 '상태성'이 '움직임'의 꾸밈을 받을 수 없기 때문이다. 다음의 예문은 '[움직씨]그림씨'의 경우이다.
[아추미 믓도록] 서늘호미 (두언 16:66)

'제3유형'의 속구조로 삼고자 하는 다음의 구조로써 설명하고자
한다(15세기 문헌에 이러한 예가 보이지 않으므로, 이해를 돕기 위
해 현대말로 예를 든다).

내가 그를 [그가 그것을 먹게] 만들-(시키-)

앞의 '제1유형'에서 설명한 것과 마찬가지 이유로 어찌마디의 임
자말은 안은마디의 부림말인 '그'가 된다.
말할이가, '만들-'의 의미를 그다지 중요시하지 않고, '받줍-'의
의미에 치중하게 되면, 안은마디의 풀이말인 '만들-'은 'ㅎ-'로 대
치되어 '제3유형'이 된다. 그러나 'ㅎ-'는 '만들-'이 가지고 있던
'사역'의 의미를 그대로 지니고 있다.

<제3유형>
願ᄒᆞᆫᄃᆞᆫ 世尊이…[未來世衆生이 부텻 바를 머리로 받줍게] ᄒᆞ쇼
셔 (월석 21:84)
⇐ 世尊이 衆生ᄋᆞᆯ [衆生이 부텻 바를 머리로 받줍게] 시키쇼셔

이렇게 'ㅎ-'로 변형이 되면, 'ㅎ-'의 의미는 어찌마디 풀이말의
의미에 합류가 된다. 그렇게 되면, 'ㅎ-'는 남움직씨의 통어기능을
상실하게 되어(매인풀이씨처럼 기능하게 되어 '만들-'의 의미를 가
지게 됨), 안은마디의 부림말(衆生ᄋᆞᆯ)은 탈락된다.[112]

그러나 '-도록'을 '-게'로 대치하면 비문이 된다는 것을 알 수 있다. '-도록'은 '…때까지'의 의
미를 가질 수 있으나, '-게'는 그러한 의미를 가질 수 없기 때문이다.
112) 'ㅎ-'를 매인풀이씨로 보게 되면, '-게'는 한자격법의 이음법 씨끝이 된다. 그러나 여기서는 두
자격법의 어찌법으로 본다.

<제4유형>

마침내 '-게 ᄒ-'는 마치 하나의 풀이말인 것처럼 의미기능을 하게 되는데, '-게 만들-'의 구조에서 발달한 '-게 ᄒ-'는 당연히 '사역'의 의미를 가지게 된다.

그리하여 다음과 같은 '…으로 하여금 …하게 하다'의 '사역'의 구조가 생겨나게 된다.

> 서리와 이슬로 ᄒ여 [사ᄅᆞᆷ이 오ᄉᆞᆯ 저지게] 마롤디니라=無使霜露霑人衣 (두언 15:44)

<제5유형>

> 慈悲는 衆生ᄋᆞᆯ 便安케 ᄒ시ᄂᆞᆫ 거시어늘 (석보 6:5)

원래 어찌마디의 풀이말이 남움직씨인 구조에서 발달한 '-게 ᄒ-' 유형이 어찌마디의 풀이말이 그림씨인 '제1유형'에 영향을 미치게 된다.

'ᄒ-'는 '-게' 어찌마디의 풀이말이 그림씨일 때는 원칙적으로 쓰일 수가 없다. '-게 ᄒ-'는 '사역'의 뜻을 가지고 있는데, 그림씨는 '시킴'이나 '사역'의 의미기능을 담당할 수 없기 때문이다.

> *「문이 크게 했다」 : 그림씨 : 비문법적
> 「문을 열게 했다」 : 남움직씨 : 문법적
> 「문이 열리게 했다」 : 제움직씨 : 문법적

그러므로 위의 제5유형의 속구조를 '衆生이 便安해지게 ᄒ-'로 설정한다.

　말할이는 '-게 ᄒ-'를 '사역'을 나타내는 하나의 남움직씨 풀이말로 인식하고, '衆生'을 '便安해지게 ᄒ-' 전체의 부림말로 인식하여 임자자리토씨 '-이'를 부림자리토씨 '-을'로 변형시킨다.

　어찌마디 풀이말이 그림씨인 '제1유형'에 유추되어, 움직씨 '便安해지-'를 그림씨 '便安ᄒ-'로 잘못 돌이키게 된다.

　이러한 구조의 생성과정을 다음과 같이 기술한다.

　　衆生을 便安케 ᄒ-
　　② ⇐ [衆生을 便安해지게] ᄒ-
　　① ⇐ [衆生이 便安해지게] ᄒ-

　① '-게 ᄒ-'를 '사역'을 나타내는 하나의 남움직씨 풀이말로 인식하고, '衆生'을 '便安해지게 ᄒ-' 전체의 부림말로 인식하여 임자자리토씨 '-이'를 부림자리토씨 '-을'로 변형한다.

　② 어찌마디 풀이말이 그림씨인 '제1유형'에 유추되어, 움직씨 '便安해지-'를 그림씨 '便安ᄒ-'로 잘못 돌이키게 된다.

　현대말의 예로 이해를 돕는다.

　　문을 크게 하-
　　⇐ 문을 커지게 하-
　　⇐ 문이 커지게 하-

　다음은 제5유형의 예문이다.

이 藥곳 [아바닚 病을 됴ᄒᆞ시게] 홇딘댄 (월석 21:216)

이제 도로혀 [ᄂᆞ믹 어싀 아ᄃᆞᆯ 여희에] ᄒᆞ시ᄂᆞ니 (석보 6:5-6)

<제6유형>

[새 소남글 즈믄 자히에] 눕디 몯호믈 츠기너기노니 (두언 21:5)

父母ㅅ 顔色을 바다 [손바ᄅᆞᆯ 부른게] ᄃᆞ니고 (두언 21:33)

위의 예문들은 안은마디의 풀이말이 'ᄒᆞ-'가 아님에도 불구하고, 어찌마디의 임자말을 부림말로 변형시켰다.

첫째 예문의 '소남글'은 '츠기너기-'의 부림말로 인식하여 생긴 구조이지만, 둘째 예문의 '손바ᄅᆞᆯ'은 그것을 부림말로 받아 줄 남움직씨가 없다.

이러한 유형은 '-게 ᄒᆞ-'의 구조가 낳은 어찌마디 구조이다.

곧, '-게 ᄒᆞ-'의 어찌마디 구조는, 어찌마디의 임자말을 부림말로 변형시키는 강력한 힘을 가지고 있다.

<제7유형>

부톄 나ᄅᆞᆯ 어엿비 너기샤 나ᄅᆞᆯ [보습게] ᄒᆞ쇼셔 (석보 6:40)

② ⇐ 부톄 [내 부텨를 보습게] ᄒᆞ쇼셔

① ⇐ 부톄 나ᄅᆞᆯ [내 부텨를 보습게] 밍ᄀᆞ쇼셔

①: 제3유형으로 변형이다('나ᄅᆞᆯ' 탈락, '밍글-' → 'ᄒᆞ-' 변형).

②: ①에서 탈락된 '나ᄅᆞᆯ'을 다시 되살림. 이는 '-게 ᄒᆞ-' 구조가 부림말을 이끄는 다른 유형(제5, 6유형)에 잘못 이끌린 것이다.

통어적으로 '나ᄅᆞᆯ'을 '보습-'의 부림말로 보기 쉬운 구조가 되었다.

'제1~7유형'을 요약한다(제4, 6유형은 제외한다).

<제1유형> 기본형

　어찌마디의 풀이말=그림씨, 잡음씨
　안은마디의 풀이말=남움직씨

　三乘을 [크게] 여르시며 (월석, 서:7)

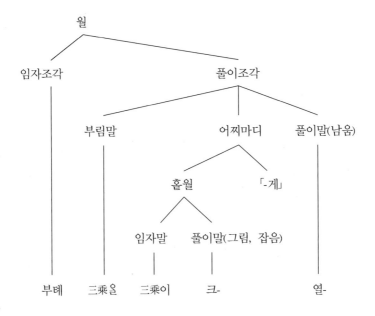

<제2유형> 기본형

　어찌마디의 풀이말=남움직씨
　안은마디의 풀이말=남움직씨

　내가 그를 [그가 그것을 먹게] 만들었다

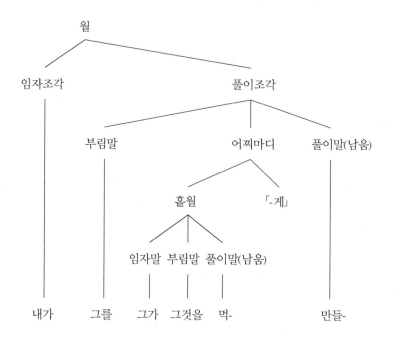

〈제3유형〉 제2유형에서 '만들-'을 'ᄒᆞ-'로 변형. 안은마디의 부림말 탈락

어찌마디의 풀이말=남움직씨
안은마디의 풀이말='ᄒᆞ-'

世尊이…[…衆生이 부텻 바롤…받ᄌᆞᆸ게] ᄒᆞ쇼셔 (월석 21:84)
⇐ 世尊이 衆生ᄋᆞᆯ [衆生이 부텻 바롤…받ᄌᆞᆸ게] 밍ᄀᆞ쇼셔

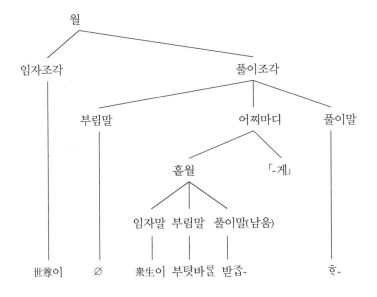

임자조각   풀이조각

부림말   어찌마디   풀이말

홑월   「-게」

임자말 부림말 풀이말(남움)

世尊이   ∅   衆生이 부텻바를 받ᄌᆞᆸ-   ᄒᆞ-

〈제5유형〉: 제1유형+제3유형

어찌마디의 풀이말=제움직씨 → 그림씨
안은마디의 풀이말='ᄒᆞ-'

慈悲ᄂᆞᆫ 衆生ᄋᆞᆯ 便安케 ᄒᆞ시ᄂᆞᆫ 거시어늘 (석보 6:5)
② ⇐ [衆生ᄋᆞᆯ 便安해지게] ᄒᆞ-
① ⇐ [衆生이 便安해지게] ᄒᆞ-

① 제3유형의 영향: 임자자리토씨 '-이'를 부림자리토씨 '-ᄋᆞᆯ'로
변형

② 제1유형의 영향: 움직씨를 그림씨로 잘못 돌이킴.

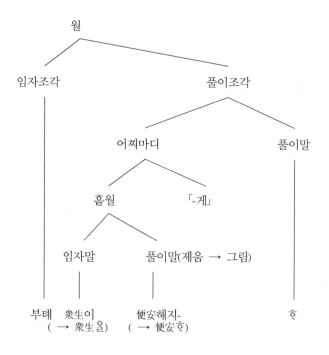

〈제7유형〉 제3유형+제5유형

　어찌마디의 풀이말=남움직씨
　안은마디의 풀이말='ᄒᆞ-'

　부톄 나ᄅᆞᆯ 어엿비 너기샤 나ᄅᆞᆯ [보ᅀᆞᆸ게] ᄒᆞ쇼셔 (석보 6:40)
　② ⇐ 부톄 [내 부텨ᄅᆞᆯ 보ᅀᆞᆸ게] ᄒᆞ쇼셔
　① ⇐ 부톄 나ᄅᆞᆯ [내 부텨ᄅᆞᆯ 보ᅀᆞᆸ게] 시키쇼셔

　① 제3유형의 영향: 안은마디의 부림말 탈락. 안은마디의 풀이말을 'ᄒᆞ-'로 변형
　② 제5유형의 영향: 안은마디의 부림말을 되살림.

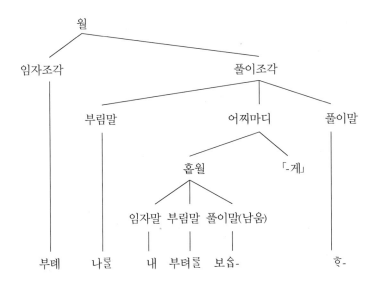

1.4. '-이'

허웅(1975)은 '-이'를 파생뒷가지로 처리하여, '-이'가 만드는 어
찌마디를 '파생 어찌씨에 의한 어찌마디'로 기술하였다. 이는 다음
두 가지 이유 때문이다.

> 첫째, 국어에서 '-이'는 일반적으로 파생가지 역할을 하는데, 어
> 찌마디를 만드는 경우에 한하여 굴곡가지로 인정한다면, 이는
> 한 형태소를 두 갈래로 나누어 기술하는 결과가 된다.
> 둘째, '-오'가 어찌마디를 만드는 경우가 있다.
> 龍을 조초 잇도다 (두언 16:31)
> 위의 예문에서 '조초'는 '龍을'을 부림말로 취하고 있으므로 '龍
> 을 조초'는 어찌마디이다. '-이'를 굴곡가지로 처리한다면, 여기
> 에서의 '-오'도 굴곡가지로 처리해야 할 것이다. 그러나 이 한
> 예 때문에 '-오'를 굴곡가지로 다룰 수는 없는 일이다.

물론, 단 하나의 예문 때문에 '-오'를 굴곡가지로 처리할 수는 없는 일이다. 그러나 16세기부터는 '-오'가 어찌마디를 만드는 예문이 없으므로 사정은 달라진다. 다만, '-이'를 한편으로는 파생가지로, 다른 한편으로는 굴곡가지로 처리하는 것이 문제인데, 이는 형태보다 통어적 기능에 비중을 더 두면 해결되는 문제이다.

문법 기술에 있어서 하나의 형태를 둘로 나누어 기술해야 할 때가 있는데, 이는 통어적 기능이 다르기 때문이다. 이에 대한 대표적 예가 '-과/와'이다. '나는 그와 함께 놀았다', '나는 그와 다르다'에서의 '-과/와'는 견줌자리토씨로, '나와 그는 함께 놀았다', '나와 그는 다르다'에서의 '-과/와'는 이음토씨로 기술하는데, 이렇게 하나의 형태를 다른 토씨로 기술하는 이유는 그 통어적 기능이 다르기 때문이다.

따라서 중세국어 기술에서 '밥을 많이 먹었다'에서의 '-이'는 파생가지로, '그는 [생각도 없이] 산다'에서의 '-이'는 어찌법 씨끝으로 처리한다.

어찌마디를 만드는 풀이말의 종류에 따라 나누어 기술한다.

1.4.1. 'ᄀ티' ('ᄀᆞᇂ-'+'-이')

견줌말을 이끌고 어찌마디를 만든다.

단, '…과 함께'라는 뜻의 'ᄀ티'는 속구조의 임자말이 없기 때문에 어찌마디를 만들지 못하고, '…과 마찬가지로 …처럼'의 뜻을 가진 'ᄀ티'는 속구조의 임자말을 설정할 수 있기 때문에 어찌마디를 만들 수 있다.[113)]

부텻 거름 보슨 붇들 本來ㅅ 性이 모디라 나도(調達도) [(부텨와)
ㄱ티] 術을 호려ㅎ니 (천강곡, 기126)
⇐ [調達이 부텨와 굳ㅎ-]
그저긔 짯 마시 [뿔 ㄱ티] 들오 비치 히더니 (월석 1:42)
⇐ [마시 뿔와 굳ㅎ-]
五百 夫人이…어버시 ㄱ티 ㅎ야 (석보 11:35)
⇐ [五百 夫人이 어버시와 굳ㅎ-]
[눈 ㄱ티] 힌 록각 변슨 (박통 상:30)
⇐ 록가기 [록가기 눈 굳-]-이 히-
흰 [먹뎡 ㄱ티] 거믄 가라간져 슈죡빅앳믈 (박통 상:27)
君의 臣 봄이 [手足 ㄱ티] ㅎ면 (맹자 8:3)
⇐ 君이 臣을 [臣이 君의 手足과 굳-]-이 보-
[쇠로기 ㄱ티] 흰 연 (박통 상:17)
⇐ (임) 여늘 [여니 쇠로기와 굳-]-이 밍글-

1.4.2. '업시' ('없-'+'-이')

임자말을 이끌고 어찌마디를 만든다. 이때의 임자말은 속구조에
서 풀이마디의 작은 임자말이 된다. 15세기 문헌에는 예가 잘 보이
지 않는다.

돈 업시 (두언 20:37)
⇐ [(임) <u>돈이 없다</u>]
　　　　풀이마디

---

113) 이를 현대말로 설명하면 다음과 같다.
「나는 그와 같이 놀았다」에서는 [나는 그와 같다]가 성립되지 않는다. 곧, 임자말을 세울 수가
없으므로 어찌마디를 만들 수 없다. 이러한 예는 홀월로 본다. '같이'는 뒤의 풀이말을 꾸미는
어찌씨이고, 이러한 풀이말 구조는 견줌말을 이끄는 것으로 분석한다. 반면에, 「밥이 꿀(과)같
이 달다」에서는 「밥이 [밥이 꿀과 같-]-이 달다」가 성립하므로 어찌마디를 만들 수 있다.

일 업시셔 져믄 사룸의 집의 가뎌 (여씨향약 20)
⇐ [(임) 이리 없다]
處홈이 업시셔 궤홈은 이 貨홈이니 (맹자 4:12)
⇐ [(임) 處홈이 없다]
[덕 업시]셔 잔탄 니보미 실로 나는 붓그러우니 (야운자경 72)

1.4.3. '달이' ('다ᄅ-'+'-이')

부림말을 이끌고 어찌마디를 만든다. 안은마디 풀이말에는 'ᄒ-'가 온다. 이는 '사역'의 뜻을 나타내는 '-게 ᄒ-'의 통어구조와 일치한다.

秘密히 님금 ᄠ들 받ᄌ와 [恩惠를 당당이 달이] ᄒ시리로다 (두언 8:23)
五百 夫人이⋯어버ᅀᅵ ᄀ티 ᄒ야 [기르논 太子를 나혼 계셔 달이] 아니터라 (석보 11:35)
寬이 [ᄂ고츌 달이] 아니ᄒ야 (번역소학 10:2)
⇐ 寬이 [ᄎ고치 다ᄅ-]-이 아니ᄒ-

어찌마디 속구조에서의 임자말이 부림말로 변형되었다. 이러한 경우는 안은마디의 임자말이 'ᄒ-'인 경우에 한정되는데, 이는 말할 이가 'ᄎ곶'을 'ᄒ-'에 대한 부림말로 인식한 결과이다. 이와 꼭 같은 현상을 우리는 '-게' 어찌마디에서 본 바 있다.
이러한 현상은 '달이' 어찌마디뿐 아니라 다른 어찌마디에서도 볼 수 있다. 다음이 그러한 예인데, 어찌마디를 이끄는 'ᄒ-'가 생략된 어형이다.

[뜨들 거즛꾀오 샤곡히] 말며 (소학 1:13)
⇐ [뜨디 샤곡ᄒᆞ-]-이 ᄒᆞ디 말-
[오슬 구틔여 빗내] 말며 [지블 구틔여 너르고 크게] 말며
⇐ [오시 빗나-]-이 ᄒᆞ디 말-

다음은 견줌말을 이끌고 어찌마디를 만든 경우이다.

ᄒᆞ롯 아ᄎᆞ미 [이제와 달이] 도의면 (번소 10:31)
⇐ (임) ᄒᆞ롯 아ᄎᆞ미 [(임) 이제와 다ᄅᆞ-]-이 도의-

이렇게 안은마디의 풀이말이 '도의-'인 경우에는 안은마디의 임자말과 안긴 어찌마디의 임자말이 일치한다. '도의-, ᄃᆞ외-'와 같은 풀이말이 '달이' 어찌마디를 이끄는 이러한 예는 15세기에는 없었던 것이다.

1.4.4. 니르리 ('니를-'+'-이')

위치말을 이끌고 어찌마디를 만든다.

[늘그시니 위두ᄒᆞ야 여러 권속들콰 혀근 아ᄒᆡ들콰 아랫사ᄅᆞᆷ들 니르리] 다 모미 편안ᄒᆞ시더라 (박통 상:51)
⇐ 늘그시니, 권속들, 아ᄒᆡ들, 아랫사ᄅᆞᆷ ᄃᆞ리 다 모미 편안ᄒᆞ-
[欲界六天 니르리] 다 뷔여 (월석 1:48)
⇐ 欲界六天이 다 뷔-

위와 같은 예문에서는, 어찌마디의 위치말 내용이 안은마디 풀이

말의 의미상 임자말이 된다. 이는 안은마디 풀이말이 그림씨(편안 ᄒ-)인 경우이다.

> [子息이며 내 몸 니르리] 布施ᄒ야도 그딋 혼 조초ᄒ야 뉘읏븐
> 무ᅀᆞᄆᆞᆯ 아니호리라 (석보 6:8-9)
> ⇐ 내 子息, 내 모ᄆᆞᆯ 布施ᄒ-
> 혜 길오 너브샤 [구민 니르리] ᄂᆞᆾ 다 두프시며 (월석 2:41)
> ⇐ 구미틀 둪-
> 楞嚴이 [唐브터 宋애 니르리] 科ᄒ며 判ᄒ며 (능엄 1:16)

어찌마디의 위치말 내용이 안은마디 풀이말의 의미상 부림말이 되었다. 안은마디의 풀이말이 남움직씨인 경우이다.

> [아ᄎᆞᆷ브터 나죄 니르히] 그 별실의 뻐나디 아니ᄒ더니 (번소 9:102)
> ⇐ (임) 아ᄎᆞᆷ브터 낮ᄭᆞ지 뻐나디 아니ᄒ-

위의 예문에서는, 어찌마디가 '시간의 경과'를 나타내고 있다. '~브터 ~ᄭᆞ지'와 '~브터 ~에 니르리'가 같은 의미로 쓰이고 있는 것을 알 수 있다. '-ᄭᆞ장, ᄭᆞ지'는 16세기에 토씨로 굳어진 것이므로(15세기의 'ᄀᆞ장'은 매인이름씨로 쓰임114)), '니르리'가 '-ᄭᆞ지'에 자리를 물려주는 과도기적 현상임을 알 수 있다. (앞의 다른 예문에서도 '-ᄭᆞ지'로 대치될 수 있음을 확인할 것.)

---

114) 허웅(1975: 282-3) 참조.

2. 매인 이름씨에 의한 어찌마디

2.1. '자히'

물 톤 자히 건너시니이다 (용 34장)
世尊이 龍王堀애 안존 자히 겨샤딕 (월석 7:52)
제 모미 누론 자히셔 보딕 (석보 9:30)

2.2. '둧/듯'

안은마디의 풀이말에는 주로 'ᄒ-'가 오고, 'ᄒ'가 줄어들 때도 있다.

[잇ᄂᆞᆫ둧] 호딕 잇디 아니ᄒᆞ며 [다ᄋᆞᆫ 둧] 호딕 다ᄋᆞ디 아니흔 고
디니 (능엄 9:30)
中士ᄂᆞᆫ 道 드르면 [잇ᄂᆞᆫ둧 업슨둧] ᄒᆞ고 (법화 3:147)
이ᄂᆞᆫ [서르 섯근둧] 疑心 두외도다 (능엄 2:98)
[낢둧] 호딕 몯 나미 (능엄 8:41)
指揮ㅣ [定홀둧]더니 (두언 6:32)
[시우를 아ᄂᆞᆫ둧]도다 (두언 20:6)
[여슷 用이 斷滅흔둧]다 疑心ᄒᆞ야 (능엄 4:123)
그러ᄒᆞ면 [네 밥이 쟈글 둧] ᄒᆞ고다 (노걸 상:40)
[맛당히 도올 줄이 이실 둧] ᄒᆞ니라 (소학 5:7)
[學홈을 밋디 몯홀 둧] ᄒᆞ고 (논어 2:35)
[ᄆᆞ리 딥 머근 둧] ᄒᆞ다 (노걸 상:38)
우리 다 가면…[맛당티 아닌 둧] ᄒᆞ다 (노걸 상:33)
[이 말ᄉᆞ미 올흔 둧] 호딕 도ᄅᆞ혀 외도다 (선가 45)

2.3. '듯시/드시/디시'

새려 시름ᄒᆞ매 [누니 둘올ᄃᆞ시] ᄇᆞ라노라 (두언 20:18)
사ᄅᆞ미 時急ᄒᆞᆫ 저글 도오ᄃᆡ [몯 미처 홀ᄃᆞ시] ᄒᆞ더라 (내훈, 2하:34)
文章이 [짜ᄒᆞᆯ 쓰론ᄃᆞ시] 업도다 (두언 24:58)
네흔…[듣고도 몯 드른ᄃᆞ시] ᄒᆞ며 [보고도 몯 본ᄃᆞ시] 홀씨오
(월석 10:20)
양직 [두리본 일 잇ᄂᆞᆫᄃᆞ시] ᄒᆞ야 (월석 13:22)
[제 모맷 고기ᄅᆞᆯ 바혀 내논ᄃᆞ시] 너겨ᄒᆞ며 (석보 9:12)
左右ᄅᆞᆯ 擧薦ᄒᆞ샤ᄃᆡ [몯 미츨ᄃᆞ시] ᄒᆞ샤 (내훈, 2상:43)
죵이 오ᄂᆞᆫᄃᆞᆯ 알오 幢幡을 내야 ᄃᆞ라 [僧齋ᄅᆞᆯ ᄒᆞ단디시] ᄒᆞ니 (월
석 23:63, 기505)
몸올 구피ᄃᆞ시 ᄒᆞ야 [용납디 몯홀 ᄃᆞ시] ᄒᆞ더시다 (소학 2:38)
[이긔디 몯홀 ᄃᆞ시] ᄒᆞ며 [쟝ᄎᆞᆺ 일훌 ᄃᆞ시] ᄒᆞᄂᆞ니 (소학 2:9)
[놀라 ᄆᆞᄉᆞᆷ 일흔 ᄃᆞ시] ᄒᆞ야 (번소 8:27)

3. 안음의 겹침

<어찌마디⊃인용마디>

가줄비건댄…[[亭主ㅣ라] ᄒᆞ듯] ᄒᆞ니 (능엄 2:24)[115]
⇐ [[亭主ㅣ라] 니ᄅᆞ듯] 니ᄅᆞ-
그럴씨 니ᄅᆞ샤ᄃᆡ […며 大雲이 [一切예 비 오듯] 다] ᄒᆞ시니라
(법화 3:22)

<어찌마디⊃매김마디>

[[ᄀᆞᄆᆞ니 잇ᄂᆞᆫ] 그르세 담듯] ᄒᆞ니 (능엄 4:88-9)

---

115) 인용마디를 이끄는 'ᄒᆞ-'는 '니ᄅᆞ-'의 대치형이다.

<어찌마디⊃풀이마디>

새와 새왜 머므디 아니호미 [브리 지 두외둧] 호야 (능엄 2:4)

⟸ [브 리 지 두외-] 「-둧」

羅睺羅ᄅᆞᆯ 달애야 [샹재 두외에] 호라 (석보 6:1)

⟸ [羅睺羅ㅣ 샹재 두외다] 「-게」

그 쏘리 듣고 싸해 [모미 다 헐에] 디여 (월석 21:22)

⟸ [쏘리 모미 헐-] 「-게」

人民이 [목숨 ᄆᆞᆺᄃᆞ록] 조차 뫼셔 供養ᄒᆞ리며 (월석 17:69)

⟸ [人民이 목숨 ᄆᆞᆺ-] 「-ᄃᆞ록」

(내) [목숨 ᄆᆞᆺᄃᆞ록] 受苦ᄅᆞᆯ 아니 디내리라 (월석 9:56)

⟸ [내 목수미 ᄆᆞᆺ-] 「-ᄃᆞ록」

王이…[오시 ᄌᆞᄆᆞ기] 우르시고 (월석 8:101)

<어찌마디⊃어찌마디>

어드ᄫᅳᆫ 딋 衆生도 다 불고ᄆᆞᆯ 어더 [[ᄆᆞ슴 조초] 이를 ᄒᆞ긔] ᄒᆞ리라 (석보 9:5)

<이름마디⊃어찌마디>

(내) [[기운 盖 폣둧] ᄒᆞ몰] 기들오노라 (두언 18:14)

[[새 소남글 즈믄 자히에] 놉디 몯ᄒᆞ몰] 츠기너기노라=新松恨
不高千尺 (두언 21:5)

[[디새 봇아디둧게] 몯ᄒᆞ몰] 恨ᄒᆞᄂᆞ니 (남명, 하:32)

<매김마디⊃어찌마디>

變은 長常 固執디 아니ᄒᆞ야 [[맛긔] 고틸]씨라 (석보 13:38)

硏은 [[다ᄃᆞᆯ게] 알]씨라 (월석, 서:18)

化人은 [[世尊ㅅ 神力으로 두외의] ᄒᆞ샨] 사ᄅᆞ미라 (석보 6:7)

致ᄂᆞᆫ [[니를에] 홀] 씨라 (월석, 서:19)

兩舌ᄒᆞᆫ 두가짓 혜니 [[ᄂᆞ미 ᄉᆞᅀᅵ예 쏫호게] 홀] 씨라 (월석 21:60)

敎化ᄂᆞᆫ [가ᄅᆞ쳐 [어딜에] 두외올] 씨라 (월석 1:19)

[[智와 悲왜 둘히 아니에] 홀]씨 일후미 廻向이니 (능엄 8:34)
네흔…[[듣고도 몯 드른ᄃ시] ᄒ며 [보고도 몯 본ᄃ시] 홀]씨오
(월석 10:20)

<인용마디⊃어찌마디>

[사ᄅ미 [大海예 드러 沐浴ᄃ시]ᄒ야 ᄒ마 [여러 河水ᄅᆯ 쓰ᄃ시]다]
ᄒ시니 (월석 14:71)
⇐ [⋯沐浴ᄒᄃ시]沐浴ᄒ야⋯[⋯쓰ᄃ시]쓰다

<매김마디⊃어찌마디⊃인용마디>

精氣ᄂᆫ [[[넉시라] ᄒᄃ시] 홀] 쁘디라 (석보 9:22)
辭ᄂᆫ [[[하딕이라] ᄒᄃ시] 홀] 마리라 (석보 6:22)
依然은 [[[이셧다] ᄒᄃ시] 홀] 마리라 (월석, 서:15)

II.5. 풀이마디

여기에서는 풀이마디 풀이말의 씨범주에 따라 풀이마디를 하위
분류하고, 큰 임자말과 작은 임자말의 통어적 제약을 살필 것이다.
작은 임자말과 큰 임자말의 소유 여부가 풀이마디의 통어적 특성
을 나타내는 중요한 요인이므로, 이에 따라 나누어 살피기로 한다.
풀이마디의 구조는 다음과 같다.

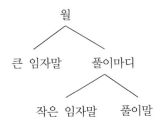

풀이말의 씨범주에 따라 나누고, 큰 임자말과 작은 임자말의 관계에 따라 다시 나누기로 한다.

1. 풀이말의 씨범주 제약

1.1. 그림씨

그림씨는 풀이마디의 풀이말에 거의 제약 없이 쓰일 수 있다. 곧, 그림씨는 풀이마디에 대하여 매우 생산적이다.

풀이말이 그림씨일 때는 작은 임자말이 큰 임자말의 소유인 경우와 그렇지 않은 경우로 나뉜다.

1.1.1. 작은 임자말이 큰 임자말의 소유일 때

풀이말이 그림씨일 때, 대부분은, 작은 임자말이 큰 임자말의 소유인 이 유형에 속한다[116](풀이말이 다른 씨범주일 때는 더욱더 그

---

116) 「코끼리는 코가 길다」 「그 사람은 키가 크다」에서 '코', '키'는 '코끼리', '그 사람'의 소유이다.

렇다).

　이러한 유형의 의미구조는 다음과 같다(설명의 편이상 현대말로
예를 든다).

　　「코끼리는 코가 길다」
　　'길다'라는 '상태'의 주체는 '코.' 그러므로 '코가 길다'는 '상태
　　성'을 지님. '코'는 '코끼리'의 소유이므로 '코끼리'는 '코가 길
　　다'라는 '상태'를 그대로 이어받아 그 '상태'의 주체가 됨.

　　(太祖ㅣ) [聖化ㅣ 기프샤] (용 9장)[117]
　　ᄒᆞ물며 그듸 ᄒᆞ마 [位ㅣ 노ᄑᆞ니] (두언 22:23)
　　우리 [나히 ᄒᆞ마 늘거] (월석 13:5)
　　(唐 太宗이) [聲敎ㅣ 너브실ᄊᆡ] (용 56장)
　　ᄂᆞᄆᆞᆫ [ᄠᅳᆮ 다ᄅᆞ거늘]…앗은 [ᄠᅳᆮ 다ᄅᆞ거늘] (용 24장)
　　이 經 닐긂 사ᄅᆞᄆᆞᆫ…[솂가락 자ᄇᆞ며 죠ᇇ 두미 ᄀᆞ장 슬ᄒᆞ니라] (월
　　석, 서:22)[118]
　　淨飯王이 [病이 되더시니] (월석 10:3)
　　두 兄弟 [쇠 하건마ᄅᆞᆫ] (용 90장)
　　우리들히 지븨 이싫 저긔 [受苦ㅣ 하더이다] (월석 10:23)
　　聖聰이 ᄒᆞ물며 [仁心이 하시거니ᄯᆞ녀] (두언 24:24)
　　(임자말) [죵이며 臣下ㅣ며 百姓이 만ᄒᆞ며] (월석 13:7-8)
　　아랫 세 하ᄂᆞᆯ [煩惱ㅣ 만ᄒᆞ고] (석보 6:35)
　　내 지븨 이싫 저긔 [受苦ㅣ 만타라] (월석 10:23)
　　(임자말) [모딘 이리 만코] (월석 21:121)
　　엇뎨라 옷과 밥과애 窮困ᄒᆞ야 [ᄎᆞ비치 ᄆᆞᅀᆞ매 맛게 ᄒᆞᆫ 이리 져
　　그니오] (두언 16:19)
　　⇐ (임자말) […이리 젹-]
　　大乘엣 사ᄅᆞᄆᆞᆫ [法行이 ᄀᆞ즐씨며] (법화 6:145)

---

117) '聖化'는 '太祖'의 것이다.
118) 작은 임자말은 큰 임자말의 행동을 나타내므로 '소유'에 속한다.

(太祖ㅣ) [變化ㅣ 無窮ㅎ실씨] (용 60장)

이 道士ㅣ [精誠이 至極ㅎ단다면] (월석 1:7)

내…나히 ᄌ라매 니르런 [血氣 ᄀ둑ᄒ더니] (능엄 2:5)

이 施主ㅣ…[功德이 그지업스니] (석보 19:4)

셜흔 사ᄅ미…[목수미 실 ᄀ호라] (두언 8:36)

長史ᄂ [이리 ᄒ집 ᄀ투니] (내훈 1:67)

ᄒ믈며 空이 또 [밧기 잇디 아니커니ᄯ녀] (능엄 3:34)

ᄒ다가 내이 니ᄅ논 法音 分別ᄒ요ᄆ로 네 ᄆ슴 사ᄝ딘댄 이 ᄆ
ᄉ미 제 반ᄃ기 소리 分別ᄒᄂ것 여희오 [分別ᄒᄂ 性이 이셔사
ᄒ리어니ᄯᆫ] (능엄 2:24)

緊那羅ᄂ…[ᄲ리 이실씨] (월석 1:15)

王이 [威嚴이 업서] (월석 2:11)[119]

그:디 [子息 업더니] (월석 1:7)

(사ᄅ미) ᄒ다가 [아로미 업술딘댄] ᄆ춤매 草木 ᄀ거니ᄯᆫ (능엄
3:41)

네 아ᄃ리…[허믈 업스니] (월석 2:6)

부텻 싸히…[겨지비 업스며] (석보 9:10)

ᄒ마 내 [눈볋 업스면] 내 보미 이디 몯ᄒ리니 (능엄 1:99)[120]

地獄 罪報ㅣ [그 이리 엇더터뇨] (월석 21:56)

불휘 기픈 남ᄀᆫ…[곶 됴코 여름 하ᄂ니] (용 2장)

⇐ 남ᄀᆫ [곶 됴-], 남ᄀᆫ [여름 하-]

사ᄅ미…[입내 업스며] [혓病 업스며] [입病 업스며] [니 검디 아
니ᄒ며 누르며 성긔디 아니ᄒ며…굽디 아니ᄒ며] [입시우리…기
우디 아니ᄒ며 두텁디 아니ᄒ며 크디 아니ᄒ며 검디 아니ᄒ야]
[믈읫 아치얼븐 야이 업스며] [고히 ᄲ코 엷디 아니ᄒ며 좁고 기
디 아니ᄒ며…굽디 아니ᄒ야] [一切 믜본 相이 업서] [입시울와
혀와 엄과 니왜 다 됴ᄒ며] [고히 길오 놉고 고ᄃ며] [ᄂ치 두렵
고 츳며] [눈서비 놉고 길며] [니마히 넙고 平正ᄒ야]… (석보

_____

119) '없-' 때문에 '威嚴'이 '王'의 것은 아니지만, 앞의 '잇-'의 경우와 구조가 일치하므로 여기에
분류한다.

120) '내'를 매김말로 볼 수도 있지만, 임자말로 볼 수도 있다.

19:6-7)

황뎨 크신 덕부네 차반도 [빈 브르다] (박통 상:7)

우리 어버싀네 다 [모미 편안ᄒᆞ시던가] (박통 상:51)

이 관원이 ᄀᆞ장 츤츤니 스랑ᄒᆞ며 [계괴 크다] (박통 상:23-4)

⇐ 관원이 [계괴 크다]

이제 셩쥐 [너브신 복이 하늘와 ᄀᆞᇀ샤] (박통 상:1)

⇐ 셩쥐 [복이 넙-], 셩쥐 [복이 하늘와 ᄀᆞᇀ-]

그 갓나히도 [양지 ᄀᆞ장 고와] (박통 상:45)

우리 스승이 [셩이 온화ᄒᆞ야] (노걸 상:6)

이런 詩ㅣ [그 말ᄉᆞ미 간략ᄒᆞ고 기퍼] (소학 5:7)

그 아비ᄂᆞᆫ 올ᄒᆡ 나히 열아호비오 [글 지싀와 여러가짓 직죄 됴
코] 수업슨 천량이러라 (박통 상:46)

너ᄂᆞᆫ⋯[넘불도 호미 됴커닛든] (박통 상:36)121)

正⋯과 申⋯괘 [ᄀᆞᆯ츄미 이러ᄐᆞ시 엄졍ᄒᆞ고] (번소 9:5)

네 이⋯갈히 [이리 밍ᄀᆞ로믈 곱고 조케] ᄒᆞ면 (박통 상:16)

⇐ 갈히 [밍ᄀᆞ로미 곱고 죻-]

孟軻ㅅ 어마님이 [그 집이 무덤에 갓갑더니] (소학 4:3)

네 [나히 졈고] [子息 업거니] (속삼 열:6)

듀화ᄂᆞᆫ [누니 업거시니]⋯반춰 [귀 업거시니] (칠대 9)

天道ㅣ 무디ᄒᆞ야 鄧伯高로 [ᄌᆞ식이 업게] ᄒᆞ도다 (번소 9:72)

⇐ 鄧伯高ㅣ [ᄌᆞ식이 없-]

ᄒᆞᆫ 효도로운 며느리 [나히 열여스신] 제 남진 어려 [ᄌᆞ식 업더
니] (번소 9:55)

⇐ 며느리 [ᄌᆞ식 업더-]

天下ㅣ [道ㅣ 이시면] 見ᄒᆞ고 [道ㅣ 업스면] 隱홀띠니라 (논어 2:34)

甯武子ㅣ 邦이 [道ㅣ 이시면] 知ᄒᆞ고 邦이 [道ㅣ 업스면] 愚ᄒᆞ니
(논어 1:49)

曾子ㅣ [疾이 겨샤] (논어 2:34)

열 숟가락도 다 [기니 뎌르니 잇ᄂᆞ니] (박통 상:32)

貴ᄒᆞᆫ 이와 賤ᄒᆞᆫ 이 [죵이 이시니] (소학 5:64)

---

121) 작은 임자말은 큰 임자말의 행동이므로, 소유에 속한다.

모든 사룸이 [흐욜 이리 잇거든] (여향 4)
편안호미사 [빈 소미 하나라] (노걸 하:4)
⇐ 소미 [편안호미 하-]
짐메 다믄 돈니 [뉵빅이 잇거늘] (이륜 41)
자바 두미 [죵왜 잇ᄂ니] (번소 8:9)

　이상의 예문들은 '두 겹 임자말 구조'라 할 만한데, 다음은 세 겹
임자말 구조이다.

　금독과 은독꽤 [밧과 안히 틈 업슨] 거셔 (박통 상:40)

　'없-'에 대한 임자말은 '틈'이고, '틈이 없-'에 대한 임자말은 '밧과
안ㅎ'이며, '밧과 안히 틈 없-'에 대한 임자말은 '금독과 은독'이다.

1.1.2. 작은 임자말이 큰 임자말의 소유가 아닐 때

　이러한 예는 드물다. 하나의 풀이말에, 별개의 둘의 주체가 동시
에 있다는 것은 논리상 맞지 않기 때문이다(그러므로 이러한 예는
그림씨에만 나타난다).
　이러한 유형의 의미구조는 다음과 같다(현대말로 예를 든다).

> 「나는 꽃이 좋다」
> '좋다'라는 상태의 주체는 '꽃.' 그러므로 '꽃이 좋다'는 '상태성'
> 을 지님. '나'는 '꽃'의 소유자가 아니기 때문에, 이러한 '상태성'
> 을 그대로 이어받지는 않는다. '나'는 '꽃이 좋다'라는 '상태'를
> 느끼는 주체임.

부텨는…[寂滅이 즐겁다]ᄒᆞ시니라 (월석 2:16)
⇐ 부텨는 [나ᄂᆞᆫ [寂滅이 즐겁다]] ᄒᆞ-[122]
덕 업시셔 잔탄 니보미 실로 나ᄂᆞᆫ 붓그러우니 (야운 72)
⇐ 나ᄂᆞᆫ [잔탄 니보미 붓그럽-]

1.2. 잡음씨

작은 임자말이 큰 임자말의 소유인 경우만 나타난다. 의미구조는
다음과 같다(현대말로 예를 든다).

「코끼리는 코가 손이다」
'코가 손이다'는 '상태성'을 지님. '코끼리'는 '코'의 소유자이므
로, 그 '상태'를 그대로 이어받음. '코끼리'는 '코가 손이다'라는
'상태'의 주체가 됨.

져믄 壯훈 사ᄅᆞ미 [나히 처엄 二十五ㅣ라셔] (법화 5:120)
四天王 [목수미 人間앳 쉰 힐롤 ᄒᆞᄅᆞ옴 혜여 五百 히니] (월석
1:37-8)[123]
⇐ 四天王이 [목수미 五百 히니]
羅睺羅ㅣ [나히 ᄒᆞ마 아호빌ᄊᆡ] (석보 6:3)
經이…[일후미 法華ㅣ니] (석보 19:6)
스승 사ᄆᆞ샨 부톄 ᄯᅩ [일후미 觀音이라] (능엄 6:2)
부톄…[일후미 釋迦牟尼시고] (월석 2:9)
이 춍이ᄆᆞ리 [나히 언멘고] (노걸 하:8)
그 아비ᄂᆞᆫ [올히 나히 열아호비오] (박통 상:46)
平則門이 [이 廣豊門의셔 ᄉᆞ이 뿌미 ᄆᆡ심릿 짜히니] (박통 상:11)
굴형이 [기픠 두어 百자히나 혼] ᄃᆡ를 디늘어셔 (소학 6:61)

---

122) 인용마디에 풀이마디가 안겨 있다.
123) '四天王'을 매김말로 볼 수도 있으나, 임자말로 볼 수도 있다.

풀이말이 '아니-'인 경우는 의미적으로는 풀이마디로 인정하기 어렵지만, 그 구조가 풀이마디 구조와 일치하므로 여기에 분류해 놓는다.

구룸 올옴과…사룸과 즁생괘…[너 아니니라] (능엄 2:34)

이 모든 物ㅅ 中에 어늬 [見 아니오] (능엄 2:51)

죽사리는 므슷 일로 갈아 [ᄒᆞᆫ가지 아니오] (남명, 하:42)

이제 나는…[病 아니로라] (남명, 상:30)

四衆의 힝뎌기 [ᄒᆞᆫ가지 아니어늘] (월석 17:83)

佛과 法괘 [둘히 아니라ᅀᅡ] 道ㅣ 비르서 알ᄑᆡ 現ᄒᆞ리라 (금강삼가 4:11)

다음은 세 겹 임자말 구조이다.

ᄒᆞᆫ 효도로운 며느리 [나히 열여스신] 제 남진 어러 [ᄌᆞ식 업더니] (번소 9:55)

⇐ 며느리 [남진이 [나히 열여슷이-]]

1.3. 제움직씨

작은 임자말이 큰 임자말의 소유인 경우만 나타난다. 의미구조는 다음과 같다(현대말로 예를 든다).

「나는 마음이 흔들린다」

'흔들리다'라는 움직임의 주체는 '마음.' '마음이 흔들리다'는 '동작성'을 지님. '나는 '마음'의 소유자이므로, 「나는 '마음이 흔들린다」라는 '동작성'을 그대로 이어받아, 그 '동작'의 주체가 됨.

ᄀᆞᅀᆞ리 霜露ㅣ와 草木이 이울어든 [슬픈 ᄆᆞᅀᆞ미 나ᄂᆞ니] (월석,
서:16)
⇐ (임자말) [ᄆᆞᅀᆞ미 나-]
내···[ᄆᆞᅀᆞ미 샹녜 흐터 뮈여]=我ㅣ···心常散動ᄒᆞ야 (능엄 5:56)
사ᄅᆞ미···[니···이저디며 쇭들디 아니ᄒᆞ며 그르나며···] [입시우리
드리디 아니ᄒᆞ며 옲디 아니ᄒᆞ며 디드디 아니ᄒᆞ며 헐믓디 아니ᄒᆞ
며 이저디디 아니ᄒᆞ며···] [고히···쩌디여] (석보 19:6-7)
내 [큰 병이 나로다] (무덤편지 186)

풀이말이 ‘ᄃᆞ외-’, ‘일-’인 경우도 ‘아니-’의 경우와 마찬가지로,
의미적으로는 풀이마디로 인정하기 어렵지만, 그 구조가 풀이마디
구조와 일치하므로 여기에 분류해 놓는다.

뉘 ᄯᆞᆯ을 ᄀᆞᆯᄒᆡ야ᅀᅡ [며느리 ᄃᆞ외야 오리야] (천강곡 상, 기36)
⇐ ᄯᆞ리 [며느리 ᄃᆞ외-]
人間에 나고도 [쇠어나 ᄆᆞ리어나 약대어나 라귀어나 ᄃᆞ외야] (석
보 9:15)
⇐ 人間이 [···라귀 ᄃᆞ외-]
사ᄅᆞ미···[百千萬世예 버워리 아니ᄃᆞ외며] (석보 19:6)
(임자말) [赤眞珠ㅣ ᄃᆞ외야 잇ᄂᆞ니라] (월석 1:23)
네 發願을 호ᄃᆡ [世世예 妻眷이 ᄃᆞ외져] ᄒᆞ거늘 (석보 6:8)
⇐ 내 [妻眷이 ᄃᆞ외져]
시미 기픈 므른···[내히 이러] (용 2장)
뎌노미···[즈름아비 도의엿ᄂᆞ니] (박통 상:33)
貴홈이 [天子ㅣ 되샤ᄃᆡ] (소학 4:9)
ᄌᆞ셕 업고 손지 업스면 (모든 재물이) [다 ᄂᆞ미 거시 도의리니
(박통 상:7)

1.4. 남움직씨

풀이마디의 풀이말에 남움직씨가 오는 예가 나타나지 않는다. 그 이유는 다음과 같이 설명할 수 있다.

작은 임자말이 큰 임자말의 소유인 경우는 이러한 유형이 이론적으로는 가능하다. 곧, 다음과 같은 예가 이론적으로는 가능하다.

「*그는 손이 탁자를 두드린다」

풀이말이 '남움직씨'인 이러한 경우에는 '손'이 '움직임'의 주체가 아닌 '도구'가 된다:「그는 손으로 탁자를 두드린다」

현대국어에 있어서는 이러한 구조가 드물게 나타난다(15세기에도 이러한 월은 있었으리라 생각된다).

「그는 키가 하늘을 찌른다」

그러나 이 월의 의미구조는 '키가 매우 크다' 혹은 '키가 하늘을 찌를 듯이 크다'이다. 곧, 풀이말은 '상태성'을 나타내고 있다. 이렇게 풀이말이 '상태'를 나타내는 경우를 제외하고는 현대국어에서도 이러한 유형은 나타나지 않는다.

16세기에는 다음과 같이 예문이 하나 보인다.

> 넷일 됴히 너기ᄂᆞᆫ 어딘 사ᄅᆞ미 [그 아ᄃᆞ리 나히 열다숫 나마 능히 孝經과 論語를 通ᄒᆞ야] (번소 7:10)

위 예문은 '어딘 사ᄅᆞ미 그 아ᄃᆞ리 나히 열다숫이-'이라는 '세 겹 임자말 구조'에 '아ᄃᆞ리 나히 열다숫 나마 (아ᄃᆞ리)능히 孝經과 論語을 通ᄒᆞ-'를 연결하여 생긴 구조이다. 물론, '어딘 사ᄅᆞ미 아ᄃᆞ리⋯

論語를 通ㅎ-'로 설정할 수도 있겠지만, 이는 매우 어색한 표현이므로 속구조를 이렇게 설정하지 않는다.

따라서 16세기 풀이마디의 경우에 있어서도 풀이말이 남움직씨인 경우는 나타나지 않는다고 풀이한다.

2. 이음과 안음의 겹침

<이음마디⊃풀이마디>

풀이마디의 풀이말에 이음법 씨끝이 연결된 것이다.

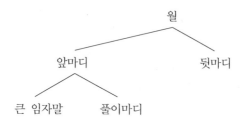

(太祖ㅣ) [聖化ㅣ 기프샤] (용 9장)
⇐ [太祖ㅣ [聖化ㅣ 기프시-]]「-어」
ᄒᆞᄆᆞᆯ며 그듸 ᄒᆞ마 [位ㅣ 노ᄑᆞ니] (두언 22:23)
⇐ [그듸 [位ㅣ 높-]]「-ᄋᆞ니」
우리 [나히 ᄒᆞ마 늘거] (월석 13:5)
⇐ [우리 [나히 늙-]]「-어」
(唐 太宗이) [聲敎ㅣ 너브실씨] (용 56장)
⇐ [太宗이 [聲敎ㅣ 너브시-]]「-ㄹ씨」
ᄂᆞ민 [ᄠᅳᆮ 다ᄅᆞ거늘] (용 24장)

⇐ ［ᄂᆞᄆᆞᆫ ［ᄠᆞᆮ 다ᄅᆞ-］ ］「-거늘」

<이름마디가 큰 임자말로 기능>

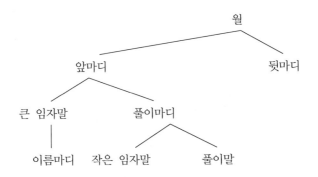

和尙 니ᄅᆞ샤미 ［達磨大師ㅅ 宗旨 아니잇가］ (육조, 상:85)
龍王 위ᄒᆞ야 說法ᄒᆞ샤미 ［부텻 나히 셜흔 둘히러시니］ (석보 6:1)

<이름마디가 작은 임자말로 기능>

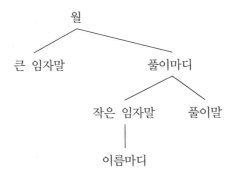

(부톄) ［ ［悲로 ᄉᆞᆷ生ᄋᆞᆯ 敎化ᄒᆞ샤미］ 곧 업디 아니ᄒᆞ시나컨마ᄅᆞᆫ ］
(금강삼가 2:13)
第一婆羅蜜이…差別의 브터 나ᄂᆞᆫ 배니 아득히 幽奧ᄒᆞ야 기퍼

[[測量호미] 어려우나컨마른] (금강삼가 3:27-8)

⇐ 第一波羅蜜이 [測量호미 어렵-]

바롤 다혀둔 머리논 [[아로미] 잇고] 바룬 반두기 [[아로미]

업스리어늘] (능엄 1:68)

(임자말) [[보미] 업스리며] (능엄 3:94)

둘희 히미 [[달오미] 업더니] (천강곡 상, 기39)

내 흔 일후미 [[뎌 모든 한 일훔과 달옴] 업수믄] (능엄 6:35)

(임자말) 누비옷 니브샤 [[붓그료미] 엇뎨 업스신가] (천강곡

상, 기120)

(임자말) [[드로미] 이시면] (능엄 3:6)

비 비록 흔 마시나 [[가지 달오미] 이실씨]=雨雖一味나 而種

有差別故로 (법화 3:3)

如來와 聖王괘…[[어긔요미] 업스시거니와] (금강삼가 4:63)

工巧ᄒ신 方便은 [[다오미] 업스리라] (석보 9:29)

<이름마디⊃풀이마디>

[큰 임자말 [작은 임자말 ∼]]-ㅁ

풀이마디의 구조 전체가 이름마디에 안기는 구조이다.

[一切衆生이…[生死] 서르 니수미]]…妄想을 쓰논 다실씨니

(능엄 1:43)

⇐ [一切衆生이…生死] 서르 닛-]-ㅁ
　　　　　　　　　　　풀이마디

<이름마디⊃풀이마디⊃이름마디>

보샤ᄆᆞᆯ 기튜미 업스샤 (영가, 서:6)

⇐ (부톄) [[보시다]-ㅁ「-올」 기타다]-ㅁ「-이」 업스샤
　　<큰 임자말>　　　　　<작은 임자말>
　　　　　　　　　　　└────<풀이마디>────┘

<풀이마디⊃매김마디>

풀이마디의 작은 임자말이 매김마디의 꾸밈을 받는 구조이다.

빈는 [[고기 낪는] 그르시 ᄃ외얏고] (금강삼가 3:60)
ᄒ다가 내이 니ᄅ논 法흠 分別ᄒ요ᄆ로 네 ᄆᄉᆷ 사ᄅᆷ딘댄 이 ᄆ
ᄉ미 제 반ᄃ기 소리 分別ᄒᄂᆫ것 여희오 [[分別ᄒᄂᆫ] 性이 이셔
ᅀᅡ ᄒ리어니ᄯᆫ] (능엄 2:24)
사ᄅ미…[[아치얼븐] 야이 업스며]…[一切 [믜본] 相이 업서]
(석보 19:6-7)
(임자말) [[두리ᄫᆫ] 이리 만커든] (월석 21:170)
如來ㅣ…法에 [[得혼] 고디 잇ᄂ녀 아니녀] (금강 56-7)
沙羅樹王이…[[앗가ᄫᆫ] ᄠ디 업더녀] (월석 8:91)
너희 [[디마니혼] 이리 잇ᄂ니] ᄲᆯ리 나가라 (월석 2:6)
어듸ᅀᅡ 됴흔 ᄣ리 [양ᄌ ᄀᄌᆞ니 잇거뇨] (석보 6:13)
⇐ ᄣ리 [[양ᄌ ᄀᄌᆞ] 이 잇거뇨]
衆生이…[信을 내리 이시리잇가] (금강 32)
⇐ 衆生이 [[信을 낼] 이 이시리잇가]
엇뎨 모미 [[니ᅙᅮᆯ] 주리 업스리오마ᄅᆫ] (월석 13:59)

<풀이마디⊃매김마디⊃매김마디>

우리 [[[큰] 法 즐기는] ᄆᄉ미 잇던댄] (월석 13:36)

<풀이마디⊃이름마디⊃이은겹월>

풀이마디의 작은 임자말로 기능하는 이름마디가 이은겹월에서
변형된 구조이다.

이 經 닐긇 사ᄅᆷ…[[솄가락 자ᄇ며 욯 두미] ᄀ장 슬ᄒ니라]
(월석, 서:22)

⇐ 사ᄅᆞᄆᆞᆫ [[숮가락 자ᄇᆞ며 筌 두-]-ㅁ「-이」 슬ᄒᆞ니라]
(임자말) ᄒᆞ마 [[나며 업수미] 업거니] 엇뎨 [[가며 오미] 이시
리오] (월석, 서:2)
佛身法性은 本來 [[그 ᄉᆞᅌᅵ예 더으며 듀미] 업스니라] (월석
13-62)
法身은 [[나며 드르샤미] 업스시니라] (석보 23:44)
前塵은 크며 젹거니와 보ᄆᆞᆫ [[펴며 움추미] 업스니라] (능엄
2:41)124)

<풀이마디⊃매김마디⊃어찌마디>

엇뎨라 옷과 밥과애 窮困ᄒᆞ야 [[[ᄂᆞᆺ비치 ᄆᆞᄉᆞ매 맛게] 인] 이
리 ᄌᆞ그니오] (두언 16:19)
⇐ (임자말) [[[⋯맛게] 일-]-ㄴ 이리 젹-]

<풀이마디⊃매김마디⊃풀이마디>

우리 祖師ㅣ 허믈 겨샨디 아니시니라 (육조, 상88)
⇐ 祖師ㅣ [[[허믈 겨시-]-ㄴ ᄃᆞ「-이」 아니-]
衆生이 ᄒᆞ며 말며 念 뮈우미⋯罪 아니니 업스니 (월석 21:98)
⇐⋯뮈우미 [[[罪 아니-]-ㄴ 이「-이」 없-]

<매김마디의 속구조에서의 풀이마디>

임자말이 빠져나간 매김마디에서 빠져나간 머리말이 속구조에서
큰 임자말이 되는 경우이다.

孤ᄂᆞᆫ [져머셔 어버ᅀᅵ 업슨] 사ᄅᆞ미로 (석보 6:13)
⇐ 사ᄅᆞ미 [어버ᅀᅵ 없-]
불휘 기픈 남ᄀᆞᆫ, ᄉᆡ미 기픈 므른 (용 2장)

---

124) 큰 임자말도 이름마디로 되어 있다.

⇐ 남기 [불휘 깊-], 므리 [시미 깊-]
이 智慧 업슨 比丘 (석보 3:56)
⇐ 比丘] [智慧 없-]

Ⅲ. 이은 겹월

이음마디에서 제약이 일어날 가능성이 있는 문법범주는 인칭법, 때매김법, 마침법(의향법), 앞마디와 뒷마디의 씨범주 제약, 앞마디와 뒷마디의 임자말 제약, 높임법제약이다.

이 중에서 높임법은 제약이 일어나지 않는다(단, 들을이 높임의 '-으이-'는 앞마디에 연결될 수 없다). 즉, 모든 이음씨끝에는 높임법의 '-으시-', '-습-'이 제약 없이 연결될 수 있으며, 뒷마디의 높임법과도 아무런 통어적 제약이 일어나지 않는다.

그러나 나머지의 경우는 통어적 제약이 일어난다.

1. 인칭법 제약

1인칭을 나타내는 '-오/우-'가 연결될 수 있는 이음씨끝은 '-으니'

뿐이다('-으나, -은댄, -은딘' 따위도 인칭 대립을 보이기는 하지만, 그 예가 극히 적으므로, 논외로 한다).[125]

　인칭법은 높임법과 상호 제약관계를 가지게 된다. 즉 1인칭을 나타내는 '-오/우-'와 주체높임의 '-으시-'는 공존할 수 없다. 이는 말할이가 자기 자신을 높이는 결과가 되기 때문이다.[126]

'-오니' (← '-오/우-'+'-으니')

　나는 몰라 일즉 가져오디 <u>아니호니</u>…날 호나 빌이고려 (박통 상:65)
　나도 이 말숨 닐온 줄 <u>업소니</u> 두리슷와 그르 연조은 주리 아니이다 (번소 9:46)
　나도 싱각호니 그리 호샴이 올호샷다 (번소 9:62)
　내 쏘 싱각호니 許호심이 올타 호야 (소학 6:57)
　내 아돌이 병이 잇거늘…(내) 밤이 못도록 자디 <u>몯호니</u>…엇디 可히 스싀 업다 니르리오 (소학 6:101-2)
　나는 <u>들오니</u>… (논어 2:25)
　이 친동싱 兩姨예서 난 <u>형뎨로니</u> 우리 어미는 형이오 뎌의 어미는 아싀라 (노걸 상:16)
　내…잣안해셔 사노라 셩이 <u>王개로니</u> 王 아뫼라 호야 쓰라 (노걸 하:15-6)
　내 <u>쇼히로니</u> 올히 마슨니오 (노걸 하:71)
　내 힘을 다호야 받틀 가라 온공히 즈식의 소임을 홀 <u>쓰롬이로니</u> 父母이 날 스랑티 아니호샴은 내게 엇딘고 호시니라 (소학 4:7)

　다음은 '드로니…호니' 구조인데, 여기에서의 '호니'는 '드로니'의 대치형이다.

---

125) 허웅(1975: 742-6) 참조.
126) 강조·영탄법의 안맺음씨끝 '-가-:-거-'도 인칭법 대립을 보이지만, 그것이 별다른 문법범주를 실현하지 않으므로 논외로 한다.

나는 들오니 君子는 黨티 아니혼다 호니 (소학 2:25)

나는 들오니 君子는 그뻐 人 養ᄒ는 바로뻐 人을 害티 아니혼다
호니 (맹자 2:39)

나는 들오니 夷子는 墨子ㅣ라 호니 (맹자 5:23)

나는 드로니…그 主ᄒ는 바로뻐 혼다 호니 (맹자 9:35)

交는 드로니 文王은 十尺이오 湯은 九尺이라 호니 (맹자 12:4)

나는 들오니 녜는 비여셔 글ᄋ침이 잇다 호니… (소학 4:4-5)

내 들오니 聖人ㅅ 념통애 닐굽 굼기 잇다 호니 진실로 잇ᄂ냐
ᄒ고 (소학 4:26)

'-노니' (← '-ᄂ-'+'-오/우-'+'-으니')

내 이제 너를 숀노니 ᄠᅳ들 조차 가라 (월석 13:19)

내 너의 깃구믈 돕노니 네 能히 오라건 劫엣 큰 盟誓 發願을 일
워 너비 濟渡호믈 거의 ᄆᄎ면 즉자히 菩提를 證ᄒ리라 (석보
11:9-10)

내 이제 너두려 묻노니 (능엄 1:45)

나는…뎌긧 법을 아디 몯ᄒ노니 네…ᄀ장 나를 보ᄉᆞ피쇼셔 (박
통 상:9)

내 요ᄉᆞ시예 구윗 브리신 일로 나가노니…네 나를 후시 흔블 딍
ᄀ라다고려 (박통 상:47)

내 또 너두려 말소믈 당부ᄒ노니 그 드레 믈 즘디 아니ᄒᄂ니
(노걸 상:32)

내 나몬 날을 다으려 ᄒ노니 ᄯᅩ 피티 아니ᄒ냐 (소학 6:84)

내…병을 알고 약을 딍ᄀ노니 머그며 먹디 아니호ᄆᆞ 의원의 허
므리 아니며 (야운 44)

내 날로 세가지로 내 몸을 슬피노니 (논어 1:2)

寡人이 疾이 인노니 寡人은 貨를 好ᄒ노이다 (맹자 2:20)

죠샹브터 옴ᄋ로 德을 싸흔 일빅나믄 히예사 비로소 내거긔 나
타나 시러곰 큰 벼슬에 니르런노니 말일 혼자 富貴를 누리고…
(소학 5:80)

商은 드런노니… (논어 3:21)

내 己를 枉ㅎ야 人을 正ㅎᄂᆞᆫ 者를 듣디 몯ㅎ얏ᄂᆞ니 ㅎ믈며 己를
辱ㅎ야 뻐 天下를 正ㅎᄂᆞᆫ 者아 (맹자 9:32)
내 ᄒᆞᆫ 말ᄉᆞᆷ을 둣노니… (선가 5)

'-ᅀᆞᆸ-' + '-오니'

아래 내 夫子ㅅᄭᅴ 뵈ᅀᆞ와 知를 묻ᄌᆞ오니 子ㅣ ᄀᆞᆯᄋᆞ샤ᄃᆡ (논어 3:32)
녜 偃이 夫子ᄭᅴ 듣ᄌᆞ오니 ᄀᆞᆯᄋᆞ샤ᄃᆡ… (논어 4:31)[127]
臣은 듣ᄌᆞ오니…仁홀 법이니이다 ᄒᆞᆫ대 (소학 4:34)
臣이 고젓긔 묻ᄌᆞ오니 다 닐오ᄃᆡ (소학 6:42)

'-ᅀᆞᆸ노니' (← '-ᅀᆞᆸ-' + '-ᄂᆞ-' + '-오/우-' + '-ᄋᆞ니')

내 이제 諸佛 니르시논 陀羅尼句를 연ᄌᆞ바 請ᄒᆞᅀᆞᆸ노니…이 神呪
를 외오면 즉자히 비를 ᄂᆞ리오며 (월석 10:84)

'-오리니' (← '-오/우-' + '-으리-' + '-으니')

내…반ᄃᆞ기 涅槃애 드로리니 (법화 1:121)
내 여러 미화를 닐오리니 네 바ᄅᆞ 니르라 (박통 상:39)
내…뎌 둘흘 ᄀᆞ라 와 자게 호리니 네 ᄯᅩ 뎌ᄅᆞ로 오나라 (노걸
상:57)
우리 도라갈 황호 사기를 의론호리니 네 모로매 일즈시 오나라
(노걸 하:56)
우리 밧고와 온 ᄲᅥ래서 너를 서 되만 논힐훠 :주리니 (노걸 상:54)
내 그ᄃᆡ를 ᄀᆞᄅᆞ츄리니 만일에 님금이 무르시거든 (번소 9:44)
내 스스로 그ᄃᆡ를 인도호리니 (소학 6:40)

'-ᅀᆞ보리니' (← '-ᅀᆞᆸ-' + '-오/우-' + '-으리-' + '-으니')

舍衛國에 도라가 精舍 이르ᅀᆞ보리니 (석보 6:22)

---

127) 偃은 말할이 자신이다.

'-다니' (← '-더-'+'-오/우-'+'-으니')[128]

> 고ᄫᆞ니 몯 보아 슬읏 우니다니 님하 오ᄂᆞᆶ나래 넉시라 마로리어
> 다 (월석 8:102)
>
> (내) 두서 나를 ᄒᆞ오사 뫼ᇿ고ᅀᅢ 잇다니 그 므리 漸漸 젹거늘 (월
> 석 10:24)
>
> 우리 나히 ᄒᆞ마 늘거…ᄒᆞᆫ 念도 즐기논 ᄆᆞᅀᆞᄆᆞᆯ 아니 내다니 우리
> 오늘…듣줍고 (월석 13:5-6)
>
> 天子ㅅ ᄆᆞ리 千里ᄅᆞᆯ ᄃᆞᆮᄂᆞ니라 내 듣다니 이젯 그리미 아니 이가
> ＝吾聞天子之馬走千里 今之畵圖無乃是 (두언 16:40)
>
> 내…그저긔 됴ᄒᆞᆫ 瓔珞을 가졧다니 ᄒᆞᆫ 사ᄅᆞ미 밤ㅅ中 後에 파내
> 야 (월석 10:25)
>
> 내…舍衛國 사ᄅᆞ미라니 父母ㅣ 나를 北方 싸ᄅᆞᄆᆞᆯ 얼이시니 (월
> 석 10:23)
>
> 如來 겨실쩌긔…우리ᄃᆞᆯ히 甚히 어려ᄫᅥ ᄒᆞ다소니 이제 涅槃ᄒᆞ시
> 니 싁싁ᄒᆞᆫ 法이 ᄒᆞ마 업스리로다 (석보 23:42)

'-ᅀᆞᆸ다니' (← '-ᅀᆞᆸ-'+'-더-'+'-오/우-'+'-으니')

> 妻眷이 ᄃᆞ외ᅀᆞᄫᅡ 하ᄂᆞᆯ ᄀᆞᆯ 셤기ᅀᆞᆸ다니 三年이 몯 차 世間 ᄇᆞ리시
> 니 (천강곡 상, 기140)
>
> 이 뎌를 다시 지서 福 비ᅀᆞ올 싸ᄒᆞᆯ 삼고져 ᄒᆞᅀᆞᆸ다소니 (상원사
> 권선문)

<앞마디와 뒷마디의 인칭법 통솔 관계>

앞마디와 뒷마디의 임자말이 1인칭이면서 동일한 경우, 뒷마디
의 풀이말에 '-오/우-'가 실현되지 않을 때가 있다. 이는 앞마디의
인칭법이 뒷마디의 인칭법을 통솔한 결과이다.

---

128) '-더-'+'-오/우'를 '-다-'로 보는 것은 '-으샤'를 '-으시-'+'-오/우'로 보는 것과 다를 바가 없다.

내 이제 世尊을 무즈막 보슨보니 측혼 무슨미 <u>업거이다</u> (월석 10:8)

'업소이다' 혹은 '업가이다'로 실현되어야 할 것이 '-업거이다'로
실현되었다.

2. 때매김법 제약

이음마디에 있어서 때매김법은 제약이 매우 심하다. 때매김법이
실현될 수 있는 이음씨끝을 차례로 보이기로 한다. 나머지 이음씨
끝에는 때매김법이 전혀 실현되지 않는다. 이는 문헌의 제약 때문
일 수도 있지만, 때매김법은 대체로 뒷마디에 실현된다는 이유가
더 클 것이다(이는 현대국어에 있어서도 마찬가지이다).

확정법의 '-으니-', '-과-'는 시간에 대한 판단이라기보다는 어떠
한 사실에 대하여 말할이의 확언하는 마음가짐을 나타내는 문법범
주이기 때문에, 이음법씨끝 앞에서는 실현되지 않고 마침법씨끝 앞
에서만 실현된다. 그러므로 이음법의 '때매김법 제약'에 있어서는
'확정법'을 때매김법으로 간주하지 않는다.

2.1. '-으니'

원인, 조건, 이유, 설명의 계속 등의 의미를 가지며, 인칭법이 실
현된다. '-으니'에는 모든 때매김법이 실현될 수 있다.

(1) 현실법 '-ᄂᆞ-'

大德하 사ᄅᆞ미 다 모다 잇ᄂᆞ니 오쇼셔 (석보 6:29)

衆生이 내 ᄠᅳ들 몰라 生死애 다 便安티 몯게 ᄒᆞᄂᆞ니 엇뎨어뇨
ᄒᆞ란ᄃᆡ (월석 21:123)

내 이제 너를 놓노니 ᄠᅳ들 조차 가라 (월석 13:19)

내 너의 깃구믈 돕노니 네 能히 오라건 劫엣 큰 盟誓 發願을 일
워 너비 濟渡호ᄆᆞᆯ 거싀 ᄆᆞᄎᆞ면 즉자히 菩提를 證ᄒᆞ리라 (석보
11:9-10)

내 이제 너ᄃᆞ려 묻노니 (능엄 1:45)

오ᄂᆞᆳ나래 世尊이 神奇ᄅᆞᄫᆡᆫ 造化ㅅ 相ᄋᆞᆯ 뵈시ᄂᆞ니 엇던 因緣으로
이런 祥瑞 잇거시뇨 (석보 13:14-5)

이제 ᄯᅩ 내 아ᄃᆞᆯ ᄃᆞ려가려 ᄒᆞ시ᄂᆞ니 (석보 6:5)

太子ㅣ…ᄌᆞ걔 慈悲호라 ᄒᆞ시ᄂᆞ니 (석보 6:5)

ᄒᆞ게 도라가 자최 업스시ᄂᆞ니 (법화 4:65-6)

赤島 안햇 움흘 至今에 보ᅀᆞᆸᄂᆞ니 王業艱難이 이러ᄒᆞ시니 (용 5장)

大王이…百姓을 어엿비 너기실ᄊᆡ 十方앳 사ᄅᆞ미 다 아ᅀᆞᆸᄂᆞ니 오
ᄂᆞᆳ나래 엇디 시르믈 ᄒᆞ시ᄂᆞ니잇고 (월석 10:4)

내 이제 諸佛 니ᄅᆞ시논 陀羅尼句를 연ᄌᆞᄫᅡ 請ᄒᆞᅀᆞᆸ노니…이 神呪
를 외오면 즉자히 비를 ᄂᆞ리오며 (월석 10:84)

프른 ᄒᆞᆫ ᄀᆞ술ᄭᅵ장 사라 잇ᄂᆞ니…우리…답답ᄒᆞᆫ ᄆᆞᅀᆞ믈 혜와도ᄃᆡ
엇더ᄒᆞ뇨 (박통 상:1)

내 밥곳 머그면 흔돈 반애 ᄒᆞ판식 ᄒᆞᄂᆞ니 이바 밥 앗기디 말
오…ᄡᅥ이면 (박통 상:10)

氣象이 됴ᄒᆞᆫ 제ᄂᆞᆫ 일ᄇᆡᆨ 가지 이리 다 맛당ᄒᆞᄂᆞ니 氣象이란 거
슨…(번소 8:14)

싀아비 죽으면 싀엄이 늙ᄂᆞ니 몯며ᄂᆞ리…반ᄃᆞ시 싀엄이ᄭᅴ 請ᄒᆞ
고 (소학 2:19)

이제 나라히…詩書之敎를 크긔 너기시ᄂᆞ니 네 빙화…가문을 빗
내요미 엇더홀고 (박통 상:50)

샹감이…밧고로 仁義로 베프시ᄂᆞ니 엇뎨 唐虞 시절 나라 다ᄉᆞ리
던 일를 법받고져 ᄒᆞ시ᄂᆞ니잇고 (번소 9:39)

(2) 미정법 '-으리-'

불곰과 어드움과롤 아디 몯ᄒ리니 엇데어뇨 (능엄 2:23)

衆生이 드러든 뎌 나라해 나고져 發願ᄒ야ᅀᅡ ᄒ리니 엇데어뇨
ᄒ란디 이러ᄒᆫ 뭇 어딘 사ᄅᆷ돌콰 ᄒᆫ디 이시릴ᄭᆞ니라 (월석 7:70)

네 어미 열세히 ᄆᆞᆾ면 이 報 ᄇᆞ리고 梵志 ᄃᆞ외야 나 목수미 百
歲리니 (월석 21:58)

내…반ᄃᆞ기 涅槃애 드로리니 (법화 1:121)

如來 당다이 六乘經을 니르시리니 일후미 妙法蓮華ㅣ니 (석보 113:36)

佛은…얼구를 象ᄋ로 아디 몯ᄒᆞᄉᆞᄫᅵ니 (월석 9:13)

舍衛國에 도라가 精舍 이르ᄉᆞᄫᅩ리니 (석보 6:22)

ᄌᆞ식 업고 손지 업스면 다 ᄂᆞ미 거시 도의리니 우리 이제 즐기
디 아니ᄒ고 므스 일 ᄒ리오 (박통 상:7)

내 여러 미화를 닐오리니 네 바ᄅᆞ 니르라 (박통 상:39)

告ᄒ면 娶홈을 得디 몯ᄒ시리니…만일 告ᄒ면 사ᄅᆷ의 큰 倫을
廢ᄒ야 (맹자 9:6)

(3) 회상법 '-더/다-'

子息돌히…싸해 그우더니 이 ᄢᅴ 그 아비 지븨 도라오니 (월석 17:17)

長者ㅣ 닐굽 아ᄃᆞ리러니 여슷 아돌란 ᄒ마 갓 얼이고 (석보 6:13)

내 지븨 이셔 環刀ㅣ며 막다히롤 두르고 이셔도 두립더니 (월
석 7:5)

五百 도ᄌᆞ기…도죽ᄒ더니 (월석 10:27)

淨飯王이 病이 되더시니 한 臣下돌히 모다 술ᄫᅩ디 (월석 10:3)

龍鬼 위ᄒ야 說法ᄒ샤미 부텻 나히 셜흔 둘히러시니 穆王 여슷
찻히 乙酉ㅣ라 (석보 6:1)

곧 이 싸해 塔올 셰여 供養ᄒ시더니 내 이제 成佛홀ᄊᆡ (월석
21:221)

須彌山王이 大海예 잇ᄂᆞᆫ 둧 ᄒ시더니 그ᄢᅴ…(월석 21:210)

하ᄂᆞᆳ 寶華聚로…釋迦牟尼佛ㅅ 우희 빗습더니 (법화 4:132)

그 ᄢᅴ 衆中에 열두 夜叉大將이 모든 座애 잇더니…이 열두 夜叉

大將이 各各 七千 夜叉를 眷屬 사뱃더니 흔쁴 소리 내야 슬보디 (석보 9:39)

제 닐오디 즉제 오려 ᄒᆞ더니 네 안직 나갓다가 ᄒᆞ 디위 기드려 다시 오나라 (노걸 하:1)

수울 어드라 가더니 다 도라 오나다 (박통 상:3)

어미와 아둘왜 서르 아디 몯ᄒᆞ미 쉰히러니 壽昌이 ᄉᆞ방오로 ᄃᆞ녀 어두믈 그치디 아니ᄒᆞ며 (번소 9:34)

샹위 뵈야호로 글ᄒᆞᄂᆞᆫ 션비를 블러 쓰시더니 샹위 니ᄅᆞ샤디 (번소 9:38)

曾子ㅣ 疾이 잇거시늘 孟敬子ㅣ 묻ᄌᆞᆸ더니 曾子 닐러 글ᄋᆞ샤디 (논어 2:29)

녯 害ᄒᆞᆫ 갓가와 쉬 일리러니 이젯 해ᄂᆞᆫ 글히요미 어렵도다 (번소 8:40-1)

고ᄫᆞ니 몯 보아 슬웃 우니다니 님하 오ᄂᆞᆳ나래 넉시라 마로리어다 (월석 8:102)

(내) 두어 나룰 ᄒᆞ오ᅀᅡ 몺ᄀᆞ새 잇다니 그 므리 漸漸 젹거늘 (월석 10:24)

우리 나히 ᄒᆞ마 늘거…흔 念도 즐기논 ᄆᆞᅀᆞ믈 아니 내다니 우리 오ᄂᆞᆯ…듣ᄌᆞᆸ고 (월석 13:5-6)

天子ㅅ ᄆᆞ리 千里를 ᄃᆞᆮᄂᆞ니라 내 듣다니 이젯 그리미 아니 이가 ＝吾聞天子之馬走千里 今之畵圖無乃是(두언 16:40)

내…그저긔 됴ᄒᆞᆫ 瓔珞을 가졧다니 흔 사ᄅᆞ미 밤ᄉᆞ中 後에 파내야 (월석 10:25)

내…舍衛國 사ᄅᆞ미라니 父母ㅣ 나룰 北方 싸ᄅᆞ믈 얼이시니 (월석 10:23)

如來겨실쩌긔…우리둘히 甚히 어려ᄫᅥ ᄒᆞ다소니 이제 涅槃ᄒᆞ시니 쉭쉭ᄒᆞᆫ 法이 ᄒᆞ마 업스리로다 (석보 23:42)

妻眷이 ᄃᆞ외ᅀᆞᄫᅡ 하놀 ᄀᆞᆮ 셤기ᅀᆞᆸ다니 三年이 몯 차 世間 ᄇᆞ리시니 (천강곡 상, 기140)

이 뎌를 다시 지서 福 비ᅀᆞ올 짜홀 삼고져 ᄒᆞᅀᆞᆸ다소니 (상원사 권선문)

이러툿ᄒ면 내 니건히 셔울 잇다니 갑시 다 ᄒᆞ가지로다 (노걸 상:9)

내 뎌 소ᄂᆡ 아ᅀᆞ미라니 앗가 ᄀᆞᆺ 高麗ㅅ 싸호로셔 오라 (노걸 하:1)

(4) **완결법 '-아시(앗)-'**

人蔘은 정히 그처시니 갑시 ᄀᆞ장 됴ᄒᆞ니라 (노걸 하:2)

눌와 뼈를 실 어울워 ᄣᆞ시니 우희 쓰실 비단이오 (박통 상:14)

ᄒᆞ마 君子를 뫼ᅀᆞ와시니⋯ (번소 9:59)

(5) **완결법과 현실법의 겹침**

五品이 슌티 아니ᄒᆞ릴ᄉᆡ 네 司徒ㅣ 되옏ᄂᆞ니 다ᄉᆞᆺ가지 ᄀᆞᄅᆞ쵸ᄆᆞᆯ
공경ᄒᆞ야 베푸듸 어위크매 이셔 ᄒᆞ라 (소학 1:9)

뎌 노미⋯즈름아비 도의엿ᄂᆞ니 그 가희뼈 모로리로다 어듸 간고
(박통 상:33)

박 우희 ᄒᆞᆫ 오릿 ᄀᆞᄂᆞᆫ 노흘 ᄆᆡ얏ᄂᆞ니 ᄯᅩ 여긧 줄드레 ᄒᆞᆫ가지로
믈 긷ᄂᆞ니라 (노걸 상:36)

(6) **완결법과 회상법의 겹침**

燕山朝 쳐ᅀᅥᄆᆡ 벼슬 히이고 紅門 셰옛더니 甲子年에⋯주규려 져
주거늘 (속삼 효:33)

일즉 췌ᄒᆞ야⋯쇼를 ᄡᅩ아 주곗더니 弘이 집의 오나늘 그 겨집이
내ᄃᆞ라 弘 더브러 닐우듸 (번소 9:77-8)

나도 젼년희 뎨 브리엿다니 ᄀᆞ장 편안ᄒᆞ더라 (노걸 상:11)

그 ᄢᅴ 衆中에 열두 夜叉大將이 모ᄃᆞᆫ 座애 잇더니⋯이 열두 夜叉
大將이 各各 七千 夜叉를 眷屬 사맷더니 ᄒᆞᆫᄢᅴ 소리 내야 슬보듸
(석보 9:39)

※ 15세기와 16세기의 차이

15세기에는 없던 완결법이 16세기에 발달하기 시작하면서 '-으

니'에 완결법이 연결된다. 완결법은 현실법이나 회상법에 겹쳐 나타나는데, 미정법에는 겹치지 않는다.[129]

(7) 때매김법 통솔 관계

앞마디와 뒷마디의 때매김의 연결 여부[130]

앞마디	뒷마디	
○	○	··· ①
○	×	··· ②
×	○	··· ③

<앞마디와 뒷마디의 때가 일치하는 경우>

① 앞마디와 뒷마디에 동일한 때매김이 연결된다.

大王이···百姓을 어엿비 너기실씩 十方앳 사ᄅᆞ미 다 <u>아ᅀᆞᄂᆞ니</u> 오
놄나래 엇디 시르믈 ᄒᆞ시ᄂᆞ니잇고 (월석 10:4)
光明이 하 盛ᄒᆞ야 몯다 <u>보ᅀᆞᄫᆞ리러니</u> 百千閻浮檀金ㅅ 비치 몯
<u>가줄비ᅀᆞᄫᆞ리러라</u> (월석 8:17)

② 앞마디의 때매김이 뒷마디의 때매김을 통솔한다(뒷마디의 때가 앞마디의 때를 따름). 뒷마디에 때매김이 표시되지 않은 것은 ①에서 때매김의 잉여가 일어났다고 볼 수 있다.

---

129) 마침법에서는 완결법과 미정법이 겹친다.
  엇디 맛당히 혼자 사라시리오 (소학 6:60)
  내 모민들 엇디 미양 사라시리오 (번소 10:31)
130) 앞으로 모든 때매김 통솔관계는 이 표에 의한다.

앞마디와 뒷마디의 때가 일치할 때는 앞의 ①처럼 뒷마디에도 같은 때매김이 실리기도 하지만, 다음과 같이 뒷마디에는 생략되는 경우도 있다.

龍鬼 위ᄒ야 說法ᄒ샤미 부텻 나히 셜흔 둘히러시니 穆王 여슷 찻힌 乙酉ㅣ라 (석보 6:1) ⇐『乙酉ㅣ더라』
子息둘히…ᄣᅡ해 그우더니 이쁴 그 아비 지븨 도라오니 (월석 17:17) ⇐『도라오더니』

③ 뒷마디에 확정법의 '-으니-'가 연결되는 경우뿐이다. 이는 부득이 뒷마디가 앞마디를 통솔한다(앞마디에는 '-으니-'가 연결될 수 없기 때문).

狐ᄂᆫ 엿이니 그 性이 疑心 하니라 (능엄 2:3)
道理로 몸 사ᄆ시니 이 부톄시니 이 經 닐굻 사ᄅ미…ᄀ장 슳ᄒ 니라 (월석, 서:22)

<앞마디와 뒷마디의 때가 일치하지 않는 경우>

① 앞마디와 뒷마디의 때가 다르면, 당연히 뒷마디의 풀이말에도 때매김이 실현된다.

고ᄇ니 몯 보아 슬웃 우니다니 님하 오ᄂᆞᆳ나래 넉시라 마로리어 다 (월석 8:102)
우리둘히 甚히 어려ᄫᅥ ᄒ다소니…싁싁ᄒᆫ 法이 ᄒ마 업스리로다 (석보 23:42)
내 샹녜…菩提ᄅᆞᆯ 敎化ᄒ노니 이 사ᄅᆷ둘히…佛道애 들리라 (월석 14:55)

내 너의 깃구믈 <u>돕노니</u> 네 能히…菩提를 <u>證호리라</u> (석보 11:9-10)

② 앞마디와 뒷마디의 때가 다르면, 앞의 경우와 같이 뒷마디에
도 때매김을 나타내는 것이 원칙이지만, 말할이가 때매김의 표현을
적극적으로 나타내지 않을 때는 때매김법이 연결되지 않는다.

妻眷이 ᄃ외ᅀᄫᅡ 하ᄂᆞᆯ ᄀᆞᆯ <u>셤기ᅀᆸ다니</u> 三年이 몯 차 世間 <u>ᄇᆞ리시</u>
<u>니</u> (천강곡 상, 기140)
ᄒᆞ다가 아비옷 겨시던댄 우릴 어엿비 여겨 能히 <u>救護ᄒᆞ시리러니</u>
오늘날 <u>ᄇᆞ리고</u> 다른 나라해 머리 가 <u>업스니</u> (법화 5:158)

③ 이 경우는 말할이가 앞마디에서 때매김을 적극적으로 표현하
지 않은 경우이다.

네 아ᄃᆞ리…허믈 <u>업스니</u> 어드리 내티료(리+오) (월석 2:6)

<결론>

앞마디와 뒷마디의 때가 일치할 경우에는 확정법의 '-으니-'만
제외하고는 앞마디가 뒷마디의 때매김을 통솔한다.

앞마디와 뒷마디의 때가 일치하지 않는 경우에는 '통솔'이란 개
념이 무의미하다. 그러므로 앞으로는 앞마디의 때와 뒷마디의 때가
일치하지 않는 경우는 논외로 한다.

2.2. '-을ᄊᆡ'

때매김은 미정법과 완결법(16세기)만 연결된다.

(1) 미정법

반드기 비체 <u>ᄒᆞ가지릴씨</u> 반ᄃᆞ기 쏲을 아디 몯ᄒᆞ리로다 (능엄 3:37)
ᄒᆞ다가 므ᅀᅳ매 即홇딘댄 法이 드트리 <u>아니릴씨</u>…엇뎨 고디 이런
젼ᄎᆞ로 이 네 가짓 거시 아모 저긔 始作디 몯ᄒᆞ며 아모 저긔 ᄆᆞ
ᄎᆞ리라 <u>몯ᄒᆞ릴씨</u> 모도와 닐오ᄃᆡ 일후믈 阿彌陀佛리라 ᄒᆞᄂᆞ니라
(칠대 18)
五品이 슌터 <u>아니ᄒᆞ릴씨</u> 네 司徒ㅣ 되옐ᄂᆞ니 (소학 1:9)

(2) 완결법

戊寅年 칙에 上去 두 聲을 시쇽을 조차 點을 ᄒᆞ야실씨 이제 이
법녜를 의지ᄒᆞ야 뻐 닐그리롤 便케 ᄒᆞ니라 (소학범례)

※ 15세기와 16세기의 차이
15세기에는 없던 완결법이 16세기에 연결된다.

(3) 때매김법 통솔 관계

① 앞마디에 다른 때매김이 실리지 않으므로, '-으리-'~'-으리-'가
연결되는 경우뿐이다.

반드기 비체 <u>ᄒᆞ가지릴씨</u> 반ᄃᆞ기 쏲을 아디 몯ᄒᆞ리로다 (능엄 3:37)
ᄒᆞ다가 므ᅀᅳ매 即홇딘댄 法이 드트리 <u>아니릴씨</u>…엇뎨 고디 일리
오 (능엄 3:32)

② 예가 없다.
'-을씨'의 경우는, 앞마디의 때매김이 뒷마디를 통솔하지 않는다.
이는 '-으니'와는 반대되는 현상이다.

③ 뒷마디에 '-으리-'를 제외한 다른 때매김 씨끝이 연결되는 경우는, 앞마디에 그와 같은 때매김이 연결되지 않는다. 곧, 미정법이 아닌 때매김에서는 뒷마디의 때가 앞마디의 때를 '통솔'한다.

世尊하 내 佛如來 威神力을 받ᄌᆞᄫᆞᆯᄊᆡ⋯一切 業報 衆生ᄋᆞᆯ 救ᄒᆞᅇᅡ
ᄲᅢᅘᅧ 노니 (월석 21:47)
性土ᄅᆞᆯ브터 듣ᄌᆞᄫᅳ실ᄊᆡ 八百萬億等偈 잇ᄂᆞ니 (월석 18:35)
奉天討罪실ᄊᆡ 四方 諸侯ㅣ 몯더니 (용 9장)

앞마디와 뒷마디가 미정법으로 일치하면서, 앞마디에는 '-으리-'가 연결되지 않고, 뒷마디에만 '-으리-'가 연결되는 예는 보이지 않는다. 곧, 앞마디와 뒷마디가 모두 미정법일 때는, 뒷마디의 때매김이 앞마디의 때매김을 통솔하지 않는다. 이러한 경우는 반드시 ①의 경우처럼 '-으리-'~'-으리-'가 연결된다.

<결론>

앞뒤마디가 미정법이 아니면서 일치할 때에는, 뒷마디의 때가 앞마디의 때를 '통솔'한다. 앞마디와 뒷마디가 모두 미정법일 때는, 뒷마디의 때매김이 앞마디의 때매김을 통솔하지 않는다. 이러한 경우는 반드시 ①의 경우처럼 '-으리-'~'-으리-'가 연결된다.

'-을ᄊᆡ'에 미정법 '-으리-'만 연결되는 이유는 다음과 같이 설명될 수 있다.

'-을ᄊᆡ'에서의 '을'은 원래 미정법 매김씨끝에서 온 것이다. 그런데 이것이 하나의 이음씨끝으로 굳어지자 여기에는 때매김의 뜻이 중화되었다. '-을ᄊᆡ'에 미정법의 '-으리-'만 연결되는 이유는, 그것

이 원래 미정법에서 온 것이므로, 미정법의 때매김을 다시 살리려
는 의도에서 비롯된 것이며, 또 '-을씨'가 이끄는 앞마디의 때가 미
정법일 때, '-으리-'를 생략하지 않는 이유도 그러한 이유 때문일 것
이다.

2.3. '-은댄/-ㄴ덴/-ㄴ딘/-딘'

회상법의 '-더-'와 미정법의 '-으리-'만 연결된다.

(1) 회상법

> ᄒᆞ다가 우리…菩提롤 일우리런댄 반ᄃᆞ기 大乘으로 度脫올 得ᄒᆞ
> 리어늘＝若我等이…成就…菩提者ㅣ런댄… (법화 2:6)
> 軍容이 녜와 다ᄅᆞ샤 아ᅀᆞᆸ고 믈러가니 나ᅀᅡ오던덴 목숨 기트리잇
> 가 (용 51장)
> ᄒᆞ다가 能히 ᄆᆞᅀᆞ매 서르 體信ᄒᆞᅀᆞᆸ던딘 이에 어루 맛나 得ᄒᆞ야
> 잠깐도 어려우미 업스리어늘 (법화 2:224, 6)

(2) 미정법

> 내 말옷 거츨린댄 닐웨롤 몬 디나아 阿鼻地獄애 ᄲᅥ러디리라 (월
> 석 23:66)
> ᄒᆞ다가 ᄒᆞ얌직디 몯다 니ᄅᆞ시린댄…다시 엇던 道롤 닷ᄀᆞ료＝若道

※ 15세기와 16세기의 차이
16세기에는 때매김이 연결되지 않는다.

(3) 때매김법 통솔 관계

<앞마디와 뒷마디의 때가 일치하는 경우>

① 앞마디가 미정법일 때는, 뒷마디에도 미정법의 '-으리-'가 연결된다.131)

> 내 말옷 거츨린댄 닐웨롤 몯 디나아 阿鼻地獄애 떠러디리라 (월석 23:66)
> ᄒᆞ다가 ᄒᆞ얌직디 몯다 니ᄅᆞ시린댄…다시 엇던 道롤 닷ᄀᆞ료=若道不堪인댄 枉向山中ᄒᆞ야 數年을 受人禮拜호니 更修何道ㅣ리오 (육조, 상:15)

② 없음

앞마디의 때가 뒷마디의 때를 통솔하지 못한다.

③ 없음

뒷마디의 때도 앞마디의 때를 통솔하지 못한다.

※ 때매김이 일치하는 경우는 '-으리-'~'-으리-'의 연결뿐이다.

<앞마디와 뒷마디의 때가 일치하지 않는 경우>

① 앞마디에는 회상법 '-더-'가 연결되고, 뒷마디에는 미정법의 '-으리-'가 연결되는 경우뿐이다.

---

131) '-더-'~'-더-'의 연결이 없다. 앞마디에 회상법 '-더-'가 연결될 때는 뒷마디에 반드시 '-으리-'가 연결되어 앞마디와 뒷마디의 때는 일치하지 않게 된다.

ᄒ다가 우리…菩提를 일우리런댄 반드기 大乘으로 度脫을 得ᄒ리어늘=若我等이…成就…菩提者ㅣ런댄… (법화 2:6)

軍容이 녜와 다르샤 아ᅀᆞᆸ고 믈러가니 나ᅀᅡ오던댄 목숨 기트리잇가 (용 51장)

置陳이 눔과 다르샤 아ᅀᆞᆸᄃᆡ 나ᅀᅡ오니 믈러가던댄 목숨 ᄆᆞᄎᆞ리잇가 (용 51장)

ᄒ다가 能히 ᄆᆞᅀᆞ매 서르 體信ᄒᆞᆸ던댄 이에 어루 맛나 得ᄒ야 잠ᄭᅡᆫ도 어려우미 업스리어늘 (법화 2:224, 6)

ᄒ다가…달애디 아니ᄒᆞ시던댄 내죵애…四生五道애 窮困ᄒ리러니 (법화 2:224, 6)

岩頭ㅅ 아니런든 德山ㅅ 喝을 몯 알리랏다 (몽산 32)

② 뒷마디가 시킴월일 때를 제외하고는 예가 없다.

王ㅅ 너를 ᄉᆞ랑티 아니ᄒᆞ시런댄 커니와 王이 너를 禮로 待接ᄒ샳던댄 모로매 願이 이디 말오라 (석보 11:30)

즉, 뒷마디에서는 때매김을 적극적으로 표시한다.

③ 앞마디에서 때매김을 적극적으로 나타내지 않은 경우이다.[132]

ᄒ다가 보미 이 物인댄 네 쏘 어루 내 보물 보리라=若見이 是物인댄 卽汝ㅣ 亦可見吾之見ᄒ리라 (능엄 2:35)

< 결론 >

때매김의 통솔은 일어나지 않는다. 앞마디에 '-으리-'가 연결되면

---

132) 앞의 ②와 비교해 보면, 앞마디보다 뒷마디에서 때매김을 적극적으로 표시한다는 것을 알 수 있다.

뒷마디에도 '-으리-'가 연결되고, 앞마디에 '-더-'가 연결되는 경우에도 뒷마디에는 '-으리-'가 연결된다. 즉, 앞마디에 때매김 표시가 있으면(연결될 수 있는 때매김은 회상법과 미정법이다), 뒷마디에는 반드시 '-으리-'가 연결된다.

그 이유는 다음과 같다.

뒷마디에 나타나는 '-으리-'는 단순한 미래 사실의 서술이 아니라, 말할이의 강한 추측을 나타낸다(1인칭에 연결되면 당연히 말할이의 의도를 나타낸다). 이음법 '-은댄'은 '가정'이라는 의미를 나타내므로, 뒷마디에는 추정법(미정법) '-으리-'가 연결되는 것이 당연하다. 즉, 다음과 같은 월이 된다.

「만약 …라면 …일 것이다」[133]

이러한 이유 때문에 앞마디에 때매김 표시가 없을 때에도 뒷마디에는 거의 모든 경우, '-으리-'가 연결된다.

앞마디에 '-더-'가 연결될 때, 뒷마디에 추정−회상의 '-리러-'가 연결되는 경우가 있다. 이는 현대말로 '…했더라면…했을 것이다'의 의미가 된다.

호다가 우리 큰 法 즐기는 ᄆᆞᅀᆞ미 <u>잇던댄</u> 부톄 우리 爲ᄒᆞ야 大乘法을 니르시<u>리라</u>ᅀᆞ이다 (월석 13:36)

※ 이상에서 살펴본 '-은댄'에서의 때매김 제약을 '가정법'이라는

---

133) 한문 번역을 보면 '-은댄'이 '若'과 호응되는 것을 확인할 것.

범주를 세워 요약해 본다('가정법'이란 앞마디의 때와 관계없이 뒷마
디에 미정법의 '-으리-'가 연결되는 이음법의 하위범주로 설정한다).

<가정법 '-은댄'의 때매김>

가정법 미래

미래 사실을 가정한다: '-으리-'+'-으리-'

　내 말옷 거츨린댄 닐웨를 몯 디나아 阿鼻地獄애 떠러디리라 (월
　석 23:66)

가정법 과거

과거 사실을 가정: '-더-'+'-으리-', '-으리러-'

　軍容이 녜와 다ᄅᆞ샤 아숩고 믈러가니 나ᅀᅡ오던덴 목숨 기트리잇
　가 (용 51장)
　ᄒᆞ다가 우리 큰 法 즐기ᄂᆞᆫ ᄆᆞᅀᆞ미 잇던댄 부톄 우리 爲ᄒᆞ야 大
　乘法을 니ᄅᆞ시리라ᅀᅮ이다 (월석 13:36)

가정법 현재

　현재 사실을 가정하거나, 때매김의 개념을 뛰어 넘어서 가정:
'×'+'-으리-'

　ᄒᆞ다가 보미 이 物인댄 네 ᄯᅩ 어루 내 보ᄆᆞᆯ 보리라 (능엄 2:35)

2.4. '-ㄹ뎬(뎐)'

여기에는 아무런 때매김 씨끝이 연결되지 않는다. 그러나 이는 앞의 '-은댄'의 미래형이므로, 이 이음씨끝에는 미정법의 '-으리-'가 연결되어 있는 것으로 본다. 그러나 이 이음법 씨끝은 미래의 때를 적극적으로 나타내지는 않으므로(때매김의 중화), 뜻은 '-은댄'과 비슷하다.

'-ㄹ뎬'은 '-은댄'에 '-으리-'가 연결된 것과 같기 때문에, 뒷마디에는 미정법만 실현된다. 그러므로 이 씨끝도 가정법의 범주에 든다.

> 몰롤뎬 엇뎨 또 일후믈 一切知見이로라 ᄒᆞ려뇨 (월석 21:210)
> 너비 사겨 닐올뎬 劫이 다아도 몯다 니르리이다 (월석 21:81)
> ᄆᆞᇝ 닷골뎬 모로매 觀애 드르리니 (영가, 하:22)
> ᄒᆞ다가…사ᄅᆞ미 일로 갓ᄀᆞ로믈 사몷뎬 곧…므스글 가져 正을 사ᄆᆞ료 (능엄 2:13)
> ᄒᆞ다가 이 ᄠᆡ해 英俊ᄒᆞᆫ 직죄 업다 닐올뎬 엇뎨 시러곰 뫼헤 屈原의 지비 이시리오 (두언 25:47)
> 作法홀뎐 네 이리 ᄀᆞ자ᅀᅡ ᄒᆞ리니 (육조, 서:12)

2.5. '-으란ᄃᆡ'

<15세기>

때매김이 실리지 않지만, 뒷마디의 때매김은 미정법의 '-으리-'만 연결된다. 그러므로 가정법의 범주에 들며, '-ㄹ뎬'처럼 그 자체에 미정법을 가지고 있는 듯하다.

ᄒ마 色ᄋᆞᆯ브터 나란ᄃᆡ 반ᄃᆞ기 虛空이 잇논 딜 아디 몯ᄒᆞ리로다
(능엄 3:37)
ᄒ마 空ᄋᆞᆯ브터 오란ᄃᆡ 도로 空ᄋᆞᆯ브터 드롫디니 (능엄 2:110)
내 ᄒ마 證ᄒᆞ란ᄃᆡ 너도 證ᄒᆞ야ᅀᅡ ᄒ리라 (월석 14:31)
匡山ㅅ 글닑던 짜해 머리 셰란ᄃᆡ 됴히 도라올디니라 (두언 21:42)
내 衆生이 아비 ᄃᆞ외야시란ᄃᆡ 그 苦難ᄋᆞᆯ 싸ᅘᅧ…노녀 노릇게 호
리라 (법화 2:86)
(어마니ᄆᆞᆯ) 天宮에 몯 보ᅀᆞᆸ란ᄃᆡ 地獄애 겨싫가 ᄒ니 (월석 23:81)

<16세기>

완결법만 연결된다.

戊寅年 칙에 上去 두 聲을 시쇽을 조차 點을 ᄒᆞ야실시 이제 이
법녜를 의지ᄒᆞ야 ᄡᅥ 닐그리를 便케 ᄒ니라 (소학범례)

2.6. '-(거)든'

(1) 회상법

15, 16세기 모두 회상법이 연결된다.

ᄒ다가…그 어려우믈 니ᄅᆞ디 아니ᄒᆞ더든 말ᄉᆞ미 시러 圓티 몯ᄒᆞ
리러니 (금강삼가 3:20)
그듸옷 나그내를 ᄉᆞ랑티 아니ᄒᆞ더든 그몸나래 ᄯᅩ 시르믈 더으리
랏다 (두언 15:31)
해 내 일즉 아디 몯호라 ᄇᆞᆯ셔 아더든 보라 가미 됴탓다 (박통 상:37)

(2) 미정법

미정법은 15세기에만 연결된다.

나 滅度後에 내 全身 供養코져 호리어든 훈 큰 塔을 세욜띠니라
(법화 4:114)

나홀 혜여 반두기 <u>주그리어든</u> 그 形이 化티 아니호야셔=計年應
死ㅣ어든 其形이 不化호야셔 (능엄 9:110)

(3) 완결법

완결법은 16세기에만 연결된다.

두 션싱이 약 지어 프노라 호야 호나훈 <u>안잣거든</u> 호나훈 봅노눈
거셔 (박통 상:42)

(4) 때매김 통솔 관계

① 앞마디에 회상법의 '-더-'가 연결될 때는, 반드시 뒷마디에 '-
으리-', '-으리러-'가 연결된다. 이는 가정법의 때매김 제약과 같다.
즉, '-든'에 회상법의 '-더-'가 연결되면, 가정의 뜻을 가지게 되어
가정법의 범주에 든다.

호다가…그 어려우믈 니루디 아니호<u>더든</u> 말ᄊᆞ미 시러 圓티 몯호
<u>리러</u>니 (금강삼가 3:20)

그듸옷 나그내를 ᄉᆞ랑티 아니호<u>더든</u> 그몸나래 또 시르믈 더<u>으리</u>
랏다 (두언 15:31)

萬一에 히여곰 나라히 배디 아니<u>터든</u> 엇뎨 큰 唐이 두미 두외<u>리</u>
오 (두언 6:2)

호다가 두 사ᄅᆞ미 我ᄅᆞᆯ 뒷<u>더든</u> 호나훈 靑山애 잇고 호나훈 길헤
이시<u>리</u>라 (금강삼가 4:17)

호다가 부톄 相ᄋᆞᆯ 묻<u>더시든</u> 또 能히 相ᄋᆞ로 對答호ᄉᆞ오<u>리</u>라 (금
강삼가 3:12)

내 아랫뉘예…눕ᄃᆞ려 니르디 아니ᄒᆞ더든 三菩提를 ᄲᆞᆯ리 得긔 몯
ᄒᆞ리러니라 (석보 19:34)

② 미정법의 '-으리-'가 연결될 때는 가정의 뜻을 나타낼 때도 있
고, 조건의 뜻을 나타낼 때도 있다. 단, 이때는 반드시 '-거-'가 연
결이 되어서, '-으리어든'이 된다.

　　<가정> 나 滅度後에 내 全身 供養코져 ᄒᆞ리어든 ᄒᆞᆫ 큰 塔ᄋᆞᆯ 셰욜띠니
　　　　　　라 (법화 4:114)
　　<조건> 나ᄒᆞᆯ 혜여 반ᄃᆞ기 주그리어든 그 形이 化티 아니ᄒᆞ야셔=計年
　　　　　　應死ㅣ어든 其形이 不化ᄒᆞ야셔 (능엄 9:110)

③ '-든'에 아무런 때매김 씨끝이 연결되지 않고, '-거-'나 '-아/어
-'가 연결되면, 가정의 뜻보다는 주로 조건, 이유의 뜻(…하므로, …
하매)을 가지게 되어 뒷마디에는 여러 때매김이 실현된다.

　　바다히 잇거든 龍王이 위두ᄒᆞ야 잇ᄂᆞ니 (월석 1:23)
　　큰 法을 니르거든 沙彌 듣더니 (월석 7:33)
　　時節이 골어든 어버ᅀᅵ를 일흔ᄃᆞᆺ ᄒᆞ니라 (월석, 서:16)
　　ᄀᆞ술히 菰ㅣ 거든 ᄲᅳ리 ᄃᆞ외어든 精히 디허 흰 ᄲᆞ래 어울우리라
　　(두언 7:37)

<때매김의 통솔 관계>
가정의 뜻: 통솔 관계 없음.
조건, 이유의 뜻: 뒷마디가 앞마디를 통솔함.[134]

2.7. '-관ᄃᆡ(곤ᄃᆡ)/완ᄃᆡ'

15세기에 연결될 수 있는 때매김 씨끝은 '-으리-'뿐이다. 16세기에는 때매김이 연결되지 않는다.

<앞마디와 뒷마디의 때가 일치하는 경우>

① 엇뎨 어로 著ᄒ리완ᄃᆡ 著디 아니타 니ᄅ료 (능엄 1:74)
② 없음. 앞마디의 때가 뒷마디를 통솔하지 못함.
③ 뒷마디의 때가 앞마디의 때를 통솔함.

이 엇던 神靈ㅅ 德이시관ᄃᆡ 내 시르믈 주기시ᄂᆞ고 (월석 21:21)
이 菩薩이 엇던 三昧예 住ᄒ시관ᄃᆡ 能히…衆生ᄋᆞᆯ 度脫ᄒ시ᄂᆞ니잇고 (법화 7:32)

2.8. '-(거)늘/ᄂᆞᆯ'

(1) 미정법

15세기에는 미정법만 연결된다.

功德이 그지 업스리어늘 ᄒ믈며…得ᄀᆡ호미 ᄡᅳ니잇가 (월석 17:49)
心意識을 여희리어늘… (능엄 10:14)
거스디 아니호리어늘 엇뎨 怨讐를 니ᄌᆞ시ᄂᆞ니 (석보 11:34)

---

134) 앞마디와 뒷마디의 때가 일치하면서 뒷마디에만 때매김이 실현된 예
바다히 잇거든 龍王이 위두ᄒᆞ야 잇ᄂᆞ니 (월석 1:23)
큰 法을 니르거든 沙彌 듣더니 (월석 7:33)

(2) **완결법**

16세기에는 완결법만 연결된다.

> 내 형의 아드리 병호엿거늘 흐릇쌔미 열번곰 가 보디 (번소 10:1-2)
> 이제 天下 l 溺호얏거늘 夫子의 援티 아니호심은 엇디잇고 (맹
> 자 7:27)

2.9. '-(건)마른'

(1) **미정법**

15, 16세기 모두 미정법이 연결된다.

> **-15세기-**
> 여희요미 므츠매 오라디 아니호리언마른 아슥물 츠마 서르 브리
> 리아 (두언 8:60)
> ᄀ랏치샤물 듣즈오면 제 어로 므슥물 보련마른 솗가라글 여희여
> ᅀᅡ 能히 드롤 알리라 (능엄 2:23)

> **-16세기-**
> 믹 흐나히 닷돈 은을 바도련마른 고디시근 갑슨 네돈애 흐나식
> 가져가라 (박통 상:32)
> 죵이 바블 흐여 주면 흐련마는 현마 엇딜고 (무덤편지 116)
> 닐곱량 은을 바도련마른 고디시근 갑슨 엿량 은이라 (박통상:73)
> 바돌디면 닷량을 바도련마른 고든 갑슨 넉량이니 (노걸 하:29)

(2) **완결법**

16세기에만 연결된다.

내 본딕 <u>둣건마</u> 뜬티 아닐 ᄯᄅ미니 (맹자 11:12)

人이 다 <u>둣건마</u> 父母의 命과 媒妁의 言을 待티 아니ᄒ고 (맹자 6:10)

(3) 때매김법 통솔 관계

<앞마디와 뒷마디의 때가 일치하는 경우>

① 여희요미 ᄆᄎ매 오라디 아니ᄒ<u>리</u>언마ᄅ 아ᅀᆞᄆᆞᆯ ᄎ마 서르 ᄇ리<u>리</u>아 (두언 8:60)

ᄀᆞᄅ치샤ᄆᆞᆯ 듣ᄌᆞ오면 제 어로 ᄆᆞᅀᆞᄆᆞᆯ 보<u>련</u>마ᄅ 솑가라ᄀᆞᆯ 여희여ᅀᅡ 能히 드ᄅᆯ 알<u>리</u>라 (능엄 2:23)

② 없음. 앞마디의 때가 뒷마디를 통솔하지 못함.

③ 뒷마디의 때가 앞마디의 때를 통솔함.

第一寂滅을 알어신마ᄅ 方便力으로 니ᄅ시ᄂᆞ다 (법화 1:227)

2.10. '-으며'

(1) 미정법

미정법은 15세기뿐 아니라 16세기에도 연결된다.

-15세기-

눌 더브러 무러ᅀᅡ ᄒᆞ<u>리</u>며 뉘ᅀᅡ 能히 對答ᄒ려뇨 (석보 13:15)

녯 비도 시혹 어루 파내<u>리</u>며 새 비도 ᄯᅩ 수이 어드리언마ᄅ (두언 6:45)

ᄆᆞ의여븐 이리 이셔도…뎌 부텨를…恭敬ᄒᅀᆞᆸ면 다 버서나<u>리</u>어며…도ᄌᆞ기 ᄀᆞᆯ외어나 ᄒ야도 뎌 如來ᄅᆞᆯ…恭敬ᄒᅀᆞᆸ면 다 버서나리라 (석보 9:24-5)

-16세기-

살 님재야 네 갑슬 더으디 아니ᄒᆞ야도 ᄯᅩ 사디 몯ᄒᆞ리며 폴 님
재 갑슬 만히 ᄇᆞ라도 ᄯᅩ ᄑᆞ디 몯ᄒᆞ리라 (노걸 하:13)

罪ㅣ ᄆᆞᄉᆞ믈 조차 滅ᄒᆞ리며 ᄯᅩ 외요믈 안 一念이 부텨 되이며
(선가 56)

(2) 완결법

16세기에만 연결된다.

ᄂᆞ믜 더러온 이를 <u>머구머시며</u> ᄂᆞ믜 사오나온 이를 <u>ᄲᅮᆷ기며</u>… (번
소 8:28)

惻隱ᄒᆞᄂᆞᆫ 心을 人이 다 <u>두어시며</u> 羞惡ᄒᆞᄂᆞᆫ 心을 人이 다 두어시
며… (맹자 11:12)

(3) 때매김법 통솔 관계

<앞마디와 뒷마디의 때가 일치하는 경우>

① 눌 더브러 무러ᅀᅡ <u>ᄒᆞ리</u>며 뉘ᅀᅡ 能히 對答ᄒᆞ려뇨 (석보 13:15)

넷 비도 시혹 어루 <u>파내리</u>며 새 비도 ᄯᅩ 수이 어드리언만ᄅᆞᆫ (두
언 6:45)

ᄆᆞᅀᅴ여본 이리 이셔도…뎌 부텨를…恭敬ᄒᆞᅀᆞᄫᆞᆫ면 다 버서나리
어며…도즈기 굴외어나 ᄒᆞ야도 뎌 如來를…恭敬ᄒᆞᅀᆞᄫᆞᆫ면 다 버
서나리라 (석보 9:24-5)

② 없음. 앞마디의 때가 뒷마디의 때를 통솔하지 못함.

③ 뒷마디의 때가 앞마디의 때를 통솔.

動으로 몸 <u>사ᄆᆞ</u>며 動으로 境 삼ᄂᆞ니라 (능엄 2:2)

2.11. '-고/오', '-곡/옥'

(1) 미정법

미정법은 15세기뿐 아니라 16세기에도 연결된다.

-15세기-

그 數ㅣ 算ᄋ로 몯내 알리오 오직 無量無邊阿憎祇로 닐옳디니
(월석 7:70)

事 아니면 俗애 버므디 몯ᄒ리오 理 아니면 眞애 맛디 몯ᄒ리니
(법화 5:7)

ᄒ다가 또 안해서 날딘댄 도로 몸쏘ᄫᆯ 보리옥 ᄒ다가 밧ᄀᆯ 브터
올딘댄 몬져 당다이 ᄂᆞ출 보려니ᄯᆞᆫ (능엄 1:64)

-16세기-

비호ᄆᆞᆫ 모로매 안정ᄒᆞ야ᅀᅡ ᄒ리오 지조ᄂᆞᆫ 모로매 빈화ᅀᅡ ᄒ리니
(번소 6:16)

(2) 완결법

16세기에만

몬아ᄃᆞᆯ 建은 郎中 벼슬 ᄒᆞ얏고 아ᅀᆞ아ᄃᆞᆯ 慶은 內史ㅅ 벼슬 하얏
더니 (번소 9:85)

두루믜 지초로 살픠 고갓고⋯ᄉ죡빗앳믈 탓고⋯금실로 입ᄉᆞ혼
ᄉᆞ견 바갓고⋯령지초로 치질ᄒᆞ얏고⋯ (박통 상:27-8)

내 그 語를 드럿고 그 人을 뷧터 몯ᄒᆞ얀노라 (논어 4:26)

2.12. '-으나'

(1) 미정법

미정법은 15세기에만 연결된다.

> 비록 얼굴 量의 크며 져고믈 닐오미 몯ㅎ리나 證ㅎ샴과 브트샨
> 身을브터 (원각, 상1-2:61)
> 英雄의 버혀 브터슈미사 바록 말리나 文彩와 風流는 이제 오히
> 려 잇도다 (두언 16:25)

(2) 완결법

16세기에만

> 쥬신이 게으른 비츨 <u>둣거나</u> 혹 뵈야ㅎ로 이룰 ㅎ고져 ㅎ야 손
> 믈러가믈 기들우거나 ㅎ거든 (여향 21)

2.13. '-다가'

(1) 미정법

미정법은 15세기에만 연결된다.

> 알핀 다 我相이 이셔 功을 펴디 몯ㅎ리라가 이젠 ㅎ마 障이 더
> 러 (원각, 하3-1:76)

(2) 완결법

16세기에만

나지어든 <u>갓다가</u> 바미어든 오는 거셔 (박통 상:40)

우리…짐 <u>브리왓다가</u>…문득 디나가져 (노걸 상:62-3)

처어믜 <u>흐럿다가도</u> 내죵앤 흔듸 몯느니 (정속 4)

2.14. '-곤/온'

15, 16세기 모두 미정법만 연결된다.

-15세기-

반두기 菩提 일우리온 흐믈며…그 사르미 더욱 尊흐야 부텨 드

외요미 一定토다 (법화 4:75)

들글 업다 흐닐 衣鉢 傳호물 許티 몯흐리온 그르메 놀이린 수이

보디 몯호물 모로매 아로리라 (남명, 하:29)

-16세기-

흐다가 戒룰 디니디 몯흐면 외히려 비르 머근 여싀 몸도 얻디

몯흐리온 흐믈며 淸淨菩薩果룰 미히 브라랴 (선가 36)

2.15. '-(거)니와'

(1) 미정법

미정법은 15, 16세기 모두 연결된다.

-15세기-

내 나는 누물 그츄믄 무춤내 고티디 아니호려니와 술 勸호맨 닐

울 마리 업도다 (두언 23:54)

色은 오히려 어루 빼혀리어니와 空을 엇뎨 어울오리오 (능엄 3:70)

劫은 셜리 다으려니와 뎌 부텻…工巧흐신 方便은 다오미 업스리

라 (석보 9:29)

모롤젠 스승이 건네시려니와 아란 내 건너리이다 (육조, 상:33)

-16세기-

갑스란 너 조초려니와 은으란 내 말 드러 ㅎ면 흥졍 믓고… (노걸 하:60-1)

이리ㅎ면 물둘히 분외로 머구믈 빈브르려니와 ㅎ다가 몬져 콩을 주면… (노걸 상:24)

곤이를 사기다가 몯ㅎ야도 오히려 다와기 근ㅎ려니와 季良을 본 받다가 몯ㅎ면 써디여 텬하앳 경박ㅎ 거시 두외리니 (번소 6:15)

그리 젼년 ㄱ티 됴히 거두면 너희 두어 사르믄 니르디 말려니와 곧 여라믄 나그내라도 또 음식 주워 머길 거시라 (노걸 상:54)

힝실이 두텁고 공경ㅎ면 비록 되나라히라도 둔니려니와…힝실이 두텁고 공경티 아니ㅎ면 비록 ㅁ올히나 둔니랴 (소학 3:5)

몬져 올흔 대로 연주오면 힝혀 죄를 아니 주시려니와 또 다시곰 소기숩디 몯홀 거시라 (번소 9:43)

(2) 완결법

16세기에만

쉐豆의 事는 일즉 드럿거니와 軍族의 事는 學디 몯ㅎ얏노이다 (논어 4:1)

2.16. '-디'

(1) 미정법

미정법은 15, 16세기 모두 연결된다.

-15세기-

世間애 드르며 디니리 혜디 몯ᄒ리로ᄃᆡ 果然 能히…種智 낸 사
ᄅᆞ미 누고 (월석 17:34)

-16세기-

兆ㅣ 足히 써 <u>行ᄒ리로ᄃᆡ</u> 行티 몯ᄒᆞᆫ 후에 去ᄒ시니 (맹자
10:19-20)

(2) 완결법

16세기에만

쥬역에 <u>닐어쇼ᄃᆡ</u> 됴ᄒᆞᆫ 일 만히 무서난 지븐 반ᄃᆞ시 기틴 경ᄉᆡ
잇ᄂᆞ니라 (박통 상:31)
英公이…僕射ㅣ <u>되여시ᄃᆡ</u> 그 ᄆᆞᆮ누의 病ᄒᆞ엿거든 반ᄃᆞ시 친히 위
ᄒᆞ야 블 디더 粥을 글히더니 (소학 6:73)
子孫이…二百 남은 사ᄅᆞᆷ에 <u>닐으러시ᄃᆡ</u> 오히려 흔ᄃᆡ 살며 (소학
6:100)

2.17. '-으면'

15세기의 '-으면'에는 때매김이 연결되지 않는다. 16세기에는 미
정법과 완결법이 연결된다. 15세기에 미정법이 연결되지 않다가 16
세기에 와서 연결된 것은 주목할 만한 일이다.

(1) 미정법

大節애 臨ᄒᆞ야 可히 奪티 몯ᄒ리면 君子앳 사ᄅᆞᆷ가 (논어 2:31)

(2) **완결법**

　　<u>사라시면</u> 어버이 편안히 너기시고 (효경 12)
　　가릴 거시 알픠 와 <u>섯거시면</u> 그 안 므슨미 조차 옮ᄂ니 (번소 8:9)

2.18. '-은대(ᄃᆡ)'

　'-은대-'는 자체적으로 때매김을 표시한다고 할 수 있다. 곧 '-은대'에서의 '-은'은 움직씨에 연결되면 확정을, 그림씨에 연결될 때는 현실을 나타낸다(그러나 여기에서는 '확정'을 때매김으로 간주하지 않았었다).

　15세기에는 때매김이 연결되지 않다가 16세기에 현실법과 완결법이 연결된다.

(1) **현실법**

　　ᄂᆞ선 아니완ᄒᆞ 사ᄅᆞᄆᆞᆯ 브티디 몯ᄒᆞ게 ᄒᆞᄂᆞᄃᆡ 네 비록 遼東人이로라 ᄒᆞᄃᆞᆯ 내 믿디 몯ᄒᆞ얘라 (노걸 상:49)

(2) **현실법＋완결법**

　　샹등 됴ᄒᆞᆫ 옥으로 령롱히 설픠에 사긴 주지 브텻ᄂᆞᄃᆡ ᄯᅩ 구루ᄆᆡ지초로 살픠 고잣고 (박통 상:2)

2.19. '-은ᄃᆞᆯ'

　15세기에는 아무런 때매김이 연결되지 않다가 16세기에 추가된 완결법이 연결된다.

의관을 <u>ᄒᆞ야신ᄃᆞᆯ</u> 죵과 엇디 다ᄅᆞ리오 (번소 6:19)

2.20. '-디(위)'

15세기의 '-디비'에 해당한다. 15세기에는 때매김이 연결되지 않았는데, 16세기에 추가된 완결법이 연결된다.

블셔 누른 기믜 드럿고 도ᄃᆞᆫ 터도 각각 <u>도닷디위</u> ᄒᆞᆫ디 착난티 아니ᄒᆞ얏ᄂᆞ니 (편지 31, 선조)

2.21. '-으라'

15세기에는 때매김이 연결되지 않다가 16세기에 추가된 완결법이 연결되었다.

안직 방의 <u>안자시라</u> 가져 (노걸 상:33)

2.22. 요약

15, 16세기 이음마디에서 연결될 수 있는 때매김법을 대조하여 표로 보이면 다음과 같다.

때매김이 연결될 수 있는 이음법	15세기	16세기
-으니	현실, 회상, 미정	현실, 회상, 미정, 완결
-을씨	미정	미정, 완결

-으면		미정, 완결
-은대(딕)		현실, 완결
-은댄/-ㄴ덴/-ㄴ딘/-딘	회상, 미정	
-으란딕		완결
-(거)든	회상, 미정	회상, 완결
-관딕	미정	
-늘/뉼	미정	완결
-으나	미정	완결
-거니와/-어니와	미정	미정, 완결
-건마른/-언마른	미정	미정, 완결
-은둘		완결
-디위		완결
-고	미정	미정, 완결
-으며	미정	미정, 완결
-거나		완결
-으라		완결
-다가	미정	완결
-곤	미정	미정
-딕	미정	미정, 완결

위의 표를 풀이하면 다음과 같다.

첫째, 15, 16세기 모두 '-으니'에만 때매김법이 자유롭게 연결되고, 나머지 씨끝들은 제약을 받는다.

둘째, 15세기에는 미정법이 가장 자유롭게 연결되었는데(때매김이 연결되는 모든 이음마디에 미정법이 연결되었음), 16세기에 와서는 미정법보다는 완결법이 거의 모든 이음마디('-곤'만 예외)에 연결된다.

이는 16세기에 들어와서 완결법이 굳건히 자리매김하였다는 것을 증명해 주는 현상이다.

앞마디와 뒷마디가 모두 미정법일 때는, 앞마디의 '-으리-'는 생략되지 않는다. 곧 뒷마디가 앞마디를 '통솔'하지 못한다.

앞마디와 뒷마디가 '현실법'이나 '회상법'으로 일치할 때는 뒷마디가 앞마디를 통솔하여 앞마디의 때매김은 실현되지 않는다. '-으니'는 앞마디가 뒷마디를 통솔하고, '가정법'은 통솔이 일어나지 않고(원칙적으로 뒷마디에 '-으리-'만 연결되기 때문), 나머지는 모두 뒷마디가 앞마디를 통솔한다(미정법이 아닐 때).

3. 마침법(의향법) 제약

뒷마디의 의향법을 제약하는 이음법은 '-관ᄃᆡ/완ᄃᆡ' 하나뿐이다.[135]

'-관ᄃᆡ/완ᄃᆡ'

원인, 조건의 뜻을 나타내는데, 앞마디에는 반드시 물음말이 와서 뒷마디의 의향법은 물음법이 된다. 15세기에는 예문이 많았으나, 16세기에는 '-완ᄃᆡ'가 연결되는 몇 예만 보인다.

-15세기-
엇뎨 어로 著ᄒ리완ᄃᆡ 著디 아니타 니ᄅ료 (능엄 1:74)
뇌 修行ᄒ리완ᄃᆡ 엇뎨 幻 ᄀᆞᆮ호믈 다시 니ᄅ시니잇고 (원각, 상

---

135) 나머지 이음법에는 '의향법'이 제약된다고 단정할 수가 없다. 15세기 문헌의 예문들에서는, 하나의 월에 여러 이음법이 실현되기 때문에, 어떤 이음씨끝이 의향법을 제약했는지를 판단하기 어렵기 때문이다(제약된 문헌자료와 그 당시 말에 대한 직관이 없다는 것도 그 이유가 된다). '시킴법'과 '꾀임법'이 잘 나타나지 않는 것은 이것이 움직씨만을 요구하기 때문이다(이는 현대국어에 있어서도 한 가지이다).

2-1:8)

이 <u>엇던</u> 神靈ㅅ 德이시관ᄃᆡ 내 시르믈 주기시ᄂᆞᆫ고 (월석 21:21)

이 菩薩이 <u>엇던</u> 三昧예 住ᄒᆞ시관ᄃᆡ 能히…衆生ᄋᆞᆯ 度脫ᄒᆞ시ᄂᆞ니
<u>잇고</u> (법화 7:32)

뉘 修行ᄒᆞ리완ᄃᆡ 엇뎨 幻 ᄀᆞᆮᄒᆞ물 다시 니ᄅᆞ시니<u>잇고</u> (원각, 상
2-1:8)

네 <u>엇던</u> 아히완ᄃᆡ 허튀ᄅᆞᆯ 안아 <u>우는다</u> (월석 8:85)

-16세기-

일쇰이 <u>언마완ᄃᆡ</u>…방일ᄒᆞ<u>니오</u> (발심 27)

일쇰이 <u>언메완ᄃᆡ</u> 닷디 아니ᄒᆞ야 히튀ᄒᆞ<u>ᄂᆞ뇨</u> (야운 79)

我何人哉ㅣ<u>완ᄃᆡ</u> 不欲往生<u>고</u> (선가 46)

현대국어에서의 '-거든'은 서술법을 제약하지만, 중세국어에서는
허용된다. 이는 '-거든'이 현대국어의 '가정'의 뜻 말고도 '조건, 이
유'의 뜻(…으므로, …으니까, …으매)을 더 가지고 있기 때문이다.

아뫼나 와 가지리 잇<u>거든</u> <u>주노라</u> (월석 7:3)

東西南北과 네 모콰 아라우히 다 큰 브리<u>어든</u> 罪人을 그에 <u>드리</u>
<u>티ᄂᆞ니라</u> (월석 1:29)[136]

ᄀᆞ술히 菰ㅣ <u>거든</u> ᄲᅳ리 두외<u>어든</u> 精히 디허 힌 ᄡᆞ래 <u>어울우리라</u>
(두언 7:37)

大王 모ᄆᆞᆯ 請ᄒᆞᅀᄫᅡ <u>오나ᄃᆞᆫ</u> 찻믈 기를 維那ᄅᆞᆯ <u>삼ᅀᆞᄫᅩ리라</u> (월석
8:92)

侍病은 病ᄒᆞ얫<u>거시ᄃᆞᆫ</u> 뫼ᅀᆞᄫᅡ <u>이실씨라</u> (월석 10:15)

ᄲᅳᆯ 타 나<u>거든</u> 믈 미엿던 갑슬 더를 혼 우훔 ᄲᅳᆯ만 주미 올ᄒᆞ니라
(박통 상:11)

수울 이시며 고지 퓌여신 저기<u>어든</u> 눈 앏픳 즐기기를 홀 <u>거시라</u>

---

136) '-거-'의 /ㄱ/이 딴이 밑에서 줄어진 것이다.

(박통 상:7)

혜어든…열흔믓 디피로다 (노걸 상:19)

브린이 도라오나든 반드시 堂의 ᄂ려 命을 받즈올디니라 (소학 2:37)[137]

君이 祭ᄒ시거든 몬져 飯ᄒ더시다 (논어 2:59-60)

뾽컨댄 北辰이 그 所애 居ᄒ얏거든 모든 별이 共홈 ᄀ트니라 (논어 1:9)

4. 씨범주 제약

대부분의 이음법에는 풀이말의 씨범주가 제약되지 않는다. 16세기 예문을 중심으로 이음법 씨끝을 낱낱이 들어 보이면서 살피기로 한다.

'-으니'

움직: 됴흔 시져를 만나니… (박통 상:1)

그림: 겨집죵돌히 하거시니… (번소 9:79)

잡음: 쉬이 저를 고틸 거시니… (박통 상:13)

'-으면'

움직: 서르 더브사라 든니면… (노걸 하:44)

그림: 우리 남지니 믈 업스면… (박통 상:43)

잡음: 유여히 갈 시져리면… (노걸 상:45)

---

137) '오-' 뒤에서는 '-거-'가 '-나-'로 변동한다.

'-을씨'

  움직: 내 흔 버디 뻐디여 올씨… (노걸 상:1)
  그림: 알픽는 아므란 덤도 업슬씨… (노걸 상:40)
  잡음: 즈식 나홀 거실씨… (이륜 9)

'-아/어'

  움직: 뎌 일홈난 화원의 가… (박통 상:1)
  그림: ᄇᆞ름도 고ᄅᆞ며 비도 슌ᄒᆞ야… (박통 상:1)
  잡음: 젓분 아니야 어버시도 不孝ᄒᆞ며 (칠대 21)

'-어ᅀᅡ' [138]

  움직: 우리 므슴 음식을 머거ᅀᅡ 됴홀고 (노걸 상:60)
  그림: ᄀᆞ장 져거ᅀᅡ 서너량 은을 쓰ᄂᆞ니 (노걸 하:55)
  잡음: 點頭홀 사ᄅᆞ미라ᅀᅡ… (선가 19) [139]

'-어셔'

  움직: 네 은을 언메나 가져셔 사고져 ᄒᆞᄂᆞ다 (박통 상:37)
  그림: 져머셔 빙호ᄂᆞ 사ᄅᆞ미 (번소 6:8)
  잡음: 빙 고푸디 아녀셔 머그며 (선가 53)

'-거ᅀᅡ'

  움직: 존당이 디나가거ᅀᅡ 읍ᄒᆞ고 가라 (여향 22)
  그림: 그 가믈 ᄇᆞ라 멀어ᅀᅡ 드러갈 거시라 (여향 22)
  잡음: 諸生이 恐懼畏伏이어ᅀᅡ… (번소 9:3)

---

138) 15세기에서는 '-ᅀᅡ'를 토씨로 보아 분석하였지만, 16세기의 '-어ᅀᅡ'는 현대말의 '-어야'와 뜻이 거의 같아졌으므로 하나의 씨끝으로 본다.

139) 잡음씨 뒤에서는 '-라ᅀᅡ'로 변동한다.

'-은대, -은딕'

> 움직: 빅셩 다스릴 이를 무른대 明道先生이 니루샤딕 (번소 7:24)
> 그림: 사룸 머글 것도 업슨딕 쏘 어듸 가 물 어글 콩딥 가져 오
> 료 (노걸 상:56)

잡음씨에 연결되는 예가 보이지 않는다. 15세기에도 그러한 예
가 보이지 않는 것을 보면, 이 씨끝이 잡음씨에 연결된 것은 17세
기 이후라고 생각된다.

'-은댄, -은대는, -건댄'

> 움직: 내 죠샹으로 보건댄… (번소 7:49)
> 잡음: 天之將喪斯文也ㅣ신댄… (논어 2:39)

그림씨의 예가 보이지 않으나, 이는 문헌의 제약 때문으로 보인
다. 15세기에는 그림씨에 연결된 예가 나타나기 때문이다.

> 내 말옷 거츨린댄 닐웨를 몯 디나아… (월석 23:66)

15세기에는 그림씨에 연결되었고 지금말에서도 이러한 문맥에
그림씨가 연결되므로, 이는 16세기 문헌의 제약으로 풀이하는 것이
낫다.

'-으란딕'

> 움직: 네 눙히…대법복을 니ㅂ란딕… (야운 41)
> 그림: 나 니코 눔 니홀 법이 다 구족ㅎ란딕… (야운 45)
> 잡음: 旣奉承君子ㅣ란딕… (소학 6:53-4)

'-관틱/완틱'

　　움직: 엇던 功德을 닷관틱… (법화 7:15)
　　잡음: 일싱이 언메완틱 닷디 아니ᄒ야… (야운 79)

15세기와 마찬가지로 16세기에도 그림씨에 연결되는 예가 없다.

'-울뎐'

　　움직: 그 너비 나사가려 훌뎐… (정속 13)

그림씨, 잡음씨에 연결되지 않는다.

'-거든'

　　움직: 뒤도라 니거든 ᄇ리ᄂ니 (박통 상:25)
　　그림: 아뫼나 와 가지리 잇거든 주노라 (월석 7:3)
　　잡음: 수울 이시며 고지 퓌여신 저기어든… (박통 상:7)

'-거늘'

　　움직: 얇픠 사ᄅᄆᆡ 믈 긷거늘 보다니 (노걸 상:35)
　　그림: 이제 天下ㅣ 溺ᄒ얏거늘… (맹자 7:27)
　　잡음: 伯康의 나히 거싀 여ᄃᆫ이어늘… (번소 9:79)

'-인즉'

　　움직: 他日애 君이 出ᄒ신즉… (맹자 2:40)
　　그림: 邦이 道ㅣ 업슨즉… (논어 4:4)
　　잡음: 爲ᄒᄂᄂ 밴즉 善ᄒ거니와 (맹자 4:16)

'-라'

> 내 겨지비라 가져가디 어려볼씨 (월석 1:13)
> 내…佛子ㅣ라 부텻 이블 졷ᄌᆞ와 나며 (법화 2:8)
> 천량 업슨 艱難이 아니라 福이 업슬씨 艱難타 ᄒᆞ니라 (석보 13:56-7)
> 나ᄂᆞᆫ 高麗ㅅ 사르미라 한 싸해 니기 ᄃᆞ니디 몯ᄒᆞ야 잇노니 (노걸 상:7)

원래 서술법 씨끝 '-다'에서 온 것으로 보이며, 잡음씨에만 붙는다.

'-으나'

> 움직: 비록 말셰롤 맛나시나… (야운 41-2)
> 그림: 술이 셔읈 술집돌해 비록 하나… (박통 상:2)
> 잡음: 父ㅣ 沒홈애 行을 볼띠나… (논어 1:6)[140]

'-어도'

> 움직: 아니 머겨도 빈 브르리니 (노걸 상:56)
> 그림: 비록 父母ㅣ 업스샤도… (소학 2:16)
> 잡음: 내 훙졍바치 아니라도… (노걸 하:27)[141]

'-고도'

> 움직: 됴ᄒᆞᆫ 거슬 보고도 貪心 업스며 (칠대 19)
> 그림: 오직 地와 水괘 잇고도 火ㅣ 업스면 (선가 21)
> 잡음: 可與共學이오도 未可與適道ㅣ며 (논어 2:49)

'-거니와'

> 움직: 仁ᄒᆞᆫ 者ᄂᆞᆫ 반ᄃᆞ시 勇을 둣거니와… (논어 3:52)

---

140) '디'는 매인이름씨 'ᄃᆞ'와 잡음씨 줄기 '이-'로 분석된다.
141) 잡음씨에는 '-어도'가 '-라도'로 변동한다.

그림: 즉재 됴커니와… (박통 상:39)

잡음: 진실로 됴ᄒᆞᆫ 무리어니와… (박통 상:63)

'-건마ᄅᆞᆫ'

움직: 내 ᄉᆞ랑ᄒᆞ며 둏히 너기건마ᄅᆞᆫ… (번소 6:14)

그림: 글시며 유무에 니르러ᄂᆞᆫ 션비 일에 ᄀᆞ장 갓갑건마ᄂᆞᆫ… (소
학 5:6)

잡음: 子의 道를 說티 아니홈이 아니언마ᄂᆞᆫ… (논어 2:6-7)

'-은ᄃᆞᆯ'

움직: 져젯 수를 ᄒᆞ야 온ᄃᆞᆯ 엇디 머글고 (박통 상:2)

그림: 이 여러 뵈ᄂᆞᆫ 너므 좁다 조ᄇᆞᆫᄃᆞᆯ… (노걸 하:62)

15세기에는 '아니-'에 연결되는 예가 보인다.

누비즁 아닌ᄃᆞᆯ 天下蒼生을 니ᄌᆞ시리잇가 (용 21장)

그러나 이 씨끝은 16세기에 와서는 토씨로 전성되어 버린다.

내 모민ᄃᆞᆯ 엇디 ᄆᆡ양 사라시리오 (번소 10:31)

귄ᄃᆞᆯ 엇디 식니ᄒᆞᄂᆞᆫ 어딘 사ᄅᆞ미 아니료 (정속 20)

비록 人의게 인ᄂᆞᆫ 거신ᄃᆞᆯ 엇디 仁義ᄉᆞ心이 업ᄉᆞ리오마ᄂᆞᆫ (맹자
11:20)

'-디위, -디'

움직: 대강이나 ᄒᆞ디 셰셰사 다 스디 몯ᄒᆞ노라 (무덤편지 73)[142]

___

142) 이 씨끝은 15세기 '-디비'에서 /ㅸ/ 소멸에 따라 '-디위, -디외, -디웨'로 바뀐 것인데, 16세기
에 와서는 이미 '-디'로 바뀌고 있다.

그림: 오직 사르민 見解ㅣ 深淺에 잇디위 本性에는 干涉디 아니
ㅎ니라 (선가 11)
잡음: 잇는 수를 볼 거시디위 문의 나면 모르기를 알라 몯홀 거
시라 (노걸 하:64)

'-건뎡/언뎡'

움직: 쁜티 아니ㅎ건뎡 엇디 머롬이 이시리오 (논어 2:50)
그림: 녯 聖人냇 보라믈 보미 맛당컨뎡… (몽산 20)
잡음: 조ㅎ며 더러우미 무슨매 이슈미언뎡 엇더 國土에 브트리
오 (선가 43)

'-을만뎡'

이는 16세기에 처음 등장한 씨끝인데, 움직씨에만 연결된다.

움직: 그를 더 줄만뎡… (무덤편지 131)

'-고/오'

움직: 제…그리 머리 좃고 절ㅎ고… (박통 상:34)
그림: 나는 어리고… (박통 상:9)
잡음: 흔돈 은에 열근 굴이오… (노걸 상:9)

'-으며'

움직: 이제 다대 놀애 브르며… (박통 상:17)
그림: 브롬도 고르며 비도 슌ㅎ야 (박통 상:1)
잡음: 네 모든 션뵈 듕에 언메나 漢兒人이며 언메나 高麗ㅅ 사
롬고 (노걸 상:7)

'-으먀'

15세기에는 없던 씨끝인데, 뜻은 '-으며'와 같다.

움직: 모든 아랫 관원이 或 말ᄒᆞ먀 주거 후에 들리미 업게 ᄒᆞ리
오 (소학 6:109)
그림: 사라셔 시저릭 더음이 업스먀 주거 후에 들리미 업게 ᄒᆞ
리오 (소학 6:109)
잡음: 일이 만홈이 일쳔 근티먀… (소학 6:108)

'-으니…으니'

잡음씨에는 연결되지 않는다.

움직: 브르거니 對答거니 ᄒᆞ야 (두언 6:38)
그림: 망량ᄋᆞ로 正法을 외니 올ᄒᆞ니 호미 (번소 6:13)

'-으나…으나'

잡음씨에는 연결되지 않는다.

움직: 주그나 사나 ᄒᆞᆫ가지로 ᄒᆞᄂᆞ니 (정속 6)
그림: 아히돌히 다 하나 져그나 머그라 (벽온 15)

'-고져/오져, -고쟈'

움직씨에만 연결된다. '-고쟈'는 16세기에 새로 나타난 형태이다.

움직: 네 므슴…ᄆᆞᄅᆞᆯ 사고져 ᄒᆞᄂᆞᆫ고 (박통 상:62)

'-과뎌/와뎌, -과댜'

앞의 '-고져'와는 달리 그림씨에 연결되는 예가 보인다. 15세기
에는 움직씨에만 연결되었다.

움직: 너희둘히 본받과뎌 아니ᄒ노라 (번소 6:14)
그림: 분묘를 슈호티 아니ᄒ고셔 후ᄌ손니 어딜와뎌 호미 믉근
원늘 여위에 코셔 흘로미 길와뎌 홈과 ᄀᆮ토니 (정속 18-9)

'-으려'

의도를 나타내기 때문에 움직씨에만 연결된다.

움직: 네 이리 간대로 갑슬 바도려 말라 (노걸 하:10)

15세기에 그림씨에 연결된 예가 하나 보이는데, 이는 한자를 직역한 데서 비롯한 것이다.

그림: 내죵내 믈러듀미 업수려 제 盟誓ᄒ니＝自誓…畢無退隨 (능엄 3:117)

'-으라'

목적을 나타내므로 움직씨에만 연결된다.

움직: 모욕ᄒ라 가져 (박통 상:52)

'-다가'

움직: 반만 죽다가 사라나니 (박통 상:36)
그림: 잠깐 굿브러 잇다가 도로 니러나미 (계초 19)
　　　머리 잇논 거시 업다가… (능엄 2:109)
잡음: 終日竟夕호ᄃᆡ 不與之語ㅣ라가… (소학 6:3)

'-으락…으락'

반대의 움직임이나 상태로 전환함을 나타내므로 잡음씨에는 연결되지 않는다.

　　움직: 둘잿 형은 오락 가락 ᄒᆞ고 (박통 상:39)
　　그림: 돌와 구슬와 서르 브텨 난 ᄆᆞ른 하락 져그락 업스락 이시
　　락 ᄒᆞ거니와 (칠대 5)

'-으명…으명'

반대 움직임으로의 전환을 나타내므로 움직씨에만 연결된다. 15세기에는 없었던 것이다.

　　움직: 인ᄉᆞ에 오명 가명 호믈 삼가며 (계초 13)

'-곤/온'

　　움직: 제 죄도 벋디 몯ᄒᆞ곤 ᄂᆞ믜 죄예 슈속 몯ᄒᆞ리라 (발심 32)
　　그림: 제 지보예도 ᄉᆞ련홀 ᄠᅳ디 업곤 ᄂᆞ믜 거싀 므슴 ᄆᆞᄋᆞ미 이
　　시리오 (야운 53)
　　잡음: 개며 물게 니르러도 다 그러홀 거시온 ᄒᆞᄆᆞᆯ며 사롬애ᄰᅧ녀
　　(소학 2:18)

'-댜'

15세기에는 보이지 않던 것이다. 움직씨와 그림씨에 연결된 예가 보인다.

　　움직: 이리 오댜 하 ᄀᆞ이 업시 그리오니 나도 아ᄆᆞ려나 쉬 가고

져 가노라 (무덤편지 65)

그림: 주시기 위팅훈 지조롤 빙화 나니 나간 저기면 다시 보려

니 식브댜 내 미양 누늬 불이고 닛디 몯호니 (무덤편지 135)

'-을찔와'

이것도 15세기에는 보이지 않던 씨끝이며, 움직씨에만 연결된다.

> 움직: 뎨 가 덤 어들찔와 뎌 둘토 오리라 (노걸 상:66)

'-딕'

> 움직: 어버시 셤규딕 닷비츨 화히호야 효양호더니 (번소 9:25)
> 그림: 阿修羅는…福과 힘과는 하늘콰 근토딕 하눐 힝뎌기 업스
> 니 (월석 1:14)
> 잡음: 夫人이 밥 먹디 몯호물 두어히로딕 편안히 잇더라 (번소 9:29)

'-딕옷'

잡음씨에는 붙지 않는다.

> 움직: 얼디옷 더욱 어긔면 돋디옷 더욱 머니 (선가 6)
> 그림: 魔는…道이 놉디옷 더옥 盛호느니라 (선가 18)

'-으나'

그림씨에만 연결된다.

> 그림: 하나 한 뵈를 가져 올셔 (박통 상:51)

'-엄직, 엄즉'

15세기에는 '-엄직'만 쓰이다가 16세기에는 '-엄즉'이 더 많이 쓰인다. 주로 움직씨에 연결되며 그림씨에 연결되는 예는 16세기에 보이지 않는데, 이는 문헌의 제약으로 생각된다. 잡음씨에는 연결되지 않는다.

> 움직: 내 힘이 가히 그위예 가 닐엄직 ᄒ거든 니ᄅ고 내 계괴 가
> 히 구완ᄒ야 벗겸직 ᄒ거든 벗규듸 (여향 35)
> 쥬신 형님하 쇼신이 또 ᄒ 마리 이시니 닐엄즉 홀가 (노걸 상:52)
> 그림: 비록 外護ㅣ 尊ᄒ얌직 ᄒ나 (법화 5:11)[143]

'-엄'

되풀이되는 일을 나타내므로 움직씨에만 연결된다.

> 움직: 사오나온 히면 모다 가 도ᄌ기 도의여 굴형에 구으럼 죽
> ᄂ니 (정속 22)

'-어/아'

잡음씨에는 연결되지 않는다.

> 움직: 어드메 닑거 갓ᄂ다 (박통 상:49)
> 그림: 하늘도 ᄒ마 블가 가ᄂ다 (노걸 상:58)

'-거/가'

뒤에 희망을 나타내는 매인풀이씨 '지라'가 이어난다. 15세기에

---

143) 15세기 예문이다.

보이던 '-가'는 16세기에는 보이지 않는다. 15세기에는 그림씨에 '-가'가 연결되는 예가 보인다.

잡음씨에는 연결되지 않는다.

　　움직: 내 몬져 앗ᅵ라와 죽거 지라 ᄒᆞ대 (이륜 3)
　　그림: 내 後에…世尊 ᄀᆞᆮ가지이다 (월석 2:9)

'-디'

잡음씨에는 연결되지 않는다.

　　움직: 쉰 히라도 믈어디디 아니ᄒᆞ리라 (박통 상:10)
　　그림: 쉽디 몯ᄒᆞᆫ (석보 13:40)

<요약>

표로 요약하면 다음과 같다. 잡음씨 제약이 가장 심하고, 움직씨는 거의 제약되지 않는다.

씨끝	제약되는 씨범주		
	움직씨	그림씨	잡음씨
「-은대, -은ᄃᆡ」			×
「-관ᄃᆡ/완ᄃᆡ」		×	
「-울뎐」		×	×
「-라」	×	×	
「-은들」			×
「-을만뎡」		×	×
「-으니…으니」			×
「-으나…으나」			×

「-고져, -고쟈」		×	×
「-과뎌, -과댜」			×
「-으려」		×	×
「-으라」		×	×
「-댜」			×
「-을씨와」		×	×
「-디옷」			×
「-으나」	×		×
「-엄직, 엄즉」			×
「-엄」		×	×
「-어/아」			×
「-거/가」			×
「-디」			×

5. 임자말 제약

5.1. 반드시 같은 경우(동일 임자말 요구)

'-으라'

'목적'을 나타내는 '-으라'가 연결될 때는 앞마디와 뒷마디의 임자말은 반드시 일치하며, 뒷마디에서는 임자말이 반드시 생략된다. 또 뒷마디의 풀이말에는 반드시 '오-', '가-'가 온다.

우리 出家ᄒ라 오니 (월석 7:3)
⇐ 우리 出家ᄒ라 우리 오니
故人이 시름ᄒ야 보라 오니 (두언 23:47)
⇐ 故人이 시름ᄒ야 故人이 보라 오니

金輪王 아드리 出家ᄒ라 가ᄂ니 (석보 6:9)

王이 처엄 舍利 얻ᄌᆞᄫᅡ라 옳 저긔 (석보 23:57)

(임자말) 밥 머그라 믈러올 저긔 (두언 6:6)

모욕ᄒ라 가져 (박통 상:52)

⇐ 우리 모욕ᄒ라 우리 가져

우리 샤ᇰ녕의 활 ᄡᅩ라 가져 (박통 상:54)

내 빌라 가마 (노걸 상:19)

⇐ 내 빌라 내 가마

王京의 도라가 ᄑᆞ라 가노라 (노걸 상:13)

이 느즌 ᄃᆡ…우리를 ᄒᆞ야 어듸 가 잘 ᄃᆡ 어드라 가라 ᄒᆞᄂ뇨 (노걸 상:49)

'-고져/오져'

앞마디와 뒷마디의 임자말은 반드시 일치하며, 뒷마디에서는 임자말이 반드시 생략된다.

15세기 뒷마디에는 '願ᄒ-, ᄉᆞ랑ᄒ-, 너기-' 따위의 추상적 희망의 뜻을 나타내는 말이 오거나 도움풀이씨 'ᄒ-'가 오며, 16세기에는 주로 'ᄒ-'가 오는데 이는 '원ᄒ-'의 대치형이다.

-15세기-

善男子 善女人이 뎌 부텻 世界예 나고져 發願ᄒ야ᅀᅡ ᄒ리라 (석보 9:11)

諸佛 讚歎ᄒ시논 乘을 得고져 願ᄒ리도 이시며 (석보 13:19)

모미 늙고 時節이 바ᄃ라온 저긔 ᄂᆞ출 맛보고져 ᄉᆞ랑하노니 (두언 21:7)

내 외로왼 무더믈 가 울오져 ᄉᆞ랑칸마ᄅᆞᆫ (두언 24:17)

먼ᄃᆡ 마켜 쉬오져 願ᄒᄂ 사ᄅᆞ믈 (법화 3:83)

世尊하 우리 이 부텻 모믈 보ᅀᆞᆸ고져 원ᄒᅀᆞᆸ노이다 (법화 4:116)

겨지븨 모믈 ᄇᆞ리고져 ᄒ거든 (석보 9:7)

이 光明ㅅ 因緣을 알오져 ᄒᆞ더니 (석보 13:32)

이러호미 諸佛들히…衆生ᄋᆞᆯ 뵈오져 ᄒᆞ시며 (석보 13:55)

-16세기-

세잿 형은 헤혀고져 ᄒᆞ고 네잿 형은 흔ᄃᆡ 모도고져 ᄒᆞᄂᆞ니 (박통 상:39)

⇐ 세잿 형은 헤여고져 세잿형이 원하고 네잿 형은 흔ᄃᆡ 모도고져 네잿 형이 원하ᄂᆞ니

네 므슴…ᄆᆞᄅᆞᆯ 사고져 ᄒᆞᄂᆞᆫ다 (박통 상:62)

⇐ 네 므슴…ᄆᆞᄅᆞᆯ 사고져 네 원ᄒᆞᄂᆞᆫ다

小人들히 뒤헤 죽 쑤라 가고져 ᄒᆞ니 (노걸 상:55)

5.2. 반드시 다른 경우

'-과뎌(과ᄃᆡ여)'

'-고져'와 마찬가지로, 뒷마디에는 '願ᄒᆞ-, ᄉᆞ랑ᄒᆞ-, 너기-' 따위의 추상적 희망의 뜻을 나타내는 말이 오거나 도움풀이씨 'ᄒᆞ-'가 연결된다.

'-고져'는 자신이 자신의 일을 바랄 때 쓰이지만, '-과뎌'는 남의 일을 바랄 때 쓰이므로, 앞마디와 뒷마디의 임자말은 반드시 다르다.

一切衆生이 다 解脫ᄋᆞᆯ 得과뎌 願ᄒᆞ노이다 (월석 21:8)

⇐ 一切衆生이…得과뎌 내 願ᄒᆞ노이다[144]

닷가 나ᅀᅡ가리 번드기 쉬이 알와뎌 ᄇᆞ라노니 (능엄 8:44)

魔說을 아라 제 ᄢᅥ디디 마와뎌 ᄇᆞ라노라 (능엄 9:112-3)

---

144) '願ᄒᆞ-'의 임자말이 '나'인 것은 '願ᄒᆞ-'에 1인칭법의 '-오/우-'가 연결되어 있는 것을 보면 알 수 있다.

一切衆生이 다 버서나과뎌여 願ᄒ노이다 (석보 11:3)

나ᄂᆞ 너희 무리…이베 어루 시러 니ᄅᆞ디 몯과뎌여 ᄒ노라 (내훈 1:37)[145]

오직 願호ᄃᆡ 衆生ᄃᆞᆯ히…큰 利益을 얻과뎌 ᄒ노이다 (월석 21:128)

건너고져 ᄒ야 므리 쎅와ᄃᆡ여 ᄒ야 願ᄒ노라 (두언중간 13:9)

나ᄂᆞ 너희물로 사ᄅᆞ미 허므를 듣고 부못일훔 드른듯 ᄒ야 귀예 드르ᇙ분이언뎡 이베 니ᄅᆞ디 몯과뎌 ᄒ노라 (번소 6:12-3)

⇐ 너희무리 니ᄅᆞ디 몯과뎌 내 원ᄒ노라

이제 天下애 適이 업과뎌 호ᄃᆡ 仁으로ᄡᅥ 아니ᄒᄂᆞ니 (맹자 7:14)

⇐ 適이 업과뎌 내 원호ᄃᆡ

내 人이 내게 加ᄒ과뎌 아니ᄒᄂᆞᆫ 거슬 내 ᄯᅩᄒᆞᆫ 人의게 加홈이 업고져 ᄒ놋이다 (논어 1:44-5)

⇐ 人이 加ᄒ과뎌 내 아니 원ᄒ-

5.3. 같을 수도 있고 다를 수도 있는 경우

일반적으로 임자말¹과 임자말²는 같을 수도 있고, 다를 수도 있다.

(1) 같은 경우

[임¹   풀¹] [임²   풀²]

① 임자말이 같은 경우는 임자말²가 생략되는 것이 보통이다.

내 이제 世尊을 ᄆᆞᄌᆞ막 보ᅀᆞᆸ노니 측ᄒᆞᆫ ᄆᆞᅀᆞ미 업거이다 (월석 10:8)

내 至極ᄒᆞᆫ 말ᄊᆞᄆᆞᆯ 듣ᄌᆞᆸ노니 ᄆᆞᅀᆞ미 몰가 (월석 2:64)

---

145) 'ᄒ노라'의 임자말('나ᄂᆞ')이 앞마디에 나와 있다.

열두 夜叉大將이 各各 七千 夜叉룰 眷屬 사맷더니 흔쁴 소리 내
야 솔봉딕 (석보 9:39)

大德하 사르미 다 모다 잇느니 오쇼셔 (석보 6:29)

(사르미) 모딘 길헤 뼈러디면 恩愛룰 머리 여희여 (석보 6:3)

(내) 흐마 體 업수믈 알면 엇뎨 뻐 무슴매 너기료 (능엄 2:84)

(부톄) 出家ㅎ시면 正覺울 일우시리로소이다 (월석 2:23)

羅睺羅ㅣ 나히 흐마 아호빌씨 出家ㅎ여 聖人ㅅ 道理 빈화사 ㅎ
리니 (석보 6:3)

父王이 淸淨흔 사르미실씨 淨居天으로 가시니라 (월석 10:15)

② 두 임자말이 같더라도 임자말^{2}가 생략되지 않는 경우도 있다.

우리 나히 흐마 늘거…흔 순도 즐기논 무수물 아니 내다니 우리
오늘…듣줍고 (월석 13:5-6)

(2) 다른 경우

두 임자말이 다른 경우에는, 임자말^{2}가 생략되지 않는 것이 당연
할 듯하지만, 실제로는 생략되는 경우도 많다.

① 뒷마디가 시킴법인 경우:

임자말^{2}가 2인칭이 되므로, 생략되는 것이 오히려 당연하다.

내 이제 너를 놓노니 뜨들 조차 가라 (월석 13:19)

첫소리를 아울워 뚫디면 굴방쓰라 (훈, 언해)

② 문맥을 통하여 알 수 있는 경우:

다음은 앞마디의 부림말이 뒷마디의 임자말이 되는 경우이다. 이

러한 경우, 말할이는 들을이가 생략된 임자말을 앞마디를 통하여
문맥상으로 파악해 낼 수 있다고 판단하는 경우이다.

> 婢 흔 아드를 나흐니 사올 몬 차셔 말흐며 (월석 21:55)
> 善慧 다숫 고줄 비흐시니 다 空中에 머므러 (월석 1:13-4)

다음도 문맥상으로 생략된 임자말을 파악할 수 있는 경우이다.

> 내 이제 諸佛 니르시논 陀羅尼句를 연즈바 請흐숩노니…이 神呪
> 를 외오면 즉자히 비를 느리오며 (월석 10:84)
> 네 아드리…허믈 업스니 어드리 내티료 (월석 2:6)
> 大王이…百姓을 어엿비 너기실씩 十方앳 사르미 다 <u>아숩느니</u> 오
> 놊나래 엇더 시르믈 흐시느니잇고 (월석 10:4)
> 妻眷이 드외숩바 하늘 글 셤기숩다니 三年이 몯 차 世間 브리시
> 니 (천강곡 상, 기140)

다음의 예문은, 앞마디에는 '-으시-'가 있고, 뒷마디에는 '-으시-'
가 없으므로 임자말이 다르다는 것을 알 수 있는 경우이다.

> 子息 업스실씩 몸앳 필 뫼화 그르세 담아 男女를 내숩보니 (월
> 석 1:2)
> 부텨옷 드외시면…이 열가짓 號룰 숩느니라 (석보 9:3)
> 如來ㅅ 大慈力곳 아니시면 이런 變化를 能히 짓디 몯흐리이다
> (월석 21:48)

(3) '-으니'~'-으니'가 연결되는 경우

이러한 말투는 현대말에서는 쓰이지 않는데, 15세기 말에서는

많이 나타난다.

> 舍利佛이 흔 獅子ㅣ 를 지서내니 그 쇼룰 자바 머그니 모다 닐오
> 디 (석보 6:32)
> 如來룰 念ᄒ야 一日一夜룰 디내니 忽然히 보니 제 모미 흔 바룴
> ᄀ새 다ᄃᆞ르니 그 므리 솟글코 (월석 21:23)

이러한 경우는 임자말^{2}가 임자말^{1}과 같은 경우는 임자말^{2}가 생략
되었고, 다른 경우는 생략되지 않았다.

그러나 다음의 예문은 '涅槃ᄒ시니'의 임자말은 '우리둘'이 아닌,
'如來'이다.

> 如來겨실쩌긔…우리둘히 甚히 어려버 ᄒ다소니 이제 <u>涅槃ᄒ시</u>
> <u>니</u> 싁싁흔 法이 ᄒ마 업스리로다 (석보 23:42)

이러한 생략이 가능한 이유는, '涅槃ᄒ시니'에 주체높임의 '-으시-'
가 연결되어 있기 때문이다. 그리하여 '涅槃ᄒ시니'의 임자말은 월
의 앞에 등장한 '如來'가 되는 것이다.

참고문헌

강범모(1983), 「한국어 보문 명사의 의미 특성」, 『어학연구』 19-1, 서울대학교
　　어학연구소.
강인선(1997), 「15세기 국어의 인용구조 연구」, 서울대학교 언어학과 석사논문.
고영근(1982), 『중세국어의 사상과 서법』, 탑출판사.
고영근(1987), 『표준 중세국어 문법론』, 탑출판사.
권재일(1980), 「현대국어의 관형화 내포문 연구」, 『한글 167』, 한글학회.
권재일(1981), 「현대국어의 {기}-명사화 연구」, 『한글 171』, 한글학회.
권재일(1985), 『국어의 복합문 구성 연구』, 집문당.
권재일(1985), 「중세 한국어의 접속문 연구」, 『역사 언어학』, 전예원.
권재일(1986), 「형태론적 구성으로 인식되는 복합문 구성에 대하여」, 『국어학』
　　15, 국어학회.
권재일(1987), 「의존구문의 역사성 - 통사론에서 형태론으로 -」, 『말』 12. 연
　　세대 한국어학당.
권재일(1988), 「접속문 구성의 변천 양상」, 『언어』 13-2, 한국언어학회.
권재일(1992), 『한국어 통사론』, 민음사.
김봉모(1978), 「매김말의 기능」, 『한글』 162, 한글학회.
김봉모(1979), 「매김말의 변형 연구」, 『동아논총』 16, 동아대학교.
김봉모(1983), 「국어 매김말 연구」, 부산대학교 문학박사 학위논문.
김석득(1971), 『국어 구조론 - 한국어의 형태 통사 구조론 연구』, 연세대학교
　　출판부.
김송원(1988), 「15세기 중기국어의 접속월 연구」, 건국대학교 문학박사 학위
　　논문.
김승곤(1986), 『한국어 통사론』, 아세아 문화사.
김영송(1973), 『관형 변형 연구』, 부산대학교 논문집.
김영송(1971), 「국어의 변형 구조」, 『연구보고서』, 문교부.
김영태(1972), 「관형사고」, 『경남학보』 5, 경남대학교.
김영태(1973), 「관형 변형 연구」, 『논문집』 16, 부산대학교.

김영희(1988), 『한국어 통사론의 모색』, 탑출판사.

김영희(1978), 「겹주어론」, 『한글』 162, 한글학회.

김완진(1959), 「-n, -l 동명사의 통사론적 기능과 발달에 대하여」, 『국어연구』 2, 국어연구회.

김인택(1988), 「15세기 국어의 임자마디 표지 연구」, 『국어 국문학』 25, 부산대학교.

김주원(1984), 「통사변화의 한 양상」, 『언어학』 7, 한국언어학회.

김흥수(1975), 「중세국어의 명사화 연구」, 『국어연구』 34. 국어연구회.

남윤진(1989), 「15세기 국어의 접속어미에 대한 연구-{-아}, {-고}, {-며}를 중심으로」, 『국어연구』 93, 서울대학교 국어연구회.

리의도(1982), 「매김말의 기능」, 『국제어문』 3, 국제대학.

리의도(1990), 『우리말 이음씨끝의 역사』, 어문각.

박성현(1989), 「국어의 부사화소 {-이}와 {-게}에 대한 사적 연구: 기능과 분포를 중심으로」, 『언어학 연구』 3, 서울대학교 대학원 언어학과.

서정목(1982), 「15세기 국어 동명사 내포문의 국어의 격에 대하여」, 『진단학보』 53, 54, 진단학회.

서정수(1978), 『국어 구문론 연구』, 탑출판사.

서정수(1971), 「국어의 이중 주어문제」, 『국어국문학』 52, 국어국문학회.

서태룡(1979), 「내포와 접속」, 『국어학』 8, 국어학회.

서태룡(1980), 「동명사와 후치사 {은} {을}의 기저의미」, 『진단학보』 50, 진단학회.

심재기(1979), 「동명사의 통사적 기능에 대하여」, 『문법연구』 4, 문법연구회.

안병희·이광호(1990), 『중세국어 문법론』, 학연사.

안주호(1991), 「후기 근대국어의 인용문 연구」, 『자하어문논집』 8, 상명대학교 국어교육과.

양동휘(1978), 「국어 관형절의 시제」, 『한글』 162, 한글학회.

왕문용(1988), 『근대 국어의 의존명사 연구』, 한샘.

이광호(1991), 「중세국어 부동사 어미 '-게'와 '-긔'의 의미 기능」, 『어문학논총』 10, 국민대학교 어문학연구소.

이기갑(1981), 「씨끝 '-아'와 '-고'의 역사적 교체」, 『어학연구』 17-2, 서울대학교 어학연구소.

이기백(1977), 「격조사의 생략에 대한 고찰」, 『어문논총』 11, 경북대학교.

이남순(1987), 「명사화소 '-ㅁ'과 '-기'의 교체」, 『홍익어문』 7, 홍익대학교 국어교육학과.

이맹성(1968), 『Nominalizations in Korean』, 서울대학교 어학연구소.

이상춘(1947), 『국어 문법』, 조선국어학회.

이석규(1987), 「현대국어 정도 어찌씨의 의미 연구」, 건국대학교 문학박사 학위논문.

이승욱(1989), 「중세어의 '-(으)ㅁ', '-기' 구성 동명사의 사적 특성」, 『국어국문학논총 Ⅲ-국어학 일반(정연찬 선생 회갑 기념)』, 탑출판사.

이필영(1981), 「국어의 관계 관형절에 대한 연구」, 『국어연구』 48, 국어 연구회.

이현규(1986), 「명사화 어미 「-(으)ㅁ, -기」의 사적 고찰」, 『논문집』 5, 한국사회사업대학.

이현희(1986), 「중세국어의 내적 화법의 성격」, 『한신논문집』 3, 한신대학교.

이현희(1989), 「국어 문법사 연구 30년(1959-1989)」, 『국어학』 19, 국어학회.

이현희(1990), 「중세국어 명사구 확장의 한 유형－형식명사 '이'와 관련된 몇 문제」, 『국어학논문집(강신항 교수 회갑기념)』, 태학사.

이현희(1991), 『중세국어 명사문의 성격, 국어학의 새로운 인식과 전개 (김완진 선생 회갑기념논총)』, 민음사.

임홍빈(1974), 「명사화의 의미 특성에 대하여」, 『국어학』 2, 국학회.

전정례(1990), 「중세국어 명사구 내포문에서의 '-오-'의 기능과 변천」, 서울대학교 언어학과 문학박사학위논문.

정인승(1956), 『표준 고등 말본』, 신구문화사.

정호완(1987), 『후기 중세어 의존명사 연구』, 학문사.

차현실(1981), 「중세국어의 응축보문 연구: '-오/우-'의 통사기능을 중심으로」, 이화여자대학교 문학박사학위논문.

채 완(1979), 「명사화소 '-기'에 대하여」, 『국어학』 8. 국어학회.

최남희(1991), 「고대국어의 이음법에 대한 연구」, 『한글』 212, 한글학회.

최현배(1978), 『우리말본』, 정음사.

허 웅(1963), 『중세국어 연구』, 정음사.

허 웅(1975), 『우리 옛말본』, 샘문화사.

허 웅(1985), 『국어 음운학』, 샘문화사.

허 웅(1981), 『언어학』, 샘문화사.

허 웅(1983), 『국어학』, 샘문화사.

허 웅(1987), 『국어 때매김법의 변천사』, 샘문화사.

허 웅(1989), 『16세기 우리 옛말본』, 샘문화사.

허원욱(2004), 『16세기 국어 통어론』, 신성출판사.

허원욱(2005), 『15세기 국어 통어론』, 한국학술정보(주).

허원욱

건국대학교 학사, 건국대학교 대학원 석사, 박사
현) 건국대학교 글로컬캠퍼스 국어국문학과 교수
현) 한글학회 평의원
현) 한말연구학회 부회장

〈단독 저서〉
15세기 국어 통어론-겹월(1993)
16세기 통어론(2004)
15세기 국어 통어론(2005)

〈공동 저서〉
우리말 연구의 이론과 실제(2006)
우리말의 텍스트 분석과 현상 연구(2008)
한국어의 어제 그리고 오늘(2009)
새로운 국어사 연구론(2010)
한국어 연구의 새로운 모색(2014)

통어론 중세국어 15·16세기

초판인쇄 2015년 5월 13일
초판발행 2015년 5월 13일

지은이 허원욱
펴낸이 채종준
펴낸곳 한국학술정보㈜
주소 경기도 파주시 회동길 230(문발동)
전화 031) 908-3181(대표)
팩스 031) 908-3189
홈페이지 http://ebook.kstudy.com
전자우편 출판사업부 publish@kstudy.com
등록 제일산-115호(2000. 6. 19)

ISBN 978-89-268-6985-7 93710